시교육의 사적 연구

이 저서는 2012년 정부(교육과학기술부)의 재원으로 한국연구재단의
지원을 받아 수행된 연구임(NRF-2012-S1A6A4021190)

시교육의 사적 연구

현대시의 성립부터 국정교과서기까지의 시교육

김창원·민재원

역락

　학부에서 문학 공부를 할 때 그 시작점은 '문학개론'이고 종착점은 '한국문학사'였다. 전자는 이론가가 후자는 문학사가가 썼는데, 그 둘을 빈틈없이 이어서 이해하는 일은 학생인 우리의 과제였다. 지금 문학교육학자가 되어 학생들을 가르치면서 역시 '문학교육개론'에서 출발해서 '한국문학교육사'로 끝을 낸다. 그 둘을 이어서 이해하는 일은 여전히 학생들의 몫이겠지만, 이론과 역사에 대한 고민 자체는 교사이자 연구자인 우리의 과제라는 점을 이제 깨달았다.

　'개론'과 '사(史)'는 모든 분야 연구자들의 마지막 꿈이다. 이 책의 저자들은 아직 그럴 단계에 이르지 못했음을 알지만, 기회가 되어 조심스럽게 그 일을 시도해 보았다. 대신 범위를 한정한 결과가 '공교육(중·고등학교)', '국정 교과서기(1-7차 교육과정)', '현대시', 그리고 '교육과정과 교과서'이다. 이 책은 이 범위 안에서 시교육의 성립과 전개 양상, 그에 영향을 끼친 여건들, 그리고 그 의미와 과제 등에 관해 서술하였다.

　현대시교육이 현대시 성립의 사후 부수물이라는 점은 자명하다. 하지만 넓은 의미의 시교육이 없었다면 현대시의 전개 양상은 사뭇 달랐을 것이다. 현대시의 선구자들이 국내·외의 이런저런 맥락 아래서 발명하듯이 현대시를 고안해 내는 동안, 그들의 시를 읽고 그것을 모델 삼아 시를 쓰는 후배들을 중심으로 자연스럽게 시교육이 태동하였다. 그리고 그 결과는 다시 시로 되먹임된다. '현대시'라는 제도가 정착하고 시가 오늘의 모습을 갖추는 데 학교(교육)가 끼친 영향은 생각 이상으로 크다.

　교육에 대해서도 마찬가지 이야기를 할 수 있다. 한시(漢詩) 중심 교육기는 말할 것도 없고, 근대적인 학교가 설립된 이후에도 시는 학교교육의 주요 제재가 되었다. 특히 지식·기술의 전달에 주력하는 학교교육의 특성상 시가 학생들의 정서와 문화 소양 발달에서 맡는 역할은 결코 무시할 수 없다. 시교육에 대해 이런저런 비판도 많이 나오지만, 크게 보아 시교육은 근대교육의 정착과 발달 과정에서 주어진 소임을 충실히 수행하였다.

시교육의 역사에 관한 문제의식이 여기서 출발한다. 시교육과 시, 시교육과 학교교육은 어떤 관계를 맺으며 발달해 왔는가? 그 성과와 한계는 무엇인가? 지금까지의 시교육은 앞으로의 시교육으로 어떻게 이어질 것인가? '사(史)'는 분야 연구의 종착점이자 다시 출발점이 된다.

이 책의 선배 격으로 문학교육 일반에서는 우한용의 『한국 근대문학교육사 연구』가 있고, 장르교육사로 김기창의 『한국 구비문학 교육사』, 김선배의 『시조문학 교육의 통시적 연구』, 최현섭의 『한국 소설교육사 연구』, 박영기의 『한국근대 아동문학 교육사』 등이 있다. 이들 성과에 시교육사를 더함으로써 문학교육, 나아가 한국 근대교육의 사적인 이해에 조금이라도 가까이 가기를 기대한다. 아울러 과거에 대한 조망이 미래에 대한 전망으로 이어질 것도 바란다. 이 분야의 후학들에게는 시교육사에 관한 기본 관점과 자료 제공의 의의도 있겠다. 연구서에서 다소 낯선 '이면사'와 '쌈지문답'은 그런 의도에서 넣었다(항목은 학생들이 궁금해하는 내용들에서 뽑았다).

이 책은 2012년 한국연구재단의 저술출판지원사업 대상자로 선정되어 3년 동안 수행한 연구 결과에 바탕을 두었다. 수요가 적은 분야에 연구비를 지원해 준 한국연구재단과 출간을 맡아 준 역락출판사에 감사드린다. 이 일 저 일에 치이다 보니 출간 연도가 늦춰졌음에도 불구하고 두 기관은 참을성 있게 기다려 주었다. 한편, 이 연구 과정에서 이화여자대학교 박사과정의 문선영, 윤호경, 이은홍 선생님들께 연구 보조 이상의 도움을 받았다. 이 책의 제3부는 대부분 이들의 도움으로 이루어졌다. 제3부는 시교육사에서 짚고 넘어갈 단편적인 (그러나 비중만큼은 전혀 적지 않은)

주제들에 대해 개략적인 내용을 담아, 이후 추가 논의가 이루어지기를 바라는 마음으로 구성하였다. 시간이 부족했음에도 많은 자료를 정성스레 엮어 준 선생님들께 감사드린다. 이 밖에도 중간 점검을 위한 학술대회에서 토론해 주신 선생님들, 연구 계획서·결과 보고서·학술지 투고 논문 등을 심사해 주신 동료들, 개인적인 자문에 기꺼이 좋은 의견을 주신 모든 분께도 고마움을 전한다.

여러 차례 다듬는 과정을 거쳤지만 여기저기 미흡한 부분들이 남아 있을 것이다. 이에 대한 지적을 설레는 마음으로 기다린다. 또한 이 책에서는 일단 국정 교과서기의 중등 현대시교육만 다루었지만, 짧은 시일 내에 이를 포함하여 2000년 이후까지 대상을 넓힌 연구, 유·초등학교와 대학·일반까지 다룬 연구, 고전시가교육까지 포함한 연구, 그리고 문서뿐 아니라 교실의 실제를 다룬 연구가 줄지어 나오기를 기대한다. 지루한 작업이 되겠으나 모두 중요한 일들이다. 그 성과들이 나오면 이 책은 장독 덮개로 즐거이 물러날 것이다.

2016. 9.
고마운 마음으로 저자들이 함께

차례

제1부 시교육과 시교육사의 출발

제2부 국정교과서기의 시교육 양상

제1부
시교육과 시교육사의 출발

Ⅰ. 시교육사 서술의 관점과 방향

1. 시교육사 서술의 방향과 원리

오래전에 문학 연구(study)의 범주를 이론(theory), 비평(criticism), 역사(history)로 대별한 이는 웰렉과 워렌이었다. 문학교육 연구는 여기에 개발(design)을 더 넣을 수 있다. 문학교육 연구가 충실해지려면 이에 관한 이론의 체계화, 교육과정·교재·수업·평가 등의 문학교육 현상에 대한 해석과 비평, 문학교육의 역사 서술, 그리고 거시적·미시적 차원에서 문학교육의 실제에 관한 방법틀 구안이 균형을 이루어야 한다. 이 책은 그중 역사, 특히 한국 현대시교육의 역사와 관련된 여러 문제를 다루었다.

시교육은 한국어로 쓴 현대시가 등장한 이후 지속적으로 이루어졌고, 앞으로도 꾸준히 이어질 것이다. 그 중간 중간에 틈틈이 사적 점검이 필요한데, 학교교육의 특성상 교육과정이나 교과서, 평가 등 교육 제도의 변화를 시대 구분점으로 삼는 것이 적절하다. 흔히 현대시 100년을 이야기하지만, 제도로서의 시교육은 광복 이후에 활성화되었으므로 그 시대를 주요 연구 대상으로 삼는 것이 바람직하다. 특히 1955년 대한민국 정부의 첫 '교과과정'이 고시된[1] 이후 이루어진 시교육이 시교육사 연구의 중심 대상이 될 것이다.

1차 교육과정이 고시된 이후 정부는 짧게는 2년, 길게는 10년 정도 기간을 두고 교육과정을 개정하였다. 교육과정이 바뀔 때마다 교과서가 바뀌었음은 물론이다. 그동안 초등·중학교의 국어과 교과서는 일관되게 국정 체제를 유지했으며, 고등학교의 공통 『국어』도 마찬가지였다. 7차 교육과정기에 교과서 공모제를 일부 도입하기도 했으나, 정부의 위탁을 받아 개발한 단일본 교과서를 전국 공통으로 사용하는 체제에는 변함이 없었다.[2] 그러다가 2007년 개정 교육과정에 이르러 중·고등학교의 공통 『국어』에도 검정 교과서를 도입하였다. 중등 교과서가 전면적으로 검정화된 것이다. 이는 국어교육사에 한 획을 그을 만한 일이다. 교과서는 국어교육의 출발점이자 규준점이므로, 교과서 체제가 국가 주도에서 민간 주도로 통째로 바뀐 일은 결코 가볍게 처리할 일이 아니다.

이 책은 초·중·고등학교의 공통 『국어』 교과서를 정부가 개발하고 보급하던 시기, 곧 1차 교육과정에서 7차 교육과정에 이르는 시기를 '국정 교과서기'로 명명하고, 이 시기의 현대시교육 양상을 역사적 관점에서 살펴볼 것이다. 물론, 그동안에도 교육과정이 바뀔 때마다 시교육 현상에 관한 기술적(記述的) 연구와 시교육의 변화에 관한 통시적 연구는 충분히 이루어진 편이다. 하지만 그 연구들은 국정교과서기 전체를 포괄하지 못하고, 시교육의 철학이나 이론적 전제에 대한 성찰 없이 자료 분석에 치중한 한계도 있다. 시교육사에 대한 검토가 시교육의 이론과 비평, 개발 연구에 얼마나 기여했는지는 다소 불분명하다.

이와 관련하여 이 책은 시교육사 서술과 관련된 기본 문제들을 점검하는 데 일차 목표를 둔다. 시기적으로는 1-7차 교육과정기를 중심으로 하

---

1) '국민학교, 중학교, 고등학교, 사범학교 교육과정 시간 배당 기준령'은 1954년에 고시되었다. 1955년은 그에 따른 각 교과의 '교과과정'이 고시된 해다.
2) 고등학교 선택 과목은 1차 교육과정 때부터 검(인)정 도서를 인정하고 활용해 왔다.

되, 일제 강점기와 광복 이후 1차 교육과정에 따른 교과서가 나오기 전의 이른바 '교수요목기'도 시교육의 전사(前史)로서 검토 대상에 포함시킨다. 대체로 중등교육에 초점이 있기는 하나 필요한 경우 학교 급을 구별하지 않고 논하는 경우도 있다.

시교육사 서술을 통해 얻을 수 있는 것들은 적지 않다. 시교육의 사적 전개에 관한 조망이 일차적인 기대 효과이거니와, 그를 바탕으로 하여 시교육 연구와 실천의 지향점에 관한 시사를 얻을 수 있다는 점도 중요한 성과가 될 수 있다. 또한, 포괄적인 '한국 교육사'나 '국어교육사'와 구별되는 분과 교육사의 이론을 탐색하고 정립하는 효과도 기대된다.

'국정 교과서기'라는 개념이 과연 성립할지는 아직 논란이 많다. 필자는 '휴전선부터 제주도까지 전국의 모든 학생이 일제히 똑같은 시를 읽고 똑같은 학습 활동을 하는' 국가 독점의 교과서 제도가 폐기되었다는 점을 매우 중요하게 생각한다. 민간 개발의 교과서가 국가 주도의 교과서보다 낫다는 보장은 없지만, 검정제 도입(혹은 확대)은 교과서사에 매우 중요한 사건이다. 검정제가 다시 국정제로 환원될 가능성은 매우 낮다. 따라서 국정 교과서기의 시교육사를 꼼꼼하게 살피고 이를 통해 민간 주도 시교육의 방향을 전망하는 일의 의미를 축소할 필요는 없다.

국정 교과서기의 시교육에 대한 연구는 많이 이루어졌으나 종합적인 마무리는 아직 안 됐다고 할 수도 있다. 본 장에서는 시교육사를 서술할 때의 일반 원리와 고려할 사항들을 점검하고 앞으로 이루어질 작업의 방향을 살펴보겠다. 이러한 논의는 소설교육사와 같은 다른 분야사에서도 비슷하게 이루어질 수 있으며, 그 결과들과 함께 문학교육사의 보편성과 시교육사의 특수성을 고루 고려함으로써 논의가 발전할 수 있을 것이다. 시교육사의 '서술'에서 '연구'로 나아가기 위해서는 깊이 있는 시교육사론이 필요하다.

구현 가능성을 일단 접어 둔다면, 시교육사 서술의 방향과 원리는 크게 다섯 가지로 정리할 수 있다.

첫째는 분야사로서 문학교육사·국어교육사·한국 교육사와 같은 상위 사(史) 및 읽기교육사·소설교육사와 같은 인접 사(史)들과의 유기적 통합성을 고려해야 한다는 점이다. 시교육은 그 자체의 논리로 발전해 왔다기보다 교육적 필요 및 가능성을 고려하며 발전해 왔기 때문이다. 특히 공교육에서 시를 가르치기로 정한 이유 및 그것이 사적 전개에 따라 조금씩 달라지는 양상을 살필 필요가 있다.

둘째는 시사(詩史)·문학사·문화사로 확장되는 또 다른 방향의 상위 사(史)에 끊임없이 조회해야 한다는 점이다. 시교육사에는 교육 철학이나 사조의 변화뿐 아니라 문학 이론 및 문학 창작과 수용의 변화도 크게 영향을 미치므로 이 부분에 대한 관심을 소홀히 해서는 안 된다.

셋째는 겉으로 드러난 교육과정·교과서와 같은 문서 체재뿐 아니라 수업과 평가 같은 시교육의 실제상을 검토하여 사(史)를 구성해야 한다는 점이다. 이 부분은 사실 자료가 충분치 않아 해결하기가 어렵기는 한데, 그렇더라도 '실현된 교육과정'을 배제하고 '계획된 교육과정'만으로 시교육사를 서술하는 것은 불완전하다고 말할 수밖에 없다.

넷째는 시교육 수요자로서의 학습자가 성장해서 자주적인 문학 주체가 된다는 점을 고려해야 한다는 점이다. 시교육사는 다른 관점에서 보면 시교육을 받는 학습자사(學習者史)이기도 하다. 따라서 한데 뭉뚱그린 시교육사 못지않게 시기마다 학습자의 특성이 어떠했고 그것이 어떻게 사(史)를 구성하는지에 대한 관심을 가져야 한다.

마지막은 시교육사가 시교육 이론과 실제에 긍정적으로 피드백하는지 지속적으로 점검해야 한다는 점이다. '사(史)를 위한 사(史)'가 아니라 궁극적으로 시교육의 질을 높이는 데 기여하는 '사'가 되려면 시교육의 이론과 실제에서 중요하고 민감한 부분을 집중적으로 살펴보는 시교육사가 필요하다.

2. 시교육사 서술의 양상

1) 시교육사 서술의 성과

(1) 시교육에 대한 사적 접근들

시교육에 대한 사적 접근의 주요 부류는 국어교육사나 문학교육사의 일부로 이루어진 연구들이다. 이응백(1975;1987), 박붕배(1987;1997)와 같은 초기 국어교육학자들의 국어교육사가 한 예인데, 대체로 사실(史實)에 충실하되 사실(事實) 이상은 언급하지 않는 수준에 머묾으로써 본격적인 시교육사라고 하기는 어렵다.『난대 이응백박사 고희기념논문집』(이응백, 1992)이나『국어교육학개론』(국어교육미래열기, 2009) 역시 마찬가지다. 여러 연구자들의 공동 작업인『국어교육 100년사』1, 2(윤여탁 외, 2006)와 문학교육사를 본격적으로 다룬『한국 근대문학교육사 연구』(우한용, 2009)에서는 보다 상세한 접근이 이루어졌으나, 시교육사 고유의 특성을 드러내는 데는 여전히 미흡하다.

시교육을 포함하여 문학교육 연구에서 분야사를 다룬 논문들은 대부분 학위논문이다. 최현섭(1988)의「소설교육사」, 김기창(1992)의「구비문학교육사」, 김선배(1998)의「시조교육사」와 같은 박사학위논문을 필두로 교육과정기별로, 또는 문학의 하위 갈래별로 많은 석사학위논문들이 나왔는데, 대체로 교육과정과 교과서 중심의 기술적(記述的) 연구라는 공통점을 지닌다. 시교육사에서도 임문혁(1988), 임은주(1989), 안병관(1989), 이정민(1998), 김영숙(2003) 등, 주기적으로 시교육의 사적 전개를 짚어 보는 석사학위논문들이 나오는바, 이들도 교육과정 개정과 새 교과서 출간에 맞추어 문서 중심으로 시교육사를 분석한다는 점에서 공통적이다.

시교육사 연구의 다른 한 흐름은 정전론(正典論)이다. 광복 이후 문협 정통파 중심의 현대시 정전이 형성되고 공교육이 확산되면서 시교육도 현대적인 '교육 정전' 중심으로 편성되는데, 그 과정과 이면을 분석하고 비판적 대안을 제시하는 연구들이 많이 축적되었다. 정재찬(1996)은 이러한 연구 경향의 이론적 기반을 마련하였고, 윤여탁(1998), 박용찬(2005), 김창원(2007), 유성호(2008) 등의 논문과 강석(2009)의 박사학위논문, 송무(1997), 라영균(2003) 등 인접 학문 영역의 성과들이 이 흐름을 구성한다. 이들 논문은 연구의 철학이나 출발점을 공유하면서 대체로 비슷한 결과를 이끌어내었고, 그에 따라 시교육사를 비판적으로 바라볼 수 있는 한 관점을 제시하였다.

시교육에 영향을 준 배경에 관한 연구도 시교육사의 한자리를 차지한다. 선행 연구들이 대체로 '어떤 텍스트로' 시교육을 해 왔느냐에 주안점을 뒀다면, 시교육에서의 신비평 수용사를 다룬 정재찬(1992), 권혁준(1996; 1997), 박승희(2004), 문학교육과정의 인식 측면을 다룬 유영희(2007) 등은 '어떻게 시교육을 해 왔는지'에 초점을 두고자 한 연구들이다. 권혁준(1997)에서는 신비평 수용 이전과 이후의 시교육의 전개 양상을 파악하기 위하여 교수요목기부터 제5차 교육과정의 시교육을 살펴보았다. 비록 신비평에 그치고 있지만, 하나의 비평적 흐름과 경향이 시교육에 지속적으로 미친 영향과 그로 인한 시교육의 변화를 살펴볼 수 있다. 그동안의 시교육사 연구가 교육과정·교과서 중심의 공급자 위주로 이루어진 데 비해, 교사·학습자·수업 중심의 실천사 연구나 문학 및 교육 이론의 수용사 연구는 다소 미미한 상태이다.

시교육의 전반적 경향에 대한 연구도 있는데, 예컨대 차호일(2005)은 최근의 시교육이 형식적 문학 이론에 기초한 텍스트 중심, 독자반응 이론에 기초한 학습자 중심, 그리고 후기구조주의 문학 이론에 기초한 상황 중심으로 그 관점을 변화시켜 왔다고 진단하고, 교육 목표와 내용, 방법, 평가, 교사와 학습자의 역할 측면에서 세 관점을 비교하였다. 시교육 일반에 관한 연구들은 이처럼 시교육의 경향성에 대한 점검에서 시작하는 것이 일반적이다.

(2) 시교육사 서술의 특징

그동안의 시교육사 서술 양상을 살펴보면 몇 가지 경향성을 찾을 수 있다. 이것은 시교육사 연구의 특징이자 성취이며 동시에 한계이기도 한데, 시교육의 사적 전개 양상을 총체적으로 점검하려면 이 경향성을 발전적으로 극복하여야 한다.

이미 살펴보았듯이 과거 시교육사는 대부분 교육과정·교과서 중심으로 연구가 이루어졌다. 이는 교육과정과 교과서가 시교육의 지향과 실체를 가장 잘 보여 주는 동시에, 자료를 얻기 쉽기 때문이다. 역으로 말하면 문서로 남은 자료 외에는 시교육사 자료를 얻기가 용이하지 않다는 뜻도 된다. 실제 수업지도안 자료, 평가 자료, 시교육에 대한 면담 자료는 물론이고, 국가 수준의 교육과정과 교과서가 어떻게 편찬·개발되었는지에 대한 기술 보고(technical report)도 부족한 것이 현실이다. 이런 상황에서 교육과정과 교과서야말로 시교육사의 외양을 가장 객관적이고 명확하게 보여 주는 자료가 된다.

비슷한 맥락에서, 정전을 중심으로 한 제재 중심의 서술이 또 하나의 특징으로 드러난다. '교과서에 어떤 작품을 싣는가?'는 교과서 개발에서 매우 민감한 문제고, 수업뿐 아니라 평가까지 영향을 준다는 점에서 시교육을 사실상 좌우한다고 할 수 있다. 또한 교과서 수록이 곧 한국의 대표 시임을 보증하는 상황에서 제재 중심으로 시교육사를 살펴보는 것은 매우 자연스러운 접근이다. 대부분의 석사학위논문이 교과서별 제재 목록을 장황하게 싣는 데서 그 전형적인 예를 볼 수 있다.

시교육 실천에 관한 연구가 부족한 것도 같은 부류다. 교육과정·교과서 외의 문서 자료를 체계적으로 수집·관리하는 전통이 부족하고 수업과 평가의 실제에 관한 기록 역시 단편적인 상황에서, 시교육의 실천에 관한 연구는 개인적인 기록이나 관련자의 증언에 의존하게 되는 경우가 많다. 하지만 초기 국어교육의 경우에는 소수의 전문가에게 정보가 집중되는 대신 오래된 일이어서 신빙성이 떨어진다. 최근의 경우에는 정보 자체의 신빙성은 어느 정도 확보되나 많은 정보원(情報源)들의 다양한 보고로 인해 혼선이 생겨 명확한 상을 그리기 어려운 사태가 빚어진다. 결국 다른 분야의 미시사나 질적 연구와 마찬가지로 케이스별 연구가 이루어지게 되는데, 이는 시교육사의 종심(縱深)을 그려잡는 데는 부족하다.

기술적(記述的)·분석적 연구에 치중한 점도 하나의 특징으로 들 수 있다. 관찰·기술과 분석·종합이 모든 연구의 출발점이라는 점에서 이는 자연스러운 현상이다. 그러나 교육 연구의 특성상 그에 이은 해석과 평가, 예측, 개선안 제시 등으로 이어지지 않는다면 연구의 가치는 반감된다. 이론이든 사(史)든, 교육 분야의 연구는 결국 교육의 질을 높이는 데 기여해야 하기 때문이다. 그럼에도 시교육사 연구가 기술적 연구에 그친 것은 사적 연구의 철학과 방법론이 약하고, 사적 연구로부터 얻은 성과를 시교육의 실제에 투사할 이론 틀이 단단하지 못하기 때문이다.

마지막으로, 시교육사와 시사(詩史) 및 비평사(批評史)의 조응이 약한 점을 지적할 수 있다. 시교육이 시 연구를 한 세대쯤 뒤처져서 따라가는 경우를 자주 볼 수 있는데(예컨대 비유론이나 운율론, 시사에 대한 인식 등), 이를 전문 영역(=연구의 장)과 보통·교양 영역(=교육의 장) 사이의 시차(時差) 정도로 용인할 수는 있다. 하지만 양자를 조회하면서 시교육의 사적 전개를 비판적으로 해석하는 일까지 외면하기는 어렵다. 교육사적 관점에서 시교육사를 점검하는 일에 시사·비평사의 관점에서 점검하는 일이 보완될 때 시교육사의 전체상을 그릴 수 있다. 예를 들어 문학 연구와 문학교육에서의 수용이론 수용사는, 그 적용 범위가 크게 다르기 때문에(문학 연구에서 수용이론은 아무래도 비주류에 속하지만, 문학교육, 특히 초등문학교육에서 수용이론은 절대적인 힘을 발휘한다) 이를 한 심급 위에서 바라보는 안목이 필요하다.

2) 시교육사 서술의 출발점과 도달점

(1) 시교육사 서술에서의 문제의식

시교육사의 서술은 시와 시교육이 무엇이고 왜 중요한지에 대한 질문에서 시작해야 한다. 개화기와 일제 강점기, 광복과 한국 전쟁을 거치면서 독특하게 형성된 시관과 시교육관을 이해하지 못하면 역사 서술 자체가 불가능하다. 논의 대상을 광복 후의 공식 교육과정기로 한정한다 할지라도 그보다 훨씬 전, 근대적인 서정 장르가 형성될 때부터 살펴봐야 한다. 상황이 다른 각 시대의 시와 시교육을 오늘날의 관점에서 재단하는 일은 한계가 있으므로, 통시적으로 무엇을 시, 시교육이라고 규정해야 하는지는 시교육사 서술의 선결 과제다.

예를 들어 반봉건 개화주의와 반외세 민족주의, 그리고 수구적 근왕파 등이 공존하던 19세기 말엽의 시는 시대 여건상 어쩔 수 없이 계몽성과 교훈성을 띠게 되고, 일제 강점기의 시는 식민 통치에 대한 응전 양상에 따라 분류하는 것이 가장 합리적이다. 이러한 경향을 중시하여 좁은 의미의 시적 텍스트를 수용하고 생산하는 능력을 신장하는 것으로 시교육의 개념을 한정하면 시교육사는 텍스트 중심으로 흐를 수밖에 없다. 이와 달리 시교육을 '시적 사고와 표현', 또는 '시적 맥락에서 이루어지는 제반 소통 행위', 또는 '시의 문화를 형성하는 일체의 현상'과 같이 매우 넓게 바라본다면 시교육사 서술은 언어문화사 서술과 구별하기 힘들어질 것이다. 읽기・쓰기 등 언어교육과의 관련이나 복합양식(multi-modality) 등을 고려하면 문제는 또 달라진다. 시교육적 관점에서의 시관 수립이 중요한 이유다.

광복 이후의 분야 교육사는 교수요목부터 1-7차에 이르는 한국 교육사의 일반론에 기대어 서술하는 것이 보통이다. 문제는 과연 시교육사도 같은 맥락에서 이야기할 수 있는가 하는 점이다. 예를 들어 1・2차 교육과정기를 진보주의적이고, 3·4차 교육과정기는 학문 중심이라고 말할 경우, 그런 교육 철학이 시교육에는 어떻게 구현되었는가? '진보주의적 관점에서의 시교육'과 '학문 중심의 시교육'을 구별하는 일이 가능한가? 가능하다면, 양자는 어떤 차이를 보이는가? 또, '기능 중심'이라고 이야기되는 5차 교육과정기의 시교육은 과연 기능 중심으로 이루어졌는가? 도대체 시에서 '기능'이란 무엇인가? 시교육사에서 매우 중요한 분기점이 되는 월북 시인의 해금은 교육사와는 무관하게 일어난 일이 아닌가? 이런 의문들을 나열해 놓으면, 시교육사에 대한 교육사적 접근의 필요성과 한계를 심각하게 고려해야 함을 알게 된다.

그러나 한편으로 시교육 역시 거시적인 학교교육 체제의 일부인 이상, 그것의 독자성을 내세우는 데는 일정한 한계가 있다. 이는 모든 분야사가 지니는 태생적 한계로, 시교육사를 서술하다 보면 시교육 자체의 논리로는 해석하기 어려운 특징이 필연적으로 나타난다. 결국 '시교육의 역사'라고 할 때의 '교육'은 무엇을 의미하는지, 시가 교육의 장으로 들어올 때는 어떤 변화를 겪는지에 대한 성찰이 필요하다.

시교육사 서술에서 짚어 봐야 할 또 하나의 문제는 역사관이다. 정재찬(1996)에 따르면 시교육의 역사는 선택과 배제의 역사다. 이는 역사를 일정한 행동이나 결과의 누적으로 보는 관점이다. 그에 비해 한쪽에서는 시교육의 '탄생'과 '성장', '정착'을 이야기하며 유기체적 역사관을 내비치기도 한다. 정전론은 대부분 중심부와 주변부의 갈등 관계로 시교육사를 이해한다. 과연 시교육사에서 '역사'란 무엇인가? 시교육사는 이전 단계의 시교육을 딛고 계속해서 새로운 텍스트와 내용과 방법을 덧붙여 가는 누적적 변화로만 이해할 수 있는가? 7차 교육과정기의 시교육은 1차 교육과정기의 그것에 비해 '발전'한 것인가?

이러한 문제의식은 시교육사를 추동하는 외적·내적 동인이 무엇인지, 시교육의 사적 전개가 어떤 방향성을 지니고 있는지, 한 시기의 시교육은

그 이전·이후의 시교육과 어떤 관련을 맺는지 등에 관한 복합적인 성찰
이 있어야 함을 암시한다. 시교육사란 단순히 '어떤(류의) 작품이 선정되고
배제됐다'는 사실의 나열이 아니라, 시교육 변화의 근본 동인을 살피는
작업이다.

(2) 시교육사 서술의 피드백 방향

시교육사를 체계적으로 서술하면 시교육은 몇 가지 이익을 얻을 수 있
다. 가장 큰 이익은 시교육에 대한 메타 인식이 가능해진다는 점이다. 역
사적 거리를 두고 시교육을 바라봄으로써 그 내부에서 볼 때와는 다른 시
각을 얻을 수 있다. 예를 들어 시교육의 목적과 방향성에 대한 성찰, 시교
육의 범위와 하위 범주에 대한 점검, 내용과 방법 면에서 시교육의 공(功)
과 과(過)에 대한 비판 등이 역사의 지평선 안에서 이루어진다. 외국에 비
해 시의 지위가 높은 현상이나 학년이 올라갈수록 시적 경험이 지리멸렬
해지는 현상 모두, 시교육에 대한 메타 인식을 확보함으로써 발전적으로
해석할 수 있다.

시교육 연구의 일부를 이루는 시교육사는 시교육의 다른 영역, 곧 이
론과 비평, 개발의 발전을 추동할 수 있다. 이론 분야에서는 시교육의 고
유한 개념을 구안하고 명제를 정교화하는 데 사(史)가 기여할 수 있고, 비
평 분야에서는 역사적 안목에 기초하여 현상을 해석하는 눈을 기를 수
있다. 개발과 관련해서는, 두말할 나위 없이 과거에 발을 딛고 미래를 구
상하는 역량이 길러진다. 선행 시교육사를 돌아보면 사회 전반의 발전과
성장 이데올로기를 그대로 차용해서 '어떻게든 과거와는 다르게' 바꾸려
는 노력이 반복돼 왔음을 알 수 있다. 시교육사를 정밀하게 살펴보면 정
책적·실제적 제안으로서의 개발 연구가 올바른 방향으로 가는지 점검
할 수 있다.

한편으로 시교육이 학교교육이라는 거대 기획의 일부로서 시간과 인력, 자원을 투자해야 하는 '사업'임을 감안할 때, 시교육사 서술은 시교육 관련 연구의 지형을 정비하고 연구 인력 운용의 효율성을 높이는 효과도 기대된다. 예컨대 시교육사에서 과잉 / 과소 투자된 부분을 점검하고 그것이 다른 영역과 평행적으로 발전하도록 조정하면 시교육의 효율이 높아진다. 이러한 효과는 특히 시교육에 관한 개발 연구에서 두드러지게 나타난다.

교육사이자 문학사의 분야라는 점에서 시교육사의 체계화는 상하·인접 영역의 연구와 상호 긍정적인 영향을 주고받을 것이다. 한국 교육사가 대부분 교육 철학과 이론 및 교육 정책·행정·사회경제적 배경 등 거시 지표에 치우쳐 서술된 점을 고려하면, 각 교과를 비롯한 미시사로 그 틈을 보완하는 작업이 필요하다. 이는 거시사로부터 미시사로, 통사로부터 분야사로 연구의 관심이 옮아가는 저간의 추세와도 부합한다.

시사·시론과의 관련에서도 마찬가지로 이야기할 수 있다. 시교육사가 시사에 어떤 영향을 주는지는 엄밀하게 따져봐야겠지만, 시적 주체의 성장 과정에 시교육이 미치는 영향을 생각하면 시와 시교육의 관련이 전적으로 〈시 → 시교육〉의 방향으로만 맺어진다고 말하기는 어렵다. 거꾸로 시교육이 시의 발전에 영향을 주는 경우는 없을까? 정전론이 이에 관한 논의에 도움을 주고, 시교육이 성인 작가·독자에게 미친 긍정적·부정적 영향에 대한 연구가 이를 보완할 것으로 생각한다.

3. 시교육사 서술의 방법론

1) 시교육사 서술의 대상과 층위

(1) 서술 대상의 문제

'시교육의 역사를 서술한다.'는 진술은 서술 대상으로서 '시교육'의 존재를 전제한다. 여기서 역사 서술 대상으로서의 시교육이란 무엇인지 질문해 보자. 그것은 시교육과 관련하여 그동안 생산된 제반 문서들의 집합인가? 아니면, 특정 시점에 이루어진 수많은 시 수업들의 역사적 축적인가? 혹은, 그것을 '시를 중심으로 이루어진 인간 경험의 사적 총체'라고 말할 수 있는가? 그것은 공시적 연구가 연구 대상으로 삼는 시교육과는 같은가 다른가?

이러한 질문들은 시간의 축을 따라가며 시교육을 서술하려면 일반적인 시교육론과는 조금 다른 시교육 개념이 필요함을 암시한다. 시교육의 효과를 높이기 위해 연구할 때의 공시적 현상으로서의 시교육과, 시교육에 대한 역사적 관점을 살피기 위해 연구할 때의 통시적 총체로서의 시교육은 서술의 범위와 대상, 자료 등의 측면에서 서로 구별된다. 개개의 시교육 사태(시 수업 같은)로부터 공시적인 시교육 현상을 추상해 낸다면, 다시 그에 대한 메타 추상의 결과물이 시교육사 서술의 대상이 된다.

일반적으로 시교육 연구의 대상은 ① 이런저런 층위의 교육과정,[3] ② 교육과정이 교재 및 수업으로 구체화되는 양상, ③ 교육과정과 교과서를 중심으로 이루어지는 수업과 평가 상황, ④ 수업과 평가 주체로서의 교사와 학습자 활동 등으로 분류할 수 있다. 이는 시교육이 〈시인-교사-학습

---

[3] 자주 이야기되는 '계획된 교육과정'과 '실현된 교육과정'의 구분이나 문서 형태의 교육과정과 비문서 형태의 교육과정, 국가 수준에서 교실 수준까지 폭넓게 펼쳐지는 교육과정의 층위 등을 예로 들 수 있다.

자〉의 축과 〈교육과정-교재-교수·학습-평가〉의 축, 그리고 사회·문화 및 교육적 맥락이 만나는 교차점에서 이루어진다는 관점을 취한 것이다. 시교육사의 서술은 여기에 ⑤ 통시적 변화의 양상과 그 동인이라는 한 단계 위의 대상을 추가해야 한다. 미시사로서의 시교육사가 거시사와 맺는 관계, 시교육의 사적 전개와 함께 형성된 광범위한 시적 주체의 진화 등 더 넓힌다면 얼마든지 많은 요소를 대상으로 끌어들일 수 있겠지만, 어느 선에서 한도를 그어야 한다. 그 선은 객관성의 검증을 통과할 수 있는가 없는가 하는 데서 결정된다.

(2) 서술 초점의 문제

시교육사 서술의 초점은 기술(記述), 해석, 평가에 있다. 좀 더 나아간다면 전망을 추가할 수도 있다. 이 중 기술적 서술은 기존 시교육사 서술의 주류를 이루는 방법으로, 시교육과 관련된 사실을 수집, 기술하고 기초적인 분석, 정리를 가미하는 방식이다. 박붕배(1987 ; 1997)의 국어교육사 서술이나 시교육사를 다룬 석사학위논문들이 대표적인 예로, 교육과정 문서와 교과서, 그 개발·편찬에 참여한 사람들에 대한 기술이 논의의 대부분을 차지한다. 이를 통해서 우리는 시교육사의 외형적 전개 양상을 살필 수 있다.

문제는 기술적 서술이 시교육의 외면을 보여 주기는 해도 그 이면을 보여 주는 데에는 한계가 있다는 점이다. 교육과정기마다 교육과정 개정에 참여한 전문가의 성향을 분석하고 교육과정 문맥을 해설하는 작업이나 교과서에 수록된 작품을 수집하여 분류하고 그 경향성을 보여 주는 작업은 모두 의미 있는 일이기는 하나, 정녕 필요한 것은 그보다 한 걸음 더 나아간 어떤 것이다. '사실(事實) 너머의 사실(史實)'이 필요한 것이다. 이는 랑송류의 실증주의적 역사 서술이 극복돼 가는 과정을 참고할 수 있다.

해석적 서술은 시교육사의 이면을 일정한 기준과 관점에 따라 해석하고 의미를 부여하는 방법인데, 교육사·국어교육사·문학교육사 등의 상위사, 혹은 역사·사회·문화 등 인접 분야와의 조회 아래 시교육사의 전개 논리를 해석하는 방식을 예로 들 수 있다. 기존 연구를 살펴보면 김창원(2003), 유영희(2007), 우한용(2009) 등의 문학교육사 서술이 문학교육 현상의 이면을 짚어 봄으로써 문학교육이 단순한 자체 논리로 성장하기보다는 더 상위 심급의 논리들에 따라 발전해 왔음을 보여 주었다. 시교육 연구에서는 대체로 정전론에 입각한 논의들이 이에 해당하며, 윤여탁(1998), 박용찬(2005), 김창원(2007), 유성호(2008), 강석(2009) 등이 정전 구성을 둘러싼 이데올로기 다툼이 시교육의 실체를 구성한다는 관점에서 시교육사를 해석하였다.

해석적 서술은 분석적 서술에 비해 한 걸음 더 나아간 것이기는 하나, 이 역시 충분하지는 않다. 시교육은 본질적으로 시와 교육에 관한 개인·공동체의 기대와 요구 위에 이루어지는 것으로, 시교육사 역시 그를 바탕으로 해야 하기 때문이다. 해석적 서술은 보여 주고 설명하기는 하되 '그러면 어떻게 해야 하는가?'의 수준까지는 나아가지 않는다. 하지만 시교육사를 연구하는 이유는 현상과 이면을 알기 위해서가 아니라 이를 바탕으로 하여 시교육의 질을 개선하는 데 있다는 점을 감안하면, 해석적 서술에서 또 한 걸음 나아갈 필요가 생긴다.

비평적 서술은 시교육사의 전개에 대한 평가와 시교육사의 점검을 통한 시교육의 개선 방향 제시에 초점이 있다. 앞서 본 정전론들이 일부 비평적 성격을 띠기는 하나 평가와 방향 제시라는 측면에서는 미흡하고, 윤여탁 외(2006)에 포함된 유영희의 논의도 온전한 비평적 수준까지는 가지 못했다. 사실 이 층위에서 시교육사를 본격적으로 검토한 성과는 얼른 찾기가 어렵다. 이는 시교육사 연구의 단계가 아직 여기까지 이르지 못했기 때문이며, 더 깊이 들어가면 시교육 연구에서 철학이 부족하기 때문으로 보인다. 어쩌면 '시교육사'라기보다 '시교육사론'이라고 할 만한 이 층위의 연구 방법을 개발할 필요가 있다.

비평적 서술이 전망으로 이어지면 자칫 당위론이나 또 하나의 시교육론이 될 가능성이 상존한다. 과거로부터 쏘아진 화살이 어디로 날아가는지는 시교육사 자체의 관성과 그에 영향을 미치는 주변 동력이 결정하는데, 비평과 대안을 추구하면서 연구자 스스로 그 방향에 개입하고자 하는 욕심이 생기기 때문이다. 이러한 위험성을 감수하면서까지 비평과 전망을 주장하는 이유는 시교육이 교육 공동체의 합의에 의한 목표 지향적 사업이라는 데서 찾을 수밖에 없다.

2) 시교육사 서술에서의 기술적 문제

(1) 서술 프레임의 문제

시교육사 서술의 첫째 틀은 문학사와 마찬가지로 시기 구분론이 된다. 다행스럽게도 교육사는 국가 교육과정이라는 확고한 기준점이 있으므로 1-7차 교육과정기로 시기를 나누고 1차 교육과정 이전을 '교수요목기'로 묶어서 서술하면 된다. 그러나 다시 생각하면 교수요목은 1946년 9월에 고시된 반면 국어교육은 광복이 되면서 곧바로 시작되었으므로 광복 이후 1차 교육과정 전까지를 일괄해서 '교수요목기'라고 부르기도 어색해진다. 교수요목이 고시되기 전에 이미 국어교육이 시작됐을 뿐 아니라, 교수요목이 고시된 후에도 모든 교과서나 교육이 이에 의거해서 이루어졌다고 말하기는 어렵기 때문이다. 그런 점에서 1차 교육과정 이전 시기의 성격에 대한 재론이 필요하다. 이 시기를 일단 '시교육의 형성기'라고 말하고 그 이전, 곧 개화기와 일제 강점기를 '시교육의 전사(前史)'라고 말하는 것이 편한 방법이기는 하나, 그 자세한 성격과 개념은 더 논의해야 한다.

 교육과정의 고시와 그에 따른 교과서 개발 및 투입, 그리고 학교 현장
에서 새 교육과정의 취지를 이해하고 목표를 달성하는 단계 사이에 일정
한 시차가 있다는 점도 고려해야 한다. 예를 들어 '2010년'을 기준으로 보
면 그때 적용되는 교육과정은 '2007 개정 교육과정'이지만 교과서는 중학
교 2010년, 고등학교는 '2009 개정 교육과정'으로 전환되어4) 2011년에
투입이 되었고(따라서 2010년 당시 중 2·3학년과 모든 고등학생은 7차 교과서로
수업하고 있었고), 그에 따른 대학 입시는 2014학년도부터 적용되었다. 그렇
다면 2007 개정 교육과정이 본격적으로 작동하는 시기는 언제일까? 단순
히 2007년부터를 '2007년 교육과정기'라고 말할 수 있는가? 1994학년도
대학 입시(1994학년도이므로 시험은 1993년에 치러졌다) 때부터 '대학입학학력
고사'가 '대학수학능력시험'으로 바뀌었지만 고등학교 교육이 학력고사
체제에서 수능시험 체제로 온전히 바뀌는 데는 어느 정도의 시간이 필요
했다는 사례 등을 고려하면, 시교육사에서의 시대 구분 문제는 좀 더 미
묘해진다.
 또한 1-7차를 그대로 일곱 시기로 나누어 기술하느냐 서로 비슷한 교
육과정기를 묶어서 몇 단계로 단순화하느냐의 문제도 남아 있다. 국어교
육사에서는 대체로 〈1·2차 교육과정기-3·4차 교육과정기-5·6·7차
교육과정기〉로 나누는 것이 보편적이지만, 3차와 4차를 떼어내거나(전자를
가치관 중심, 후자를 학문 중심) 5차와 6·7차(5차를 좁은 의미의 기능 중심, 6·7차
는 조금 더 넓은 의미의 활동 중심)를 다시 구분하는 경우도 있다. 둘 이상의
교육과정기를 하나로 묶어서 서술할 때는 그만한 근거와 논리가 필요한
데, '학문 중심'이나 '기능 중심'과 같은 말들이 근거와 논리로 충분한지
는 더 따져 봐야 한다.

---

4) 2007 교육과정과 2009 교육과정이 숨 가쁘게 바뀌는 과정에서 '2007 교육과정에 따른 고
 등학교 교과서'는 만들어지지 못했다. 교과서를 미처 개발하기 전에 교육과정이 바뀐 것
 이다. 그 유탄을 맞은 것이 2007 교육과정에 편성됐던 『언어와 매체』 과목이다.

일정 기준에 따라 시기를 구분하고 그에 따라 시교육사를 서술하는 방식은 전형적인 편년체적 서술이다. 이 방식은 시간에 따른 변화를 일관되게 보여 준다는 장점이 있는 반면, 도식적이고 평면적인 분석으로 흐를 가능성이 높다. 그런 점에서 시교육사는 하나의 틀만 가지고 서술하기보다 몇 가지의 다른 틀들을 교차 적용하면서 입체적으로 서술하는 것이 효과적이다.

시교육사를 입체적으로 보여 줄 수 있는 서술 프레임에는 어떤 것들이 있는가? 먼저 시교육사도 교육사의 일부이니만큼 교육적 프레임을 적용할 수 있다. 예컨대 목표, 내용, 교수·학습 방법, 평가 등으로 분석 범주를 나누어 서술하고 그것을 시대적 서술과 교직하는 방식이다. 김창원 외 (2004)에서 유영희가 '장르 인식', '지도 내용과 목표', '학습 용어 및 개념' 등으로 항목을 나누어 문학교육의 사적 전개를 살펴본 것이 이런 접근 방식을 보여 준다.

시교육사가 문학사와 맺는 관련을 중시한다면 문학적 프레임도 중요하게 고려할 만하다. 예컨대 시의 내용·형식·표현이나 작가·작품·사조 등의 문제를 주목하여 시교육사를 서술하는 방식이다. 이는 현대시사와 시교육사를 상호 조회하여 시교육을 폭넓은 시 현상의 하나로 보게 하는 장점이 있다. 예를 들어 1988년의 '월북·재북 작가 해금'은 문학뿐 아니라 문학교육에서도 매우 중요한 사건인데, 이와 관련한 논의는 문학적 프레임에 의지해야 한다.

시교육과 관련된 학습자의 반응을 중시하는 심미적 프레임도 가능하다. 예컨대 학생들의 시에 대한 반응, 시적 취향과 감상 경향 등은 시교육 수용사의 관점에서 매우 중요한 분석 틀이다. 특히 인지·정서·도덕성과 사회성·언어 등 여러 국면의 발달 단계에 따른 시교육사는 시교육에 대한 총체적 이해를 더할 수 있다. 지금까지의 시교육사는 이 부분을 거의 고려하지 못했으나, 다른 분야의 미시사 연구를 참조하여 방법론을 개발한다면 불가능한 것도 아니다.

사회적·문화적 프레임도 가능하다. 앞에서 반복 언급된 정전의 문제나 대학 입시와 관련된 수업 양상 등이 그것이다. 시를 포함하여 한국의 문학교육은 정치적·사회적 상황이나 교육 정책에 좌지우지되는 사례가 많으므로, 그와 관련되는 프레임을 배제하면 시교육의 총체상을 그려내기 어렵다. 여기에 교사 변수까지 고려하면 시교육사의 서술 프레임은 더 다양해진다. 예를 들어 시교육사를 서술하면서 전교조와 전국국어교사모임의 출범, 대안 교재『우리말 우리글』출간을 외면할 수 있을까?

문제는 어떤 틀을 취하든, 하나의 틀만으로는 시교육사를 통합 조망하기 어렵다는 점이다. 그렇다고 하여 이 틀 저 틀을 교차 적용하는 것도 능사는 아니다. 기본 프레임과 보조 프레임을 설정하고 씨줄과 날줄을 정교하게 짜야 하며, 이를 위해서는 시교육과 역사를 바라보는 확고한 관점이 필요하다.

(2) 서술에서의 거리와 객관성 문제

시교육사를 포함하여 모든 서술자들은 늘 서술 대상과의 거리를 어떻게 조정하느냐 하는 문제에 부딪힌다. 도식적으로 나누면 객관적·외재적 시점에서 대상과 일정한 거리를 두고 서술할지 아니면 몰입적·내재적 시점에서 대상과 동일시하면서 서술할지를 택해야 한다. 서술 대상이 고대나 중세라면 시간적 거리가 문제일 뿐 심리적 거리 문제는 큰 영향을 끼치지 않을 수 있겠지만, 서술자가 직간접으로 관련되는 당대의 역사를 서술한다면 간단한 문제가 아니다.

교육 제공자든 수용자든 연구자가 직접 관련되었고 지금도 관련성이 남아 있는 대상에 대하여 어떤 거리를 취할 것인가? 철저하게 객관적 입장에서 서술하는 것이 과연 이상적인가? 설령 이상적이라 할지라도, 연구자가 그러한 객관성을 확보할 수 있는가? 필자 중 김창원을 예로 들면 그는 2차 교육과정기에 초등학교(당시 국민학교), 3차 교육과정기에 중·고등학교를 다녔고 그 끝자락부터 학생들을 가르치기 시작했으며, 대부분의 교사 경력은 4차 교육과정기에 집중돼 있다. 그 교직 경력은 5차 교육과정 초입까지 이어지고, 6차 교육과정기에는 교과서를 개발하고 7차 교육과정과 2007년 개정, 2009년 개정(실제 작업은 2010년에 이루어졌다), 2015년 개정 교육과정은 직접 교육과정 개정에 참여하였다. 이런 경력이 시교육사를 서술하는 데 어떤 장점이 될지, 위험 요소는 없는지에 대한 자기 검증이 필요하다.

이 문제는 기존의 국어교육사가 대부분 관련자들의 증언에 의존하는 것과 깊이 연관된다. 기억의 모호함은 차치하고, 회상 과정에서 회고자의 관점과 의지가 반영됨은 어쩔 수 없는 현상이다. 한 사람의 기억을 교차 검증할 방법이 없는 상황에서 '객관성의 신화'에 의지하는 것도 문제다. 결국 시교육사 서술은 인간 자료와 문서 자료를 상호 대응하며 당시의 시교육 양상을 재구성하는 방법으로 나갈 수밖에 없다.

Ⅱ. 현대시와 현대시교육의 형성

1. '현대시'의 인식과 현대시교육

한국 시문학사에서 근대성을 의식하고 '근대시 / 현대시'라는 용어를 본격적으로 사용한 것은 1920년대에 와서의 일이다. 물론 그 이전에 '신시(新詩)' 등의 용어를 사용하고 김억, 주요한 등의 시적 노력이 있기도 했으나, 오늘날 쓰는 것과 같은 의미의 '현대시' 개념이 정착된 것은 아니었다. 한국 공교육의 역사에서 19세기 중・후반까지의 시문학 교육은 엘리트 중심의 한시 교육이 거의 전부였고, 19세기 말−20세기 초에 급격하게 장르 교체가 일어나면서 새로운 '근대시 / 현대시'를 공교육에서 어떻게 수용해야 하는지에 대한 고민이 생겨나게 되었다.

큰 구도에서 이 고민에 대한 대응은 광복 이후까지 미뤄지게 된다. 일차적인 이유는 물론 공교육이 식민지 체제로 전개되면서 자생적인 현대시교육이 무산되었기 때문이다. 하지만 그 저변에는 근대적인 교육 제도의 도입과 근대시 / 현대시의 발생이 거의 동시에 진행되면서 양자의 관계를 명확하게 설정하기 어려웠던 사정이 자리 잡고 있다. 실제로 한국의 현대시/현대문학이란, 식민지 시대의 대학이나 전문대학에서조차 뚜렷한 실체와 교육 목표를 가지고 있지 못했다. 당시의 현대문학교육을 대부분 일본에서 공부한 외국문학 전공자들이 주도한 점도 이러한 정황을 방증한다.

본 장에서는 한국의 초기 현대시교육이 어떤 맥락에서 어떤 과정을 거쳐 성립됐는지, 그러한 초기 시교육의 철학과 체제가 이후의 시교육에 어떤 영향을 남겼는지를 살핌으로써 현대시교육의 사적 맥락을 이해하고 바람직한 시교육의 방향에 대한 시사를 얻고자 한다. 광복 이후 이데올로기적・미학적・교육적 구성물로서 현대시교육이 형성된 과정과 그 이면의 동인을 살펴봄으로써 전형적인 현대시교육의 개념을 재구하고 시교육의 가능역(可能域)을 획정할 수 있을 것이다.

본 장에서의 논의 대상은, 시기는 식민지 시대에서 광복과 한국 전쟁을 거쳐 1차 교육과정에 의한 공식 교과서가 나오기 전까지, 학년 급은 중・고등학교, 자료는 해당 시기의 교과서 및 기타 문서 자료다. 당시의 국어・문학・교육에 관한 자료를 폭넓게 검토하는 것이 마땅하겠으나, 연구의 효율성을 위해 그와 관련된 연구는 차후로 미룰 수밖에 없었다. 자연스럽게 연구 방법도 문서 자료를 바탕으로 현대시교육 형성기의 담론적 지향을 분석하고 그것이 교육의 실제(특히 교과서)로 구현된 양상을 살펴보는 식으로 이루어진다.

현대시교육의 위상을 이해하기 위해서는 그 대상이 되는 '현대시'에 관한 개념 정립이 필요하다. 기준을 까다롭게 잡으면 현대시의 속성과 위상에 대한 논의는 정확하게 개념화가 이루어지지 않았다고 볼 수 있다. 다만 관련 연구자들에 의해 대략적인 범주만 설정되어 있는 상황으로, 그 내용은 ① 용어의 위상 정립에 대한 논의와 ② 용어가 지칭하는 대상의 속성에 대한 논의로 분류된다.

먼저, '현대시'라는 용어의 위상과 관련해서는 다음과 같은 논의들을 확인할 수 있다. 첫째, '근대시'와 '현대시'를 구분하여 보다 세련된 형식과 내용을 보여 주는 단계로서의 현대시를 상정하는 논의이다. 예를 들어 오세영 외(2007)는 갑오경장부터 1931년까지를 근대시의 형성기와 전개의 단계로, 1931년부터 1945년 광복까지를 현대시의 형성기로 보았다. 김재홍(1998) 역시 근대시를 현대시 전개 이전의 과도기적 성격으로 보면서 근대시와 현대시를 엄밀하게 구별한다. 둘째, '근대시'와 '현대시'라는 용어를 모두 사용하면서 둘 사이에 뚜렷한 구분점을 설정하지 않는 논의다. 예컨대 조창환(2010)은 현대시사의 기점에 관한 문제를 다루면서 그 속성으로 '근대성'을 언급하고 있으나, 이는 고전에 대립되는 용어로서의 '현대'라는 개념 속에 포괄해야 한다는 논지를 전개한다. 셋째, '현대시' 대신 '근대시'라는 용어를 통해 시사에 접근하는 논의다. 김윤식(1992)은 시에 나타나는 근대성을 기준으로 시사를 논하면서, 시와 시인이 분리되는 기점을 '근대적인 것'의 한 모습으로 파악한다. 그에 비해 '현대시'라는 용어가 지칭하는 대상의 속성에 대해서는 비교적 일관된 합의가 이루어진 것을 확인할 수 있다. 조창환(2010)은 근대적 자아의 확립과 예술적 자율성의 획득을, 김재홍(1998)은 외래의 영향, 자유로운 형식, 개인적 자아의 확립, 시적 방법론의 확립 등을 현대시의 속성으로 지적한다.

  이러한 논의들을 종합할 때 확인할 수 있는 것은 '현대시'의 속성에 관해서는 어느 정도 합의가 이루어진 반면, 그 시작점에 대해서는 다소의 견해 차이가 나타나는 점이다. 이것은 현대시의 속성이 드러나는 구체적인 현상에 대한 견해 차이에 기인하는 것으로 볼 수 있다. 그러나 개인적인 의식의 발현, 형식에 대한 관심 등의 속성은 일관되게 적용할 수 있는 기준으로 작용하여, 이를 현대시가 교육적으로 수용되는 현상에 대한 파악의 틀로 삼을 수 있을 것으로 보인다.

2. 현대시교육의 전사(前史) : 일제 강점기의 시교육

순수하게 교육 제도의 측면에서만 보면, 일제 강점기는 19세기 말부터 우후죽순 격으로 설립된 관·사립학교들이 '조선교육령' 체제로 일원화되면서 국가(식민 당국) 주도의 공교육이 정착된 시기라고 할 수 있다. 선교사들이 세운 기독교계 학교들을 예외로 친다면 초기의 근대적 학교들은 거의 명치(明治)·대정(大正) 시대의 일본식 학교를 모델로 삼은 것들이었다. 특히 친일 성향의 김홍집 내각이 주도한 갑오개혁(1894-1896)을 통해 근대교육이 확산되면서 교육 제도와 내용 면에서의 대일(對日) 상동성은 높아질 수밖에 없었다.

문제는 한국에서 이른바 '신시 운동'을 통해 초보적이나마 시의 근대성을 모색하던 시기가 한일 병합 시기와 겹치고, 1920년대 중반 들어 우리가 카프와 모더니즘 시 운동 등을 통해 근대성을 본격적으로 논의하기 시작할 때 이미 일본은 대정 데모크라시를 지나 파쇼화의 길로 접어들기 시작했다는 점이다. 말하자면 교육 체제가 전반적으로 일본화 되어 있는 상황에서, 일제 강점기의 현대시교육은 근대성이라는 순정한 문학적·철학적 논의 대신 강한 정치적·이데올로기적 자장에 사로잡히게 되었다.

그 결과 일제 강점기에 이루어진 시교육은 '현대시'라는 개념을 적용하기에 불충분해졌다. 시조를 제외하고 일제 강점기에 조선 총독부에서 편찬한 『조선어독본』류에 수록된 시들을 살펴보면 보통학교 급에서는 수신 및 훈계 등의 내용이 주를 이루고, 중등학교 급에서는 자연을 소재로 삼은 낭만적인 내용이 주를 이루고 있다. 이는 근대성에 입각한 현대시의 일반 개념과는 거리가 먼 것이다.

이 시기 작품의 목록은 다음과 같다(훈계적인 내용이 주를 이루고 있을 경우에는 그 표현상의 특징에 따라 '간접적인 훈계'와 '직접적인 훈계'로 구분하였다).[5]

[표 1.1] 식민 초기『보통학교 학도용 조선어독본』(1911) 수록 작품

제목	내 용	훈계	반복 수록6)				비고
			초기	1차	3차	4차	
紙鳶과 팽이	높이 나는 연과 빠르게 도는 팽이	간접	O	●			권5
驟雨	강한 비가 내리는 자연의 풍경		O	●			
時計	시계종의 반복과 하루의 일과	직접	O				
蝶	나비에 대한 애정과 걱정		O		●		권6
鐵歌	철의 단련	직접	O				
雨	비를 통해 바라보는 물의 순환		O	●			
移秧	모내기의 바쁜 풍경	직접	O	●			권7
學問歌	금강석 연마와 학문에의 정진	직접	O	●	●	●	
漂衣	빨래하는 풍경과 다듬이질 소리	간접	O	●	●		권8

5) 여기서의 작품 목록은 강진호·허재영 편(2010)을 기본 자료로 하여 작성된 것이다. 본서는 중등 교재만을 대상으로 한정하나, 여기서는 당시 이루어지던 시교육의 전반적인 모습을 살펴보기 위해 초등 과정에 해당하는 보통학교의 교재도 대상으로 포함하였다.
또한『보통학교 고등과 조선어독본』권1의 경우에는 발행 시기가 1925년으로 3차교육령기에 속하는 것으로 볼 수 있으나, 우선은 강진호·허재영 편(2010)의 정리에 맞추어 기타 시기로 분류하였다. 이 교재는 박붕배(1987a)에서는 언급되지 않았다. 시기에 대한 구분 역시 두 연구가 조금 다른 관점을 보인다. 강진호·허재영 편(2010)의 경우에는 2차 조선교육령기를 1920.11.12.-1922.2.3.로 보고, 1922.2.4.부터 3차 조선교육령기가 시작되는 것으로 본다. 그러나 박붕배(1987a)의 경우에는 1920.11.12.에 공포된 조선교육령을 1차에 대한 수정안으로 보아 1922.2.4. 공포된 조선교육령을 2차로 본다. 본 연구에서는 강진호·허재영 편(2010)의 구분을 따르기로 한다.
6) [표 1.1]-[표 1.7]에서 흰 동그라미는 해당 교육령기 교과서에 작품이 수록되었음을, 검은 동그라미는 해당 작품이 다른 교육령기에도 수록되어 있음을 의미한다.

[표 1.2] 기타 시기 『보통학교 고등과 조선어독본』(1925) 수록 작품

제목	내 용	훈계	반복 수록				비고
			초기	1차	3차	4차	
農家의 滋味	농가의 생활과 안분지족	간접			○		권1
初生달	장차 광명의 사업을 이룰 초승달	간접			○		
原野의 算術	산술 개념을 통해 바라보는 계절 변화				○		권2
歸省	고향 가는 길에서의 기대와 상상				○		
아버님 忌日	돌아가신 아버지에 대한 그리움				○		

[표 1.3] 1차 교육령기 『보통학교 조선어급한문독본』(1915-1921) 수록 작품

제목	내 용	훈계	반복 수록				비고
			초기	1차	3차	4차	
연과팽이의노래	높이 나는 연과 빠르게 도는 팽이	간접	●	○			권2
驟雨의歌	강한 비가 내리는 자연의 풍경			○			
金剛石	금강석 연마와 학문에의 정진	직접	●	○	●	●	권3
雨	비를 통해 바라보는 물의 순환		●	○			
移秧	모내기의 바쁜 풍경	직접	●	○			권4
漂衣	빨래하는 풍경과 다듬이질 소리	간접	●	○	●		
四時景	사계절의 풍경과 인간의 교감			○			권5
師의恩	스승의 은혜와 입신을 통한 보은	직접		○	●		
春朝	봄 아침과 농가의 바쁜 모습	간접		○			권6
植松	나무와 인간의 성장	직접		○			

[표 1.4] 3차 교육령기 『보통학교 조선어독본』(1923-1924) 수록 작품

제목	내 용	훈계	반복 수록				비고
			초기	1차	3차	4차	
팽이	쉬지 않고 도는 팽이	간접			○		권1
나븨	나비에 대한 애정과 걱정		●		○		권3
달	달타령				○	●	
師의恩	스승의 은혜와 입신을 통한 보은	직접		●	○		권4
빨내	빨래하는 풍경과 다듬이질 소리	간접	●	●	○		권5
金剛石	금강석 연마와 학문에의 정진	직접	●	●	○	●	
四節의노래	사계절과 인간의 근면	직접			○		
七夕	견우 직녀의 만남과 근면	직접			○		권6
善友	좋은 벗의 가르침	직접			○		

[표 1.5] 3차 교육령기 『고등 조선어급한문독본』(1926) 수록 작품

제목	내 용	훈계	반복 수록				비고
			초기	1차	3차	4차	
동무나븨	비를 피하지 못하는 세 마리 나비				○		권5
비둙이 편지	고향에 대한 그리움				○		

[표 1.6] 4차 교육령기 『보통학교 조선어독본』(1931-1935) 수록 작품

제목	내 용	훈계	반복 수록				비고
			초기	1차	3차	4차	
물방아	쉬지 않는 물방아	간접				○	권2
싸락눈	눈을 맞이하는 닭의 시선과 아이의 동심					○	
달	달타령				●	○	권3

자장歌	자장가(멍멍개야 짖지마라……)					○	권3
소	소의 희생과 인간이 배울 점	간접				○	
村婦歌	옷 만들기와 효심	간접				○	권4
夫餘	백제에 대한 회고					○	
漁夫歌	가업을 잇는 어부의 자부심과 기상	간접				○	권5
金剛石	금강석 연마와 학문에의 정진	직접	●	●	●	○	
機會의神	좀처럼 잡기 어려운 기회	직접				○	권6

[표 1.7] 4차 교육령기 『중등교육 조선어급한문독본』(1933-1937) 수록 작품

제목	내용	훈계	반복 수록				비고
			초기	1차	3차	4차	
빗소리	비 오는 풍경에 대한 정서					○	
元山의海邊	원산 해변의 풍경과 고독에 대한 낭만					○	
가을	가을 농촌의 풍경과 밭일을 하며 젖먹이는 어미					○	
공부의바다	끝없이 넓은 공부의 바다와 면학	직접				○	
물방아	언제나 자신의 일을 하는 물방아	간접				○	
봄비	비와 함께 찾아오는 봄					○	
風景	서재의 테이블에서 독서하는 젊은이	간접				○	
새해에	앞길에 대한 새해의 다짐	직접				○	
풀밭	풀밭의 생명에서 느끼는 기운					○	
初秋	가을밤의 풍경에서 느끼는 감상과 적막					○	
山村暮景	산촌의 저녁 풍경					○	

일련의 표에서 알 수 있듯이 어떤 작품은 일제 강점기를 관통하며 지속적으로 교과서에 실렸다. 〈金剛石〉 같은 작품이 그 보기로서, 금강석의 연마 과정처럼 사람도 부지런히 자신을 갈고 닦아야 함을 설파하고 있다.[7]

이는 『조선어독본』류의 교재가 가지는 시교육의 특징을 잘 나타내는 것으로, 그 형식이나 내용의 측면에서 약간의 변형을 보이기는 하지만 독본이 여러 번 바뀌는 과정에서도 반복되어 나타난다. 이 외에도 자연의 모습을 그리고 있는 작품들이 여럿 보이긴 하지만, 이러한 작품들에서도 결과적으로는 수신과 훈계의 주제로 수렴되는 모습을 확인할 수 있다.

중등학교 급의 독본에서는 〈빗소리〉(주요한), 〈산촌모경〉(백기만) 등의 작품이 저자 표기가 생략된 채 제시되기도 한다. 그러나 이러한 작품들은 자연 풍경에 대한 개인의 정서를 표출하는 데에서 그치고 있기 때문에 당대에 우리 시사에서 논의되고 있던 현대시로서의 성격을 충분히 가지고 있는지에 대해서는 다소 의문이다. 그리고 여전히 〈공부의바다〉, 〈새해에〉, 〈풀밭〉 같은 수신 지향적인 작품들[8]이 보이는 점에서, 시교육이 수신이나 훈육, 개인적 정서에의 집중이라는 목표를 향한 도구적 성격으로 사용되었다고 결론내릴 수 있다.

이 시기 교과서에서 '현대시'를 뚜렷하게 의식하고 일정 시수를 안배했

---

7) 식민 초기의 독본에서는 〈學問歌〉라는 제목으로 수록되어 있으며, 원문과 그에 따른 학습 과제는 다음과 같다.
  金剛石이라도갈지안으면, / 燦爛한光彩는날수업도다. / 사람도學問을닥근後에야, / 眞實한德性이나타나리라. / 時計의바늘이間斷이업시 / 돌아감과갓치,一分一秒의 光陰을앗기여 誠勤히하면, / 무슨事業인들成功못할가.
  -연습 : 본과를외여라.
8) 여기서는 대표적으로 〈풀밭〉의 원문만을 제시한다. 자연에 대한 서정적인 태도를 담고 있는 것처럼 보이지만, 그 이면에는 자신의 수양과 관련된 주제가 담겨 있음을 알 수 있다.
  봄날풀밭에누어서, / 눈감고조용이들으면, / 어듸선가美妙한音樂이, / 하나도아니오여럿이, / 數千數萬의숨소리가, / 귀를막어도울려오는 仙女의合唱소리가, / 四面으로서일어나서, / 내神經을震動합니다. / 그것은無數한生命이, / 검은흙속에서때를세는, / 神秘의曲調입니다. / 시방그조용한곳에잇는힘을 / 나는들읍니다,맡읍니다,만집니다. / 太陽과空氣가그힘으로 / 내靈魂을먹감깁니다.

다는 흔적은 찾기 어렵다. 현대시 단원을 따로 설정하거나 새로운 시 양식으로서 현대시 읽기를 요구하지 않았고, 당대의 현대시 현상을 비평적으로 바라보는 활동도 하지 않았다. 무엇보다도 임화류의 전통단절론과 같은 역사적 원근법(긍정적이든 부정적이든)이 교과서에는 나타나지 않는다. 이는 당대의 시문학을 교육적으로 걸러서 재구성하기에는 시차(時差)가 너무 적고, 현대시교육은 물론이고 현대시 자체에 관한 이론도 아직 불안정하며, 교육을 위한 정전도 형성이 되어 있지 않고, 현대시를 현대시로서 가르칠 교사도 전무했던 상황과 연관된다. 말하자면 일제 강점기는 현대시교육을 논하기에는 현상 자체가 불투명한 단계라 할 수 있다.

그럼에도 일제 강점기의 교과서를 살펴보는 이유는 전의식(前意識) 상태에서 이루어지던 시교육의 흔적이 광복 이후까지 남아 있기 때문이다. 문자 행위 중심의 시 읽기 방법, 서울 문단 중심의 강한(powerful) 텍스트 군, 수신과 자연으로 집중되는 소재와 주제, 내용 파악 중심의 학습 활동 등이 그것이다. 특히 시를 '국어(조선어)' 과목에 포함시켜 다른 읽기 텍스트와 나란히 배열하는 방식은 현대시교육의 방향과 운명을 결정적으로 좌우한 흔적이라 할 수 있다.

시교육에 대한 위와 같은 일제 강점기의 접근은 일반적인 교양의 추구라는 차원에서도 이해할 수 있다. 작품의 내용이 수신과 훈계로 집중되어 있는데, 수신은 동양적인 관점에서 볼 때 교양인으로서 성장하기 위한 기본적인 조건으로 작용하기 때문이다. 근대의 독서가 매뉴얼로의 성격(천정환, 2003 : 182-183)을 가진다고 할 때, 이러한 교양 지향성은 당시의 교육이 추구했던 양면적 성격을 보여 주는 것이기도 하다.

교재에 수록된 작품들이 수신과 훈육의 목적을 위한 매뉴얼로서의 성격을 갖는가 하면, 다른 한편으로 비판적이고 실용적인 의식과 거리를 두는 서정적 태도를 강조하는 것은 시교육에 관해 근대의 교육이 가진 양가적인 특징이라 할 수 있다. '비생산적 유한 계층'으로서의 정체성과 함께 피통치자이자 근면을 내재화해야 하는 식민지인으로서의 정체성이 물리적으로 결합된 모습으로서의 '교양인'이 교육의 목적으로 자리를 잡게 된 것이다.

그러나 이러한 교양인의 상은 협소한 차원에서의 교양인에 불과하며 일제가 추구한 교육의 목적에 부합하는 교양인을 벗어나지 못한다는 한계를 지닌다. 포괄적인 의미에서 반성적 사유를 배제시킨 교양인의 양성은 이후 현대시교육의 정착 과정에서도 비슷하게 나타난다.

3. 현대시교육의 모색 : 광복에서 한국 전쟁까지의 시교육

1) 해방 공간에서의 시교육 구축

자주적인 현대시교육은 광복과 함께 시작되는데, 교육의 다른 분야와 마찬가지로 현대시교육도 공교육이 안착되기 전까지는 반관반민(半官半民)의 학술 단체들 중심으로 이루어졌다. 그것도 실제 교실까지 염두에 두기에는 무리였고, 아쉬운 대로 '우리말 우리글' 중심의 교과서 편찬 정도까지 손을 댈 수 있을 뿐이었다. 한국 현대시를 제대로 공부한 교사도 없었고 공교육에서 실제로 그것을 가르쳐 본 경험도 없었기 때문이다.

현대시교육의 정착 과정에서 중요한 변인은 누가 언제 어떤 교과서들을 만들고, 거기서 문학 / 현대시 영역은 누가 담당했는가 하는 인적 변인이다. 소수 전문가가 급하게 새로운 교육을 설계하는 과정에서 교과서를 누가 만드는지에 따라 교육의 방향이 결정되었기 때문이다.[9] 시교육의 입장에서

---

9) 박붕배(1987a : 517-518)에 따르면 군정청 산하의 조선교육심의회 중 교과서를 맡은 제9분과의 위원은 최현배·장지영·조진만·조윤제·피천득·황신덕이다. 조선어학회에서 만든 교과서의 집필위원은 이희승·이숭녕·정인승·장지영·윤재천·이호성·방종현·이태종·윤복영·윤성용이다. 심의위원은 조윤제·최현배·이극로·김윤경·김병제·이은

볼 때 결과는 그리 만족스럽지 못하다. 추구하는 가치만 다를 뿐이지 교훈성과 자연 완상 중심의 시교육관은 일제 강점기와 큰 차이가 없다.

광복 이후 처음 만드는 교과서에 민족의식과 교훈성이 드러난 것은 자연스러운 현상이다. 그보다 관심 있게 봐야 할 것은 그런 상황에서 굳이 현대시를 가르쳐야 한다고 생각한 교과서 저자들의 문학관·교육관이다. 당대 일급의 국어학자와 문인들이 시를 보는 눈이 없다고 말하기는 어려울 텐데, 그들은 왜 그렇게 단일한 경향의 시들을 실으면서도 어쨌든 현대시는 가르쳐야 한다고 생각했을까?

시교육에 대한 초기 전문가들의 관점은 시가 개인의 정체성 및 정서를 형성하는 데 효과적이라는 전제 위에 서 있었다. 그러한 관점에서는 '현대시', 혹은 '근대성'이라는 개념에 대한 고려는 부차적일 수밖에 없다. 예를 들어 김기림은 1946년 2월 8일의 '전국문학자대회'에서 시가 전진하는 자유를 확보한, 새 공화국을 이끌어갈 정신이 되어야 한다고 주장했는데, 여기에서 '당대의 모더니스트'의 모습은 찾아볼 수 없다. 이러한 관점은 이후 현대시교육과 관련하여 정전이 형성·정착되어 가는 과정을 통해 구체화된다.

광복 직후의 교과서에서 '현대시'의 개념을 어떻게 설정했는지는 구체적으로 확인하기 어렵다. 다만, 다음과 같은 자료에서 '예술'에 대한 개념을 통해 유추할 수 있을 뿐이다.

> 요컨대 작가가 묘사한 사상(事象)은 상징임으로 해서, 그것에서 받는 감명(感銘)에 의하여, 독자는 자기의 내적(內的) 생명에 점화(點火)하여, 스스로 타오르는 것이다. 환언하면 자기의 체험 내용을 그것에 의하여 발견하여, 창작가와 동일한 심경에 미도(味到)할 수 있는 것이다. 그 체험 내용을 일우고 있는 것은 작가의 경우와 마찬가지로 인간고(人間苦)요, 사회고(社會苦)가

상·이세정·양주동·주재중·조병화다.

아닐 수 없다. 이 고민(苦悶), 이 심적(心的) 상해(傷害)가 감상자의 무의식(無意識) 심리(心理) 중에도 역시 침재(沈滓)로서 복재(伏在)하여 있었음으로 해서 완전한 감상 즉 생명의 공명 공감이 거기에 성립되는 것이다.10)

이에 따르면 독자는 예술 작품에서 얻은 감명을 통해 "창작가와 동일한 심경에 미도"하게 되는데, 그것은 곧 '인간고이자 사회고'이다. 작가와 독자의 고민이 작품을 통해 만남으로써 "완전한 감상 즉 생명의 공명 공감"이 성립된다는 것이다. 여기서 중요한 것은 자아가 세계를 인식하는, 혹은 세계와 관계를 형성하는 과정에 있어서의 '고민'들 즉, 비판적 인식이다. 당대에 교육의 목표를 설정하고 이를 달성하기 위한 노력이 다급했다고 하더라도 위에서의 내용을 통해 예술로서의 '현대시'가 가지고 있는 기능(機能)이 완전히 배제되거나 묵살당하지는 않았다는 것을 확인할 수 있다. 그러면 이러한 예술관 / 시관이 교육에 그대로 투사되었는가?

먼저 '교수요목'을 보자.

중학교 교수요목(1947.9.1. 미군정청 편수국)

(一) **교수 요지**

　국어를 잘 알고 잘 쓰게 하며, 우리의 문화를 이어 확충 창조ㅎ게 하고, 겸하여 지덕(知德)을 열어 건전한 국민정신을 기르기로 요지를 삼음.

(二) **교수 방침**

(ㄴ) 국어 국문의 전통과 그 표현을 이해ㅎ게 하고, 국어 국문의 사적(史的) 발달을 구명하여, 종래의 사상 문화의 연원과 발달을 자세히 알려, 국민정신을 기르고, 우리 문화를 창조 확충ㅎ게 하는 신념을 배양함.

(ㄷ) 국어 국문을 통하여 덕육, 지육, 체육 등의 정신과 식견을 길러, 건전한 중견국민의 사명을 스스로 깨닷게 함.

(三) **교수 사항**

1 읽기 (중략) 실천 근로 문예 등을 즐기고, 심신을 건전ㅎ게 하여, (하략)

6 국문학사 국문학의 사적 발달의 대요를 가르쳐, 국민의 특성과 고유문화의 유래를 밝혀, 문화사상에의 우리 고전(古典)의 지위와 가치를 알림.

---

10) 조선어학회(1947), 『중등국어교본』(하), 조선교학도서주식회사, 16-17.

교수요목이 지닌 교육철학적, 교육사적 의미에 대해서는 일단 논의를 접기로 하자. 여기서 보고자 하는 것은 문학교육에 대한 교수요목의 관점이다. 그것은 '교수 방침'의 (ㄴ) 항목과 '교수 사항'의 6번 항목을 통해 짐작할 수 있다. 광복 후 초기 시교육을 구축한 전문가들은 문학교육의 초점을 '전통, 사상, 문화, 고전'에 두었고, 구체적인 접근 방법을 문학사에서 찾았다. 여기에 길게 잡아야 50년이 안 되고 엄밀하게 따지면 채 한 세대가 지나지 않은 '현대시'가 비집고 들어갈 틈은 매우 좁다.

자연히 일제 강점기와 마찬가지로 광복 이후의 국어교육에서도 현대시에 대한 진지한 검토는 이루어지지 않았다. 오히려 민족적인 통합을 위한 개념들로 '국민정신', '중견 국민' 등이 사용되면서 이를 위한 제재로 시가 사용되었고, 그 가운데 당대 시인들의 작품들이 수록되었던 정도였을 것이라는 추정이 가능하다. 즉, 시가 먼저 있고 그것을 교육하는 것이라기보다는 '국민'을 길러내는 데 시가 활용되는 국면이었다고 보는 것이 타당하다.

이러한 전제 위에 다음 표를 보자.

[표 1.8] 해방기(광복 – 정부 수립)의 교과서 수록 작품

수록 교재	제목	익힘	시인
중등국어교본 (상)	비스소리	○	(주요한)
중등국어교본 (상)	나막신		이병철
중등국어교본 (상)	비 갠 여름 아침		김광섭
중등국어교본 (상)	복종		한용운
중등국어교본 (상)	파초		김동명
중등국어교본 (상)	난초		정지용
중등국어교본 (상)	엄마야 누나야		김소월
중등국어교본 (상)	경이	○	조명희

중등국어교본 (상)	바다		김동명
중등국어교본 (상)	향수		김기림
중등국어교본 (상)	벗들이여		변영로
중등국어교본 (상)	우리 오빠와 화로	○	임화
중등국어교본 (중)	마음		김광섭
중등국어교본 (중)	산촌모경		(백기만)
중등국어교본 (중)	선구자		양주동
중등국어교본 (하)	그대들 돌아오시니		정지용
중등국어교본 (하)	석탑의 노래		오장환
중등국어교본 (하)	초혼		김소월
중등국어교본 (하)	마음의 태양		조지훈

당연한 이야기이지만, 광복과 함께 교재에 수록된 작품이 대폭 변경되었다. 주요한의 〈빗소리〉와 백기만의 〈산촌모경〉을 제외하고는 모두 새로 수록된 작품들이며, 『조선어독본』류의 교재와는 달리 작가를 명기하는 것이 대세다.11) 또한 다른 산문 제재와는 달리 일제 강점기의 독본에 수록된 작품과는 두 편만 겹치는 모습을 보인다.12) 교재에 수록된 19편의 작품들은 주로 민족의 아픔이나 해방의 감격을 노래한 작품이나 자연과의 교감을 나타내고 있다. 임화의 〈우리 오빠와 화로〉의 경우가 다소 생소하게 느껴질 수 있으나, 이에 대해서는 반일 감정의 확인이라는 분석(남민우, 2005)이 타당해 보인다. 자유로운 정신으로서의 시를 주창했던 모더니즘 시인 김기림의 경우에도 형식적인 측면에서만 자유로운 모습을 보이는 작품이 수록되어 있어 이 시기 국어 교육이 바라보는 현대시는 민족적 정서를 표방하거나 자연에 대한 예찬을 나타내는 매체13)로서의 성격을 가

11) 그러나 정작 『중등국어교본』에서는 연이어 수록된 〈비ㅅ소리〉와 〈산촌모경〉의 작가를 밝히지 않았다.
12) 이에 대한 정리는 허재영(2009 : 324-327)을 참고할 수 있다.

지는 것으로 보인다. 제재별로 '익힘' 활동을 살펴보자.

> −〈비스소리〉
>   ㄱ. 이 비는 어느 절기에 오는 빈가?
>   ㄴ. 시(詩)와 산문(散文)이 어떻게 다른가?
>   ㄷ. "남모를 기쁜 소식"이란 건 무엇을 말함인가?
> −〈경이〉: "우주가 새 아들을 낳았다고 기별합니다"를 설명하라.
> −〈우리 오빠와 화로〉: 이 노래를 보고 느낀 바를 말하라.

　　여기서 알 수 있는 사실은 산문 제재들에 비해 '익힘' 활동이 거의 보이지 않는다는 점이다. 박붕배(1987b : 132)는 "1947−1948년 『중등국어』에서는 단원별로 4~5개 항의 '익힘' 난을 설정했"다고 하였으나, 현대시 제재들을 다루는 단원들에 대해서는 '익힘' 활동이 없거나, 있더라도 1~3개에 그치는 점을 확인할 수 있다. 위에서 본 '익힘' 활동들에서도 한 구절을 설명하라거나, 그 느낌을 이야기하라는 정도가 시를 읽고 나서 이루어질 수 있는 활동의 전부임을 알 수 있다. 설명의 방법이나 느낌이 형성되고 수정되는 과정 등에 대한 언급이나 보다 근본적으로 이루어져야 할 자아의 고민은 전혀 보이지 않는다.

　　이는 다음의 두 가지의 관점으로 바라볼 수 있다. 하나는 '시를 읽고 나서의 효과는 외부에서 확인하기 어렵다'는 관점이 투영된 것으로, 그 저변에는 시를 쓰고 읽는 활동에 대한 신비주의적 가치관이 자리 잡고 있었다. 다른 하나는 '시를 읽고 나서의 효과는 굳이 확인할 필요가 없다'는 의식이 투영된 것으로, 여기서의 제재들은 학습자들이 충분히 이해하고 받아들일 수 있다는 전제에서 출발한 것이라는 추측이 가능하다. 두 관점 모두 현대시를 읽는 일 그 자체를 현대시교육의 핵심으로 보고 있다는 점

---

13) 자체의 독자적인 가치를 가진다기보다는 메시지를 전달하는 기능이 강하다는 의미로 '매체'라는 용어를 사용한다.

에서 공통점을 찾을 수 있다. 그리고 시를 읽는 행위는 자동적으로 정서의 순화나 민족의식의 고취로 이어질 것이라는 신념 또한 그 배경에 놓여 있음을 확인할 수 있다.

남민우(2005 : 285-288)는 이 시기의 현대시 수록 작품을 분석하면서 그것들이 진혼가로서의 성격을 가지고 있음을 지적한다. 동일한 맥락에서 당시의 교재에는 풍자문학이나 자기비판의 작품도 없었던 것이다. 사회의 불안정은 한국 '문학'을 가르치기보다는 '한국' 문학을 가르치기에 급급한 모습을 낳는 결과를 가져왔다. 이병철, 정지용, 조명희, 김기림, 임화, 오장환 등 좌익 계열 작가들의 작품이 보이기도 하지만, 실상 임화의 작품을 제외하고 나면 대부분 '순수 서정'적인 내용으로 선별되어 있다.14) 자연과의 합일을 지향하는 '순수 서정'의 태도는 곧 민족적 혹은 국민적 합일에 대한 또 다른 표현으로 수렴될 수 있었던 것이다.

일제 강점기의 시교육이 식민지 건설에 초점을 맞추었던 것에 대한 반작용으로 광복 후의 시교육은 탈식민지인으로서의 '국민'이 갖추어야 할 보편적 정서의 함양에 초점을 맞추었으나, 양쪽 모두 일부에 국한된 목적의식에 경도된 점은 공통적이다. 교육 내용으로서의 한국 현대시가 정립되기도 전에 현대시는 그 근대적인 인식과는 무관하게 정서 순화 및 민족의식의 고취를 위한 수단으로 먼저 사용되기 시작한 것이다.

2) 남북 문단의 재편과 시교육의 재구성

1948년 8월 정부가 수립되고 문교부는 『중등국어』 1에 이어 『중등국어』 2·3을 발간했다. 또한 1950년부터는 종래의 3권 체재를 6권 체제로 바꾸어 발간하기 시작하였다.15) 전체적인 교재 구성의 방식은 이전의 『중등국어교

---

14) 나아가, 김양선(2011)은 이 시기 교과서에 수록된 좌익 계열 작가의 작품이 변형되어 있다는 점을 지적하였다.

본』(상·중·하)와 큰 차이를 보이지 않으며, 수록된 작품의 목록은 다음과 같다.(* 표시는 『중등국어교본』에도 수록된 작품이다.)

[표 1.9] 정부 수립기(1948-한국 전쟁)의 교과서 수록 작품

수록 교재	작품	익힘	시인
중등국어 1	복종*		한용운
중등국어 1	나막신*		이병철
중등국어 1	장날		노천명
중등국어 1	산수도	○	신석정
중등국어 1	봄	○	김기림
중등국어 1	벗들이여*		변영로
중등국어 1	엄마야 누나야*		김소월
중등국어 1	바다*		김동명
중등국어 1	비 갠 여름 아침*		김광섭
중등국어 2	기회	○	김소월
중등국어 2	산유화	○	김소월
중등국어 2	선구자		양주동
중등국어 2	춘설		정지용
중등국어 2	들길에 서서		신석정
중등국어 2	고향		정지용
중등국어 2	탱자		박종화
중등국어 3	마음의 태양*	○	조지훈
중등국어 3	돌	○	신석정
중등국어 3	못	○	김기림
중등국어 I	나무		한흑구

---

15) 본 연구에서 확보한 자료는 『중등국어』 1·2·3과 『중등국어』 I-Ⅴ까지다.

중등국어 I	해바라기		윤곤강
중등국어 I	벗들이여*		변영로
중등국어 II	겨레의 새해		김영랑
중등국어 II	들길에 서서		신석정
중등국어 II	민족의 축전		김광섭
중등국어 III	씨 뿌리는 사람		빅토르위고
중등국어 III	마음의 태양*		조지훈
중등국어 IV	해방의 노래		김광섭
중등국어 IV	국화 옆에서		서정주
중등국어 IV	승무		조지훈
중등국어 V	청자부		박종화
중등국어 V	해		박두진

이 표를 바탕으로 볼 때, 문교부에서 발간한 중등국어 교재에 수록된 작품은 모두 29편이다.16) 이 제재들은 대한민국 정부 수립 이후의 현대시 교육 역시 기본적으로는 자연과 민족을 기본적인 정서의 대상으로 삼고 있음을 보여 준다. 이전 시기에서 잠시 모습을 보였던 임화의 작품은 수록되지 않았다. 김영랑의 〈겨레의 새해〉나 김광섭의 〈민족의 축전〉, 〈해방의 노래〉와 같은 경우는 민족과 국가에 대한 친화력을, 윤곤강의 〈해바라기〉, 변영로의 〈벗들이여〉, 신석정의 〈들길에 서서〉 등의 작품들은 삶과 자연에 대한 친화력을 강조하는 경향을 보인다.

이러한 모습은 유기체적인 시관의 영향을 반영하는 것으로도 볼 수 있다. 그러나 그 안에서 근대적인 의미에서의 부정의 논리(김윤식, 1992 : 26)가 깃들어 있지 않은 이상 그것은 여전히 세계에 대한 자아의 동화(同化)에 머

---

16) 아라비아 숫자본의 교재와 로마자 숫자본의 교재에서 중복되는 경우는 1편으로 처리하였다.

무르는 한계를 지닌다. 동화의 정서가 서정 장르의 기본 요소라 볼 수 있기는 하지만, 여기에서의 작품들은 형식적인 면에서의 자유로움만 제외하고 나면 동화의 정서를 지나치게 강조한 나머지 개인의 의식으로 대표되는 근대성을 확보했다고 보기는 어렵다. 시적 대상에 대한 치밀한 사고 및 분석보다는 추수·찬양적인 태도가 일관되어 있다는 점 또한 특징이다.

개인적이고 비판적인 사고보다는 세계와의 융화와 그 안에서 겪게 되는 주체의 정서에만 초점을 맞추다보니, 이전 시기에 가까스로 수록되었던 임화의 〈우리 오빠와 화로〉와 같은 작품은 다시 제외되었다. 이는 정부의 수립과 함께 좌우 노선의 대립이 극명해진 것과도 그 흐름을 같이 한다(남민우, 2005).

이전 시기의 교재들에서와 마찬가지로, 여기에서도 '익힘' 활동은 활발하게 제시되어 있지 않다. 다음 정도로 그치고 있을 뿐이다.

-〈산수도〉
　　　ㄱ. 이 시에서 어느 귀절을 가장 재미스럽다고 생각하는가?
　　　ㄴ. 시와 산문이 무엇이 다른가?
-〈봄〉(동일한 제목의 현대 시조 두 편[이병기, 이은상]과 같이 제시)
　　　ㄱ. 이상의 세 노래가 다 같은 형식인가?
　　　ㄴ. 세 노래의 제목은 다 봄이면서 각기 무엇을 말한 것인가?
-〈기회〉와 〈산유화〉
　　　ㄱ. 강 위에 놓인 다리를 건느는 데에는 무엇이 필요한가?
　　　ㄴ. 새의 마음을 가만히 생각하여 보라. 어떤 느낌을 받는지.[17]
-〈마음의 태양〉과 〈돌〉 : 이 두 시는 각각 무엇을 노래한 것인가? 간단히 말하여 보라.
-〈못〉 : 이 시를 읽고, 느끼는 바를 말해 보라. 그러한 느낌을 주는 가장 대표적인 구절을 몇 개 들어 보라.

여기에 다음과 같은 서술이 교재에 포함되어 있는데, 이를 통해 시를

---

17) 줄임표의 길이는 실제 교재의 길이와 유사하게 작성하였다.

포함한 예술을 국어교육에서 어떻게 바라보았는가를 확인할 수 있다.

> 작가가 자기의 생명을 상징에 의하여 표현하였다 하면, 이 상징을 통하여 독자도 역시 자기의 흉중에 창작을 하는 것이다. 작자 편이 산출적(産出的) 창작을 한다 하면, 독자는 이것을 받아들여서 스스로 또한 공명적 창작을 하는 것이다.
>
> -『중등국어』 V, 93.

위의 내용은 조선어학회가 편찬한 『중등국어교본』에도 수록되었던 글의 일부로, 독자 또한 일종의 '창작'을 하는 주체라고 보는 관점을 제시함으로써 일견 수용미학이나 구성주의적인 관점에서의 시 읽기를 강조하는 것으로도 보인다. 그러나 이는 어디까지나 작가에 대한 추수적인 성격을 벗어나지 못하기에 그 결과는 또 다시 "창작가와 동일한 심경에 미도(『중등국어』 V, 95)"하는 것이라는 한계를 넘지 못한다. 독자가 아무리 자유롭게 작품을 읽더라도 그 귀결점은 자연에 대한 예찬이나 민족 국가 의식의 고취로 모아지게 됨을 암시하는 것이다. 이것은 『중등국어 4』에 실려 있는 〈시인의 사명〉이라는 글에서도 확인할 수 있다.

> 평화로운 시대에 있어서 시인(詩人)의 존재(存在)는 가장 비싼 문화(文化)의 장식(裝飾)일 수도 있는 것이다. 그러나, 그 시인이 처(處)하여 있는 국가가 비운(悲運)에 빠졌거나 통일(統一)을 잃었거나 하는 때에 있어서, 시인은 그 비싼 문화의 장식(裝飾)에서 떠나, 혹은 예언자(豫言者)로, 또는 민족혼(民族魂)을 불러일으키는 선구자적(先驅者的) 지위(地位)에 놓여 질 수도 있는 것이다.[18]

이 시기에는 문교부 외에 개인 저자들이 발간한 교재도 확인할 수 있다. 김병제는 『신편중등국어』 1·2·3을, 이병기는 『중등국어』 1-6을, 조지훈은

---

18) 이헌구(1949), 「시인의 사명」, 문교부 편, 『중등국어』 IV, 조선교학도서주식회사, 1.

『고등국어』를 발간했는데, 각 교재에 수록된 작품의 목록은 다음과 같다.

[표 1.10] 정부수립기의 민간 발간 교과서 수록 작품

수록 교재	작품	시인
신편중등국어 1	집	권환
신편중등국어 1	가을밤	박아지
신편중등국어 1	고향	정지용
신편중등국어 1	봄	박팔양
신편중등국어 1	가곺아	이은상
신편중등국어 1	박꽃	이희승
신편중등국어 2	우리들의 팔월로 돌아가자	김기림
신편중등국어 2	달밤	윤곤강
신편중등국어 2	샘물	설정식
신편중등국어 2	봄의 선구자	박팔양
신편중등국어 3	조국	김광섭
신편중등국어 3	들	임화
신편중등국어 3	훌륭한 새벽이여, 오늘은 그 푸른 하늘을 찾으러 갑시다	신석정
신편중등국어 3	바다의 여인	조벽암
(이병기편)중등국어 1	팔월	박종화
(이병기편)중등국어 1	보슬비	김억
(이병기편)중등국어 2	봄비	변영로
(이병기편)중등국어 2	마음	김광섭
(이병기편)중등국어 3	새벽이여	신석정
(이병기편)중등국어 3	조국	김광섭
(이병기편)중등국어 3	귀촉도	서정주
(이병기편)중등국어 4	윤봉길 의사	서정주

(이병기편)중등국어 4	산촌모경	(백기만)
(이병기편)중등국어 4	(제목 표기 없음—내 고향은……)	김억
(이병기편)중등국어 4	밤호수	모윤숙
(이병기편)중등국어 4	장미	?
(이병기편)중등국어 5	마음의 태양	조지훈
(이병기편)중등국어 5	해방의 노래	김광섭
고등국어 2	삭주 구성	김소월
고등국어 2	산	김소월
고등국어 2	이니쓰프리이	예이츠
고등국어 2	하늘의 옷감	예이츠
고등국어 2	청산도	박두진
고등국어 2	해	박두진

이를 종합하면 정부 수립 이후 발간된 국어과 교재들에 수록된 작품은 모두 48편으로, 이 가운데 김광섭의 〈마음〉, 조지훈의 〈마음의 태양〉, 변영로의 〈벗들이여〉, 백기만의 〈산촌모경〉, 양주동의 〈선구자〉 등 5편의 작품은 해방 공간에 발간된 교재에도 수록되었던 작품이다. 임화의 〈우리 오빠와 화로〉가 『중등국어교본』에 수록된 이후 『신편중등국어』에는 임화의 〈들〉이 수록되었다는 점이 특이한 사항으로 보이며, 그 이외의 작품들은 문교부에서 발간한 교재나 개별적으로 편찬한 교재가 서로 비슷한 성격을 지니고 있다. 다만, 개별적으로 편찬한 교재들이 보다 다양한 작가군을 포함하고 있는 점이 눈에 띈다.

그런데, 개인들이 편찬한 교재들 가운데 조지훈의 『고등국어』에서는 예술에 대한 접근이 문교부본 교재와 차이를 보인다.

영원한 예술 작품은 일시적 환경의 실용적 관심을 초월하여서 오직 무관

심적이라야만 될 것이다.[19)

앞에서 살핀 『중등국어』에서의 예술에 대한 감상이나 시인의 사명과 비교해 보면, 이 관점은 무관심적인 태도가 예술적인 공명과 전혀 무관하지 않다는 점, '문화의 장식'이야말로 무관심적인 태도와 상관관계에 있다는 점에서 여전히 맥을 같이 한다고 볼 수 있다. 그러나 『중등국어』의 글들이 예술의 정서적인 반응에 보다 초점을 둔 반면, 조지훈의 『고등국어』에서의 예술은 '무관심적인 관심'에 초점을 둔다는 차이를 보인다. 이것은 조지훈의 개인적인 세계관이 투영된 결과이기도 하겠지만, 당대의 '정치적 문학'에 대한 경계가 보다 뚜렷하게 드러나는 모습이기도 하다. 동일한 교재에 수록되어 있는 다음의 글은 이러한 견해를 보다 공고하게 한다.

> 문학과 정치는 동일한 것이 아니다. 동시에 완전히 절연할 수 있는 것도 아니다. 정치와 문학의 관계는 긴밀한 것이 있다. 그렇다고 해서, 그 어느 것이 어느 것에 예속될 수 있는 것도 아니다. (중략) 오늘날 일부 정치주의 문학도들에게 있어서는, 정치의식이 그대로 문학 의식으로 대치되어 있으며, 또 이것이 가장 진보적인 문학 사상인 줄 오해하고 있으나, 이러한 왜곡(歪曲)된 견해는 멀지 않은 장래에 그들 자신에 의하여 비판되고 회개될 날이 올 것이다.[20)

여기서 한 가지 짚어야 할 것은 이데올로기 대립의 격화 및 체제 분단과 함께 남북 문단의 재편이 시교육에 영향을 끼치는 양상이다. 대체로 문학사의 전개와 문학교육사의 전개 사이에는 일정한 시차가 생기는데, 이 시기는 그 시차가 비교적 적게 나타난다. 그 이유는 물론 현대시와 현대시교육의 역사 자체가 짧기 때문이다. 남북 문단이 재편된 결과는 표면적으로 수록 작품의 변화로 나타나지만, 그 이면에서 문학과 문학교육의

19) 안호상(1949), 「예술미란 무엇인가」, 조지훈 편, 『고등국어』 2, 한길사, 82.
20) 김동리(1949), 「문학과 정치」, 조지훈 편, 앞의 책, 62-67.

필요성 및 기능, 지향점에 관한 점진적인 변화를 읽어낼 수 있다. 훗날 이른바 '문협 정통파'로 일컬어지는 문필가협회와 청년문학가협회의 이념과 문학관을 교과서가 받아들이기 시작한 것이다. 이로써 '현대시 40년'의 총체성은 위축되고 선별에 의한 시교육의 재구성이 일어난다. 이 '선별'은 이데올로기뿐 아니라 미학도 포함하는 전면적인 선별이다.

3) 한국 전쟁에 대한 시교육의 대응

한국 전쟁 발발부터 1차 교육과정에 따른 교과서가 나오기 전까지의 교과서를 살펴보면 전체 24편(외국 작가의 작품을 제외하면 21편)으로, 이전 시기에 비해 작품 수가 상당히 줄어든다. 이것은 전쟁 이전에 비해 교재의 면수가 줄어든 데서 이유를 찾을 수 있겠으나, 다른 한편으로는 외국 작품의 수용이 이전에 비해 늘어난 점을 볼 때 수록하기에 적절한 국내 작품을 찾지 못한 데에도 이유가 있을 것이다. 한국 전쟁기에는 종군 문단이 당시 한국의 문단 전체를 의미할 정도로 큰 비중을 지니고 있었다는 사실(임도한, 2004 : 177)이 이에 대한 근거로 작용할 수 있다.

이 시기에는 두 가지 구성 방식의 교재를 확인할 수 있다. 시기상으로 먼저 발간된 『중등국어』류의 교재는 이전의 제재 나열식 구성 방식이 그대로 유지되고 있는 반면, 『중학 국어』류의 교재는 대단원이 설정되고 그에 알맞은 제재들이 하위 단원의 내용으로 제시되어 있다. 교재의 구성 자체가 체계를 갖추기 시작한 모습이라고 볼 수 있겠으나 실상 수록 작품들에는 큰 차이가 발견되지 않는다.

이 시기에 발간된 교재에 수록된 작품의 목록은 다음과 같다(여기서는 수록 교재보다는 작품을 우선 기준으로 삼아 정리하였으며, 교재에 별다른 '익힘' 활동은 제시되지 않았다).

[표 1.11] 한국 전쟁기(한국 전쟁-1차 교육과정 이전)의 교과서 수록 작품

교재	제목	시인
중등국어 1-1	나무	한흑구
중학국어 1-1		
중등국어 1-1	해바라기	윤곤강
중학국어 1-1		
중등국어 2-2	마음	김광섭
중학국어 2-1		
고등국어 1	해방의 노래	
중등국어 2-2	청노루	박목월
중학국어 2-1		
중등국어 2-2	하늘	박두진
중학국어 2-1		
고등국어 2	해	
중등국어 2-2	원수의 피로 씻은 지역	유치환
중학국어 2-1		
중등국어 3-1	논개	변영로
중학국어 3-2		
중등국어 3-1	씨 뿌리는 시절 저녁	빅토르위고
중등국어 3-1	내 귀는	장 곡토
중등국어 3-1	가을 노래	폴 베를렌
중등국어 3-1	석류	폴 발레리
중등국어 3-2	국군은 죽어서 말한다	모윤숙
중학국어 1-2	조국에 바치는 노래	이은상
중학국어 2-1	빛을 찾아 가는 길	조지훈
고등국어 1	승무	
중학국어 2-2	-	-
고등국어 1	금잔디	김소월

고등국어 1	엄마야 누나야	김소월
고등국어 1	산유화	김소월
고등국어 1	산	김소월
고등국어 1	모란	김영랑
고등국어 1	국화 옆에서	서정주
고등국어 2	청자부	박종화
고등국어 3	-	-

유치환의 〈원수의 피로 씻는 지역〉, 모윤숙의 〈국군은 죽어서 말한다〉, 이은상의 〈조국에 바치는 노래〉는 당시의 전쟁 상황이 현대시교육에 투영되었음을 보여 준다. 그러나 이것이 당시의 현대시교육에서 전쟁에 대한 대응이 중심적인 축을 이루고 있었다는 평가를 내리기에 충분한 자료가 된다고 보기는 어렵다. 여전히 자연에 대한 예찬적인 태도를 보이는 작품들이 다수를 보이고 있으며, 『고등국어』의 경우에는 전쟁과 관련된 작품이 한 편도 수록되어 있지 않기 때문이다.

전쟁이라는 당대의 특수한 상황 속에서도 소위 말하는 '순수 서정시' 계열의 작품이 많이 수록된 것은 정전 체계의 형성에 관한 연구(정재찬, 1996)에서 확인되는 '이중적인 기준'이 여전히 유효했음을 보여 주는 특징이라 할 수 있다. 그러면서도 다른 한편으로는 교재의 내용이 전시 체제속으로 함몰되지만은 않는 모습도 보여 준다. 그렇다고 해서 이러한 모습이 전쟁에 대한 균형 잡힌 시선을 반영한다고 볼 수는 없다. 함몰되지 않은 표면적인 모습 이면에는 그 사이에서 배제된 담론에 대한 감시가 남아 있기 때문이다. 임도한(2004 : 175)은 전쟁문학 작품이 펼치는 스펙트럼의 양 끝을 전쟁 수행에 동참하는 의도가 강한 경향과 전쟁의 부조리함을 비판하며 휴머니즘을 내세우는 경향으로 정리했는데, 이 양 극단을 오가는 스펙트럼 속에서 당시의 교재에 채택된 작품들이 전자의 방향으로 치우쳐 있는 것은 분명하다.

서동수(2006)는 한국 전쟁기의 문학 담론이 지배 이데올로기에 대한 자기 고백과 그를 통한 자아 정체성의 획득으로 이어지는 성격을 가진다는 점을 지적한다. 전쟁과 관련된 반공의 담론은 "논리가 아닌 감정의 차원이 되어야" 하는데, 그 이유는 작품들이 추구하는 바가 "북한 공산주의에 대한 강한 적대감"에 있었기 때문이다. 결국 "중요한 것은 적개심이었고 그것은 곧 감정의 영역"이었던 것이다. 그의 논의를 참고할 때 교재에 수록된 작품들이 보이는 '전쟁-자연 예찬'의 이중적인 구도는 하나로 통합될 수 있다. 그것은 바로 세계에 대한 주체의 감정적 대응이다. 이는 김윤식(1992)이 언급한 근대 시기의 '심혼시'나 '유기체적 시관'과도 연결되며 세계에 대한 비판적 인식이나 대응보다는 세계와의 합일, 여기에 방향성을 노출시키는 표현을 쓴다면 특정 세계로의 편입을 추구하는 모습으로 볼 수 있다.

이로부터 '1차 교육과정' 고시에 따른 공식 교육과정기로 이행하게 되는바, 광복 이후 10여 년에 걸친 역사·사회적 경험과 문학적 모색이 어떠한 온축 과정을 거쳐서 공식 교육과정화하는지를 살핌으로써 한국 현대시교육의 출발점을 점검할 수 있게 된다.

4. 현대시교육의 정착 :
한국 전쟁 이후 국가 교육과정 수립 전까지의 시교육

개화기는 물론이고, 일제 강점기의 시교육은 대체로 교육계보다 문단·비평계·언론 등에서 그 맹아를 찾을 수 있다. 이제 막 근대성에 눈을 뜨면서 '현대 자유시'라는 새로운 장르를 개척해 가는 와중에, 게다가 공교육은 식민 당국의 통제를 받는 상황에서 학교가 시교육에까지 눈을 돌릴

여유는 없었다고 보는 편이 맞다. 한시를 포함한 한문교육의 전통과 19세기 말부터 도입된 일본식 교육 체제, 그리고 근대 지향적인 사회·교육 운동가와 국어학자·시인들이 현대시교육의 전사(前史)를 만들어낸다.

따라서 현대시교육사에 대한 이해는 개별 문학으로서의 '영문학'을 발견하면서 시작되는 영문학교육의 역사와는 분명 다른 논리와 철학을 필요로 한다.[21] 또한 교육에 비해 실제성이 다소 덜하다고 여겨지는 시사(詩史)의 전개와도 다른 논리를 개발해야 한다. 예를 들어 왜곡된 근대사에서 모더니즘이나 『시문학』류의 순수시 운동은 역사·사회 의식의 또 다른 형태의 표현으로 해석할 수 있지만, 식민지의 학생들에게 모더니즘과 순수시를 가르치는 것은 그런 논리로 설명하기 어려운 것이다. 더구나 일제 강점기 시교육은 끊임없이 '조선교육령'으로 대표되는 식민 당국의 교육적 간섭을 받아야 했다.

이런저런 점을 고려해 보면, 수신과 자연, 고전 지향 등으로 요약되는 일제 강점기의 시교육 논리는 세 층위의 담론이 중첩된 결과로 볼 수 있다. 첫째는 근대의 논리를 어떻게든 문학교육에 투입해 보고자 하는 시도다. 하지만 이 시도는 시사(詩史) 자체의 연륜이 낮고 역량이 부족해서 큰 역할을 하지는 못한 것으로 보인다. 둘째는 문학이 지닌 윤리적·정서적 힘을 적극적으로 활용하려는 경향이다. 이는 기실 한문학 시대의 전통을 이은 것이자 개화기에서 일제 강점기를 거치면서 독특하게 발달한 것으로, 시의 주제와 인간·사회·역사관을 중시하는 경향으로 나타났다. 셋째는 식민 당국이 위로부터 내리누르는 이데올로기와 그에 대한 (어떤 방향이든) 반작용으로서 아래로부터 반응하는 이데올로기의 길항이다. 그 결과는 일방적인 식민 담론의 강요나 민족 담론의 반발이 아닌 개인 차원의 수신과 자연 정서 쪽으로 시교육의 물꼬를 트는 것으로 나타났다. 이러한

---

21) 예컨대 한국문학은 '한국어'가 워낙 도드라지기 때문에 '탈한문학(脫漢文學)'이면 별다른 이의 없이 민족문학으로 인정되었다.

내부 논리가 근대적인 학교의 외장을 씀으로써 광복 후 시교육에까지 영향을 끼치는 것이 초기 시교육의 형성 과정이다.

여기에 정전 논의와 동양적 문인주의를 첨가하면 반식민주의, 순문학주의, 전통·자연 지향성, 문학의 교훈적 성격("문학으로써 ~ 한다.") 강조, 국어과 내에서 문학과 언어 기능의 분리, 형식에 대한 내용(주제·소재·정서 등) 우선주의(감동은 대체로 내용에서 온다!), 교양주의("교양인이라면 모름지기 문학을 알아야 한다."), 단형 서정시 치중, 민요·대중시 등과의 분리, 등단 제도와 '시인=기인(奇人)'의 이미지 등이 유도돼 나오고, 이것이 그대로 한국 현대시교육의 종심(縱深)이 되는 것이다.

지금까지 살펴본 바와 같이, 한국 현대시교육의 기층 구조는 어느 면에서는 탄탄하게 다져진 모습이지만, 다른 면에서는 아무런 토대를 가지고 있지 않은 모습을 보인다. 이는 수록된 작품의 작가를 중심으로 다시 자료를 정리했을 때 더욱 잘 드러나는 부분이기도 하다.[22]

[표 1.12] 현대시교육 형성기의 교과서 수록 작품

작가	작품	해방기	정부수립기	한국전쟁기	작가	작품	해방기	정부수립기	한국전쟁기
김광섭*	마음	○		○	변영로	벗들이여	○	○	
	민족의 축전		○			논개			○
	비 갠 여름 아침	○	○		서정주*	국화 옆에서		○	○
	해방의 노래		○	○		돌		○	
김기림	향수	○			신석정	들길에 서서		○	
	봄		○			산수도		○	
	못		○		양주동*	선구자	○	○	

22) 여기서는 문교부에서 발간한 교재에 수록된 국내 시인들만을 대상으로 하였다.

작가	작품	①	②	③	작가	작품	①	②	③
김동명	파초	O			오장환	석탑의 노래	O		
	바다	O	O		유치환*	원수의 피로 씻은 지역			O
김소월	초혼	O			윤곤강	해바라기		O	O
	금잔디		O		이병철	나막신	O		
	기회		O		이은상	조국에 바치는 노래			O
	산유화		O	O	임화	우리 오빠와 화로	O		
	산			O	정지용	난초	O		
	엄마야 누나야	O	O	O		그대들 돌아오시니	O		
김영랑	겨레의 새해		O			고향		O	
	모란		O			춘설		O	
노천명	장날		O		조명희	경이	O		
모윤숙	국군은 죽어서 말한다			O	조지훈*	마음의 태양	O	O	
박두진*	해	O	O			빛을 찾아 가는 길			O
	하늘		O			승무	O	O	
박목월*	청노루			O	주요한	비ㅅ소리	O		
박종화*	탱자		O		한용운	복종	O	O	
	청자부	O	O		한흑구	나무	O	O	

위의 표에서 확인할 수 있는 것처럼 해방 이후부터 한국 전쟁기까지의 교재에 모두 작품이 수록된 작가는 김광섭, 김소월, 변영로, 조지훈에 그친다. 실상 이 기간이 채 10년도 되지 않는다는 것을 고려하면, 현대시교육이 시인과 작품을 선별하는 데 있어서 양면적인 기준이 적용되었다는 가설을 세울 수 있다.

첫째 기준은 국가적인 통합을 추구할 수 있는가의 여부다. 수록 작가는 전조선문필가협회 및 그 하위 조직으로 발족된 조선청년문학가협회에 참여한 시인들23)이 두드러지며, 이들의 작품은 정부 수립기에 이어 한국 전

---

23) 해당 작가는 *로 표시하였다.

쟁기까지도 지속적으로 교재에 수록되는 모습을 보인다. 해방 직후는 시집 및 잡지의 발간을 포함한 창작 활동이 전성기를 이루었던 시기이기도 한데(오세영 외, 2007 : 214-219), 새로운 시에 대한 모색을 보여 준 김수영이나 김춘수의 작품은 교재에 수록되지 않는다. 그야말로 논리나 비판적 사고보다는 감수성으로 통일된 주체의 성장을 상정하지 않고서는 선택하기 어려운 제재의 목록이라 할 수 있다.24)

이것은 대부분의 작품들이 '읽고 느끼는' 활동을 위해 사용되었다는 점에서도 확인할 수 있는 부분이다. 표본 수가 제한되어 있는 한계가 있지만, 확보된 교재 속에서 나타나는 교수·학습의 모습은 시구에 대한 풀이 정도가 전부다. 오늘날 볼 수 있는 구조적인 분석이나 주제적인 정리 등이 확인되지 않는다면, 당시 이루어진 현대시교육의 모습은 어려운 표현이나 단어들을 설명하는 정도에서, 그것도 동어반복적인 풀이에서 그쳤다는 정도로만 정리될 뿐이다.25)

둘째 기준은 역설적으로 첫째 기준 외에는 별다른 기준을 적용시키지 않은 것이다. 다시 말해, 작품 선택의 기준이 뚜렷하게 정립되어 있지 않다. 김기림이나 정지용의 작품들이 한국 전쟁기에 발간된 교재에는 수록되지 않았다는 것까지는 첫째 기준으로 설명되지만 김소월의 〈금잔디〉나 〈기회〉, 신석정의 〈돌〉, 〈들길에 서서〉, 〈산유화〉 등이 정부 수립기의 교재에만 잠시 수록된 것은 작품 선정 기준의 궁핍함을 방증하는 것이기도 하다.

---

24) 이 부분에 대해서는 당대 국어과 교사들의 자질과도 관련이 있을 것으로 보이나, 이를 확인할 수 있는 자료들은 아직 확인되지 않고 있다. 김수영이나 김춘수의 작품들을 소위 '가르칠' 수 있는 능력의 유무 또한 작품 선택의 기준으로 작용할 수 있었을 것이기 때문이다.

25) 유치환의 〈원수의 피로 썻는 지역〉이 수록된 교재에서 이러한 모습을 확인할 수 있었다. 가장 극명한 예는 '지역'이라는 시어에 밑줄을 긋고 '땅의 구역'이라는 메모를 덧붙이거나, '부조(父祖)'라는 시어에 밑줄을 긋고 '아버지와 할아버지'라는 풀이를 적어 놓은 것이다.

5. 현대시교육의 형성에 대한 평가

시교육의 전개 과정을 보면 광복 이후 10년 정도의 시교육 형성기를 거치면서 현대시교육의 기본 담론이 완성된다. 시교육은 이러한 담론의 바탕 위에서 그것을 개신하고 재구조화하는 작업이며, 그런 점에서 공식 교육과정이 시작되기 전의 이 기간에 대한 심층적인 이해가 필요하다.

지금까지 살펴본 현대시교육의 형성 과정에서 주목할 사항은 '현대시교육'에서 정작 '현대시'가 온전하게 반영되어 있지 않은 점이다. 교육과정에서 '현대시'라는 용어의 본격적인 사용을 확인하기 어려운 것도 비슷한 맥락에서 살펴볼 수 있다. 그러나 보다 본질적인 원인은 당시의 교육이 현대시를 기반으로 한 근대성에 대해 주체적으로 접근하지 못한 데에서 찾을 수 있다.

일제 강점기의 시교육은 수신 / 훈육과 자연에 대한 서정적 태도에만 집중되었고, 해방 이후에는 민족적인 정서와 정체성의 전달에만 집중되었으며 이러한 경향은 전쟁 시기까지도 이어진다. 세계에 대한 주체적인 인식보다는 주어진 인식의 틀을 전파하는 일이 보다 우선시되었던 상황에서, 근대성은 학습자를 대상화하는 맥락에서만 작용했으며 세계에 대한 주체의 개인의식이라는 측면까지는 다루지 못했다. 국가 교육과정을 통해 진행된 현대시교육은 바로 이러한 흐름 속에서 출발한다.

그 결과 아무리 당겨 잡아도 3차 교육과정기까지는 진정한 의미의 현대시교육으로 보기 힘든 상황이 계속되었다. 교훈성과 자연 서정에 민족 이데올로기를 부가하는 것으로는 근대성을 구현하는 데 한계가 있기 때문이다. 철저하게 분석주의 이론으로 무장한 4차 교육과정기에 와서야 시와 근대성에 대한 자각이 부분적으로 이루어졌으나, 그 또한 이데올로기 측면에서 한국 현대시의 총체성을 담보하지 못한 한계를 지닌다. 결국 한국 현대시교육은 시의 본성과 근대성에 대한 자각이라는 화두를 해결하

지 못한 채 형성, 성장하기 시작하였고, 시교육에 관한 담론은 그러한 불
완전성을 해소하기 위한 작업이었음을 알게 된다.

이면사 1

문학 자체가 교육 기능을 담당하다 :
최초의 번역시집 『오뇌(懊惱)의 무도(舞蹈)』

학교에서 배우는 교과서 속의 시보다 학교 밖에서 자유롭게 읽는 시나 글들이 재미있기 마련이다. 착하고 아름답게 살아야 한다고 훈계하는 교과서 작품보다 자신의 벌거벗은 마음을 그대로 보여 주는 작품에 더 손이 가는 것은 당연지사다. 그러면, 그런 교과서 밖의 시들은 교육과 관계가 없는가? 여기에 문학교육의 묘미가 있다. '쾌락설'과 '교훈설'의 오래된 구별에서도 알 수 있듯이, 문학은 굳이 교육을 끼워 넣지 않더라도 그 자체로 교육적인 가치를 지닌다. 어떤 식으로든 문학이 독자의 생각과 삶에 변화를 불러일으킨다면 그것이 곧 교육이다.

근대시에서 문학 자체가 교육적 기능을 지니고 있었던 사례를 김억의 『오뇌(懊惱)의 무도(舞蹈)』에서 볼 수 있다.

> 『懊惱의 舞蹈』가 發行된 뒤로 새로 나오는 靑年의 詩風은 懊惱의 舞蹈化하였다 할 이만큼 變하였다. 다만 表現法에서만 그러한 것이 아니라 思想과 精神에까지 놀랄 만한 影響을 미치었다. 말하자면, 空谷의 傳聲이라 할 만하였다. 甚至於 「여라」, 「나니」하는 岸曙의 特殊한 用語例까지도 많이 模倣하게 되었다. 아마 一卷의 譯書로 이처럼 큰 影響을 일으킨 일은 實로 稀幻한 일이라 할 것이다. 또 이 詩集이 한번 남으로 그것이 刺激이 되어 많은 詩作이 일어난 것도 事實이니, 岸曙의 朝鮮 新詩 建設에 對한 功績은 이 〈懊惱의 舞蹈〉 一卷으로 하여 磨滅할 수 없을 것이라고 믿는다(이광수, 1977 : 415).

한자에 놀라지 말자. 오래전 글이라는 것을 표시하기 위한 것뿐이니. 이 글에서 이광수는 『오뇌의 무도』 발행이 당대 사람들에게 어떠한 영향을 끼

쳤는지에 대해 적고 있다. 새로 나오는 청년의 시풍(詩風)이 '오뇌의 무도화'
되었다고까지 적은 것을 보면 당대에『오뇌의 무도』의 성가(聲價)가 어떠했을
지 보지 않아도 상상할 수 있다.

여기서『오뇌의 무도』가 어떤 책인지 궁금증이 생긴다.『오뇌의 무도』는 우
리나라 최초의 서구시 번역집으로서, 베를렌(Verlaine), 구르몽(Gourmont), 싸맹
(Samain), 보들레르(Baudelaire), 예이츠(Yeats) 등의 시 85편이 번역되어 있다. 단순
히 외국시를 번역해 놓은 것으로만 보이지만 한국 근대 문학 공간에 서구의
문예 사조로 처음 소개된 것이 프랑스 상징주의라는 점, "『오뇌의 무도』에 주
로 베를렌을 비롯한 프랑스 상징파(象徵派)에 속하는 시인들의 작품이 의도적으
로 번역 수록되어 있다는 점"(정한모, 1975 : 339), 김억이『학지광(學之光)』(1916)과
『태서문예신보(泰西文藝新報)』(1918)에 꾸준히 서구 상징주의 계열의 시와 시론을
번역하여 소개하고 그 시편들을 모아서『오뇌의 무도』로 엮어 냈다는 점 등을
종합하여 생각하면, 이광수의 표현에서 볼 수 있듯이 이 시집의 "조선 신시 건
설에 대한 공적"은 매우 크다.

좀 더 구체적으로 당대 독자들에게 안서의 번역시편들이 어떠한 영향을
끼쳤는지에 대해 살펴보자.

첫째, 김억의 번역 시편들은 당대 문학 공간에서 자유시에 대한 인식을 형
성하는 데 큰 영향력을 행사했다. 정한모(1975 : 291)는『태서문예신보』에 등
장한 김억, 황석우 등의 시에 대해 전대의『청춘』등에서 볼 수 없었던 시에
대한 근대적인 인식이 드러난다고 하였다. 특히 근대시에 대한 자각을 뒷받
침하는 증거로 그들이 번역하고 소개한 서구의 시와 시단 및 사조를 들고 있
는데, 김억이 비교적 정확한 안목으로 서구의 근대시에 접근하였다고 평가하
고 있다. 한계전(1998)도 김억이 상징주의 시론을 단순히 사조론적 측면에서
만 수용한 것이 아니라,「프랑스 시단(詩壇)」과「시형(詩形)의 음율(音律)과 호
흡(呼吸)」에서 보이듯이 상징주의 시론을 통해 운율 의식에 눈을 뜨고 궁극적
으로 자유시론을 형성하는 계기로 삼았다고 평가하고 있다. 특히 김억은 베
를렌의 시를 선호하였는데, 그가 번역한 베를렌의「작시론(Art poétique)」은 당

시 문인들에게 큰 영향력을 끼쳤다. "'아름다운 말을 얻으려 하지 말고 말을 가벼이 하여 음악적인 효과를 목표로 하라'는 「작시론」의 창작 원리는 이러한 김억의 소개에 힘입어 문학을 지망하는 젊은 세대들에게 강한 전파력을 발휘하였다."(최동호, 2007 : 116)

둘째, 『오뇌의 무도』를 통해 당대 독자들은 이제까지 겪어 보지 못했던 새로운 시적 감정을 경험하게 되었다. "『오뇌의 무도』를 통해서 한국적인 자유시의 패턴이 굳어졌고 권태, 절망, 고뇌, 죽음과 같은 새로운 시적 감정을 경험하게 된"(김영철, 2007 : 104) 것이다. 여기서 말하는 새로운 감정이란 구체적인 개인사에서 발생한 감정이라기보다 '근대'라는 역사적·사회적 조건에서 발생한 특수한 감정들이라 해석할 수 있다. 또한 새로운 시적 감정들이라는 것은 그러한 감정들이 시로 형상화되었다는 점을 의미한다.

단 한 권의 번역 시집이지만, 당대의 독자들은 이러한 번역서를 읽음으로써 외국의 시를 경험하고, 여기서 얻은 경험을 통해 자유시에 대한 인식도 확장하고 자유시에 대한 모색을 가속화할 수 있었다. 이는 "최남선처럼 일본어 번역에 의존하지 않고 서양 원문, 즉 기점 텍스트에서 직접 번역하여 소개"한(김욱동, 2010 : 167), 창작의 과정에 버금가는 번역 과정이 뒷받침되었기 때문에 가능했던 것이다. 당대의 교과서에 이러한 번역 시편들이 직접 다루어지지는 않았지만, 시에 관심이 있고 자유시라는 것을 어떻게 써야 하는지에 대해 궁금증을 지니고 있던 사람들에게 『오뇌의 무도』는 그 자체로 훌륭한 교육적 자극을 주었다.

이면사 2

이념이 문학을 지우다 :
해방기 현대시교육의 진폭

 문학은 특정 사회의 이데올로기 또는 세계관을 반영하기 때문에 광복 이
후 새로운 국가를 건설하는 과정에서도 중요한 방편으로 활용되었다. 당시
교육의 중심 화두 '민족정신의 회복'이라는 목표를 지향하는 데에 문학이 가
장 적합한 통로로 받아들여진 것이다. 이 시기 한국문학의 과제는 잃어버린
민족 주체성을 회복해야 한다는 현실적인 요구에 따라 민족어의 구현을 통
해 민족 문학을 재정립하는 일이었다(박윤우, 2014 : 116). 이와 관련하여 미군
정기 교과서에서 임화의 작품을 제재로 다룬 현상은 문학의 기능과 이념 사
이의 길항 관계에 관해 특별한 문제의식을 던져 준다.
 임화는 당시 한국 문단의 좌익계를 대표하는 작가이자 사상가였으며 〈우
리 오빠와 화로〉 역시 혁명 정신에 대한 의지를 표명하는 내용이었다. 그럼
에도 불구하고 『중등국어교본』은 민족의 애환을 달랜다는 측면에 주목하여
이 작품을 제재로 수록하였다. 당시 국어교육 설계의 주도권을 지닌 조선어
학회는 특정한 이념에 치우치지 않은 좌우 합작의 노선을 표방하면서 상위
심급에서 '민족'이라는 단일 이념을 추구하고 있었다.26) 내면으로는 극좌・
극우를 모두 지양하면서 순정 우익의 관점에서 국어교육의 개혁을 수행했
는데(남민우, 2005 : 283), 그들이 임화의 작품을 교과서에 수록한 것은 좌우익

---

26) 조선어학회가 보이는 '비정치성의 정치성'의 태도는 이들이 지향하는 근본 과제에서도
  추론해 볼 수 있다. 이들은 한글을 가르치고 배우는 것을 지극히 당위적인 차원에서 접
  근하고자 하였으며, 『중등국어교본』의 작품 선정 역시 현재 살아남은 사람들은 어떻게
  죄책감을 덜고 살아갈까 등의 가치 차원의 과제 등을 인식하고 있었다(남민우, 2005 :
  286).

이라는 이데올로기보다는 민족정신의 회복이라는 목적을 더 중시한 결과로 볼 수 있다. 따라서 〈우리 오빠와 화로〉의 소녀 화자는 계급의식을 고취하는 각성한 프롤레타리아가 아니라 오빠(가족)를 잃은 상처받은 한국인을 대변하는 존재로 초점이 맞추어진다. '가족을 잃고 가장의 책무를 맡아야 하는 식민지 사회의 가련한 누이'로 해석하는 것이다. 더욱이 가족을 잃는 고난의 원인이 일본의 압제에 있다는 점은 당시 상황에서 보편적인 공감을 줄 수 있었다.

그러나 민족정신의 회복을 위한 언어와 문학의 강조는 이념 대립이 격화됨에 따라 점차 특정한 사상적 경향으로 경도되는 모습을 보인다. 즉 개별 문학 작품들은 작가의 이념 지향성에 따라 특정한 하나의 사상만을 표상하는 것으로 이해되었으며, 문학의 가치 역시 어떤 집단이 문단을 주도하는가에 따라 재평가되었다. 광복 이후 한국 문단은 일제의 잔재를 청산하여 새로운 시대의 토대를 마련하려는 목적과 이전 시대의 문학이 지닌 유산과 전통을 계승하여 지속적인 발전을 꾀하려는 목적 사이에서 극심한 진폭을 경험한다(박윤우, 2014 : 113). 하지만 1948년 남한의 단독 정부 수립 후 조선문학가동맹 계열의 시인들이 월북하거나 침묵을 택하면서 남한 문단의 주도권은 우파 순수 문학으로 경도된다. 당연히 시교육도 교육 목표나 문학성이 아니라 작가나 작품이 표방하는 이념을 중시하여 재편성된다. 민족 우파 중심의 이념 지향성은 그와 대비되는 계급 좌파 이념을 배제함으로써 성립하였으며, 이는 그대로 시교육 현장에도 이어졌다.

　개학되고 한 달쯤 되어서이다. 부임해 온 지 얼마 안 되는 국어 과목의 최 선생이 다음날 국어 시간에 교과서와 함께 먹과 붓 그리고 벼루를 준비해 오라고 일렀다. 우리는 그대로 하였다. 국어 시간이 되자 최 선생이 먹칠을 해서 지워야 할 글의 제목과 책장의 숫자를 칠판에 적었다. 우리는 시키는 대로 진한 먹물로 자기 교과서의 지워야 할 곳에 먹칠을 했다. 혹 먹물이 흐릿해서 활자가 보이는 경우엔 교사가 주의를 주어 다시 칠하도록 일렀다. 한참 그러고 있는데 정복 차림의 경관 한 명이 들어와서 교실을 한 바퀴 둘러보고 나갔다.

먹칠이 끝난 뒤에 시간이 남았지만 수업은 없었다. 누구누구의 글을 먹칠했는
지는 기억나지 않지만 꽤 되었다고 생각한다. 다만 정지용의 〈고향〉과 〈춘설〉
을 지웠다는 것만은 분명하게 기억하고 있다. 당시 정지용은 내게 있어 시인
중의 시인이자 우리말의 스승이었고 그의 작품을 지운다는 것이 너무나 애석
하고 부당하다 생각되었기 때문이다(유종호, 2004 : 264-265).

좌익계와 월북·납북 작가의 작품 삭제는 시교육의 실천 차원에서 폭넓게
이루어졌다. 애초에 『중등국어교본』에는 많은 좌익계 작가의 작품이 실려
있었는데, 남한 문단이 재편되면서 그들의 작품은 '먹물'로라도 가릴 수밖에
없었다. 유종호의 회고록에서 볼 수 있듯이 이 시기의 시교육은 민족 지향과
이념 지향 사이에서 혼란스럽게 흔들리고 있었고, 이러한 흔들림은 우익 편
향성이 강화된 『중등국어』가 발행될 때까지 계속되었다.

> 군정 때 문교부에서 발행된 國語教本 교본에는 左右合作, 美蘇共同委員會
> 활동이 판치던 그 때인지라, 그리고 教材 즉 美文의 관념에서 저명한 좌익작
> 가의 문장이 태반이었다. 새로 제출된 국어검정교과서에도 餘風이 남아 있어
> 심지어 월북作家의 일제시대 작품이 그대로 실려 있는 형편이었다. (중략) 초대
> 장관 安浩相씨는 반공투사로 자타가 공인하던 터에 一民主義를 표방하여 교재
> 로서도 一民主義思想 고취코자 노력하는 중에 좌익작가의 글이 어떻게 國定
> 또는 檢定 교과서에 들 수 있느냐는 소신이었던 것이다. 이 사실은 全國文化團
> 體聯合會總會에서 결의된 건의문에 의한 결과인 줄로도 안다. 하여튼 교재에
> 서 좌익작가를 몰아내는 첫 시책에 된서리를 맞은 局長의 당황한 모습이 이제
> 도 눈에 떠오른다(최태호, 1970 : 12).

이 편수 비화에서 볼 수 있듯이, 사상 편향에 따른 문학의 수단화 과정은
국어교육 전반에 걸쳐 급속도로 전개되었다. 국어 교과서의 제작에는 국어를
잘 가르치고 배우거나 국어에 대한 인식을 갖출 수 있는 원리 외에 특정 이
념을 배제하고자 하는 논리가 강하게 작용하였다. "미문(美文)의 관점에서 저
명한" 작가라 할지라도 그가 좌익이라면 해방 전에 쓴 작품까지 모두 배제되

어야 했다.

　이런 현상은 문학을 둘러싼 기본적인 프레임, 곧 '작가＝작품 프레임'이 시교육에 상당히 강하게 작용하고 있음을 방증한다. 이는 현재에도 큰 차이는 없어서, 예컨대 서정주를 둘러싼 친일문학 논쟁은 '작가＝작품 프레임'의 전형을 보여 준다. 작가는 죽어도 그 이름을 남기며 작품 자체의 교육적 효용성보다 더 큰 그림자를 시교육에 드리우고 있다. 언어활동과 관련하여 아무리 좋은 기능(技能)을 습득할 수 있는 작품이라고 하더라도 그 작품이 담고 있는, 혹은 그 작품을 생산한 주체의 사상이 '두려운' 것이라면 이를 애써 제시할 필요는 없다. 이 원칙은 1988년 납북·월북·재북 작가의 작품이 해금된 뒤에도 여전히 적용된다. 이념이나 사상으로부터 완전하게 분리된 언어 기능이 존재할 수 없다는 점을 해방기의 교육 기획자들은 이미 간파하고 있었던 것이 아닐까?

▌쌈지 문답

◉ 질문 하나

현대시도 하나의 '제도'로 볼 수 있다고 하는데, 일제 강점기에서
해방기까지 '현대시'라는 제도는 어떻게 정착되었나요?

　　현대시의 형성 배경은 여러 가지를 듭니다만, 제도의 측면에서 보면 1920
년대 이후 활발하게 이루어진 동인(同人) 활동과 신문, 잡지가 그 토대라고 말
할 수 있습니다. 동인지는 사상이나 경향 따위가 같은 사람들끼리 모여 발행
한 잡지이므로 당대의 동인지를 검토하는 일은 현대시를 보는 관점과 생
산·수용의 양상을 파악할 수 있는 좋은 방법이지요. 근·현대시의 발달 과
정에서 다양한 동인지를 바탕으로 '문단(文壇)' 개념이 형성되어 전문적인 작
가층이 등장했을 뿐 아니라 그들의 문학적·사상적 경향을 통해 각기 다른
시론이 발달하였습니다.

　　우리 시문학사의 초기 동인 활동은 1920년대의 주요 문예 전문지인 『창조』,
『폐허』, 『백조』를 통해 살펴볼 수 있습니다. 『창조』는 1919년 김동인·주요
한·전영택이 도쿄에서 첫 호를 발행하였으며, 시 70여 편, 소설 21편, 희곡 4
편, 평론 16편, 번역시 49편을 수록했습니다. 이후 이광수·김억 등이 참여하여
활동의 폭이 넓어졌고, 시 분야에서 최초의 근대적 자유시라고 하는 주요한의
〈불놀이〉가 발표되어 본격적인 자유시의 발달을 촉구하였습니다. 구어체의 문
장을 사용하여 문체를 개혁하고 순수 문학 운동을 전개한 특징을 보입니다.

　　1920년 김억·남궁벽·변영로·염상섭·황석우 등은 "옛것은 멸하고, 시
대는 변하였다. / 내 생명은 폐허로부터 온다."라는 실러(Schiller, J. C.)의 시구
에서 의미를 차용한 『폐허』 동인을 구성합니다. 『폐허』는 3·1운동의 실패 이

후 퇴폐주의적 경향을 보인다고 알려져 있지만 실제로는 퇴폐주의·감상주의·이상주의·낭만주의 등의 다양한 사조사의 작품들이 발표되었다는 점에서 특징을 지닙니다.

『백조』는 1922년 박종화·홍사용·나도향·박영희가 주축이 되어 결성된 문예지입니다. 이상화의 〈나의 침실로〉, 박종화의 〈사(死)의 예찬〉, 박영희의 〈꿈의 나라로〉와 같은 시 분야의 활동이 두드러졌으며, 소설 분야에서는 나도향의 〈여이발사〉, 현진건의 〈할머니의 죽음〉이 대표적이라고 할 수 있습니다. 『백조』에는 1919년 3·1운동의 실패로 인한 비탄과 허무주의에 따른 당시의 지식인층의 의식이 반영되어 있으며, 서구의 낭만주의와는 다른 퇴폐주의적인 성향이 발현된 것도 당시의 사회·문화적 상황과 높은 관련을 지닌다고 볼 수 있습니다.

한편 1924년 염상섭의 주조 하에 『폐허 이후』의 동인이 결성됩니다. 여기에는 기존의 『창조』, 『백조』, 『폐허』의 동인들이었던 다양한 문인들이 고루 참여하였으며, 『폐허』의 정신을 이어 나가고자 하였습니다. 오상순의 〈폐허의 제단〉, 염상섭의 〈잊을 수 없는 사람들〉, 주요한의 〈빗소리〉, 현진건의 〈그립은 흘긴 눈〉이 대표작으로 발표되었습니다. 그러나 『폐허 이후』는 통권 1호를 발행하는 데에 그쳤으며 이후 해방과 한국 전쟁 시기를 거치면서 동인 활동은 그 영향력이 점차 감소하게 됩니다. 본격적인 동인 활동은 1930년대에 잠깐, 1950년대에 또 한 번 활성화되며, 이후 1960년대에는 현대적 관점에서의 동인지 및 무크지 활동이 이어지게 됩니다.

1920년대의 동인들은 식민지 시대를 살아가는 지식인들이나 일본 유학생 등으로 구성되어 있었기에 해외 문학 사조를 적극적으로 수용하여 문학의 예술성을 추구하고자 하였습니다.[27] 동인지의 성격을 퇴폐적 낭만주의나 자

---

27) 문예 사조의 수용과 발현으로서 동인지 문학을 평가하는 데는 다소 부정적인 시각 역시 존재한다. 임화(1993)는 동인지 문학이 제대로 된 서구의 문예 사조를 실현하는 데 실패했으며, 자연주의에서 낭만주의로 이행하는 과정에서 시대적 인식을 외면한 채 퇴폐주의에 빠져 있음을 지적한다. 조연현(1969) 역시 동인지 문학이 문예 사조의 개념에 대한 착란을 보이고 있으며 『창조』는 사실주의, 『백조』는 낭만주의적 경향, 『폐허』는 사조적

연주의적으로 이해하는 것은 외국의 문예 사조를 받아들였던 배경과 관련이
되어 있습니다. 동인 활동이 서구의 문예 사조에 관심을 가지고 집단적으로
문학을 추구하게 된 계기는 무엇보다도 일제 강점기라는 특정한 배경과의
상관성에서 찾아볼 수 있습니다. 식민지 시기의 지식인은 근대라는 새로운
가치와 사회 변화에 앞장서 있었으면서도 그것이 일본이라는 외세에 의해
타율적으로 진행된 산물이라는 점에서 불완전한 위치에 있었습니다. 이들에
게 있어 이전 시대의 봉건성을 탈피하고 근대 인식을 심화시키는 길은 근대
적 가치와 산물을 심화·정제시키는 것으로서 이해되었습니다.[28] 따라서 동
인 활동은 폐쇄적으로 이루어졌으며, 동인지가 겨냥하는 독자층 역시 대중을
벗어난 지식인 독자층으로 한정되는 양상을 보이게 됩니다. 따라서 일제 강
점기부터 해방기까지 현대시가 어떻게 향유되었는가를 살피는 것은 이러한
한정적인 영역 안에서만 가능하다는 한계가 있기는 합니다. 당대에는 지금처
럼 온 국민이 짧게는 9년 길게는 12년에 이르는 정규 교육과정을 통해 모두
가 시를 접할 수 있는 것은 아니었기 때문입니다.

한 가지 더 고려할 점은 동인들이 단결력이 높아질수록 점차 그들과 같은
이념을 가지고 있으면서도 전문성을 지닌 작가를 발굴해 내는 일이 중요해
졌다는 것입니다. 동인지 활동을 통해 일부 집단들은 문단 주도권을 갖게 되
며, 이들은 문학 담론의 주류를 이루게 됩니다. 동인지에서 논쟁을 펼치거나
진영화를 구축하는 활동을 통해 문학과 사상에 관한 가치와 담론을 생산하
는 일종의 장치가 되었던 것입니다(차혜영, 2001 : 105). 따라서 특정한 문학 집
단이 자신들의 위치를 유지하기 위해서는 더 많은 동인들을 확보할 필요성

다양성의 특징을 보인다고 밝힌다.
28) 당시 근대성의 발달을 촉구하고 신문물의 가치를 받아들였던 지식인들에게는 대중은 여
전히 봉건 상태에 봉착해 있는 것으로 받아들여졌다. 따라서 독자적인 근대의식을 심
화·정제시키고자 했던 지식인층에게는 문학 창작에서부터 그 향유에 있어서도 반봉건
적인 독자층이 요구되었다. 동인들이 신문 연재나 혹은 종합지의 형태를 거부한 채 전
문지의 성격으로서 동인지를 발행하고, 지상의 발표자 역시 동인이나 동인들의 추천을
받은 자에 한정했다는 점은 이를 방증하는 것이다(최수일, 2000 : 90).

이 생기게 되었죠. 이를 위해 마련된 제도가 바로 등단과 추천제라고 할 수 있습니다. 특히 1950년대는 신문의 신춘문예와 문예지의 추천제 및 대중 종합지의 현상 문예가 동시다발적으로 등장하여 상호 경합하면서 등단 제도가 정착되는 시기입니다(이봉범, 2009 : 365). 이들의 활동은 전쟁 이후 황폐화되었던 문학의 창작과 향유 생태계를 복원하는 데 큰 영향을 미치게 됩니다.

❂ 질문 둘

일제 강점기의 대표적 시인이지만 중앙 문단과 거리가 멀었던
김소월은 어떤 과정을 거쳐 문학에 입문하고 등단하였나요?

김소월은 1902년 9월 7일, 외갓집이었던 구성에서 공주 김씨 집안의 장손
으로 태어났습니다. 마을에서 제일가는 유지이자 종가로서 김소월은 유복한
어린 시절을 보내게 됩니다. 소월의 고향이었던 정주는 한적한 농가 마을이
지만 남강 이승훈, 춘원 이광수, 안서 김억, 유암 김여제, 기당 현상윤, 백석
백기행 등이 태어난 고장입니다. 이렇듯 조그마한 마을에서 문인과 학자들이
대거 배출되었던 기반은 근대 교육기관이었던 오산학교가 중심이 되었기 때
문입니다(김학동, 2013 : 196).

김소월 역시 남산초등학교를 졸업한 뒤에 1915년에 중학 과정인 오산학교
에 입학하게 됩니다. 그는 젊은이들의 신교육을 독려하였던 오산학교에서 남
강이나 안서 등의 스승을 만나 교육을 받으면서 시심(詩心)을 키우게 됩니
다.[29] 안서 김억은 김소월과는 인척 관계였으나, 그가 김소월과 직접 대면한
것은 오산학교에서 스승과 제자로 만났을 때로 볼 수 있습니다. 김억은 시인
으로서 동경 유학생들이 발간한 『학지광』에 작품을 발표하였으며, 『창조』와
『폐허』동인으로 활동하면서 선구적으로 해외 문학 이론을 국내에 알린 문
인입니다. 김억은 김소월의 습작을 보고 단번에 그의 시적 재능을 발견하고,

---

[29] 오산학교에서의 생활은 김소월이 시인이 되는 과정에서 매우 의미심장한 영향을 미쳤다
고 볼 수 있다. 먼저 일생 동안의 스승이자 가장 가까운 문우로서 안서 김억을 만나 시
인으로 등단하였으며, 다음으로는 향토 생활을 떠나 오산학교에서 만났던 다양한 교육
자들을 통해 민족이나 국가에 대한 개념을 확립하게 되었다. 당시 오산학교의 교장이자
소월의 조부와의 친밀 관계가 있었던 이승훈은 신교육을 위해 앞장섰던 선구적인 인물
이었으며, 교사였던 조만식 역시 소월의 민족의식에 대한 각성에 많은 영향을 미친 것
으로 보인다. 이를 통해 소월은 민족의 슬픔과 한에 대해 자각하게 되었으며 시적 형상
화를 통해 민족에 대한 의식을 승화하고자 하였다(오세영, 2000 : 22).

소월에게 시 작법을 적극적으로 지도하게 됩니다. 또한 그의 작품을 문단에 발표함으로써 시인으로 자리매김하도록 하는 데 결정적인 역할을 맡습니다.

1919년 봄에 졸업을 한 뒤 소월은 한동안 고향에 머무르면서 동네 아이들에게 야학을 시키는 한편 작품 창작에도 열을 다합니다. 1920년 안서의 주선으로『창조』와『학생계』에 〈낭인(浪人)의 봄〉, 〈먼 후일〉 등의 여러 작품을 발표하고, 이듬해부터는 동아일보와『개벽』에 수십 편의 시를 게재하였습니다. 이후 1925년에는 시집『진달래꽃』을 출간하면서 시인으로서 왕성한 활동기를 보냅니다.

김소월의 작품들은 추천 및 현상 문예를 통해서 세상에 알려지게 됩니다. 그는 다른 문인들과 교유하기보다는 오산학교 시절 스승이었던 안서와의 관계만 유지하였으며[30], 등단부터 작품 활동, 사후 유고 시집인『소월시초』의 발간까지 모두 안서 김억이 도맡게 됩니다. 이렇듯 김소월이 시인으로 자리매김하게 된 데는 김억의 발견과 후원의 역할이 컸습니다.

---

30) 김소월의 전기를 살펴볼 때 그의 학창 생활이나 문단 활동 전반에서 교우 관계는 매우 좁았던 것으로 보인다. 학창 시절에는 남산 학교의 동급생이자 친숙이었던 김상섭과 김의수가 유일한 친구였으며, 오산학교나 배재고보 시절에는 최재철과의 짧은 교류만이 관찰된다. 배재고보 시절 알게 된 이후 잠깐씩 조우했던 나도향을 제외하고는 문인들과의 관계를 맺지 못한 것으로 보인다. 따라서 김소월의 등단 및 문단 활동에서 스승이었던 안서 김억의 영향력이 중요하게 작용하였다고 볼 수 있다(오세영, 2000 : 22).

참고 문헌

[자료]

강진호·허재영 편(2010), 『조선어독본』 1-5, 제이엔씨.

조선어학회 편(1946), 『중등국어교본』 상, 군정청문교부.

조선어학회 편(1947), 『중등국어교본』 중, 군정청문교부.

조선어학회 편(1947), 『중등국어교본』 하, 군정청문교부.

문교부(1948), 『중등국어』 1-3, 조선교학도서주식회사.

문교부(1950), 『중등국어』 ①, 조선교학도서주식회사.

문교부(1949), 『중등국어』 II, 조선교학도서주식회사.

문교부(1949), 『중등국어』 III, 조선교학도서주식회사.

문교부(1949), 『중등국어』 IV, 조선교학도서주식회사.

문교부(1950), 『중등국어』 V, 조선교학도서주식회사.

김병제 편(1948), 『신편 중등국어』 1-3, 고려서적주식회사.

이병기 편(1949), 『중등국어』 1-6, 금룡 도서주식회사.

조지훈 편(1949), 『(문교부 검정) 고등국어』 2, 한길사.

문교부(1952), 『중등 국어』 1-1, 합동도서주식회사.

문교부(1952), 『중등 국어』 1-II, 대한교과서주식회사.

문교부(1953), 『중등 국어』 2-II, 박문출판사.

문교부(1952), 『중등 국어』 3-I, 민중서관.

문교부(1952), 『중등 국어』 3-II, 대한문교서적주식회사.

문교부(1953), 『중학 국어』 1-I, 대한교과서주식회사.

문교부(1954), 『중학 국어』 1-II, 대한교과서주식회사.

문교부(1953), 『중학 국어』 2-I, 대한교과서주식회사.

문교부(1954), 『중학 국어』 2-II, 대한교과서주식회사.

문교부(1954), 『중학 국어』 3-II, 대한교과서주식회사.

문교부(1953), 『고등 국어』 1, 대한교과서주식회사.

문교부(판권지 유실), 『고등 국어』 2.

문교부(1954), 『고등 국어』 3, 대한교과서주식회사.

[연구 논저]

강석(2009), 「시교육 정전 체계의 분석과 재구성」, 교원대학교 박사학위논문.

국어교육미래열기(2009), 『국어교육학개론』, 삼지원.

권혁준(1996), 「신비평이 한국 시교육에 미친 영향과 전망」, 『비평문학』 10, 한국비평문학회.

권혁준(1997), 『문학이론과 시교육』, 박이정.

김기창(1992), 『구비문학교육사』, 집문당.

김선배(1998), 『시조문학교육의 통시적 연구』, 박이정.

김양선(2011), 「『중등국어교본』이 구성한 해방의 기억 : 수록된 시 텍스트를 중심으로」, 한국문학교육학회 제58회 학술대회 자료집, 한국문학교육학회.

김영숙(2003), 「고등학교 국어 교과서 현대시의 통시적 고찰」, 교원대학교 석사학위논문.

김영철(2007), 「근대시의 형성기(1894년-1919년)」, 오세영 외, 『한국현대시사』, 민음사.

김욱동(2010), 『근대의 세 번역가』, 소명출판.

김윤식(1992), 『근대시와 인식』, 시와시학사.

김재홍(1998), 『한국 현대시의 사적 탐구』, 일지사.

김창원(2003), 「문학교육과정 발전의 논리와 개선 방안」, 『문학교육학』 12, 한국문학교육학회.

김창원 외(2004), 「문학 영역 및 과목의 교육과정 개선 방안 연구」, 교과교육공동연구지원사업 연구보고서 KRF-2003-030-A00009.

김창원(2007), 「시교육과 정전의 문제」, 『한국시학연구』 19, 한국시학회.

김학동(2013), 『김소월평전』, 새문사.

난대 이응백박사 고희기념논문집간행위원회 편(1992), 『광복 후의 국어교육』, 한샘.
        (우한용, 「문학교육의 회고와 전망」; 홍웅선, 「제1차 교육과정기」; 고창식, 「제2차 교육과정기」; 이병호, 「제3차 교육과정기」; 정준섭, 「제4차 교육과정기」)

남민우(2005), 「미군정기 국어교육계의 구조와 의미 연구」, 『국어교육학연구』 24, 국어교육학회.

라영균(2003), 「정전과 문학교육」, 『독어교육』 26, 한국독어독문학교육학회.

박붕배(1987a), 『한국국어교육전사』 (상), 대한교과서주식회사.

박붕배(1987b), 『한국국어교육전사』 (중), 대한교과서주식회사.

박붕배(1997), 『한국국어교육전사』 (하), 대한교과서주식회사.

박승희(2004), 『시교육과 문학의 현재성』, 새미.

박용찬(2005), 「한국전쟁 직후 현대시의 국어 교과서 정전화 과정 연구」, 『어문학』 91, 한국어문학회.

박윤우(2014), 「해방기 시의 역사 기억과 문학사 교육의 문제」, 『한중인문학연구』 45,

한중인문학회.

서동수(2006), 「한국전쟁기 문학 담론 연구 : 반공텍스트의 기원과 고백의 정치학」, 『우리어문연구』 27, 우리어문학회.

송 무(1997), 「문학교육의 정전 논의」, 『문학교육학』 1, 한국문학교육학회.

안병관(1989), 「중·고 국어교과서에 수록된 현대시의 변천 연구」, 경북대학교 석사학위논문.

오세영(2000), 『김소월, 그 삶과 문학』, 서울대학교출판부.

오세영 외(2007), 『한국현대시사』, 민음사.

우한용(2009), 『한국근대문학교육사연구』, 서울대학교출판부.

유성호(2008), 「문학교육과 정전 구성」, 『문학교육학』 25, 한국문학교육학회.

유영희(2007), 「문학교육과정의 인식 변화 및 특성」, 『교육연구』 3(1), 대구대학교 사범대학 부설 교육연구소.

유종호(2004), 『나의 해방 전후』, 민음사.

윤여탁(1998), 「문학교육의 반성과 방향 모색 문학교육의 방법론과 입시 제도」, 『민족문학사연구』 12, 민족문학사연구소.

윤여탁 외(2006), 『국어교육 100년사』, 서울대학교출판부.

이광수(1977), 「文藝瑣談」, 『李光洙全集』 10, 삼중당.

이봉범(2009), 「1950년대 등단 제도 연구 : 신춘문예와 추천제를 중심으로」, 『한국문학연구』 36, 동국대학교 한국문학연구소.

이응백(1975), 『국어교육사연구』, 신구문화사.

이응백(1987), 『속 국어교육사연구』, 신구문화사.

이정민(1998), 「고등학교 국어 교과서에 수록된 현대시 연구」, 순천향대학교 석사학위논문.

임도한(2004), 「한국전쟁기 전쟁시의 체험성 연구」, 『한국시문학』 15, 한국시문학회.

임문혁(1988), 「고등학교 국어 교과서 시단원의 변천에 관한 연구」, 교원대학교 석사학위논문.

임은주(1989), 「한국 시교육의 변천 양상」, 건국대학교 석사학위논문.

임화(1993), 『임화 신문학사』, 임규찬·한진일 편, 한길사.

정재찬(1992), 「신비평과 시교육의 연관에 대한 비판적 검토」, 『선청어문』 20, 서울대국어교육과.

정재찬(1996), 「현대시교육의 지배적 담론에 관한 연구」, 서울대학교 박사학위논문.

정한모(1975), 『한국현대시문학사』, 일지사.

조연현(1969), 『한국현대문학사』, 성문각.

조창환(2010), 『한국 현대시의 분석과 전망』, 한국문화사.

차혜영(2001), 「1920년대 초반 동인지 문단 형성 과정 : 한국 근대 부르주아 지식인의 분화와 자기 정체성 형성과 관련하여」,『상허학보』7, 상허학회.
차호일(2005), 「시교육의 관점 변화 및 지향점」,『청람어문교육』30, 청람어문교육학회.
천정환(2003),『근대의 책 읽기』, 푸른역사.
최동호(2007), 「근대시의 전개(1919년~931년)」, 오세영 외,『한국현대시사』, 민음사.
최수일(2000), 「1920년대 동인지문학의 심리적 기초」,『대동문화연구』, 36, 성균관대학
　　교 대동문화연구원.
최태호(1970), 「편수비화」,『교단』39호, 3월, 교단사.
최현섭(1988), 「소설교육의 사적 고찰」, 성균관대학교 박사학위논문.
한계전(1998), 「자유시에 대한 인식의 발전」, 한계전 외,『한국 현대시론사 연구』, 문학
　　과지성사.
허재영(2009),『일제 강점기 교과서 정책과 조선어과 교과서』, 도서출판 경진.

제2부
국정교과서기의 시교육 양상

I. 국가 교육과정의 시행과 현대시교육
: 1-2차 교육과정기

1. 국가 교육과정 제정의 시교육적 환경

1차 국어과 교육과정[1]은 전쟁이 끝난 직후에 고시되었다.[2] 대한민국 정부가 수립되면서 군정청의 '교수요목'을 대신할 교육과정을 준비했지만, 전쟁으로 인해 늦어진 것이다. 전쟁이 끝나면서 보다 분명한 국가 이데올로기를 전파하고 피폐해진 국가의 재건을 추동할 교육과정을 제정·고시하는 일은 적절하고도 필수적인 조치였다. 일제 강점기와 광복, 전쟁을 거치면서 새로운 갈래의 문학으로 온전히 정착한 현대시를 학교교육에 편입하는 작업 또한 필요한 일이었다. 1차 교육과정의 현대시교육은 한편으로 국제전 성격의 내전을 겪은 신생국의 정치·사회적 요구와, 20세기 들어 환골탈태한 시가 문학의 미학적 요구를 모두 반영해야 하는 책무를 진 것이다.

---

1) 문서의 정식 명칭은 '교과 과정'이지만, 편의상 '교육과정'으로 지칭한다.
2) '국민학교, 중학교, 고등학교, 사범학교 교육과정 시간 배당 기준령'은 1954.4.20.에 문교부령 제35호로, '중학교 교과과정'과 '고등학교 교과과정'은 1955.8.1.에 각각 문교부령 제45호와 제46호로 고시되었다.

시 또는 문학이 일상적인 삶과 분리된 독립 존재가 아닌 이상, 전후의 현대시 역시 삶의 맥락에 대한 고려와 함께 전개되어야 했다. 식민지와 전쟁이라는 특수 체험을 겪은 한국 현대시는 역사·사회·이데올로기 등과의 밀고 당김이 심할 수밖에 없었다. 그런 점에서 전쟁 이후의 시단은 삶과 현실에 보다 극단적인 반응을 보이게 된다. "일선 병사들의 승전 의식과 애국심을 고취하는 기성 종군 작가단"이나 "전의를 고조하는 선동적 내용을 현장에 밀착된 언어로 표현하는 신진 시인들"(오세영 외, 2007 : 249-250)이 전후 한국 시단의 주류로 자리 잡은 점 역시 이러한 경향을 반영한다. 단적으로 말하면 1950년대의 현대시는 "6·25의 과정과 결과를 어떻게 수용·인식·형상화하는가"(이남호, 1994 : 11)를 통해 그 정체성을 드러내는 것이다. 그 지배적 양상은 전쟁의 트라우마에서 완전히 벗어나지 못하는 모습으로 나타난다.

> 이미 말한 대로, 1950년대의 문학과 6·25전쟁은 분리해서 생각할 수가 없다. 그런데 그 관계의 주도권은 문학이 쥐고 있는 것이 아니라 전쟁이 쥐고 있다고 말해야 할 것이다. 다시 말해 50년대 문학이 6·25전쟁을 인식하고 형상화한 것이라기보다는 6·25전쟁이 50년대 문학을 규정짓고 한계 지었다. 50년대 문학은 6·25전쟁이라는 짙은 안개 속을 헤매고 있었을 뿐, 그 전쟁의 지평선을 볼 수 없었다. 6·25전쟁은 1950년대 문학의 절대 조건이었지, 탐구 대상은 아니었다고 말할 수 있는 것이다(이남호, 1994 : 12-13).

전쟁이 문학의 '탐구 대상'이 되지 못하고 '절대 조건'으로 작용하였다는 것은, 전쟁 경험이 문학적으로 해석·형상화되기보다 그 자체로 강력한 트라우마를 형성하였다는 것을 의미한다. 프로이트가 제시한 인간 정신의 구조 안에서 트라우마는 무의식의 영역과 관계를 맺게 된다. 식민지 경험에 이은 전쟁 경험은 1950년대 시인들의 무의식 속에 깊이 자리 잡았다. 다음의 논의는 1950년대의 문학이 왜 전쟁에 대한 '탐구'를 진행하지 못했는지에 대해 설명한다.

그러나 어떤 경험들은 경험 당시에 이미 의식의 차원이 아니라 무의식의 차원으로 유폐되며 전의식은 이 경험들을 의식의 차원에서 봉쇄한다. 그것은 의식의 차원에서 결코 자연스럽게, 또는 쉽게 떠오르지 않는다. 왜냐 하면 그것이 우리의 의식으로 현상하게 되면 그 의식을 가진 자는 더 이상 생존할 수 없기 때문이다. 대부분의 정신 질환들은 이것과 관련되어 있다(김성민·박영균, 2010 : 21).

'생존할 수 없음'에 대한 공포는 대상과의 직면을 회피하게 만든다. 1950년대의 새로운 모더니즘을 추구했던 '후반기' 동인들이 전쟁의 트라우마를 극복하려는 시도를 보였으나 뚜렷한 결실을 맺지 못한 것도, "결코 이 현실의 괴물이 무엇인가에 대한 집요한 시선을 던지지 않은" 채 '우울증'을 품을 수밖에 없었던 당시의 조건에서 그 이유를 찾을 수 있다.[3]

순수 서정시 계열의 시인들도 비판적 모더니즘 계열의 시인들과는 다른 종류의 극복 의지를 보였지만, 그 또한 현실에 대한 올바른 대응이었는지에 대해서는 여러 가지 평가가 존재한다. 일부 전통 지향적 시인들의 상실·한(恨)·눈물 등을 모더니즘 시인들의 자기 방기적 성격과 동일한 궤에 놓고 보는 견해(이남호, 1994 : 25-27)가 있는가 하면, 이동주의 작품을 통해 한 그 자체보다는 한의 '풀이'에 초점을 맞추면서 극복 의지에 대해 긍정적인 평가를 내리는 견해(이지엽, 1997 : 109-116)도 확인할 수 있다. 말하자면 전후의 시단은 객관적 거리를 두고 전쟁을 바라보기보다는 전쟁의 트라우마에 휘둘리면서 개별적 암중모색을 하는 상황이었던 것이다.

전후 시단에서 모더니즘 계열의 작품과 순수 서정시 계열의 작품 모두 전쟁에 대한 전향적인 극복의 모습을 보여 주지 못하였다 하더라도, 그것

---

3) 한계전(1995 : 309)은 이러한 사례로 박인환의 작품들을 제시한 바 있다.

을 반드시 부정적으로만 바라볼 일은 아니다. 그들 모두 어떤 방식으로든 전쟁 체험 및 그로 인한 상처와 관계를 맺고 있기 때문이다. 트라우마를 유발한 사건에 대해 무조건 은폐하고 침묵하려는 태도에서 벗어나려는 움직임은 그 자체로 충분한 가치가 있다. 기본적으로 범죄의 책임에서 벗어나기 위해서 가해자들과 권력자들은 할 수 있는 일은 모두 하는데, 이때 '은폐'와 '침묵'은 가해자가 취하는 첫 번째 방어책이기 때문이다(김성민·박영균, 2010 : 37).

이러한 경향성은 시교육에도 비슷하게 나타난다. '교수요목'에서 보였던 진보주의·경험주의적 교육관에 '반공 국시'와 '전후 재건'의 목표가 더해지고 전후 시단의 분위기가 반영되면서 광복 직후의 시교육과는 다른 환경이 만들어진 것이다. 이는 국어 교과의 성격과 목적에 전형적으로 드러난다.

> 국어를 잘 알고 잘 쓰게 하며, 우리의 문화를 이어 확충 창조ㅎ게 하고, 겸하여 지덕을 열어 건전한 국민정신을 기르기로 요지를 삼음.[4]
>
> 고등학교 국어과 학습의 목표는 / 사회적인 요구에 적합한 것이어야 하며, / 개인적인 언어생활의 기능을 쌓는 것이어야 하며, / 중견 국민으로서의 교양을 갖추는 것이 되어야 할 것이다.[5]

'교수요목'의 〈국어를 잘 알고 쓰기, 우리 문화를 확충·창조하기, 지덕을 열어 국민정신 기르기〉가 1차 교육과정의 〈사회적인 요구, 개인적인 언어생활 기능, 중견 국민으로서의 교양〉으로 바뀌는 중간에는 남북 분단

---

4) 중학교 교수요목 '(一) 교수 요지'. 교육부(1997), 『초·중·고등학교 국어과·한문과 교육과정 기준(1946-1997)』, 대한교과서주식회사, 157. 이후로 교육과정 본문은 이 책에서 인용하고 쪽수는 표시하지 않는다.
5) 1차 교육과정 고등학교 '국어 (一)의 목적'. 원문은 강조를 위해 행갈이가 되어 있다. '교수요목'의 중학교는 6년제로서, 1차 교육과정에서의 고등학교를 포함한다.

의 고착화, 한국 전쟁, 좌익과 우익의 상호 말살이 위치한다. 또한 문학적
으로는 좌·우익 문인의 월북과 월남, 친일 문인의 재등장, 종군 문학의
흥성, 전후 문학의 발흥이 놓인다. 현대시로 범위를 좁히면 1930년대와
구별되는 비판적 모더니즘의 확산, 전통의 발견과 서정화, 한국어의 시적
실험, 시인의 세대교체를 추가할 수 있다. 이러한 제반 요인들은 1950년
대 전후(戰後) 교육을 기획하는 데 중요한 토대가 된다. 그러나 시교육에서
의 선택과 배제는 이러한 요인들 가운데 일부만을 부각하는 방향으로 작
동하였다. 1차 교육과정의 현대시교육은 그 결과물의 한 양상이며, 2차 교
육과정의 현대시교육은 1차 교육과정의 흐름을 대부분 그대로 이어 받게
된다.6)

2. 1-2차 교육과정기 시교육의 양상

1) 교양 함양으로서의 시교육

광복 직후부터 정부 수립 이후까지 10년 넘게 적용되기는 했어도,7) '교수
요목'은 결국 군정청이 고시한 임시적 요목이라는 한계를 지녔다. 국가 수
준에서 본격적이고 자주적으로 내세운 보통 교육의 청사진은 1차 교육과정
이 처음인 것이다. 그런 맥락에서 1차 교육과정에서 상정한 시교육의 모습
은 이후 시교육의 흐름을 규정하는 첫 단계로 중요한 의미를 가진다.

1차 중학교 교육과정은 '2. 국어과의 지도 목표'에서 언어의 기능을 ①
사회 형성의 기능 ② 인간 형성의 기능 ③ 문화 전달의 기능으로 설명하

---

6) 민현식 외(2007 : 30)도 1차 교육과정기와 2차 교육과정기를 문학교육의 측면에서 볼 때
   는 동일한 성격으로 파악하여 하나의 시기로 설정하였다. 문서의 체계에는 차이가 있더
   라도 그 안에 진술되어 있는 내용들에서는 큰 차이가 없기 때문이다.
7) 1차 교육과정 고시는 1955년이지만, 그에 따른 교과서는 1956년부터 나오기 시작하였다.

고,[8] 읽기 영역의 구체적인 지도 목표를 세 가지로 제시하면서 그 안에 "2. 문학 작품을 바르게 읽을 수 있다."를 포함하였다. 그리고 '3. 중학교 국어과의 지도 내용' 아래 '지도 요소' 중 '1. 기초적인 언어 능력'의 '(ㄱ) 언어 소재의 면'에 'e. 문학'을, '(ㄴ) 언어 운용의 면'에 'e. 감상하는 힘'을 포함하여, 문학교육의 위상을 분명히 하였다.

지도 내용 중 현대시와 관련된 세부 내용으로는 '지도 요소'의 '③ 언어문화의 체험과 강조' 아래 설정된 'a.시가류' 항목과 '지도 내용'의 '1. 기초적인 언어 능력' 아래 설정된 "○ 문학 작품의 여러 가지 종류에 대해 안다."가 있다. 특히 '지도 내용'의 '2. 언어를 사용하는 기술' 아래 설정된 '③ 언어문화의 체험과 창조'에서 시교육의 구체적인 지도 내용을 적시하여[9], 시교육이 교양 교육이자 문화 교육임을 밝히고 있다.[10]

한편, 1차 고등학교 교육과정은 고등학교 교육의 목적을 ① 중학교 교육 성과의 발전 ② 국가·사회에 대한 이해 ③ 민족의 사명 자각과 진로 결정 및 교양과 전문 기술 함양으로 제시하였다.[11] 여기서 '교양'에 대한 언급이 문학교육과 연결되는데, 구체적으로 고등학교 국어과에서 문학에

---

8) "1. 언어는 인간의 사회생활을 통하여 서로 교섭하고 결합하는 가장 기본이 되는 수단이다.(사회 형성의 기능) / 2. 언어는 개인의 생각을 나타내는 것으로, 특히 언어 예술로서의 언어는 우리들의 인간성을 형성하며 국민적인 사상 감정을 도야하는 것이다.(인간 형성의 기능) / 3. 언어는 문화를 매개하는 것으로, 모든 학문이나 기술이 언어로서 표현되고, 전달 계승되는 것이다.(문화 전달의 기능)"

9) "a. 시가류 : ○ 운문의 리듬을 알게 된다. / ○ 문학 작품을 감명 깊게 낭독할 수 있다. / ○ 시적 표현을 감상한다. / ○ 자기가 좋아하는 형식으로 시를 짓는다. / ○ 우리나라의 대표적 운문을 감상한다."

10) 1차 교육과정은 번호 체계가 다소 혼란스러워 전체 내용이 일목요연하게 들어오지는 않는다. '3. 중학교 국어과의 지도 내용'에 이어 '4. 각 학년의 지도 내용'이 제시되지만, '3'에서 제시한 지도 내용에서 크게 벗어나지 않는다.

11) "1. 중학교 교육의 성과를 더욱 발전 확대시키어, 중견 국민으로서 필요한 품성과 기능을 기른다. / 2. 국가 사회에 대한 이해와 건전한 비판력을 기른다. / 3. 민족의 사명을 자각하고 체위의 향상을 도모하며 개성에 맞는 장래의 진로를 결정하게 하며, 일반적 교양을 높이고 전문적 기술을 기른다."

대한 가치 평가는 다음과 같이 이루어졌다.

> 중견 국민으로서의 교양이라 함은 언어생활에 관한 교양을 말하는 것으로, (중략) 문학
> 을 모르는 메마른 심정에서 아름답고 거룩한 인간성을 찾아볼 수 없다고 하면, 중견 국민
> 으로서의 교양을 위한 문학 지도는 상당히 중시되어야 할 것이다.
> -고등학교 국어(―)의 목적

식민지와 전쟁을 거치면서 파괴된 국가적 정서는 '혼란', '저급화', '도
탄'(박붕배, 1997a : 2)이라는 표현으로 대변되기도 한다. 이를 극복하기 위해
도입한 '교양'은 당시 시대가 요구하는 절대 절명의 과제로 떠올랐다. 이
는 당시의 교육·문학 분야 엘리트들이 미국 혹은 일본을 지적인 모태로
삼아 그에 필적할 '교양 있는 국민'을 키우는 데 주력했음을 의미한다. 미
국을 지적인 모태로 삼은 당대의 인물 가운데 오천석을 대표적인 사례로
들 수 있는데, 그의 교육 사상에서 민주주의는 '마음의 문제'와 관련되어
있기도 하다(김선양, 2004 : 299). 그에 따르면 '메마른 심정'은 '교양'으로 대
체되어야 했다. 그러나 식민지와 전쟁을 통해 형성된 트라우마는 '교양'이
라는 개념을 통해 '덮고 넘어갈' 수 있는 성질의 것은 아니다.

2차 교육과정은 1963.2.15.에 고시되었으며(중학교 문교부령 제120호, 고등
학교 제121호), 1차에 비해 형식적으로 잘 정제된 모습을 보인다. 그러나 내
용은 대동소이하여, 예컨대 중학교 교육과정의 '2. 국어과의 목표'는 1차
교육과정이 제시한 〈사회 형성의 기능, 인간 형성의 기능, 문화 전달의 기
능〉 체계를 그대로 이어받아 목표를 기술하였다. 고등학교 역시 '1. 교육
의 목표와 국어교육'에서 〈사회적인 요구, 개인적인 언어생활 기능, 중견
국민으로서의 교양〉이라는 1차 교육과정의 목적을 그대로 차용하였다. 이
는 1차 교육과정에서 강조한 교양 함양으로서의 시교육관이 2차 교육과
정에서도 그대로 계승됨을 뜻한다.

이상의 내용을 통해 보면, 1-2차 교육과정기의 시교육은 언어문화에 대한 체험인 동시에 '교양인'이라면 갖추어야 할 문화적 양식에 초점을 두었다고 정리할 수 있다. 한국전쟁 이후 한국 시단이 전쟁과 관련하여 극심한 트라우마를 겪고 있을 때, 국가 교육과정이 제공하는 문학교육은 '교양인' 양성을 목표로 삼으면서 전후 재건을 위한 국가적 정서를 재구하고 확산시키고자 했다.

이러한 모습은 동일한 '시'를 다루면서도 이를 통해 세상에 대응하는 방식이 시단과 시교육 사이에 크게 차이를 나타낸다는 점을 보여 준다. 당시 시단은 전쟁의 트라우마를 떠안고 가려는 움직임을 보였던 반면, 시교육은 과거와의 단절을 통해 새로운 시작의 기초를 닦으려는 움직임을 보였던 것이다. 이는 교육의 모델 자체가 내부적인 전통과 논리 속에서 구성되기보다는 외부의 모델을 단순히 옮겨 온 결과라고 볼 수 있다. 이에 따라 시교육에 도입되는 제재의 편성은 세계와 온전히 부딪히려는 시단의 모습과는 달리 시대적으로 조급한 목적('교양'의 함양)을 달성하기 위한 작품을 중심으로 하여 이루어진다.

2) 순수 서정시 중심의 제재 편성

그렇다면 1-2차 교육과정이 제시한 '교양인'은 어떠한 인간을 가리키는가? 이를 확인하기 위하여 1-2차 교육과정기의 국정 『국어』 교과서에 수록된 제재를 살펴보자.[12]

---

12) 중등교육의 전체적인 성격을 확인하기 위해 중학교와 고등학교의 『국어』 교과서 제재를 함께 다루었다. 전문이 수록된 작품만을 다루되, 산문 제재 안에 삽입된 작품과 교과서 앞에 실린 '권두시'(2차 교육과정의 경우)도 포함하였다. 권두시는 박목월의 〈윤사월〉(고1), 김용호의 〈5월의 유혹〉(고2), 조병화의 〈의자〉(고3)이다. 1-2차 중학교 『국어』에 공통적으로 나타나는 학생 작품과 2차 교육과정기 교과서에 나타나는 외국 작품의 경우는 포함하지 않았다.

[표 2.1] 1-2차 교육과정기 국정 교과서 수록 현대시 작품

작가	작품	1차 (중/고전)13)	1차 (고후)	2차 (중/인)14)	2차 (실)	학년
강소천	눈 내리는 밤	O		O		중1
고창식	함박눈			O		중1
김광섭	해방의 노래	O				고1
	마음		O			고2
	생의 감각				O	고3
김남조	낮잠			O		중3
김동명	파초		O	O		고2
김동환	송화강 뱃노래	O				중1
	산 너머 남촌에는	O				중2
김소월	산유화	O		O		중1
	금잔디	O	O	O	O	고1/2
	진달래꽃		O	O	O	고2
김영랑	봄길에서	O				중2
	모란이 피기까지는	O	O	O	O	고1/2
김영일	산딸기	O				중1
김용호	가을의 동화					중3
	5월의 유혹			O		고2
노천명	푸른 오월		O		O	고2
	장날			O		중1
	사슴			O		고2
박남수	마을			O		중1
박두진	도봉			O		고2
	숲				O	고1
	하늘			O		중3
	해	O				고2
	해의 품으로	O				중2

13) 1차 교육과정기에 고등학교 『국어』 교과서는 두 차례 발간되었다. '고전'은 1956년 본을, '고후'는 1959년 본을 가리킨다. 교육과정이 고시된 시점(1955.5.1)을 감안하면 1956년 본은 '교수요목'에 의한 교과서로 볼 수도 있지만, 당시의 교과서 편찬 관례를 고려

시인	작품					학년
박목월	나그네			○		고2
	사슴	○				중1
	윤사월			○	○	고1
	책	○				중1
박종화	청자부	○				고2
서정주	국화 옆에서	○		○	○	고1/2
신석정	그 먼 나라를 아십니까?			○		고2
양주동	산길	○				중1
유치환	깃발		○	○		고2
	바위				○	고3
	봄 소식	○				중2
윤곤강	나비		○			고2
윤동주	별 헤는 밤			○	○	고2
	새로운 길	○				중2
이상화	빼앗긴 들에도 봄은 오는가?		○		○	고2
이원수	그리움	○		○		중1
이육사	광야		○	○		고2
	청포도		○	○	○	고1/3
장만영	잠자리	○				중1
조병화	의자			○		고3
조지훈	산상의 노래	○				중1
	승무	○		○	○	고1/2
최계락	꽃씨			○		중2

1-2차 교육과정기의 중학교·고등학교『국어』교과서에는 총 49편의 작품이 83회에 걸쳐 실려 있다. 1차와 2차를 나누어 살펴보면, 1차 교육과정기에는 31편, 2차 교육과정기에는 32편의 작품이 수록되었으며 1차와 2

하여 모두 다루었다.
14) 2차 교육과정기 고등학교『국어』교과서는 인문계와 실업계로 분리되어 있다. '인'은 인문계 교과서를, '실'은 실업계 교과서를 가리킨다.

차에 공통 수록된 작품은 14편이다.15) 작품이 수록된 시인은 모두 28명으로, 박두진과 박목월의 작품이 수록 빈도가 높다. 김광섭·김소월·노천명·유치환의 작품도 1차와 2차 교과서에 꾸준히 수록되었다.

광복 이후 7차 교육과정까지 총 102명의 시인이 지은 213편의 작품이 수록되었다는 점(민현식 외, 2007 : 306)을 참고할 때, 1-2차 교육과정기 교과서가 현대시를 많이 수록했다고 보기는 어렵다.16) 또한 1차 교육과정기에 수록되었던 작품 가운데 15편은 2차 교육과정기에서 빠졌고, 대신 2차 교육과정기에서 20편의 작품이 새롭게 수록되었다. 이러한 제재 수록 양상은 아직 현대시교육에서 활용할 '정전급'의 작품이 확립되지 않은 채 당시에 보편적 서정을 나타내던 작품들이 앤솔러지의 형태로 제시되었다는 점을 보여 준다.17)

수록 작품이 순수 서정시 계열에 치우친 점도 당시 시교육의 방향성을 보여 준다. 앞에서 살펴본 1950년대 한국 시단의 모습과 비교해 보면, 1-2차 교육과정기에는 전쟁의 트라우마와 관련된 현대시 제재가 배제되었다. 자연을 중심으로 한 개인적인 서정의 세계가 중심을 이루는 가운데 간간이 일제의 억압과 그에 대한 저항을 다룬 시가 소수 보일 뿐이다. 1-2차 교과서 수록 작품임을 의식하지 않고 이 목록을 본다면 시대와의 관련성을 짐작하기 어렵다. 교육과정에서 언급한 '아름답고 거룩한 인간성'이란, 당시의 언어문화와 문학 환경 가운데 극히 일부에 국한된 경험을 통해 형성될 수밖에 없었던 것이다.

---

15) 작품명에 음영이 표시된 작품들이다.
16) 이후의 3-4차 교육과정기에서 54명의 시인이 지은 96편의 작품이 수록된 것과 비교할 수 있다. 3·4차 교육과정기의 시교육에 대해서는 다음 장에서 서술한다.
17) 이것은 1차와 2차 교과서에 꾸준히 작품이 수록되었던 시인들 가운데 노천명의 작품이 4차 교육과정기 이후부터는 수록되지 않았다는 점(민현식 외, 2007 : 299)과 연결 지어 생각해 볼 수 있다. 노천명의 작품에 시적 진정성이 오롯이 내재되어 있지 않다는 논의(김진희, 2010 : 284)를 참고할 때, 시교육의 초기에는 작품의 내적인 완성도보다 표면에 드러난 정서 자체에 더 주목하여 제재를 구성했음을 알 수 있다.

그렇다고 해서 『국어』 교과서에 수록된 기타 제재들이 모두 전쟁을 포함한 당대의 '괴로운 기억'을 배제한 것은 아니다. 1차 교육과정기 『중학국어』 I - II의 대단원 'VI. 노래하는 마음'의 소단원 '1. 시의 세계'는 다음과 같은 내용을 포함한다.

> 그러므로, 아름답고 참된 것을 동경하는 우리의 마음속에서, 먼 곳을 그리워하는 우리 눈물 속에서, 홀연히 뻗어 오르는 무지개를 보고 감격에 넘치는 우리의 부르짖음 속에서, 괴로움을 이겨 내려고 이를 악물고 버티는 우리의 의지 속에서, 나라를 지키려는 신념 속에서, 그리고 우리의 머리에 떠오르는 가지가지 추억 속에서 시는 솟아나고, 발견되고, 싹트고 빚어지게 되는 것이다.[18]

분명, 시에는 "괴로움을 이겨 내려고 이를 악물고 버티는 우리의 의지"가 포함될 수 있다. "나라를 지키려는 신념" 또한 시의 세계를 형성하는 주요한 요소 중 하나가 된다. 그러나 이에 이어지는 소단원인 '2. 노래하는 마음'에 제시된 작품은 김소월의 〈산유화〉, 김동환의 〈송화강 뱃노래〉, 양주동의 〈산길〉, 박목월의 〈책〉, 김영일의 〈산딸기〉, 장만영의 〈잠자리〉, 이원수의 〈그리움〉, 강소천의 〈눈 내리는 밤〉이다. 여기에서 괴로움을 이겨 내려는 의지나 나라를 지키려는 신념은 뚜렷하게 드러나지 않는다. 양주동·김영일의 작품 정도가 어느 정도 고난에 대한 극복 의지를 담고 있다고 볼 수 있지만, 1950년대 한국 시단의 순수 서정시인들이 보여 주었던 모습보다도 더 추상적이고 일반적인 차원에서 접근하고 있기에, 당대

---

18) 문교부(1964), 『중학 국어』 I - II, 대한교과서주식회사, 6.
  하지만 이러한 내용도 2차 교육과정기에서는 다음과 같이 조정되어 경험에 대한 은폐가 더 강화된다.
  "사람에겐 슬기롭고, 다사롭고, 아름답고, 신비로운 가운데 흐뭇한 마음의 향기가 있어야 한다. 이제, 옛 어머님들의 자녀에 대한 갸륵한 사랑과 선인들의 아름다운 생활 풍습을 살펴보고, 현대인들의 마음속에 아로새겨진 마음의 노래를 들어 본 다음, 무럭무럭 자라나는 어린이의 구김살 없는 마음씨를 살펴보자." 문교부(1973), 『중학 국어』 I - I, 대한교과서주식회사, 65.

의 특수한 경험을 반영한다고 보기는 어렵다.19)

1-2차 교육과정은 광복 이후 좌우의 이념 대립과 남한 단독 정부 수립, 한국 전쟁으로 이어지는 격동기의 끝에 태어났다. 얼른 생각하면 민족·반공 이데올로기로 충만한 작품들이 교과서에 수록될 것으로 예측할 수 있는데, 실제는 그와 반대로 나타났다. 그 가장 큰 이유는 현대시에 대한 객관적 평가가 아직 이루어지지 않았다는 점을 들 수 있겠으나,20) 그 외에도 서정성을 중시하는 시 장르의 특성에 대한 배려, 아직 세태에 '오염' 되기 이전이라는 중·고등학생들의 심성에 대한 선입견, 그리고 역사·사회에 대한 비판 의식을 표출한 문학에 대한 거부감 등이 복합적으로 작용한 것으로 보인다. 그 제도적 근거는 "인간 생활을 명랑하고 화락하게 하는 문예에 대하여 기초적인 이해와 기능을 기른다"21) 교육과정의 보수적 문학관이 제공한다.

3) 정서 공유에 대한 피상적 확신

교과서 수록 제재들이 순수 서정시 계열에 치우쳐 있다면, 그러한 제재들을 통해 이루어지는 교수·학습에 대해 당시의 국가 교육과정은 어떠한 입장을 보였는지 확인할 필요가 있다. 이에 대해서는 각 교과서에 제시되어 있는 '익힘 문제'를 살펴보자.

---

19) 물론 당대 전쟁에 대한 '괴로움'은 학습자들에게 이미 체화되어 있는 것이었을 수도 있다. 그렇기 때문에 교과서의 현대시 제재는 이를 극복할 수 있기 위한 방안을 마련해 주기만 하면 충분한 것이었을 수 있다. 그러나 이러한 방식은 문제의 본질을 바라보기보다는 외면한다는 듯한 인상을 주기도 한다. 괴로움의 본질을 바라볼 수 있는 '여유'는 국가적인 제도로서의 학교교육 안에 자리 잡을 여유조차 없는 때였던 것이다.
20) 정지용의 처리가 가장 전형적인 예다. 정지용은 1940년대를 통틀어서 가장 강력한 시단 권력이었고, 교수요목기 교과서에도 다수의 작품들이 수록되었다. 그가 북으로 간 이후 그의 작품을 교과서에서 빼야 하는 편찬자들은 문학적 판단과 교육적·정책적 판단 사이에서 심리적 해리 상태에 빠질 수밖에 없게 된다. 이에 대해서는 이 책의 제1부 2장 참조
21) 1차 교육과정 '1. 우리나라의 교육 목적과 국어교육'

〈익힘 문제〉

1. 위의 8편의 시를 읽고, 지은이가 보고 느끼고 생각한 것을 잘 나타낸 점을 서로 말해 보라.
2. 위의 시들을 되풀이하여 읽어 보고, 각각 어떠한 특색을 가지고 있는 시들인가를 서로 이야기하여 보라.
3. 자기가 가장 좋아하는 시를 골라서, 그 시를 설명하는 글을 써 보라.
4. 위의 8편의 시의 리듬은 각각 어디에 있나를 생각하며 거듭 읽어 보라.[22]

앞에서 보았던 1차 『중학 국어』 I - II 교과서 중 '2. 노래하는 마음' 소단원에 제시된 익힘 문제다. 1번 활동은 작품의 주제 및 정서를 묻는 것으로, 2번 활동은 작품의 형식적 특성을 묻는 것으로 보인다. 3번 활동은 비평을 통한 시적 경험의 확장이라는 특징을 보이고, 4번 활동은 1-2차 교육과정에서 유난히 강조하는 시의 리듬 문제를 다루고 있다. 이후의 교과서들에서 이러한 유형의 문제들이 조금씩 구체화되기는 하지만, 일반적으로 현대시 제재와 관련하여 제시되는 익힘 문제는 〈내용에 대한 감상 → 형식적인 측면에 대한 탐색 → 암기 및 낭독〉의 순서로 구성되었다.[23] 7차 교육과정기 교과서에서 두드러지게 나타나는 '비슷한 경험 환기하기'와 같은 활동은 나타나지 않으며, '암기'나 '즐겨 읽기', '연구해 보기' 등의 활동들이 막연하게 제시되어 있다. 이는 문학을 언어활동의 일부로 바라보려는 당시 교육과정의 관점에도 불구하고 여전히 시를 관조적 감상의 대상 및 교양 함양을 위한 자료로 여기는 경향을 보여 준다. 더욱이 여기서는 그러한 감상에 대해서조차 구체적인 방법을 제시하지 않는다. 익

---

22) 문교부(1964), 『중학 국어』 I - II, 대한교과서주식회사, 20.
23) 2차 교육과정기 중학교 교과서에서는 내용과 형식을 설명하는 글(신석정, 「시를 지으려면」)에 이어 내용 · 형식 · 외형률 · 내재율 등의 개념을 사용하여 익힘 문제를 구성하고, 현대시의 개념을 설명하는 글(조연현, 「현대 문학의 길잡이」)에 이어 정형시 · 자유시 · 운문시 · 산문시 등의 개념을 사용하여 익힘 문제를 구성하는 양상이 나타난다. 그러나 일반적으로 작품만 제시되어 있는 단원에서는 1차 교육과정기의 교과서에 나타나는 구성이 대부분 그대로 적용된다.

힘 문제를 통해 제시되어 있는 구체적 활동은 "읽고", "되풀이하여 읽어
보고", "거듭 읽어" 보는 데 그친다.

2차 교육과정기 중학교 교과서에는 주목할 단원이 두 개 있는데, 하나
는 학생 문집을 다룬 단원이고, 다른 하나는 학생들의 작품에 대해 장만
영이 직접 해설 및 평가를 해 주는 단원이다.

학생 문집을 실은 단원에서는 학생들의 작품에 대해, 문집을 발간한 학
생들이 작품 평을 말하는 내용이 제시된다. 그 주요 내용은 다음과 같다.

> - 어딘지 의젓해 보였습니다. 그렇지만, 무언지 좀 더 할 얘기가 있었을 것 같은데, 그게
>   없는 것이 좀 섭섭했습니다.
> - '코스모스'는 참 가냘프고 사랑스러운 꽃, 그것과도 같이 애틋한 사랑의 마음을 노래했
>   다고 생각합니다. 우리들의 시로서는 아주 숙성한 것 같아요.
> - '코스모스'가 숙성한 마음의 노래라고 한다면 '흰 장미'는 또 앳된 마음의 노래라고 할
>   수 있을 것입니다. 앳되고도 아주 자연스런 게 아닙니까?[24]

학생들이 지은 작품에 대한 학생들의 평가이기는 하지만, 표현이 지나치
게 추상적이고 주관적이다. "의젓해 보이는" 것은 무엇 때문에 그러했는지,
어떤 부분이 "애틋하고 앳된 마음"을 나타냈는지에 대한 언급은 없다. 아직
자신의 언어를 완전하게 구사하지 못하는 학습자들이 학습 활동을 위해 무
언가 참고할 대상이 필요하다고 할 때, 이 사례들은 그를 위한 모델로 작용
할 가능성이 높다. 그러나 제시된 내용들은 학습자들이 자신의 정서나 사고
를 순정하게 드러내기보다는 그러한 표현 형식에 맞추어 정서나 사고를 재
단하도록 만들기가 쉽다. 이 단원의 익힘 문제로 "이 속기록에 나타난 비평
이 옳다고 생각하는가? 만일 이 좌담회에서 비평한 것과 다르게 생각되는
점이 있다면, 그 점을 반원들에게 발표해 보라."가 제시되어 있지만, 어떠한

---

24) 문교부(1966), 『중학 국어』 Ⅰ-Ⅱ, 대한교과서주식회사, 174.

부분에서 다르게 생각할 수 있는지에 대한 안내나, 그것들을 어떠한 방식으로 표현할 수 있는지에 대한 예시도 충분하지 않다.

학생 작품에 대한 장만영의 해설 및 평가 단원의 예는 다음과 같다.

> 둘째 연에 가서는 '당사실'이라는 낱말이 나와 있지요? 이 말은 첫째 줄과 끝 줄 양쪽 줄에 걸쳐 있습니다. 걸쳐 있으면서 아주 중요한 구실을 하고 있습니다.
> 즉, 첫째 줄에 있어서의 시인의 심상을 더욱 뚜렷이 하는 한편, 끝줄로 넘어가서는 '같은' 과 결합하여 '햇살'을 꾸미고 있습니다. 이런 것이 시의 어려운 점이요, 또한 묘미이기도 합니다.[25]

"당사실"이라는 표현이 포함된 부분의 중요성을 설명하면서 그것이 시의 묘미임을 이야기한다. 그러나 보다 자세한 설명이 이어지지는 않는다. 장만영이 이야기하는 "시의 어려운 점"과 "묘미"가 학생 작품의 해당 부분과 어떻게 연결되는지가 분명하지 않은 것이다. 다른 학생 작품에 대한 설명도 이와 비슷한 흐름을 보인다.

> 이 시에는 억지로 꾸민 데가 없는 솔직한 면이 있어 무엇보다 좋습니다. 시는 가식을 배격합니다. 보고 듣고 느낀 것을 거짓 없이 나타낸 시만이 아름답고 훌륭합니다.[26]

작품 한 편만을 놓고 "솔직한 면이 있다"고 이야기하는 데는 분명 무리

---

25) 학생 작품 〈봄〉 가운데 2연 "내 가슴 가득 쏟아져 들어온 / 당사실 같은/ 햇살이 그득 찰 때"의 부분에 대한 해설. 문교부(1971), 『중학 국어』Ⅱ-Ⅰ, 대한교과서주식회사, 4.
26) 위의 책, 6. 설명의 대상이 된 작품 〈봄날〉의 전체 내용은 다음과 같다.
"웬일인지/ 밖으로 나가고만 싶다. / 그리고 마주치는 눈길마다 웃음을 보내고 싶다. 봄날은 / 꿈을 잃지 않아서 좋다. / 뭔가 기별도 없이 / 그이가 꼭 올 것만 같다. 즐거운 봄볕에 얼굴은 그을고, / 꽃이랑 풀잎이랑 마구 뜯어다 향기를 맡고 싶다./ 내가 바라는 미래가 거기 보이는 듯, 산에 오르고 싶다. / 파아란 하늘, 거기 / 내 꿈도 펼쳐 보고 싶다.
봄날은 뭔가 기별도 없이 그이가 꼭 올 것만 같다. / 모두들 정다와 보여 좋다."

가 따른다. 하나에 대한 가치 평가는 그와 대비되는 대상과의 대조 속에서 그 의미를 얻게 되기 때문이다. 어떤 경우가 억지로 꾸미는 것인지, 어느 정도의 표현이 솔직한 것인지에 대한 언급은 그러한 가치 평가의 맥락을 공유하고 있는 경우에나 가능한 일이다. 1-2차 교육과정에도 학생의 수준을 언급하는 내용이 교육과정 문서에 포함되어 있었지만, 그에 대한 구체적인 방안을 제시하기까지에는 이후 오랜 시간이 필요하였다.

이처럼 현대시 단원의 학습 활동이 피상적으로 제시된 것은 시교육에 적용할 수 있는 교수・학습 방법의 연구가 부족하였다는 점을 일차적 원인으로 꼽을 수 있다. 하지만 다른 한편으로는 교과서 편찬자에게 학습자의 반응 및 태도에 대한 일종의 확신이 있었던 것으로 보인다. '내가 주목하는 정서와 사상에 학생도 주목할 것'이라고 여기는 것이다. 이는 당시의 교육이 학생들에 대한 피상적 동일화에 근거하고 있었다는 점을 보여주는데, 그 동일화는 사실상 교육의 기획 주체가 가지고 있는 이념적 확신에 불과한 것이다. 다이안 맥도넬의 '자유롭게 동의하는 착한 주체'를 언급하며 동일화 이데올로기의 재생산을 언급하는 논의(박용찬, 2006 : 432)는 1-2차 교육과정의 시교육에서 나타나는 '착한 주체'에 대한 교육 기획자들의 전제를 충분히 설명해 준다.

3. 1-2차 교육과정기 현대시교육의 의의

지금까지 1-2차 교육과정기에 이루어진 현대시교육의 모습을 교육과정 및 교과서의 제재와 활동들을 통해 살펴보았다. 현대시교육의 기본 방향은 긍정적이든 부정적이든 1-2차 교육과정기의 시교육에 빚을 지고 있다. 1-2차 교육과정의 큰 틀이 현재의 국어과교육에 짙은 영향을 남기고 있기 때문이다.[27)]

일반적으로 교육과정과 교과서가 동시대 시단의 모습을 바로 반영한다고 보기는 어렵다. 그러나 1차 교육과정은 식민지 체제의 종식 및 남북 분단에서 출발하였고, 한국 전쟁과 함께 추진되었다. 이는 민족적(친일 청산)·이념적(좌파 축출)으로 시교육의 토대가 매우 좁아지는 결과를 낳는다. 정재찬(1996)은 정전 형성의 흐름을 살피면서 현대시교육의 지배적 담론이 어떻게 형성되었는가를 논의하였는데, 이를 통해 밝혀진 문학교육에서의 선택과 배제의 논리는 1950년대의 문학교육을 거치며 공고화되고(박형준·민병욱, 2007) 현재도 은연중에 작동한다.

따라서 광복과 전쟁의 체험이 문단과 교육계 두 분야에 끼친 영향의 동일성과 차이성을 살펴봐야만 당시 현대시와 시교육의 속살을 제대로 살펴볼 수 있다. 당시의 사회·문화적 맥락에서 현대시가 수행했던 역할과 교육적 맥락에서 수행했던 역할이 달랐기 때문이다. 초기 시교육의 방향이 현대시의 '향유'보다 '교육'에 더 무게중심을 두는 만큼, 교육의 맥락에서 현대시가 어떻게 재인식·재배열되었는지를 살펴보는 출발점이 1-2차 교육과정기다. 이러한 작업을 통하여 현대시교육이 국어과 안에 정착되어 가는 양상을 비판적으로 이해할 수 있게 된다.

1-2차 교육과정기의 시교육이 준비되고 진행되는 동안, 한국 시단은 당대의 상황과 관련하여 모더니즘 계열과 순수 서정시 계열 중심으로 전쟁의 트라우마를 극복하기 위한 방안을 고민하고 있었다. 그러한 고민들은 시대에 대한 고민과 내적으로 밀접하게 연결되어 있었음에도 시교육의 장으로 직접 전이되지는 못하였다. 교육과정과 교과서를 통해 확인한 시교육의 모습은 광복 이후 불과 10여 년 동안의 민족사적 체험을 교육

---

27) 1, 2차 국어과 교육과정은 여러 면에서 현재의 국어과 초기 모습을 잘 보여 주고 있다. 실생활과의 관련 중시, 언어사용 경험의 강조, 기능 중심의 언어사용관, 언어사용 영역의 통합 가능성, 도구 교과로서의 국어교육, 언어사용의 문화적 성격 등이 그 예이다. 이러한 내용관은 약간의 변화만 있을 뿐 현재의 국어과교육에도 그대로 유지되고 있다(이도영, 2004 : 40).

적·미학적으로 수용하는 데까지 나아가지 못하였다. 문단과 교육계는 모두 동일하게 '시'라는 개념을 사용하지만, 문단에서 그에 부여한 의미와 교육계에서 부여한 의미 사이에는 큰 괴리가 있었다. 문단에서는 시인들이 고민 주체로서 '자신'의 경험 속에서 능동적으로 세계와 대응했던 반면, 교육계에서는 '타자'로서의 학습자를 대상으로, 기획 주체로서의 교육자가 자신의 관점에서 시를 교육하는 상황이 전개되었다. 이를 통해 전쟁 이후에 필요한 국가적인 정서를 구축하고 확산시킬 수 있었다.

한편으로 1-2차 교육과정기의 시교육은 최초의 국가 교육과정 위에서 교육과 일상생활의 접목을 시도함으로써 시의 가치를 생활화하려 했다는 의미를 지닌다. 예컨대 1-2차 『국어』 교과서에는 모두 23편의 학생 작품이 감상이나 해설의 대상으로 제시되었는데, 이는 특정 주제 및 사조를 배제함으로써 발생한 제재 부족을 메우기 위한 방편일 수도 있지만, 시와 시인에 대한 거리감을 줄이려는 시도로 해석할 수 있다. 또한 작품 중심으로 현대시를 제시하기보다는 시, 더 넓게는 문학이 삶 속에서 어떠한 자리를 차지할 수 있는지를 언급하는 다양한 산문을 함께 수록함으로써 시를 향유하는 구체적 사례를 제시한 점도 긍정적이다. 나아가 학습자를 '교양인으로서의 시적 주체'로 상정한 관점이나, 단형 서정시를 중심으로 이상화·이육사 등을 일부 추가하는 제재 선정 논리, 그리고 교과서 편찬자의 정서와 사상을 학습자에게 암묵적으로 투사하는 학습 활동의 구성 방식 등은 이후의 시교육에서도 반복해서 나타난다.

1-2차 교육과정기는 현재 현대시교육의 중축을 구성하는 뿌리로 기능하였다. 현재는 국어교육의 목표와 내용 설정에서 다양성이 주요 기준이 되고 있고, 교재 차원에서 검인정 제도를 구축함으로써 여러 종류의 교과서가 개발된 실정이다. 이에 따라 시교육도 다양한 양상으로 전개될 가능성이 열렸다. 그러나 한편에서는 그럼에도 불구하고 교육의 실질적 국면은 크게 달라진 점이 없다는 지적도 존재한다. 이는 교육과정의 교재화가

더 유연하게 이루어져야 함을 보여 주는 사례인 동시에,[28] 21세기의 시교육이 20세기에 정착된 시교육을 전면적으로 극복하지 못했음을 보여 주는 사례라 할 수 있다.

그런 점에서 1-2차 교육과정기의 시교육은 단순히 국가가 제정한 교육과정의 시발점이라는 의의를 떠나서 시교육이 지나온 자취에 대해 조망하는 기회를 제공한다. 근대화와 식민 통치, 미군정에 의한 광복과 한국전쟁으로 인한 분단에 이르기까지 당대 사회적 혼란성은 언어와 교육, 작가와 작품, 예술과 인간 등에 대한 다양한 논의들을 확장시켰다. 이 과정에서 성립된 1-2차 교육과정은 시교육이 단초로 삼은 근본적인 지향과 변화를 볼 수 있는 유효한 지표로 기능한다. 따라서 1-2차 교육과정기 시교육의 긍정적 측면과 한계에 대한 논의가 더 깊이 이루어져야 한다.

---

28) 이와 관련하여 최미숙(2011)은 교육과정의 교재화를 위해 ① 유연한 검정 제도 ② 전체성을 지향하는 성취 기준 개발 ③ 작품의 수준과 범위 제시 방식의 구체화를 제안한 바 있다.

이면사

모국어를 통한 언어적 정체성 확립의 어려움

한국 전쟁 이후 북한에서는 전후 복구 사업을 소재로 한 문학적 형상화가 강조되고 남한에서는 전쟁을 겪으면서 경험한 인간성의 상실이나 아픔에 대한 근원적인 탐색이 주조를 이뤘다. 서정주, 조지훈, 박목월 등의 서정시 운동과 함께 박인환, 김수영, 김경린 등이 참여했던 모더니즘 시 운동의 부활을 대표적 예로 꼽을 수 있다.

국어교육 측면에서 이 시대의 당면한 과제는 일제 강점기와 미군정 통치기를 거치면서 손상된 '모어로서의 국어'를 복권시키는 일이었다. 교수요목을 통해 국어교육의 얼개는 대충 갖춰졌지만, 이것이 모국어에 바탕을 둔 언어적 정체성 획득의 수준까지 나아가지는 못하였다. 그 첫 번째 이유는 고급 언어를 사용해야 할 당대 신진 문인들의 상당수가 국어에 익숙지 못하였다는 데 있다.

예컨대 '전후 세대'의 문인, 곧 1920-1930년대에 출생하여 막바지 식민 교육을 받고 한국 전쟁을 전후하여 등단한 문인들은 모어인 한국어로 말하고 들을 수는 있었지만 한글로 된 텍스트를 깊이 있게 읽거나 쓸 수 있는 능력은 모자랐다. 문자 습득과 문학 활동 입문기에 모어교육이 사라졌기 때문이다. 광복 직후 국어교육에 관한 다음 일화들을 통해서도 당시 모어로서의 국어의 사용 능력이 현저하게 떨어져 있었음을 알 수 있다.

5학년(1940) 1학기 도중에 '조선어'가 시간표에서 사라졌다. 쥣빛 표지에 『朝鮮語讀本』이라고 검게 인쇄되어 있던 낯익은 교과서가 나의 손에서 학교에 반납되자, 곧이어 조선어 사용 전면 금지 명령이 내려졌다. 조선 총독부령을 보면 '조선어 교육 폐지령'은 1941년 3월 10일자로 되어 있지만 실제로는 이미 그 전 해인 40년 여름에 우리는 우리의 말과 글을 쓰지 못하게 되었다.
　조선어교육이 폐지되고 조선어 사용이 금지된 그때의 분위기나 감정을 나는
실감나게 기억하지 못한다. 일본화가 그 시골까지도 철저히 지배했던 탓인지,
어른들에게서도 표면화된 반응을 보지 못한 것 같다. (중략) 조선어 사용 금지
와 함께 전체 학생에게 '밀고 정신', '고발 정신'이 강요되었다. 누구나 조선어
를 사용하는 생도를 발견하면 학교에 밀고하도록 장려하는 제도가 실시된 것
이다. 밀고하는 학동에게는 포상이 주어지고, 조선어를 쓴 학동은 처벌을 받아
야 했다(리영희, 2006 : 35).

　준비 없는 독립이랄까 그 모습은 政治나 경제나 文化 모든 면에서 혼란을
일으켰지만 교육계의 혼란은 전연 예상 밖의 큰일이라고 느꼈다. 국문을 제대
로 쓰는 사람이 더욱이 正書法에 맞춰 쓰는 이가 거의 없었고……(최태호,
1970 : 11)

식민지 언어 교육은 단순하게 그때까지 써 왔던 언어를 다른 언어로 전환
하는 데에 그치지 않았다. 일제 강점기에 제도 교육을 이수한 이른바 전후
세대들은 국어를 '조선어'라는 교과를 통해 교육받았으며, 고급의 사상과 정
서를 모어로 이해하고 표현하는 기회를 갖지 못하였다. 학교에서 '조선어'를
배우기는 하지만 '국어(國語)'인 일본어와의 관계 속에서 모어를 통한 언어 인
식을 심화시키기 어려웠던 것이다. 나아가 조선어교육 자체가 폐지됨으로써
조선어는 생활어 이상의 지위로 올라서지 못하였다.
　이렇듯 식민지 시기 언어를 박탈당한 경험은 '글자'와 '말'을 중심으로 민
족의 자기 동일성을 확인하려는 욕망을 강화시켰다(한수영, 2011 : 224). 광복
이후 자주적 국권 회복에 대한 열망과 함께 국어에 대한 관심과 집착(예컨대
한글 전용론)이 폭발적으로 높아진 것은 당연한 일이었다. 따라서 이 시기에는
조선어학회 등의 연구 활동 역시 국문법과 한글에 대한 것으로 초점화되고,
점차적으로 문자로서의 한글이 국어를 대표하는 개념으로 인식되는 기반이
마련된다(윤여탁 외, 2006 : 330-331).
　광복 이후 지속된 한글의 보급과 사용은 일본식 정규 교육과정을 받은 자

들에게 언어적 문제의 위기를 가속화하였다. 조선어교육 폐지령으로 인해
'조선어' 과목마저 사라진 국어교육을 받아 온 학생들에게는 일본어로 사고
하고 표현하는 것이 이미 자신의 모어만큼이나 자연스러운 것이었다. 생활
언어 측면에서 일본어 보급이 확산되는 한편, 작가들이 사용하는 전문 언어
에서는 특히 일본어 사용이 만연한 상태였다. 당대의 선진 문화와 문물이 대
부분 일본을 통해서 들어왔다는 점에서 전문적인 문인 집단에서는 일본어를
통해 사고하는 것이 오히려 수월한 방법으로 이해되었다(윤여탁 외, 2006 :
334).

　　더욱이 과거에 혼자 머리 속으로 구상하던 소설들은 모두 일본말로 상상하
　던 것이라, 조선말로 글을 쓰며 막상 책상에 대하니 앞이 딱 막힌다.
　　'가정교사 강엘리자벳은 가리킴을 끝내고 자기 방으로 들어왔다.'
　　이것이 나의 처녀작 〈약한자의 슬픔〉의 첫머리인데 거기 계속되는 둘째 구
　에서부터 벌써 막혀버렸다.29)

　　나는 한국말이 서투른 탓도 있고 신경질이 심해서 원고 한 장을 쓰려면 한
　글 사전을 최소한 두서너 번은 들추어보는데, 그동안에 생각을 가다듬는 이득
　도 있지만 생각이 새어나가는 손실도 많다. 그러나 시인은 이득보다도 손실을
　사랑한다. 이것은 역설이 아니라 발악이다(김수영, 2003 : 441).

일본어보다 모국어를 사용하는 것이 어색한 상황에서 전후의 문인들은 새
로운 언어를 수립하기 위해 고군분투하였다. 모국어보다 일본어를 쓰는 것이
더 익숙하다는 것은 단순히 시적 형상화 측면의 문제를 넘어서 자아 정체성
의 문제로 이어졌다. 모어와 모국어가 부재함으로써 한국인, 한국시에 대한
인식을 충분히 가지기 어려웠으며, 자연히 이들에게 '한국의 전통'이라는 것
은 계승하기에 다소 부정적인 것이며 극복해야 할 것으로 여겨졌다.

---

29) 김동인, 「병산만록」, 『매일신보』, 1931, 6월(윤여탁 외, 2006 : 335에서 재인용).

그 세대는 몇 년의 시차 때문에 일본 식민지 치하에서 한국어로 시를 쓸 기
회를 잃어버리고 해방 후에는 정치적 정황 때문에 의지할 만한 상당수의 선배
들을 빼앗겨 버린 세대이다. 그 세대에 속하는 김춘수, 김수영, 박인환, 김구용
등의 일급 시인들은 대개 추천을 받지 않고 동인지나 시집으로 시단에 데뷔한
다. 그것은 이중의 의미를 띤다. 하나는 그들이 그들에 의해 단련을 받고, 전
통의 맛을 익혀야 될 선배 시인들을 갖지 못했다는 사실이다. (중략) 또 하나는
그것과 밀접한 관계를 가지고 있겠지만, 그들이 전통을 부정적인 측면에서만
관찰하게 되었다는 사실이다(김현, 1988 : 236).

언어적 정체성의 문제는 특정 언어에 대한 정교한 이해를 바탕으로 그것
을 충분히 사용할 수 있는 자의식을 요구한다. 이때 이해와 표현의 수단으로
서 언어를 확보하는 것을 넘어 '무엇을 말하고 쓸 것인가' 역시 중요한 문제
가 된다. 일제 강점기를 거쳐 갑작스러운 광복과 이념 대립으로 인한 남북의
분열, 전쟁과 분단에 이르기까지 한국 역사의 격동기를 거쳐 온 작가에게,
그가 처해 있는 현실은 객관적으로 조망하기 어려운 대상이 되었다. 사태를
해석하고 이를 예술적으로 구현하는 과정은 거리 유지를 통한 어느 정도의
객관성을 필요로 하는데 그러한 거리를 확보하지 못한 것이다. 이 시기의 문
인들과 언중들에게 언어의 문제는 충격적인 사건들을 체험하는 가운데 그것
을 어떻게 이해하고 표현해야 할지 모호한 것이었다.

결국 한국 근대 문학사는 이중언어적 상황에서부터 시작되었다고 볼
수 있다. 근대 문학의 초입에 있어서는 중세 보편 언어로 사용되었던 한
문과 한글이 충돌하는 이행기였다면 식민지 시기 이후로는 강제적인 일
본어 사용으로 인해 일본어와 한글을 둘러싼 이중언어적 조건에 구속될
수밖에 없었다(한수영, 2009 : 303). 그러나 국어교육에서는 이런 상황을 크
게 인식하지 못하였다. 당시의 교육과정과 교과서는 언중들이 처해 있는
언어 현실과 괴리된 채, 반공 이데올로기와 민족주의적인 관점, 그리고 기
능적 언어관을 주지하는 데에 관심을 기울였다.

1. 남의 생각을 빠르게 받아들이고 그것을 정확하게 판단한다.
2. 자기의 생각을 남이 쉽게 이해할 수 있도록 분명히 그리고 능란하게 발표한다.
3. 언어에 대한 개념을 명확히 하여 매일 매일의 생활에 당면하는 여러 가지 문제를 효과적으로 성의껏 해결할 수 있도록 한다.
4. 주의 깊게 관찰하고, 정확하게 해석하여, 자기의 의견을 결정하는 버릇을 가지게 한다.
5. 방송, 영화, 연극, 소설 등을 바르게 평가하고, 그릇된 것을 알아낼 수 있는 식견을 가지게 한다.
6. 여러 가지 독서 기술을 체득하고 독서의 즐거움을 안다.
7. 의사 표시의 사회적인 방편으로서 언어 기술을 체득하고, 아울러 인생의 반영으로서의 문학 작품을 감상하고 창작하는 힘을 기른다.
8. 학생들이 장래에 사회에 나가 언어생활 면에서 직업인으로서의 기능을 충분히 발휘할 수 있도록 지도한다.
9. 학생들의 개별적인 소질과 능력의 차이를 중시한다.
10. 국민적인 사상 감정을 도야한다.
11. 우리의 언어문화에 대한 바른 이해를 가지게 한다.
12. 국어에 대한 이상을 높이고, 국어 국자 문제에 대한 관심을 가지게 한다.

-제1차 고등학교 교육과정 교육 목적

여기서 보듯이 제1차 국어과 교육과정의 목표는 실질적인 언어생활의 기능을 신장시키는 데 중점을 두고 있다. 정확한 이해와 표현을 통해 대화에 참여하고, 일상에서 벌어지는 문제를 해결하고 능란하게 자기 의견을 발표하는 것, 독서의 기술을 체득하는 등의 목표 설정은 학습자의 생활 언어 국면에서 전후 사회를 복원하는 데 초점이 있었다. 그러나 모순된 이중언어적 조건에 처해 있었던 당대 사람들에게는 일상 언어를 기술적으로 정확하고 유창하게 사용하는 것을 넘어서 '우리말'과 '모국어'라는 것이 무엇인지에 대한 재개념화가 필요하였다.

가장 큰 약점은 우리말의 서투름이었다. 일제하에서 초등학교 4학년까지 '조선어'를 배웠을 뿐, 일본인이 대다수인 중학교에서 일본말로 공부하다 해방을 맞아, 나는 학교교육에서 정확한 우리말을 익힐 기회가 별로 없었다. 군대 생활 7년간은 영어와 우리말을 절반씩 사용하는 틀 속에서 '쓰는 한국어'를 연마할 기회가 없었다. 말하고 읽기는 하지만 쓰는 훈련은 못했던 것이다. (중략) 나는 견습기간 중 한 달을 기간으로 설정하고 초등학교와 중고등학교 국어 교과서를 가지고 우리말 공부를 완전히 새롭게 시작했다(리영희, 2006 : 291-292).

리영희의 체험에서 볼 수 있듯이 식민지 시기 일본어를 '국어'로 교육받은 세대들에게 모국어에 대한 개념은 다분히 추상적인 것이었다. 구어 소통은 가능하였지만 문어 소통에 있어 취약했던 점은 이들이 언어를 사용하는 안정적인 주체로서의 존립 자체를 불안하게 하는 요소였다. 이 시기 언중들에게는 '정확한 우리말'이라는 것의 실체 자체가 모호하게 여겨졌던 것이다. 그 결과 분단 이후 수립된 정규 교육과정은 이면적 차원에서 언어적 정체성의 혼란을 겪고 있는 언중들에게 모국어에 대한 개념과 실체를 경험하는 수단으로 작용하였다. 당시의 국어 교과서는 언중들로 하여금 '정확한 우리말'의 기준으로 작용하였으며, 이미 제도 교육권을 벗어난 성인에게도 교과서가 국어에 대한 개념을 다시 정립시키는 기능을 하였다. 이는 이중언어적 상황에서 모국어교육의 기반을 다져 나갔던 한국의 특수한 상황을 반영한다. 이 시기부터 국가 차원에서 국어교육을 체계화, 조직화하고자 하는 시도가 이어졌으며, 일상생활에서부터 제도 교육의 특수한 국면에까지 국민들 역시 모국어에 대한 인식을 강화할 수 있게 되었다.

▌쌈지 문답

⊕ 질문 하나

1930-1940년대 시 문학의 다양성을 고려할 때 광복 이후의 문학교육
은 다소 단선적인 느낌을 주는데, 광복 후 남한에서 특정 작가와 문인
집단이 부각된 이유는 무엇인가요?

세상에 진실로 '중립'이라는 것이 존재할까요? 사람은 언제나 특정한 상황
안에 놓여 있으며 이에 대한 가치 판단을 지속적으로 수행합니다. 표면적으
로 '중립'을 표방한다고 하더라도 그것 역시 처해 있는 상황에 대해 가치를
판단한 결과이고, 가치의 문제가 개입되는 순간부터 '중립'이라는 용어는 그
내포와 외연이 모호해집니다. 예술 또한 마찬가지일 수 있습니다. 그런 점에
서 볼 때 광복 이후의 문학교육 역시 당시 상황에 대한 가치 평가를 담고 있
는 것이라고 볼 수 있습니다.

광복 이후 문학이 단순히 예술 작품이 아닌 정치적 신념을 표방하는 방편
으로 이어지는 것 역시 이와 같은 맥락에서 볼 수 있겠지요. 특히 광복 이후
의 시기는 영향력 있는 구성원들이 자신의 가치를 실현하고자 노력했던 시
기라고 할 수 있습니다. 당대 소련 중심의 사회주의 진영과 미국 중심의 자
본주의 진영 간의 극심한 대립이 사회 전반을 지배하였고, 문학을 바라볼 때
도 문학 너머의 이념의 논리를 적용함으로써 양자택일의 관점에서 수용하게
되었습니다. 한국의 문단에서 정치적 이념의 대립은 개별 작가들이 특정한
지향을 지닌 집단에 귀속됨으로써 더욱 강화되었습니다. 이제 한국의 문단은
특정한 정치적 이념을 가진 집단의 특성으로 분류할 수 있게 된 것입니다.

광복 이후 좌익계를 대표하는 단체는 각각 남과 북에 건설된 '문학가동맹'
과 '북조선문학예술총동맹'을 들 수 있습니다(윤여탁, 1993 : 316). 이들은 모두

이전의 봉건적인 문학에서 벗어나 자주적이고 진보적인 민주주의 국가 건설을 위한 문화 운동을 주장하였습니다. 다만 그 실현 과정에서 문학가동맹은 민주주의 민족 문학을 중시하고 북조선문학예술총동맹에서는 프롤레타리아 문학을 강조한다는 점에서 차이를 보입니다. 또한 이들은 1925년에 결성된 '조선프롤레타리아 예술가동맹(카프, KAPF)에 대해서도 해소적(解消的) 태도를 보이느냐(문학가동맹) 비해소적 태도를 보이느냐(북예총)에 대해서도 상이하였습니다. 반면 우익계의 대표적인 문학 집단으로는 민족주의 진영의 '전조선문필가협회'와 '조선청년문학가협회'를 들 수 있습니다. 전조선문필가협회는 회장 정인보를 필두로 하여 부회장 박종화, 김진섭, 김광섭 등이 참여하였고, 단체 결성에 참가했던 김동리, 조연현, 조지훈, 최태응이 조선청년문학가협회를 주도적으로 결성하게 됩니다(임규찬, 2009 : 276-277).

한편, 광복과 함께 작고한 시인들과 여타의 모국어 시집이 활발히 간행되었습니다. 1944년 이육사의 『육사시집』과 1945년 윤동주의 『하늘과 바람과 별과 시』, 박목월·조지훈·박두진의 『청록집』 등이 간행되어 민족 문학으로서의 기틀을 마련하였습니다. 또한 서로 다른 정치적 신념에 의해 분리되었던 문인 집단은 갈등과 반목 속에서도 공존하였습니다. 이전 시대 카프의 전통을 이어받은 임화, 박세영, 권환 등의 중견 시인들과 함께 유진오, 박산운, 김광현, 이병철, 김상훈 등의 신진 시인들의 활약이 두드러졌습니다. 이전 세대에서는 대체로 개인의 내면적 서정을 강조하는 것이 시의 주류적 경향이었다면 광복 이후의 시들은 외적 현실과 매개된 이념을 강렬하게 표출함으로써 현실에 민감하게 대응하였습니다.

이념의 차이를 갖더라도 같은 공간에 있었던 문인 집단들은 전쟁과 분단이라는 역사적 사건으로 인해 결국 물리적으로도 분리되었습니다. 한국 전쟁 이후 통일된 국가를 건설하지 못한 채, 남한은 대한민국 단독 정부를 수립하고 북쪽에서도 조선민주주의인민공화국을 수립하게 됩니다. 이렇듯 이념의 차이가 물리적인 국토를 양분시켜 나타남에 따라 문인들 역시 자신들의 위치를 선택하는 양상을 보입니다. 남쪽의 '문학가동맹'의 역시 1946년에 접어

들어 비합법 단체로 쫓기면서 구성원들이 상당수가 월북하게 됩니다.

당시 첨예해지는 냉전 체제 하에서 다양한 가치가 공존할 수 있는 여유는 없었습니다. 정치적으로 중립이거나 모든 체제를 비판적으로 바라보는 입장은 존립하기가 어려웠습니다. 1948년 남한의 단독 정부가 수립되고 나서부터는 잔존한 '문학가동맹'들과 좌우 합작 노선을 주장하였던 염상섭을 비롯한 중간파 문인들은 국민보도연맹에 강제로 가입되었습니다. 이로써 남한에서는 조선청년문학가협회를 중심으로 한 '문협 정통파'의 위치가 공고해지고, 문학교육에 있어서도 좌익계들의 작품은 더 이상 수용되지 않았습니다. 정규 교육과정이 성립됨에 따라 교과서 내에 실리는 문학 작품의 수는 늘어났지만 분단 이후 수용되는 문학 자체가 협소해짐에 따라 문학교육 내에서 다뤄지는 작품은 상대적으로 빈약해진 것입니다. 이 왜곡 현상은 1988년에 월북·납북·재북 문인들에 대한 '해금'이 이루어질 때까지 해소되지 않았습니다.

➕ 질문 둘

한국 전쟁 이후 국어교육에서 반공주의적 경향이 강해진 것은 피하기 어려운 일이었다고 생각합니다. 이런 경향은 현대시교육에 어떤 영향을 끼쳤나요?

식민지 시대와 같이 한국 전쟁 이후에도 문학에 대한 검열 제도는 지속되었습니다. 특히나 국가의 안보를 사수하기 위한 지배 이데올로기로 반공주의가 채택된 이후 억압적인 검열 기제는 한층 강화되어 사회·문화 전 분야에 적용되었습니다. 1948년 배타적인 권위를 획득하게 된 반공 이데올로기는 이후 냉전 체제의 심화와 분단 현실의 고착으로 인해 자기 증식의 발판을 마련하게 됩니다. 남북의 대립 구조는 지속적으로 반공주의를 강화시켰으며, 모든 사태에 대해 '용공'과 '반공'이라는 이분법적 사고를 적용하게 하였습니다.

국가적 차원에서 강화되었던 반공주의의 경향에서 자신의 사상적 경향을 맞추어 갈 수밖에 없었습니다. 국민보도연맹에 가입했거나 잔류의 경력을 지닌 다수의 문인들은 김태준의 사형과 유진오의 처형을 통해 반공주의의 폭력적 억압에 대해 인식하고 있었습니다. 또한 전시하에 문학가동맹에 가입하여 활동한 노천명 역시 징역 20년을 선고받음으로써 반공주의는 정치·사회를 넘어서 문학 분야에서도 절대적인 이데올로기로서 자리매김합니다(이봉범, 2005 : 64).

따라서 내가 생각하기에는 오늘날 우리들이 두려워해야 할 〈숨어있는 검열자〉는 그가 말하는 「大衆의 檢閱者」라기보다도 획일주의가 강요하는 대제도의 유형무형의 문화기관의 〈에이전트〉들의 검열인 것이다. 단 하나의 이데올로기를 대행하는 것이 이들이고, 이들의 검열제도가 바로 〈대중의 검열자〉를 자극하는 거대한 테제가 되고 있는 것이다. 〈대중의 검열자〉가 〈눈으로 볼 수 없는 자각조차 할 수 없는 숨어 있는〉 검열자라고 「문예시평」자는 말하고 있지

만, 대제도의 검열관 역시 그에 못지 않게 눈으로는 볼 수 없는, 자각조차 할
수 없이 숨어 있는 것이다. 이들의 대명사가 바로 질서라는 것이다(김수영,
1985 : 266).

반공 이데올로기는 전쟁 이후 제도 교육이 정착된 1960년대 이후로도 강
화되어, 다수의 문인들에게 자기 검열의 기제로 작용하게 됩니다. 이와 같은
상황에서 학교교육 역시 '반공'이라는 국가의 이념을 유포하기 위한 핵심적
인 제도로서 적극적으로 활용되었습니다. 교육의 국면에서는 명시적이고, 잠
재적인 차원에서 지속적으로 전쟁의 상흔을 확인시키는 작업이 이루어졌으
며 반공의 추구가 통일의 지름길이자 민족의 평화와 안정을 위한 유일한 방
향임을 지속적으로 주입하게 됩니다.

> 분단 인식 또한 북한 공산 집단의 호전성 때문에 분단이 고착화되고, 그들
> 때문에 통일에 대한 전망과 남한의 독자적인 발전에 장애가 있다는 반공 이데
> 올로기의 강화에 모아지고 있으며, 분단이 누구에 의해 생겼는지, 왜 대립적
> 상태로 분단이 지속되고 있는지, 어떤 방법이 자주적이며 평화적인 분단 극복
> 의 방안인지를 설명하려 하지 않으며, 자본주의의 고도한 발전을 통해 체제적
> 우월성을 확보한 남한이 분단 극복의 주도권을 행사해야 한다는 내용을 적극
> 적으로 강조하고 있을 뿐이다(이봉범, 2005 : 64).

국가 수준 교육과정을 살펴보면, 2차 교육과정 개편과 10월 유신 이후 정
립된 3차 교육과정 개편에서부터는 이념에 대한 교육 및 가치관 교육이 대
폭적으로 증가하는 추세를 확인하게 됩니다. 이 시기의 교육 내용은 대체로
애국심을 고취시키고 산업과 과학 기술의 발전을 통한 진흥에 대한 강조, 민
족을 중시하는 국가주의의 가치나 북한 공산의 위협을 강조하는 반공주의적
이데올로기들이 주류로 등장하게 됩니다(차혜영, 2005 : 114).

공부할 문제

1-1. 국가 안보의 필연성에 대하여 몇 사람이 말해 보자.

2-1. 이 글의 주제는 무엇인가?

2-2. 다음에 관하여 좀 더 소상히 알아보자.

(가) 4대 군사 노선

(나) 간접 침략

(다) 7·4 남북공동성명 이후 북한의 태도

2-3. 다음은 무슨 뜻인가?

(가) 생존권(生存權)

(나) 실리 추구(實利追求)

(다) 전국민(全國民)의 저력(底力)과 총화(總和)

(라) 총력안보(總力安保)[30]

　

고등학교 『국어』 3에 실린 박형규의 「유비무환」은 반공주의에 따른 교육 내용을 대표적으로 보여 줍니다. 반공을 강조하는 당시의 교육 내용은 본문에서 그치지 않고 '공부할 문제'의 활동을 통해서도 학습자들이 반공 의식이라는 특정한 태도를 내면화하도록 조직되어 있다는 점에서 당시의 교육을 둘러싼 정치·사회적 상황을 추론할 수 있도록 해 줍니다.

한국 전쟁 이후 강화된 반공 이데올로기는 문인들에 대한 검열을 강화함으로써 각종 필화 사건을 유발하고 및 금서 체제를 확립시켰습니다. 작품의 창작이 위축되는 과정에서 제도 교육 역시 국가관의 확립을 위한 수단으로서 작용하게 됩니다. 국어 교과서는 남북의 대립 구조를 심화시켜 애국심을 고취하는 내용을 포함하고 있었으며, 당시의 현대시교육 역시 이러한 국가적 차원의 억압 속에서 매우 제한된 범위에서 시행되었던 것입니다.

---

30) 문교부(1976), 『국어』 3, 대한교과서주식회사, 27.

Ⅱ. 학문중심 교육과정의 정착과 현대시교육
: 3-4차 교육과정기

1. 학문중심 교육과정 성립의 시교육적 환경

1) 1960-1970년대 현대시의 교육적 수용

3차 교육과정은 1973년 2월 14일에 초등학교, 8월 30일에 중학교, 이듬해 12월 31일에 고등학교의 순서로 공포되었다. 3차 교육과정의 기본 방향은 학문중심 교육 원리의 도입과 가치관 교육의 강화로 요약되며, 국어교육의 일반 목표도 언어생활, 개인 생활, 사고와 정서, 국어 문화의 네 차원에서 '건실한 국민'으로 수렴되었다. 또한 이 시기에는 '지도상의 유의점' 아래 '제재 선정의 기준' 항목을 신설하여 교재 구성 방향을 제시하였다(국어교육미래열기, 2009).

4차 교육과정은 1981년 12월 31에 공포되었다. 3차 교육과정이 표방한 가치관중심 교육에 대한 반성에서 출발하여 기능중심의 교육 원리를 도입하되, 학문적 배경을 갖춘 교육과정을 추구한 것이 이 교육과정의 특징이다. 그에 따라 국어과 교육과정은 언어 기능의 신장 강화, 문학교육의 강화, 언어(지식)교육의 강화, 쓰기교육의 강화, 가치관 교육의 내면화를 염두에 두고 구성되었다. 특히 국어교육의 목표를 〈표현·이해(말하기·듣기·읽기·쓰기), 언어, 문학〉의 세 영역으로 나누어 진술하고 배경 학문으로 수사학, 언어학, 문학을 설정함으로써 이후 교육과정의 기본 틀을 마련하였다(국어교육미래열기, 2009).

1970-1980년대를 관통하는 3-4차 교육과정기의 시교육을 살피면서 1960-1970년대의 현대시를 먼저 살피는 이유는 교육과정과 교재 편찬의 특수성을 고려하기 위함이다. 원래 교육은 미래 지향적 성격을 지니지만 그 출발점은 불가피하게 당대의 사회·문화적 여건을 기초로 하기 때문이다. 물론, 3-4차 교육과정기의 시교육이 1960-1970년대의 작품들만 다룬 것은 아니다. 그러나 시교육에 대한 사적 점검은 '교육과정을 구성하고 교과서를 편찬한 당대의 시적 성취까지만 교육에 반영될 수 있다.'는 점을 전제로 삼으며, 이러한 관점에서 볼 때 3-4차 교육과정기의 시교육은 1960-1970년대의 현대시와 관련지어 바라보는 것이 온당하다.

우선, 1960년대는 이른바 '한글 세대'의 문인들이 대거 문단에 진입한 시대다. 평론에서 이어령, 유종호 등이 세대론을 표방하면서 전대의 평론가들과 선을 그었고, 시에서도 식민지와 전쟁을 직접 경험하지 않은, 그래서 그 부담을 지지 않아도 되는 시인들이 다수 등장하였다. 정진규, 이승훈, 이수익, 이건청, 오탁번, 오세영, 김종해, 김영태 등의 시인들은 산업화가 갓 시작되는 시대에 시의 본성이 무엇인지에 대하여 심각하게 질문하였다.

1960년대 시단의 또 다른 특징으로 시 자체에 대한 고민이라는 단적인 현상으로 드러나는 현대성을 꼽을 수 있다. 김수영과 김춘수는 각자의 시론을 통해 새로운 시의 방향을 모색했는데, 이는 '억압적인 언어 체계로부터 벗어나려는 시적 시도'로써 '한국 현대 문학사의 가장 강렬한 이론적 경험 중하나'로 평가받기도 한다(이광호, 2008 : 355-356). 바야흐로 현대시단은 이 시기에 이르러 '현대시'에 대한 자의식을 본격적으로 다루기 시작한 것이다. 이러한 논의들이 부분적인 한계를 가진다는 점을 인정하더라도, 시를 바라보는 시각의 다변화라는 결과를 확인하기는 어렵지 않다.

1960년대 시단의 또 다른 특징으로 저항 담론의 형성을 꼽을 수 있다. 양상은 서로 다르지만 김수영, 신동엽으로 대표되는 참여파와『현대시』동인을 중심으로 한 새로운 서정시의 냉철한 현실 인식은 비판적 이성이 구체적인 작품을 통해 발현되는 두 모습을 보여 준다. 자아에 대한 인식이나 전통적인 서정의 발현 또한 이 시기에 확인할 수 있는 모습으로, 여기에는 공통적으로 시대에 대한 고민이 담겨 있다(오세영 외, 2007 : 337-394).

1960년대의 이러한 성과는 그대로 1970년대의 시교육으로 투입된다. 우리나라의 초기 현대시교육(대체로 일제 강점기)은 시사의 전개와 큰 시차없이 발전하며 당대의 시인과 작품을 폭넓게 수용하였는데, 3-4차 교육과정기까지도 그러한 경향이 많이 남아 있었다. 훗날 교과서 편찬에서 주요지침이 되는 '문학사적으로 인정받은 작품'의 검열 기제가 상대적으로 약하여, 1960년대의 시와 1970년대의 시교육은 자료적 동질성을 확보할 수있었다.

1970년대 시단의 초점은 저항시다. 김지하로 대표되는 저항시는 이후 민중시, 노동자·농민시, 다양한 형태의 참여시로 변신을 거듭하면서 한국 시단의 한 축을 이루는데, 이는 1960년대 참여시의 계보를 이으면서 그와는 또 다른 특징을 보여 준다. 예컨대 직접적인 비판이나 풍자 등의 기법은 1960년대 참여시와 비슷하나, 강한 정치성과 당파성은 그와 다른 점이다. 하지만 당대의 '살아 있는 권력'과 관련되는 저항시는 공교육의 장에 들어오기 어려우므로, 그에 대한 반작용으로 일제 강점기의 저항시에 대한 우대 현상이 나타났다. 이상화, 심훈, 이육사, 윤동주로 이어지는 일제 강점기 저항시인의 계보는 사실 당대의 저항시를 다루지 못하는 상황에서 3-4차 교육과정기를 거치면서 정착된 이데올로기적 결과물이다.

한편으로, 1970년대에는 시집 출간이 왕성하게 이루어진다. 이는『창작과 비평』과『문학과 지성』의 영향이기도 한데(오세영 외, 2007 : 399), 특히

1970년대 후반 들어 민음사, 창작과비평사, 문학과지성사 등에서 본격적인 시집 시리즈를 내면서 시의 대중화가 촉발되었다. 또한 민음사를 필두로 정착된 '비평이 붙은 시집'은 시를 보는 독자들의 안목을 높이는 데 기여하였고, 넓은 관점에서 볼 때 이는 그대로 시교육의 질적 개선으로 이어졌다.

그러나 1970년대 시의 치열한 현실 인식을 반영하기에는 시교육이 지니는 제도적 한계도 분명히 존재하였다. 특히 군사 정권하에서 시교육은 표면적인 학문 지향성과 이면적인 이데올로기의 제약 사이에서 부유하게 된다. 이에 이어지는 1980년대(4차 교육과정기)의 시교육은 3차 교육과정기의 고식적인 시교육에서 벗어나 당대의 삶을 직접 반영하려는 경향과 그에 대한 보수적 반작용 사이에 존재하는 것이다. 결국 3-4차 교육과정기는 1960-1970년대의 시단 및 그때까지의 시사를 당대의 정치·사회적 맥락에 따라 재구성하면서 시론과 구별되는 시교육의 이론 체계를 만들어 간 시기로 규정할 수 있다.

2) 1970-1980년대의 사회·문화적 배경과 시교육 이데올로기

3-4차 교육과정기는 시기적으로 1970-1980년대와 대응하는바, 이때의 사회적 상황은 경제적 성장과 정치적, 사회·문화적 갈등의 공존으로 요약할 수 있다(박붕배, 1997a : 630; 박붕배, 1997b : 202-203; 오세영 외, 2007 : 395-398).

일단 3차 교육과정은 1972년 10월 17일 선포된 유신 체제와 떼어서 생각할 수 없다. 유신이 선포되고 곧바로 11월 21일 헌법이 개정됨으로써 제4공화국이 성립된바, 1973-1981년에 적용된 3차 교육과정은 제4공화국과 정확하게 운명을 같이한다. 제4공화국은 '유신 독재'로 압축되는 정치적 취약성을 경제 성장 및 민족 자주성의 강조로 극복하고자 하였으며, 실제로 경제면에서는 상당한 성과를 올렸다. 그러나 문화 분야에서는 판소리 등의 '한국적 전통'을 재조명한 것 외에 큰 성과를 내지 못하고, 오히려 자유실천문인협회(1974)로 대표되는 강력한 반체제 문학을 낳았다. 교육 분야에서도 가치관 교육을 위하여 국사 교육, 국민윤리 교육, 교련 교육 등을 강조하였으며, 문학교육도 이 흐름의 영향을 받게 된다.

1987년 5차 교육과정이 고시되므로(고등학교는 1988년) 4차 교육과정의 적용 기간은 1982-1986년이 된다. 이 기간은 1980년 봄의 혼란을 거쳐 같은 해 10월 27일 개정된 헌법에 따라 성립된 제5공화국(1981년 3월-1988년 2월)과 거의 겹친다. 이 기간 역시 군사 정권의 엄격한 문화 통제가 이루어지던 시기이나, 사회 전반의 의식 개선에 따라 3차 교육과정기와 같은 일방적인 이데올로기 전파로 시종하지는 않았다. 오히려 정치 부문에서의 강압 이미지를 완화하기 위해 문화 분야에는 상당한 자주성을 부여하였고, 이것이 문화 개방, 올림픽 개최 등과 맞물리면서 역동적인 문화 현상을 낳았다.

이러한 사회 전반의 모습은 자연스럽게 청소년들의 가치관 혼란에 대한 관심 및 해결 요구로 이어졌다. 일간지에서 청소년들의 가치관 문제를 다룬 기사는 1960년대 이전부터 확인되는데, 그러한 경향은 1970년대에 들어 더욱 광범위하게 나타났다. 예를 들어 박정희 대통령이 피살된 바로 그날 동아일보는 "흔들리는 청소년 가치관"이라는 제목으로 '서울Y심포지엄'에 관해 보도하였다. 그 일부를 보자.

> 「청소년과 가정」에 대해 발표한 전병재 교수(연세대 / 사회학)는 한국의 가정이 종래의 부자 중심에서 부부 중심으로 변화하면서 자녀의 교육 원칙이 정립 안 돼 청소년들이 가치관을 형성하는 과정에서 갈팡질팡하는 현상이 보인다고 지적했다. 부부 중심의 개인주의적 가정은 그들의 자녀를 현대 사조에 맞게 양육하는 데 장점은 있으나 과거 한국의 전통과 조화되지 못해 이들의 자녀가 사회생활을 할 때는 부작용이 발생한다는 설명이다. 따라서 이들 가정은 남을 위해 사는 것이 곧 나를 위해 사는 것이라는 인식을

자녀들에게 심어 줄 필요도 있다고 강조했다(「동아일보」, 1979.10.26., 5면).

이 기사는 1970-1980년대의 학생들이 격변하는 사회·문화와 관련하여 매우 심한 가치관 혼란을 겪었다는 점을 방증한다. 정부는 그에 대한 대응으로 가치관 교육을 강조했지만, 군부 중심의 정치 상황이 그것을 왜곡하는 현상이 나타났다. 그 왜곡은 한편으로는 노골적인 정치 이데올로기의 침윤으로, 다른 한편으로는 경제 담론·민족 담론의 확산으로, 또 다른 한편으로는 탈이데올로기적인 학문과 지식을 강조하여 왜곡 현상을 덮는 방식으로 일어났다. 말하자면 3-4차 교육과정이 표방한 '학문중심 교육과정'이란, 교육 관료와 학자들의 순수한 의도와 무관하게 당대의 지배 이데올로기를 관철하면서 정치적 역할을 수행한 것이다. 교육부의 위탁 연구 결과인 다음 견해를 보자.

> 다시 말해 지식의 증가와 급격한 사회 변화를 가져오고 있는 상황 속에서, 지금까지 축적되어 온 기성 지식의 전수나 단순한 생활 경험으로는 장래 생활에 적응할 수가 없으므로, 교과의 핵심적인 지식 체계로의 구조화와 그것을 발견·탐구하는 과정을 통하여 학습시키자는 주론과 국가적으로는 새마을 운동의 적극 추진, 유신 과업의 강력한 수행을 위한 국적 있는 교육의 강조 등이 제 3차 교육 과정의 개정(제정) 작업에 착수하게 된 배경이었다(한국교육과정·교과서연구회, 1998).

여기서도 '지식 체계의 구조화'로 요약되는 학문중심 교육과정의 이념과 '국적 있는 교육의 강조'로 요약되는 지배 이데올로기의 병치를 3차 교육과정의 배경으로 지목하였다. 국어과 교육과정에서는 '제재 선정의 기준'을 통해 그 구체적인 양상을 살펴볼 수 있는바, 4차 교육과정에서 문학과 관련된 제재 선정 기준은 다음과 같다.

> 라) 읽기 자료와 문학 작품은 되도록 아래의 국민정신 교육에 관련된 요소가 포함된 것을
> 선택하도록 하되, 학생들이 긍정적으로 해석하고 평가하여, 그들 자신의 신념과 가치
> 관을 형성하는 데 깊은 영향을 받도록 한다.
> (1) 정직, 책임, 근면, 진취, 협동
> (2) 가치에 대한 신념, 이상이나 목적을 실현하려는 의지
> (3) 다른 사람의 인격 존중과 인간에 대한 사랑
> (4) 질서, 규칙, 법, 사회적 관습의 존중
> (5) 학교, 사회, 국가의 공적인 이익을 위한 헌신적 봉사 정신
> (6) 특수한 언어와 문화를 가진 대한민국 국민으로서의 자아 인식과 민족적 자부심
> (7) 긍정적이고 바람직한 국가관과 세계관
>
> -문교부 고시 제442호, 1981.12.31

문학에 대한 고려는 거의 찾아볼 수 없는 이러한 기준을 통해 3-4차 교육과정의 바탕이 된 1970-1980년대의 사회·문화적 배경과 시교육의 이데올로기를 짐작할 수 있다.

2. 3-4차 교육과정기 시교육의 양상

1) 학문중심 교육과정의 지향과 시교육

1973년에 공포된 3차 교육과정은 중학교/고등학교 교육과정으로 구분되고 '말하기·듣기·읽기·쓰기' 영역으로 구성된다. 각각의 영역에서 '지도 사항'과 '주요 형식'을 제시하고 있는데, 현대시(혹은 시 일반)와 관련된 부분은 '읽기'와 '쓰기'의 '주요 형식'으로 언급되고 있다. 그러나 '지도 사항'의 구체적인 모습을 살펴보면 그것이 현대시에만 적용될 수 있는 성질의 것은 아니다. 다음은 3차 중학교 교육과정 1학년 '읽기' 영역에 제시된 내용 중 일부다.

> (3) 읽기
> (가) 지도 사항
> ① 흥미를 가지고 의욕적으로 읽기
> ② 독서 습관을 길러서 여가를 선용하기
> ⑪ 어귀의 문맥상의 의미 알기
> ⑭ 글의 리듬과 흐름 알기
> ⑯ 감동을 체험하고 감명 살리기
> ⑰ 효과적인 표현 익히기

이것만으로 시교육의 흐름을 짐작하기는 어렵다. 오히려 주목해야 할 것은 3차 교육과정에서 신설된 '제재 선정의 기준'이다. 3차 중학교 교육과정에서 주목할 만한 부분을 살펴보자.(밑줄 인용자)

> (1) 바른 사고력과 정확한 판단력, 풍부한 상상력과 의욕적 창조력을 기르는 데 도움이 되는 것
> (4) 주체성을 기르는 데 도움이 되는 것
> (11) 투철한 국가관과 민족 주체성을 확고히 하고, 애국·애민 사상을 고취함에 도움이 되는 것
> (13) 한국적 민주주의의 수립 및 그 발전에 이바지하려는 태도를 기름에 도움이 되는 것

여기서 볼 수 있는 것은 주제 중심, 그것도 전통적이고 지배적인 이데올로기 및 정치적 의도를 반영한 주제 중심의 제재 선정 원칙이다. 국가가 교과서를 개발해서 보급하는 체제 아래서 이러한 교육과정의 의도는 더욱 강하게 구현된다.

또 하나 살펴볼 것은 앞에서 지적했던 '지식'의 강조다. 이에 대해서는 이미 다음과 같은 분석이 나와 있다.

그런데 3차 교육과정기 문학교육 목표 체계는 중요한 변화가 드러난다. 문학교육의 목표 체계에 '이론'이란 용어가 사용되었다는 점이 이를 말해

준다. 2차 교육과정까지 문학교육의 목표는 '국민정신, 교양, 지식, 이해, 국문학사의 개략' 등등의 용어를 통해 설정되었다. 하지만 3차에서는 '이론'이란 용어가 사용되면서, 문학 작품에 대한 감상과 이해 그리고 그것을 향유하고 즐기는 태도 등은 상대적으로 '중간 단계'의 목표로 낮아지는 경향을 보인다(민현식 외, 2007 : 38).

여기서 말하는 '이론'이란 '지식'의 다른 이름인데, 이는 3차 교육과정 전체가 학문중심 교육과정을 표방했기 때문이고, 동시에 정치적 취약성을 학문으로 보완하기 위한 장치다.

4차 교육과정은 3차 교육과정과 마찬가지로 중학교와 고등학교 교육과정을 구분하여 제시하고 있으나 '문학'이 별도의 영역으로 설정되어 있다는 차이를 보인다. 이 가운데 현대시 관련 주요 내용은 다음과 같으며 '국어 2'에 해당하는 내용들은 검정으로 발간될 내용에 해당하는 것이긴 하나, 교육과정의 전체적인 취지를 살피기 위해 함께 다루었다.

중 1-다)-(7) 시의 율격을 이루는 요소들을 이해하고, 시의 음악적 효과를 즐긴다.
중 1-다)-(8) 시에서 시인과, 시 속에서 노래하는 사람을 구별하여 이해한다.(화자)
중 2-다)-(6) 시의 심상을 이루는 여러 가지 표현법을 알아서 시의 감각적 효과를 즐긴다.
중 2-다)-(7) 노래하는 시와 생각하는 시를 작품을 통하여 구별하고 감상한다.
중 3-다)-(8) 시의 음악적 효과를 높이는 언어적 요소를 가려낸다.
중 3-다)-(9) 시에 자주 쓰이는 비유나 관습적 상징을 이해한다.
중 3-다)-(10) 시에서 설득적인 목소리와 명상적인 목소리를 구별하고 감상한다.
국어 1-3)-사) 소리와 뜻의 어울림을 파악함으로써 시의 음악성과 암시성을 이해한다.
국어 1-3)-아) 시 작품에서 서정적 목소리의 주인을 파악하여 작품을 감상한다.(화자)
국어 2-1)-하) 시는 본질적으로 시인의 은밀한 독백을 독자가 엿듣는 전달 상황에 있는 문학 양식임을 안다.
국어 2-1)-거) 시에서, 노래하는 사람이 독자에게 직접 설득하는 목소리, 스스로 자신에게 독백하는 목소리, 인물 간의 대화를 모방하는 목소리, 남의 사건을 이야기하듯 하는 목소리 등을 구별함으로써, 서정시의 다양한 표현 방식을 구체적인 작품을 통해 감상한다.

> 국어 2-1)-너) 시의 문학적 효과는 흔히 심상의 세계를 표현하는 언어에 있음을 알고, 감
> 각적 인상을 나타내기 위한 시적 언어의 여러 가지 특수한 기법을 구체적
> 인 작품을 통해 분석한다.
> 국어 2-1)-더) 구체적인 작품을 통해, 정형시와 자유시와 산문시의 개념을 서로 사이의 상
> 관적 관계에서 파악하며, 내재율과 외재율에서 느끼는 즐거움의 차이를 안다.
> 국어 2-1)-러) 구체적인 작품을 통해 언어 요소들의 규칙적인 반복이나 그 변조의 효과를 알
> 고, 소리와 뜻의 어울림을 파악함으로써 시의 음악성과 암시성을 이해한다.
> 국어 2-1)-머) 시의 소재나 주제가 시대 및 사회적 변천에 따라 어떤 주류를 이루면서 변
> 모되어 온 여러 가지 양상을 대표적 작품을 통해 파악한다.

이처럼 4차 교육과정은 전형적인 분석주의적 시교육관을 보여 준다. 3
차 교육과정에서 강조했던 '이론'을 더 구체화하여 시의 구성 요소를 교
육과정에 직접 노출한 것이 4차 교육과정이다. 율격, 화자, 심상, 비유, 어
조 등의 개념은 시가 단순히 '감상하고 즐기는' 대상에 그치는 것이 아니
라 '분석하고 이해하는' 대상이 될 수 있다는 것을 보여 주고, 이를 통해
그동안 막연하게 이루어지던 시교육이 '구체적으로 가르칠 내용과 방법이
있는' 교육으로 전화할 수 있었다.

그러나 '구체적으로 가르칠 내용과 방법'은 문학에 대한 당대의 학문적
성향을 받아들인 결과인 동시에, 그러한 학문적 추구가 간과한 부분까지
도 동일하게 놓쳐 버리는 결과를 낳았다. 그것은 시교육이 교육의 이론만
을 받아들인 채 당시까지 활발하게 펼쳐진 시의 이론에 대한 역동적인 논
의들에는 관심을 기울이지 않은 결과이기도 하다. 그 구체적인 모습은 교
과서에서 명징하게 드러난다.

2) 제재의 양적 확대와 제한적 수용

다음의 표에 따르면 3-4차 교육과정기의 중·고등학교『국어』교과서
에 수록된 현대시인은 총 54명, 작품은 96편이다. 이는 광복 이후 7차 교

육과정까지 총 102명의 시인이 지은 213편의 작품이 수록되었다는 점(민 현식 외, 2007 : 306)을 감안할 때 매우 주목할 만한 수치다.

[표 2.2] 3-4차 교육과정기 국정 교과서 현대시 수록 작품

시인	작품	시기	급별	시기	급별
강소천	새하얀 밤	3차	중 1-2		
구상	초토의 시			4차	중 2-2
김광균	언덕	3차	중 2-1	4차	중 2-1
김광림	산	3차	인문국어 1		
김광섭	나의 사랑하는 나라			4차	중 3-2
	비 갠 여름 아침	3차	중 1-1		
	생의 감각	3차	실업국어 3		
김남조	겨울 바다			4차	고 3
	낮잠	3차	중 1-1		
김달진	샘물			4차	중 1-2
김동명	밤	3차	중 1-1		
	우리말	3차	중 3-2		
	파초	3차	인문국어 2		
김동환	산 너머 남촌에는	3차	중 2-1	4차	중 1-1
김상용	남으로 창을 내겠소			4차	중 3-1
김소월	금잔디	3차	실업국어 1		
	엄마야 누나야	3차	중 1-1	4차	중 1-1
	진달래꽃	3차	인문국어 2, 실업국어 2	4차	고 2
김영랑	돌담에 속삭이는 햇발	3차	중 3-1	4차	중 3-1
	모란이 피기까지는	3차	인문국어 2, 실업국어 2	4차	고 2
김요섭	꽃			4차	중 2-2
김용호	가을의 동화	3차	중 2-2		
	눈 오는 밤에	3차	중 2-2	4차	중 1-2

김윤성	가을			4차	중 1-2
김종길	설날 아침에	3차	인문국어 1		
	성탄제			4차	고 1
	첫서리	3차	중 3-2		
김춘수	꽃			4차	고 3
	부다페스트에서의 소녀의 죽음	3차	인문국어 3		
	분수			4차	중 3-1
김해강	가던 길 멈추고	3차	인문국어 1		
김현승	가을의 기도			4차	고 1
	플라타너스			4차	중 3-2
노천명	사슴	3차	인문국어 2		
	장날	3차	중 1-2		
	푸른 오월	3차	실업국어 2		
모윤숙	어머니의 기도	3차	중 2-2	4차	중 2-2
박남수	아침 이미지	3차	인문국어 3		
박두진	3월 1일의 하늘	3차	인문국어 1, 실업국어 1	4차	고 1
	낙엽송	3차	중 1-1		
	해의 품으로	3차	중 3-1	4차	중 3-1
박목월	나그네	3차	인문국어 2	4차	고 2
	눈이 온 아침	3차	중 1-2		
	물새알 산새알	3차	중 1-1	4차	중 1-1
	윤사월	3차	실업국어 1		
박성룡	풀잎	3차	중 1-1		
박재삼	가을 한때			4차	중 2-2
박화목	낙엽	3차	중 1-2		
변영로	논개	3차	중 3-1	4차	중 3-1

서정주	국화 옆에서	3차	인문국어 2, 실업국어 2	4차	고 2
	학			4차	중 3-2
신석정	그 먼 나라를 알으십니까			4차	고 2
	봄을 기다리는 마음	3차	중 2-1		
	소년을 위한 목가			4차	중 2-1
	추석	3차	중 1-2		
신석초	고풍	3차	중 3-2	4차	중 2-2
양명문	어머니의 기도	3차	중 3-2		
유치환	깃발			4차	고 1
	바위	3차	실업국어 3		
	봄소식	3차	중 2-1	4차	중 2-1
	식목제	3차	중 3-1		
	울릉도	3차	인문국어 2, 실업국어 2		
윤동주	굴뚝	3차	중 1-2		
	별 헤는 밤	3차	실업국어 2		
	새로운 길			4차	중 1-2
	서시			4차	고 3
	참회록	3차	인문국어 3		
윤석중	먼 길	3차	중 1-2	4차	중 1-1
이동주	내 새마을	3차	중 3-1		
이상화	빼앗긴 들에도 봄은 오는가	3차	실업국어2	4차	고 1
이성교	가을 운동회	3차	중 1-2		
이수복	봄비	3차	인문국어 1		
이육사	광야	3차	인문국어 2	4차	고 1
	청포도	3차	실업국어 1	4차	중 3-1
이중원	동심가	3차	중 3-1	4차	중 3-1
이하윤	할머니와 할아버지	3차	중 3-2		

장만영	소쩍새	3차	중 2-2		
	온실			4차	중 1-2
장서언	박	3차	중 3-2		
전봉건	미끄럼대	3차	중 1-1		
	팔월			4차	중 3-2
정한모	가을에	3차	인문국어 2	4차	고 2
	어머니			4차	중 3-1
정훈	밀고 끌고	3차	중 1-1		
조병화	의자	3차	인문국어 3		
	해마다 봄이 되면	3차	중 2-1	4차	중 2-1
조지훈	달밤	3차	중 1-1	4차	중 1-1
	승무	3차	인문국어 2	4차	고 3
주요한	빗소리			4차	중 3-1
	아기의 꿈	3차	중 3-1		
최계락	해변	3차	중 1-1		
최남선	해에게서 소년에게	3차	중 3-1	4차	중 3-1
한용운	님의 침묵	3차	인문국어 3	4차	고 3
	복종	3차	중 3-1	4차	중 3-1
	알 수 없어요	3차	인문국어 2, 실업국어 2		
한정동	하루의 소풍	3차	중 1-1		

[표 2.2]에 따르면 광복 이후 60여 년 동안 교과서에 수록된 시인들 가운데 약 53%, 작품들 가운데에는 45%가 이 시기에 집중되었다. 여기에 수록된 시인이나 작품 중에 이전이나 이후 교육과정기의 교과서에서도 중복해서 다룬 경우가 많을 것을 고려하면 그 집중도는 충분히 주목할 만하다. 학문 중심 교육과정의 이념이 작품의 양을 늘리는 기초가 된 것으로 보인다.

그러나 여기에서 보는 양적 풍요로움이 질적 다양성을 보장한다고 보기는 어렵다. 1960년대에 비평계에서 냉전 의식과 재래적인 문학 관념에서 자유롭지 않은 구세대 비평가들이 밀려나기 시작하고 '비평사적 권력 교체'가 일어났음에도 불구하고(권성우, 2008 : 399), 현대시교육의 장에는 그러한 흐름이 투영되지 못한 채 건국기부터 이어져 온 '민족적 서정'의 작품들만이 교육의 대상으로 자리를 잡고 있었다.

서정주의 경우만 해도 『질마재 신화』를 기준으로 하여 산문성의 도입이 이루어졌고 이것이 독자의 흥미를 유발하기 위한 목적을 가지고 있었음에도 불구하고(이혜원, 2008 : 104-105), 이 시기 교과서에 수록된 작품은 〈학〉과 〈국화 옆에서〉로 제한된다. 앞에서 언급한 것처럼 김수영과 김춘수 역시 1960년대 이후의 한국 현대시를 논할 때 빠뜨릴 수 없는 시인들이지만 교과서에는 김춘수만 등장한다. 이러한 양상은 앞에서 언급했던 '당대 시인 및 작품들의 교과서 수록'이 제한적으로만 이루어졌음을 의미한다.

3차 교육과정기의 교과서가 현대시에 대해 어떠한 입장을 보였는지는 인문계 고등학교 『국어』 3에 수록된 '15. 한국(韓國)의 현대시(現代詩)' 단원31)에서 상징적으로 확인할 수 있다. 이 단원에서는 시의 효용이 '감동과 쾌락'에 있으며, 사상은 종속적인 것으로 정리하였다. 김광균의 〈외인촌〉을 언급하면서 "시각과 청각이 한 덩어리가 되어 있다. 사상이 스며들 여지가 없다."고 평가하고, 순수·자연에 초점을 맞추어 생명파와 청록파를 소개한다. 참여시에 대한 소개도 이루어지고는 있으나 그와 대척점에 있다고 하는 순수시를 설명하는 부분에서와는 달리 어떤 시인이나 작품도 언급하지 않고 있다.

이러한 양적 풍요로움 속에서의 내용적 획일성은 그만큼 당시의 교육 기획자들이 시의 효용에 대해 큰 기대를 가지고 있었음을 짐작하게 한다.

---

31) 이 단원의 글을 쓴 이는 문덕수로 되어 있다.

시를 가장 단순하게 참여시와 순수 서정시로 나누어 보았을 때 참여시의
배제는 당시의 사회·정치적 상황을 고려하면 나름대로 이해할 수 있는
특징이다. 그러나 한 분야의 배제가 작품 수의 감소로 이어지지 않고 오히
려 전체적인 증가로 이어지고 있는 점을 볼 때, '참여시의 배제'가 곧 '시
의 배제'를 의미하지는 않음을 알 수 있다. 이는 교육 기획자들이 시가 정
서 및 가치관 전달의 매개체로 인식되면서, 특정 부류의 작품들에 대한 학
습자의 노출 기회를 최대화함으로써 혼란한 사회적 상황을 통합시켜 나가
려는 의도를 담아 낸 것이다. 영문학의 시작이 종교적인 역할의 수행과 다
를 바가 없다는 이글턴의 지적이(Eagleton / 김명환, 1986), 영국에서는 문학에
국한되는 경향이 있었다면 한국에서는 시교육에까지 적용될 수 있다.

3) 학습 활동에 반영된 배제의 이데올로기

(1) 3차 교육과정기의 '공부할 문제'

이러한 작품들을 제재로 하여 실제 수업에서 어떠한 활동을 하도록 기
획하였는지는 교과서에 제시된 '공부할 문제'를 통해 유추할 수 있다. 다
음은 3차 교육과정기 『중학 국어』 1-1의 '새로운 출발 – 3. 봄' 단원과
인문계 고등학교 『국어』 2의 '사색의 제목들 – 7. 그리운 우리임'에서 제
시된 내용이다.[32] '1'의 문제들은 전체 이해 및 낭독 활동 관련 내용을,
'2'의 문제들은 시구 분석 관련 내용을, '3'의 문제들은 수신에 초점을 둔
태도 관련 내용을 주로 다루고 있는 것을 확인할 수 있다.[33]

---

32) 실업계 고등학교를 대상으로 한 국어 교과서에서는 '공부할 문제'가 아닌 '익힘 문제'가 제
시된다. 그 내용은 크게 다르지 않지만, 작품의 구체적인 부분을 인용하여 뜻을 묻는 내용은
보이지 않으며, '1-1', '1-2'와 같은 분절 없이 '1, 2, 3, ……'의 순차적 번호가 붙어 있다.
33) 박붕배는 이를 '요소 학습', '중심 학습', '가치관 형성 학습'으로 명명하여 구분한다(박
붕배, 1997a : 900).

(중학교) 공부할 문제

1-1. 글 읽기에 흥미를 가지고 열심히 읽도록 하자.

1-2. 시조의 기본형을 알아보고, '산길에서'는 거기서 얼마나 벗어났나 조사해 보자.

1-3. 위의 시(시조)들을 읽고, 그 소재와 주제, 그리고 그 느낌을 말해 보자.

1-4. 글은 그 형식에 알맞게 읽어야 효과적이다. 위의 시(시조)들을 효과적으로 낭독해 보자.

1-5. 시나 시조로 표현할 만한 것(내용)이 있으면 1수씩 지어 보고, 그 쓴 것을 오래 두고 다듬어 보자.

2-1. 다음은 어떤 느낌, 뜻, 분위기를 나타내고 있는가?

　(가) 어쩌면 / 어쩌면 / 울음이 일어 (느낌)

　(나) 하늘 꼭대기 (뜻)

　(다) 물새알은 - 물새가 된다.

　　　산새알은 - 산새가 된다. (뜻)

　(라) 봄마다 새로 젊는 / 자랑 (뜻)

　(마) 봄이 깜짝 놀란다. (분위기)

3-1. 나는 사람과 자연을 사랑하고 아름다운 것을 찾으려 노력하고 있는가 생각해 보자.

　　　　　　　　　　　　　　-문교부(1974), 『중학 국어』 1-1, 대한교과서주식회사.

(고등학교) 공부할 문제

1-1. 글을 읽을 때에는 암시(暗示)된 내용도 찾아 이해하도록 하자.

2-1. 이 시(시조)들의 주제를 알아보자.

2-2. 다음은 무슨 뜻인가?

　(가) 백마(白馬) 타고 오는 초인(超人) (무엇을 기대하는가?)

　(나) 타고 남은 재가 다시 기름이 됩니다. (어떤 정신인가?)

　(라) 죽어도 아니 눈물 흘리오리다. (사실인가?)

　(마) 아아, 이렇게도 간절(懇切)함이여! 무엇이 간절한가?)

　(바) 찬란한 슬픔의 봄 (무엇이 찬란하고 무엇이 슬픈가?)

2-3. 다음에 관하여 알아보자.

　(가) 비유(譬喩)

　(나) 상징(象徵)

3-1. '아름다움과 진실'에 관하여 생각해 보자.

4-1. 다음 한자를 익히자.

　　脈　戀　犯　超　茫

　　　　　　　　　　　-문교부(1975), 인문계 고등학교 『국어』 2, 대한교과서주식회사.

이처럼 3차 교육과정기의 교과서에서 중학교와 고등학교의 '공부할 문제'는 구성상 큰 차이를 보이지 않는다. 작품의 뜻을 물어보는 부분에서 보다 구체적인 표현이 보이고 전문적인 개념어가 등장한다는 정도의 차이가 확인될 뿐이다.[34] 그러나 이러한 활동들이 학습자들의 발산적인 사고를 유도하기 위한 목적을 가지고 구성되었다고 보기는 어렵다. 무슨 뜻인지를 스스로 생각하기보다는 암묵적으로 확정된 '정답'을 받아 적는 활동으로 대체되었을 가능성이 크다. 이것은 3차 교육과정기 고등학교 3학년 교과서에 수록된, 「23. '님의 침묵'과 그 해설」[35]이라는 단원의 학습 흐름을 분석해 보면 확인할 수 있다.

님의 沈默(침묵)

① 님은 갔읍니다. 아아, 사랑하는 나의 님은 갔읍니다.

(중략)

① 3·1운동(三一運動)을 지도(指導)했지만, 민족(民族)의 독립(獨立)은 아직 이루어지지 않았다는 뜻도 있으리라.

(중략)

⑩ '제 곡조를 못 이기는 사랑의 노래', 노래를 넘어선 노래. 따라서, 아주 훌륭한 예술(藝術)은 진리가 침묵(沈默)의 깊이에서 드러내는 것을 꾸준히 표현한다. 이루어지지 않은 독립 운동을 일제하(日帝下)의 극한 상황(極限狀況)에서도 쉬지 않는다. 불도(佛道)에 대한 정진(精進)을 계속한다.

그러나, 인간(人間)이란 존재는 항시 침묵에게 묻고 대답을 얻게 마련이다.

공부할 문제

(중략)

2-2. 이 해설을 읽고 각자의 생각과 다른 것이 있으면 말해 보라.

3-1. 선열들의 '조국애'에 관하여 생각해 보라.

-문교부(1975), 인문계 고등학교 『국어』 3, 대한교과서주식회사.

---

34) 3차 교육과정기 중학교 교과서에 제시되어 있는 '공부할 문제'에서 등장하는 전문적인 개념어는 '3-4(4 · 4)조', '7 · 5조'가 전부다.

35) 필자는 송욱으로 되어 있다.

〈님의 침묵〉에 대해 역사적인 관점에서 해설하는 부분이다. 해설 자체는 하나의 가능성으로서의 조국애를 다루며 '공부할 문제'에서도 이와 다른 생각을 이야기하게 한다. 그러나 정작 태도와 관련된 3-1에 이르면 여전히 '조국애'로 수렴시키는 모습을 확인할 수 있다. 이러한 사례는 다른 작품들의 '공부할 문제'에서도 쉽게 발견할 수 있다.

* 학습 작품 : 김용호의 〈눈 오는 밤에〉, 모윤숙의 〈어머니의 기도〉
 3-1. 우리의 고유한 정서를 곱게 간직해 가도록 하자.
 ─문교부(1975), 『중학 국어』 2-2, 대한교과서주식회사.

* 학습 작품 : 이하윤의 〈할머니와 할아버지〉, 양명문의 〈어머니〉, 신석초의 〈고풍〉
 3-1. 우리는 어디서 갑자기 떨어졌거나 솟아난 것이 아니라, 5천 년을 이어 왔고 또 무궁하게 이어 갈 역사의 선 위에서 났고 존재한다는 사실을 깨닫고, '우리' 것을 소중하게 여기도록 하자.

* 학습 작품 : 김종길의 〈첫서리〉, 장서언의 〈박〉, 김동명의 〈우리말〉
 3-1. 아름다운 시를 읽어 우리의 정서를 곱게 다듬도록 하자.
 ─문교부(1975), 『중학 국어』 3-2, 대한교과서주식회사.

모윤숙의 〈어머니의 기도〉를 읽고 간직해야 할 '우리의 고유한 정서'는 또 다른 조국애로 이어지게 된다. 표면적으로는 아들에 대한 어머니의 애틋한 마음이 드러나지만, 그 안에는 적에 대한 승리와 그 안에서 이루어지는 희생에 대한 가치 부여가 담겨 있기 때문이다. 〈어머니의 기도〉 중 주목할 부분은 다음과 같다.

(전략) 바람이 성서를 날릴 때 / 그리로 들리는 병사의 발자국 소리들! / 아들은 어느 산맥을 지금 넘나 보다. / 쌓인 눈길을 헤엄쳐 / 폭풍의 채찍을 맞으며 / 적의 땅에 달리고 있나 보다. / 애달픈 어머니의 뜨거운 눈엔 / 피 흘리는 아들의 십자가가 보인다. / 주여! / 이기고 돌아오게 하옵소서. / 이

기고 돌아오게 하옵소서.

'공부할 문제'의 구성 맥락으로 볼 때 여기에서의 '고유한 정서'는 분명 아들에 대한 어머니의 걱정이다. 그러나 이 작품에 대해 비판적인 거리를 확보하지 못하는 학습자의 경우 "피 흘리는 아들의 십자가" 역시 자신이 지녀야 할 정서의 대상이 된다. 병사들은 무엇을 위해 산맥을 넘는지, 왜 피를 흘리는지에 대해서는 별다른 제시가 없는 상태에서 학습자는 저마다의 가치관에서 비롯된 전쟁의 정당화로 작품의 빈 곳을 메우게 되고, 그 과정에서 자신의 정서를 '공부할 문제'의 의도와 합치시키기에 이르는 것이다. 결국, 교과서의 의도가 그대로 실현된다면 학습자들은 '공부할 문제'를 통해 전통과 '고운' 정서에 자신을 결합시키게 된다. 이것은 분명 당시의 혼란스러운 사회상을 고려했을 때 필요한 부분이라고 할 수 있다. 그러나 그 과정에서 반성 및 성찰을 포함한 사유의 흔적은 찾아보기 어렵다.

결과보다 과정이 중요하다는 논리가 여기서도 여전히 유효한 것인지에 대해서는 회의적이다. 학문중심 교육과정을 통해 작품에 대한 구체적인 분석이 진행된다고 하더라도 그 결과는 대부분 민족과 국가라는 방향으로 결정되기 때문이다. 학습자들에게 국정 교과서는 그 자체가 하나의 권력으로 영향을 미치게 된다. 그 효과의 여부는 차치하더라도 '개별적인 개인을 국민으로 구성하기 위한 통과의례'로서의 특징(강진호, 2007 : 248)을 이 시기의 교과서는 여전히 가지고 있는 것으로 볼 수 있다.

학문중심 교육과정의 문학교육이 표방한 가장 중요한 이론은 신비평이었으나, 권혁준(1997 : 77-81)에서는 고등학교 2학년 교사용 지도서에 제시된 〈광야〉와 〈파초〉 해설을 예로 들어 3차 교육과정기의 신비평 수용이 올바르게 이루어지지 못했음을 지적한다. 〈광야〉 해설은 전형적인 역사주의적인 관점에 서 있으며, 작품 속의 화자와 시인을 동일한 인물로 보면서 국난 극복과 관련시키려는 시도를 보이고 있고,[36] 〈파초〉 해설은 브룩스(Cleanth Brooks)를 어설프게 흉내 내는 시도로써 신비평 이해의 미성숙과 올바르지 못한 수용을 보여 주기 때문이다(권혁준, 1997 : 77-79). 3차 교육과정기의 시교육은 신비평의 영향이 매우 컸지만 국가 이데올로기를 주입하고자 하는 정부의 의도로 왜곡되었으며, 신비평 수용의 측면에서도 올바로 수용되지 못했다고 할 수 있다(권혁준, 1997 : 81).

(2) 4차 교육과정기의 '공부할 문제'

4차 교육과정기의 교과서는 한국교육개발원에서 편찬을 주관하였고 각 교과서에는 연구진 명단이 수록되어 있다. 또한 3차 교과서와 비교해 보았을 때 단원의 앞부분에 단원 학습 목표를 제시하고 그에 대한 간략한 설명을 덧붙인 차이를 보인다. 그러나 '공부할 문제'의 기본적인 골격은 크게 달라지지 않았다. 다만 '1'의 항목이 단원에서의 학습 목표와 연계되어 있고, 고등학교 교과서는 '3'의 항목에서 시를 써 보는 활동이 제시되어 있다는 특징을 나타낸다. 4차 교육과정기 교과서의 단원 학습 목표와 '공부할 문제' 내용은 다음 표와 같다.(강조는 인용자)

---

36) '지도상의 유의점'에 역사주의의 오류에 기울어지지 말 것과 시의 작자와 화자를 구별할 것에 대한 권유가 있음에도 불구하고, 〈광야〉 해설은 전형적인 역사주의적인 관점에서 있으며, 작품 속에 등장하는 '나'를 이육사와 동일한 인물로 보았다. 3차 교육과정기는 교육 내적으로는 학문중심 교육과정을 표방하고 있었지만 국가 사회적으로는 국가 이데올로기를 주입하고자 매진하였던 시기였다. 그러한 관계로 〈광야〉 해석 역시 국난 극복과 연결시켜 이루어진 것이다(권혁준, 1997 : 76-78).

[표 2.3] 4차 교육과정기 현대시 단원의 학습 목표와 활동 과제

교과서 대단원 (소단원)	학습 목표	공부할 문제
중학 국어 1-1 1. 시 (1) 시의 세계	-**운문과 산문의 차이**를 알아보자. -시는 어떤 글인가 알아보자.	1. **산문과의 차이** / 규칙적 운율 2. 시구 풀이 / 운율적 요소 3. **산문과의 운율상의 차이** / 운율과 내용의 관계 4. 시 낭송 및 암기
중학 국어 1-2 4. 시 (1) 시의 세계	-시의 **형식**을 알아보자. -시 속에서 **말하는 사람**을 찾아보자.	1. **정형시와 자유시**의 구별 / **말하는 이** 2. 시구 풀이 3. **말하는 사람**의 나이, 성별에 따라 달라지는 느낌 4. 정형시와 자유시의 느낌 차이
중학 국어 2-1 1. 시 (1) 시의 세계	-**시를 이루는 요소(말/소재 / 주제)**들을 알아보자. -**외형률과 내재율**의 차이를 알아보자.	1. **외형률과 내재율**의 구분 / 주요 소재 2. 시구 풀이 / 주제 3. 시구 풀이 4. 시를 읽고 변화를 받은 경험
중학 국어 2-2 4. 시 (1) 시의 세계	-시의 **심상**에 대하여 알아보자.	1. 시에 쓰이는 말의 특징 / **심상**의 느낌 2. **감각**적 요소 / 회화적인 시 / 시구 풀이 3. **심상**의 필요성 4. 옛말 뜻 조사 / **감각**적 요소가 드러난 시 조사 발표
중학 국어 3-1 7. 시 (1) 시의 세계 10. 국문학 (2) 시의 흐름	-시에 쓰이는 말의 특징을 알아보자.	1. **내재율과 외형률** 구분 / 마음에 드는 시와 이유 2. **비유법** / **주제** / **소재** / **정서** / **상징** / (역사적 맥락에서의)분위기 3. 일상어와 시어의 차이 4. 시들이 가지는 느낌의 차이
		1. 정형시와 자유시 / 사회시와 서정시 2. 소재 / 주제 / 각 작품의 문학사적 특징과 표현의 특징(김영랑) 3. 시에 쓰인 말의 변모 4. 시인들의 문학사적 위치

중학 국어 3-2 1. 시 (1) 시의 세계	-시의 **비유**에 대하여 알아보자. -시가 들려주는 **목소리**를 알아보자.	1. 시에서의 **말하는 이** / 정경과 내면세계의 구분 2. 소재 / 주제 / 상징 / 독백적 작품 / 대화적 작품 3. 다른 시를 읽고 **직유 / 은유** / 시가 들려주는 **목소리** 찾기 4. **비유**의 역할
고등학교국어 1 1. 시(1) 14. 시(2)	-시 속의 심상과 비유를 알아보자. -시에 쓰이는 상징의 의미를 알아보자.	1-1. **심상과 비유** 1-2. **상징** 2-1. **심상의 종류** 2-2. 작품 속 **비유**의 의미 2-3. 작품 속 **상징**의 의미 3-1. 비유와 상징을 이용한 시 쓰기 4-1. 한자 학습
고등학교국어 2 1. 시	-시의 **음악성**과 **암시성**을 알아보자. -체험이나 상상의 내용을 소재로 하여 정서적인 글을 지어 보자.	1-1. 근대시 **운율**의 특성 1-2. **암시성** 2-1. 작품의 **운율**적 특징 2-2. 반복 기법 2-3. 규칙적 배열과 **형태미** 2-4. 싯구의 속뜻 2-5. 작품에서 **운율 / 심상 / 비유 / 상징 / 반어 / 역설** 분석 3-1. 민요나 시조와 현대시의 음보율 비교 3-2. 행·연의 배열 바꾸기 / 함축적 의미 포함시키기 / 비유·유추·상징을 사용해 **미적 체험** 되살리기 / 독창성 발휘 4-1. 한자 학습
고등학교국어 3 2. 시	-우리나라의 현대 문학 작품을 읽고 이해해 보자. -시의 **구조**를 분석하여 이해한다.	1-1. 감동의 보편성과 항구성 1-2. **구조**의 두드러진 특징 2-1. 시적 개념어에 유의하여 작품 분석 2-2. 부분이 전체에 주는 효과 3-1. 〈님의 침묵〉과 〈겨울 바다〉의 시상 전개 및 운율적 특징에 맞추어 시 쓰기

3차 교과서의 '공부할 문제'가 피상적인 차원에서 작품을 분석하면서 태도의 측면을 강조하는 특징이 있었다면, 4차 교과서에서는 전문적인 개념어들이 보다 많이 노출됨과 동시에 태도 관련 내용은 비중이 작아지는 모습을 확인할 수 있다. 앞에서 살핀 〈님의 침묵〉이나 〈어머니의 기도〉는 4차 교과서에도 그대로 수록되는데, 이와 관련해 제시한 '공부할 문제'에는 '정서', '조국' 등의 단어가 나타나지 않는다. 또한 '고유한', '우리의', '곱게' 등 특정한 가치를 부여하는 수식어도 나타나지 않는다. 다만 심상이 어떻게 나타나고 있는가, 구조를 어떻게 분석할 수 있는가 등의 접근을 통해 객관적인 어조를 유지하려는 모습이 보인다.

이는 교육과정 자체가 분석적 문학 이론에 근거하기 때문으로, 그 이면에는 1950년대에 소개되고 1960년대에 이해된 뒤 1970년대에 대학의 문학교육으로, 그리고 1980년대에 중·고등학교의 문학교육으로 확산된 신비평의 영향이 자리 잡고 있다. 그러나 이러한 영향이 이론의 본질을 제대로 살리고 있다고 보기에는 부족한 부분이 적지 않다. '운율', '심상', '비유', '상징', '반어', '역설' 등의 개념이 도입되어 시에 대한 독자의 접근이 단순한 의미에서의 감상을 벗어나 구체적이고 능동적인 성격에서의 '분석'으로 향하게 되었으나, 그에 대해 최종적으로 작품의 전체성에 대한 접근(정재찬, 2004 : 233)이 이루어졌는지에 대해서는 여전히 의문이 남기 때문이다.

또한 3차 교육과정기의 시교육이 다루지 못한 사회적 혼란의 문제와 이에 대한 사유의 모습은 여전히 배제되어 있다. 시와 관련된 4차 교과서의 마지막 단원인 고등학교 3학년 교과서에 학습 목표에 대한 설명이 다음과 같이 제시되어 있다.

○ 우리 나라의 현대 문학 작품을 읽고 이해해 보자.

좋은 작품은 읽는 사람에게 언제나 새로운 감동을 불러일으키면서 널리, 그리고 오래도록 읽힌다. 이는 그 작품이 지닌 독특한 개성(個性), 어느 사람에게나 감동을 주는 보편성(普遍性), 시대를 넘어 길이 읽히는 항구성(恒久性)을 가지고 있기 때문이다. (하략)

-문교부(1986), 고등학교『국어』3, 대한교과서주식회사.

각 단원의 앞부분에서 제시하는 학습 목표만을 놓고 볼 때 중학교 1학년에서 고등학교 3학년까지 이루어지는 학습의 중심에는 시적 장치들을 통한 분석 활동이 놓여 있다. 그런데 중등 교육과정의 마지막에 가면 이러한 활동의 궁극적 목적은 '새로운 감동'을 얻는 것에 있음을 확인할 수 있다. 그러나 그것이 어떻게 연결되는지는 '공부할 문제'를 통해 확인하기 어렵다. 또 '어느 사람에게나 감동을 주는' 작품을 전제하고 있다는 점 역시 그러한 감동의 근원인 세계에 대한 학습자의 인식에서 사유의 과정을 생략하게 만든다고 볼 수 있다. 보편적 주체로의 편입은 개별적 주체가 가진 다양성의 소거를 의미하는 것이기도 하기 때문이다.

이처럼 4차 교육과정은 분석주의 이론에 근거한 시교육의 공과 과를 모두 전형적으로 보여 준다. 3차 교육과정과 비교하면 '학문 중심'과 '사회 대응적 성격의 은폐'의 이데올로기는 그대로 계승하되 주제 중심의 직접적 이데올로기 노출보다는 문학 이론에 근거한 이데올로기 노출의 방지로 방향을 틀었는데, 그럼으로써 시교육의 밀도를 높이는 한편 가능성을 제한하는 결과를 낳았다.

3. 3-4차 교육과정기 현대시교육의 의의

3-4차 교육과정기의 중·고등학교 현대시교육을 살펴보면 대체로 '애

국'이나 '민족적 전통 및 정서'에 맞는 것들만 교과서에 수록되었음을 알 수 있다. 이는 교육 정전이 형성되고 정착되는 과정에 남북 분단과 전쟁이 미치는 영향 못지않게 정치권력이 미치는 영향도 큼을 보여 준다. 곧 군사 정권의 정치적 취약성을 경제 담론과 민족 담론으로 보완하는 과정에서 문학과 교육이 민족 담론을 담당하는 중요한 축이 된 것이다.

이러한 현상의 이면에는 시와 시교육에 대한 암묵적 전제가 담겨 있다. 시가 사회와 대응하면서 주체의 성장에 기여한다거나, 시를 포함한 문학이 이데올로기와 강하게 연루된다는 전제가 그것이다. 교과서에 수록된 시를 면밀하게 살펴보면, 이 시기에 교과서를 편찬한 주체들이 '국어 시간에 시를 읽는 일'에 대해 어떠한 생각을 가지고 있었는지에 관한 질문과 답을 이끌어낼 수 있다.

3차 교육과정기의 경우 '제재 선정의 기준'을 신설하여 특정 작품을 통해 교육과정에서 언급한 '투철한 국가관의 정립과 애국심 고취'를 이룰 수 있을 것으로 보았다. 그러나 이는 편찬자 중심의 사고일 뿐이다. 이러한 사고는 학습자들이 시를 읽으면서 얻게 될 효과를 이미 상정해 놓고 그것을 전달하려는 방식의 교육을 진행하게 하는 데에 이르렀다.

시를 포함한 문학이 문화 전승의 역할을 한다는 점에서 이러한 의도 자체를 완전히 부정하기에는 어려운 부분이 있다. 오히려 당대의 교육 기획 주체들은 이러한 특성을 충분히 활용하였다고도 할 수 있다. 그러나 여기에서 어떤 명제가 그대로 현상의 변화로 이어지지는 않는다는 점에 대한 반성이 필요하다. '문학은 문화를 전승한다'는 명제[37]가 '문학을 통해 문화가 전승되었다'는 현상으로 언제나 성공적으로 연결되는 것은 아니기 때문이다. 이는 1970-1980년대에 중등학교 시절을 보낸 현재의 중견·원로 시인들이 문화적 권위에 대해 어떠한 태도를 보이는지를 통해 확인할

---

37) 가치 배제적 진술로서의 성격을 강조하기 위해 '명제'라는 용어를 사용한다.

수 있는 바이기도 하다.

'공부할 문제'를 중심으로 3-4차 교육과정기의 시교육 방법을 살펴보면, '문학 능력'의 본질을 추출하여 다루기보다 이미 제시된 해석의 틀을 시의 이론적 용어를 사용하여 되풀이할 수 있는 능력을 다루는 데 초점이 있음을 알 수 있다. 이는 현대시교육의 사적 전개 과정에서 이론이 도입되고 지식이 체계화되는 단계의 두드러진 특징이라고 할 수 있다. 그 결과 시가 '가르칠 내용이 있고 구체적으로 가르칠 수 있는' 대상으로 자리를 잡은 것은 성과라 할 만하나, 그것이 시를 생활로부터 분리시켜 학습자와는 별개의 세계를 구축하게 만들었다는 점은 문제점으로 지적할 수 있다.

이러한 문제점은 앞에서 언급한 현대시 교육이 목표로 삼은 지향점과도 관련이 있다. 교육과정에서 강조한 '국가관'이나 '애국심'은 평가의 대상이 되기 어려운 정신의 차원이며 태도의 문제다. 이는 평가가 어렵다는 측면 외에도 학습 주체의 내적인 공감 및 동의가 이루어지지 않는 이상 명제 이상의 의미를 지니기 어렵다는 특징도 지닌다. 그 결과 현대시 학습에 대한 평가는 작품에 대한 특정 해석에 대한 편향과 다양한 학습자들의 내면적 세계의 충돌로 이어질 수밖에 없으며, 이 충돌은 제시된 명제들에 대한 암기로 해결될 수밖에 없는 상황으로 이어졌다. 학습자의 내적 동의가 없는 상태에서 교육의 권위를 분석과 암기에서 찾은 것이다.

지금까지 교육과정, 교과서 수록 작품 및 학습 활동의 내용을 중심으로 하여 3차 및 4차 교육과정기의 현대시교육이 어떠한 모습을 띠었는지를 살펴보았다. 선행 연구들을 통해 정리된 자료들을 바탕으로 여기서는 사적 의미에 초점을 맞추어 보다 분석적인 접근을 시도하였다. 그 결과 국가 정책의 실천으로서의 제재 선정과 반성적·성찰적 사유 부재로서의 '공부할 문제'의 의미를 확인하였다. 이는 당대 정치 및 교육의 논리와 시단, 시교육의 논리 사이에 괴리가 있었음을 보여 준다.

이면사
한국 문단의 신비평 도입의 주역:
백철의 삶과 문학

한국의 문학 연구와 문학교육에 압도적인 영향을 행사해 온 (지금도 하고 있는) 신비평은 평론가 백철을 통해 소개되었다. '신비평의 도입'이라는 획기적인 사건을 한 사람의 역할로 다 설명할 수는 없지만, 한국 문단의 신비평 수용에 백철의 역할이 결정적이었음은 부인할 수 없는 사실이다.[38] 백철은 신비평 소개뿐 아니라 문단에서 지속적으로 영향력 있는 활동을 하였으며, 무엇보다 새로운 사상의 유행에 민감하게 반응한 평론가로 잘 알려져 있다. 여기서는 그의 사상과 행적을 살피면서 신비평 도입의 맥락을 자세하게 알아보도록 하자.

좌에서 우로, 평론가에서 교수로

백철은 일본 유학 시절 시 전문지 『지상낙원』으로 일본 문단에 데뷔하였다. 마르크스 동인지 『붉은 깃발 밑으로』와 같은 계열의 동인지인 『전위시인』에도 참가하던(김윤식, 2002 : 213-214) 그는 "좌익 잡지 『프롤레타리아』에 발표한 〈蜂起〉라는 시가 평판을 얻어" "정식으로 일본프로예술가동맹인 〈나프〉의 맹원"이 되기도 하였다(백철, 1975a : 185). 졸업 후에 조선으로 돌아와서는 "카프 문학의 다크호스"(김윤식, 2008 : 184)로서 활발한 평론 활동을 이어나갔다.

그러나 표면적으로는 프로 문학에 왕성한 관심을 가지고 있는 듯 했지만,

---

38) "넓은 의미의 뉴 크리티시즘은 30년대에 이양하·김기림·최재서 등에 의해 주지주의 이론과 더불어 우리 나라에 소개되었다. 그러나 일반적으로는 50년대 후반 백철에 의해 도입되었다고 보는 것이 정설이다."(송희복, 1995 : 280)

백철은 오히려 카프의 기계적이고 공식적인 태도를 비판하는 편에 서 있었다(이명재, 2013 : 48). 백철과 친분이 있던 카프의 서기장 임화는 백철을 '동지'로 호명하면서도 그의 정치적 무관심과 우익적 일탈을 비판하는 글 「동지 백철(白鐵) 군을 논함」을 발표하였다. 거기서 임화는 백철의 이전 작품들을 두고 "프롤레타리아 시인으로서 가질 독특한 작가적 성격"이 결여되었다고 지적하면서 그의 약점은 "한 사람의 문학자로서 혹은 시인으로서의 포근포근한 온상 가운데서 자라난 불행"이라고 하였다.[39]

과연 백철은 '신건설사 사건'을 계기로 전향을 선언한다. 신건설사 사건은 카프 내의 극단인 신건설사가 지방 공연을 하던 중 선전 삐라가 발각되어 단원 전부가 검거된 사건이다(백철, 1975a : 302-303). 이 사건은 "프로문학인들의 대대적인 전향 선언 및 카프의 해산을 불러"왔으며(이민영, 2015 : 378), 백철도 여기에 연루되어 1년 6개월가량의 옥살이를 하게 된다(김윤식, 2008 : 212). 출소 후 그가 남긴 전향의 변은 대체로 다음과 같다.

> 밖에서 문학과 문학의 진실이란 의미를 이해하지 못하는 분들은 부질없는 비난을 가하고 있는 모양이나 문학인이 과거와 같은 의미에서 정치주의를 버리고 맑스주의자의 태도를 포기하는 것은 비난할 것이 아니라 문학을 위하여 도리어 크게 찬하(讚賀)해야 할 현상이라고 나는 누구 앞에서도 공연히 선언하고 싶다.[40]

광복 후에 백철은 좌우익 어느 한 쪽에 가담하지 않은 채 중간파의 자세를 견지하고,[41] 저술에 전념하여 『조선신문학사』를 출간하게 된다. 백철의

---

39) 임화, 「평론가 백철(白鐵) 군을 논함-그의 시작(詩作)과 평론에 대하야」, 『조선일보』, 1933.6.14.-17., 임화문학예술전집편찬위원회(편)(2009 : 236-245)에서 재인용.
40) 백철, 「비애의 성사」, 『동아일보』, 1935.12.25., 김윤식(2008 : 227)에서 재인용.
41) 백철은 '문건(文建)' 서기장을 자신의 친일 경력을 이유로 고사하고, 임화의 제안을 받아들여 「문화전선」의 책임을 맡게 되지만, 그 또한 2호까지 편집 책임을 맡게 되는 것으로 끝이 난다(정재찬, 2007 : 333-334). 서기장을 고사한 일을 두고 백철은 다음과 같이 회상한다. "그러나 이 순간 나로선 자기 양심의 가책이라 할까, 스스로 자기를 비판하는 모럴이라 할까, 도저히 이 자리에서 주어지는 대로 그 자리를 차지할 수 없다는 생각이

신문학사가 '한국 근대문학전집'을 갖지 못한 독서계에 미친 효과는 실로 대단한 것이었으며, 월북 작가의 작품을 접할 수 있는 것도 이 책의 커다란 장점이었다(김윤식, 2009 : 339). 임화의 신문학사에 비하면 학문적으로 크게 빈약한 것이었지만, 임화가 월북하여 부재하던 현실에서 백철의 신문학사의 효능은 절대적이었다(김윤식, 2009 : 340). 이 책의 집필 경력은 백철이 대학 강단에 진출하게 되는 주요한 계기로 작용하였다(정재찬, 2007 : 339).

도미(渡美)와 뉴크리티시즘 수용

백철은 현역 평론가 겸 문학 강의 담당 교수로서 1957년에 도미하여 일년 동안 예일 대학과 스탠포드 대학의 교환교수로서 구미의 현대 문학 이론을 습득하였고, 리차즈와 웰렉 등의 신비평가들을 만나 토론하는 기회를 얻게 된다(이명재, 2013 : 55). 이들과의 만남을 통해서 백철은 국내에 뉴크리티시즘을 소개하는 글들을 발표하고 『문학의 이론』을 번역하여 출간한다.

백철이 뉴크리티시즘을 처음으로 소개한 것은 도미 전인 1956년의 일이었다. 그는 국제 펜 대회에 참가하고 돌아와 쓴 「뉴크리티시즘에 대하여」에서 뉴크리티시즘의 특성을 파악하여 전달하였고, 도미 1년 만에 돌아와서 쓴 「뉴크리티시즘의 제문제」에서는 본격적으로 뉴크리티시즘의 비평론을 소개하면서 이를 적극적으로 받아들일 것을 제안하였다(김혜니, 2003 : 331-332). 이후에 발표한 「뉴크리티시즘의 행방」은 그가 우리나라 비평계가 '전문가적인' 비평을 하기 위해서는 분석적인 비평의 세례가 시급하다고 생각하였음을 보여 준다(권혁준, 1997 : 51-52).

웰렉과 워렌의 『문학의 이론』은 백철의 미국 체류 중 이루어졌던 원저자 웰렉과의 질의응답을 거쳐 한국어로 번역 출간되었다. 『문학의 이론』은 뉴크리티시즘 및 비교문학 연구의 근거를 제공하는 데 있어 적절하고 확실한

왔다. 그것은 순간적으로 일어난 마음의 충격이었다. 나는 즉석에서 그 書記長의 자리를 사퇴하는 身上發言을 하였다. 그때 사퇴하는 내 심정이 얼마나 착잡했으리라는 것은 독자들도 짐작하고 남을 것이다."(백철, 1975b : 301)

이론서로서, 이 책의 번역은 '국문학'이 전적으로 조선 고전문학을 가리키던 당시에 백철의 위치를 단단하게 만들어 주는 결정적인 역할을 하였다(김윤식, 2008 : 595). 비록 '한물 간 이론'을 소개하는 차원에 그치는 것이었지만, 그 의의는 "신문학사에 버금가는 것"으로 평가된다(김윤식, 2008 : 511).

백철이 신비평을 소개한 이후 신비평은 "문학이 단지 각 개인의 감상에 맡겨지던 교육의 무정부주의 상태를" 타개해 내었다는 인식과 "문학을 이해하는 객관적 기준"으로 인식되어 문학교육의 자리를 견고하게 지켜 왔다(정재찬, 1992 : 241). 신비평은 특히 시교육에 지대한 영향을 미쳤으며, 문학을 비로소 가르칠 만한 교과로 만들었다는 찬사를 받기도 하였다(권혁준, 1997 : 37-38).[42] 문학교육에 안착한 신비평은 '문학교육의 지식교육화', '사회·역사적 환경과의 관계 무시', '지나친 분석으로 인한 시 감상 방해' 등 여러 가지 문제를 초래한 것으로 비판 받지만(권혁준, 1997 : 98-124), 여전히 우리의 교육 현장에서 지배적인 영향력을 행사하는 이론으로 존재한다. 신비평의 도입에 백철이 결정적인 역할을 한 만큼, 신비평의 공과에 대한 논박은 백철을 향해 있는 것이기도 하다.

---

[42] 송희복(1995)은 신비평이 한국 문단에 미친 긍정적인 영향으로 "첫째 본문 읽기에 심대한 공적을 남겼고, 둘째 비평의 기초 어휘를 확정하거나 작품 분석의 방법을 심화시켰고, 셋째 단순한 인상주의로부터 벗어나 비평의 본질적 기능을 추구하였으며, 넷째 우리나라 대학에 있어서의 문학 교육의 질적 향상을 이룩했다"는 점을 들었다(송희복, 1995 : 282).

▌쌈지 문답

◉ 질문 하나

3차 교육과정이 '학문 중심'을 표방하면서 동시에 가치관 교육에 몰입하였다고
하는데, 가치관 교육은 어떤 양상으로 이루어졌나요?

　학교는 대표적인 이데올로기적 국가 장치로 평가를 받기도 합니다. 당대
의 지배 세력은 학교교육을 통해 자라나는 세대에게 지배적인 이념을 교육
하고자 하지요. 우리나라의 경우에는 1차 교육과정부터 4차 교육과정까지가
국가 차원의 가치관 교육이 강하게 이루어졌던 시기라고 할 수 있습니다. 교
과서를 통한 지배 이데올로기의 주입은 각각의 교육과정이 개정된 시기를
살펴보면 그 이유와 목적을 짐작할 수 있습니다. 1차 교육과정은 1955년, 2
차 교육과정은 1963년, 3차 교육과정은 1973년, 4차 교육과정은 1981년에 개
정이 이루어졌는데, 이는 각각 한국 전쟁, 5·16 군사 쿠데타, 10월 유신 또는
제4공화국, 그리고 5·18 민주화 운동과 제5공화국이라는 정치·사회적 사건
들과 맞물려 있습니다.

　그중에서 1~2차 교육과정은 광복 이후 우리 민족이 직면했던 '모국어 회
복' 문제의 해결이 시급한데다 미국식의 교육 사상이 밑바탕이 되었기 때문
에 상대적으로 기능 교육이 강조되었습니다. 말하자면 가치관 교육이 가장
활발히 이루어진 시기는 3~4차 교육과정기라고 할 수 있는 것이지요. 특히 3
차 교육과정은 '제재 선정의 기준'이라는 항목을 신설해서 지배 세력의 가치
관을 교육할 수 있는 작품들을 선정해 교과서에 수록했습니다. 그래서 3차
교육과정이야말로 우리 교육과정의 역사를 통틀어 교과서 제재에 대한 통제
가 가장 엄격하게 이루어졌던 시기입니다. 당시 정권이 학생들에게 가르치고

자 했던 이념은 크게 민족주의와 자본주의, 그리고 반공 이데올로기였는데, 특히 반공 이데올로기는 전쟁과 분단 이후에 우리 사회에 지속적인 영향력을 행사해 온 이념이라 할 수 있습니다.

가치의 문제를 보다 직접적으로 다루는 도덕이나 사회 교과와 달리 문학교육에서는 작품을 통해 가르치기 때문에 상대적으로 간접적인 접근 방식을 취합니다. 문학교육에서 가치관 교육은 작품 선정 및 수록으로 드러날 수 있는데, 수록 작품들의 양상은 두 가지로 나누어 살펴볼 수 있습니다. 첫 번째는 직접적으로 이데올로기를 드러내어 주장하고 내세우는 목소리가 큰 작품들을 수록하는 것입니다. 3차와 4차 교육과정기의 교과서에 수록되었던 모윤숙의 〈어머니의 기도〉가 대표적인 예가 되겠네요. 이러한 작품들은 대개 '공산당'이라는 외부의 적을 상정하고, 위협과 공포, 그에 대한 방어와 수호라는 구도를 갖추고 있습니다.

두 번째 작품군의 특징은 작품에서 이데올로기를 아예 제거해 버리는 겁니다. 이른바 '순수' 문학들이 이러한 부류에 해당한다고 할 수 있습니다. 교과서에서는 이러한 문학들이야말로 '진정한' 문학임을 역설함으로써 문학이란 현실에 관여하지 않는 것, 비일상적이며 무정치적인 것이라는 인식을 심어 주고자 하였습니다. 그래서 순수 문학의 반대편에 있는, 이른바 참여 문학으로 분류되는 작품들은 순수하지 않은 것, 문학답지 않은 것으로 배제되었습니다.[43] 순수 문학 중심의 작품 선정은 언뜻 탈이념적이라고 생각할 수 있지만, 이념을 은폐하고 있다는 점에서 그 자체로 이념적인 행위입니다. 단일한 문학 이념이 대응 이념 없이 오래 지속될 경우, 문학은 타자에 대한 이해와 다양한 삶에 대한 천착이라는 존재 이유를 잃어버리게 됩니다(김한식, 2005 : 20).

4차 교육과정기까지 지속되던 교과서의 가치관 교육은 5차 교육과정부터

---

[43] "반공주의가 그렇듯이 순수문학도 수용의 논리보다는 배제의 논리를 주로 사용한다." "배제의 논리가 설득력을 얻기 위해서는 끊임없이 배제의 대상을 찾아야 한다."(김한식, 2005 : 16)

새로운 국면을 맞게 됩니다. 1987년 6월 민주 항쟁으로 군사 정권이 물러나고 '사고 교육'과 '기능 교육'을 강조하는 교육과정이 만들어지면서 노골적인, 혹은 은밀한 가치관 교육은 퇴조하게 됩니다. 카프 문학과 납북·월북·재북 문인들에 대한 해금 조치가 풀린 것도 1988년의 일입니다.

❂ 질문 둘

한국 현대시를 보면 부조리한 사회나 부당한 권력에 대한 저항을 보여 준 시가 중요한 흐름을 이루고 있는 것 같습니다. 우리나라 참여시 또는 저항시의 역사가 궁금해요.

우리 민족은 망국과 식민지화, 동족 간의 전쟁, 혁명과 군사 독재 등 파란만장한 근·현대사를 거쳐 왔습니다.[44] 1960년대 이후로는 재벌 중심으로 압축 성장을 하다 보니 자본주의의 어두운 면이 표 나게 드러나기도 했지요. 자연히 부당한 권력과 억압에 대항하는 저항 담론이 사회 곳곳에서 표출되었고, 문학도 예외가 아니었습니다. 저항시·참여시는 순수 서정시, 전통시·자연시, 주지주의 시 등과 함께 현대시의 폭넓은 스펙트럼을 형성합니다. 학술적인 의미에서의 '저항시'는 더 엄밀하게 살펴봐야 하겠지만, 일단 현실의 부조리와 부당한 권력에 저항하는 현대시 일반을 '저항시'라 범박하게 지칭하고 그 역사와 계보를 대략 살펴보도록 합시다.

저항적인 시가 현대시단에 등장한 것은 일제 강점기입니다. 여기에는 두 흐름이 있는데, 하나는 사회주의적 저항시이고 하나는 민족주의적 저항시입니다. 전자는 저항시라기보다 사회시·참여시라 할 만한데, 신경향파와 카프 시가 대표적입니다. 식민화와 근대화의 이중의 질곡에 처해 있던 당시 상황을 비판적으로 묘사하였지요. 후자는 일제의 지배 이념과 식민 당국에 대해 저항한 것으로, 심훈, 이육사, 윤동주 등이 대표적입니다. 학생들이 교과서에서 '저항시'라고 배우는 시들이 대부분 이것들이지요. 특히 이육사는 문학 활동과 실제 투쟁을 병행한 실천적인 저항시인이라고 할 수 있습니다.

일제 강점기의 시들이 '일제'라는 공동의 적을 가지고 있었던 것과 달리,

---

44) "일제 강점과 한국전쟁, 유신독재와 군사 독재라는 험난한 근대사를 겪으며 정체성을 끊임없이 갱신해온 한국 근대문학 발전의 과정은 시문학에서 '저항'이라는 주제를 유지, 발전, 심화시키는 기간이기도 했다."(김진희, 2009 : 96)

광복 이후의 저항시는 보다 복잡한 양상을 띠고 전개되어 나갑니다. 그에 따라 참여시, 민중시, 노동시 등 여러 가지 명칭으로 불리기도 하지요(김진희, 2009 : 106-108).[45] 1950년대의 전후시도 이 계열에 포함시킬 수 있지만, 아무래도 저항성보다는 전쟁의 비인간성에 대한 비판 쪽에 무게중심이 놓입니다.

시단에서 저항 담론이 다시 대두한 때는 1960년대입니다. 이승만 독재에 대한 저항과 부조리한 사회에 대한 비판, 현대 물질문명에 대한 반성 등이 시에서 두 갈래로 나타나는데, 하나가 참여시이고 다른 하나가 순수시입니다 (순수시가 비판의 한 양식이라는 점은 공인된 사실입니다). '순수-참여' 논쟁으로 대표되는 이 두 경향은 1960년대 시의 중요한 동력으로 작용하지요. 이 시기의 대표적 참여 시인으로 꼽히는 김수영의 시적 주체는 자기반성에 철저한 윤리적인 주체입니다. 부당한 국가, 권력, 사회는 물론이거니와 자기 자신까지 포함해서 반성적으로 비판함으로써 비판적 모더니즘이 참여시로 진화하는 모습을 보여 줍니다. 그에 비해 신동엽 시는 훨씬 더 단호하고 완고한 목소리로 대상을 비판하는 모습을 보입니다. 역사적 조망에 바탕을 둔 그의 시는 선 굵고 호흡이 긴 시의 정형을 보여 줍니다.

1970년대의 저항시는 김지하의 작품이 대표적입니다. 김지하 작품의 시적 화자는 독재정권을 비판하고 그에 대항함으로써 진정한 민주주의 사회를 지향하고자 합니다. 특히, 〈오적〉은 판소리 양식을 도입하여 풍자의 효과를 높였을 뿐 아니라, 민중 문학의 새로운 형식을 열었다는 평가를 받는 작품이지요. 그런데 〈오적〉은 당시 사회의 반공 이데올로기에 따라 검열 대상이 되어, 시인은 유죄 판결을 받고 작품을 게재한 잡지 『사상계』는 발행이 중단되기

---

45) "식민지 시기 일제에 대한 저항을 중심으로 저항시가 쓰일 수 있었다면 이후 문학사에서 저항적 시 작품은 '저항'이라는 본질은 공통적이지만 저항의 대상이나 목표 등이 단일하지 않고, 이념적으로 다양한 국면을 보이며 창작되어 왔다."(김진희, 2009 : 108) 다만, 문학사에서는 "30년대 시에만 비교적 정확히 저항시라는 명칭을 붙이고, 다른 시기의 시들에는 저항적, 저항담론 등의 용어를 사용"한다. "60년대에서 80년대에는 시의 '저항성'을 중심으로 참여시, 민중시, 노동시 등을 거론하고 있다." 이들 시는 "분명히 현실의 질곡을 문제삼고 있고, 이에 저항하고, 이를 해결하려 문학적으로 노력한다는 측면에서 저항시 장르의 특성을 공유하고 있"다(김진희, 2009 : 106-107).

까지 합니다(〈오적〉 필화 사건). 이와 같은 필화 사건은 문학에 대한 국가 권력의 통제와 감시, 억압, 폭력을 의미하는 것으로 1980년대까지 지속적으로 발생합니다.

이처럼 일제 강점기에 등장한 저항시는 시대에 따라 다양하게 변주되면서 그 계보를 꾸준하게 이어 왔습니다. 저항시의 범위를 포괄적으로 설정하면 오늘날에도 여전히 저항시는 창작되고 있는 것이고, 우리 사회에 저항해야 할 대상이 존재하는 한 계속해서 존재하게 될 겁니다. 다만, 다양한 의미로 해석될 수 있는 작품들이 저항시·참여시·민중시 등의 이름으로 도식화되는 현상은 지양해야겠지요. 작품이 무엇에 대해 저항하고 있는지, 또 그러한 저항은 타당하고 가치 있는 것인지는 두고두고 고민해야 할 지점입니다.

Ⅲ. '기능(機能)'의 제도화와 현대시교육
: 5-7차 교육과정기

1. 제도의 중층성과 제도로서의 시교육 환경

1) 제도로서의 시교육이 지니는 이중성

시교육이 제도로서의 학교교육을 기반으로 한다는 점은 시교육에 축복인 동시에 제약으로 작용한다. 예컨대 제도로서의 시교육은 태생적으로 그 하위 요소들을 표준화하는 속성을 지니는데, 이는 학교교육의 획일성과 관련하여 부정적인 것으로 평가받는다. 이러한 평가의 기저에는 제도가 가지는 규율 권력이 제도 안의 주체들을 '식민지화'한다는 인식이 자리 잡고 있다(김진균, 1997). 대학에서 제도적으로 양성되고 배출되는 작가는 가치 평가의 주체로서 자의식 가득한 캐릭터로 부상하기 힘든 규율에 얽매여 있으며, 그만큼 작가의 존재 형식이 위기에 처해 있다는 논의(유성호, 2008 : 588)도 제도가 가지는 규율적 속성이 문학 활동에 끼치는 영향을 보여 준다.

이와 반대로 시교육이 제도를 기반으로 실행될 때의 순기능을 강조하는 입장도 있다. 기능적이고 순수하게 '제도의 아름다움'을 주창하는 관점이다. 예컨대 '빛은 직진한다.'는 명제를 습득하는 일은 순전히 제도를 통해서만 가능하다(이홍우, 1998). 지식이 제도로서 이미 자리를 잡고 있기 때문에 주체는 인류가 빛의 직진성을 파악하기 위해 바친 긴 시간을 되풀이하지 않고도 빛의 직진을 볼 수 있는 안목을 가지게 되는 것이다. 학교에서 이루어지는 시교육 역시 제도에 기반하여, 제도의 도움을 받아 이루어진다.

제도로서의 학교교육은 일차로 '교육과정'이라는 공식 문서로 구체화되지만, 제도 자체가 만들어질 때 누구의 신념 체계 기반을 두어 만들어지는가의 문제는 전적으로 권력관계에 의해 좌우된다(박청미, 2008 : 166). 제도로서의 시교육 또한 마찬가지여서, 시교육은 '제도화와 탈제도화의 길항' 위에서 존재하게 된다(김창원, 2011). 구체적으로 말하면 '건전한 시민'을 양성하려는 국가의 의지와 '조금은 다른' 관점으로 세계를 바라보려는 시의 특징이 서로 맞물리는 공간이 시 교실이 된다.46) 그 관계는 상호 길항적이고 중층적이며, 근대적인 학교 제도가 도입된 시점이 실상 그리 멀지 않다는 점까지 고려하면 늘 변화가 진행 중이고 언제나 불완전한 상태로 남게 될 것이다.47) 이 지점에서 현대시교육(나아가 문학교육)과 관련된 제도를 어떻게 평가해야 할지를 짚어 볼 필요가 생긴다. '현대시'와 '교육'이 결합되는 공적 제도가 어떤 성격인지를 살핌으로써 그 의의와 한계를 점검하는 것이다.

현대시교육이 제도로서 정착된 지가 오래되었음에도 불구하고 5-7차 교육과정을 통해 이러한 현대시교육의 제도적 특성을 살펴보는 까닭은 두 가지다. 첫째, 국어과에 '기능주의(技能主義)'가 도입되기 시작한 이후의

---

46) 현대시교육의 정전 형성 과정에서 나타난 '순수시'와 '민족주의'의 모순된 결합 또한 제도의 중층성을 보여 준다고 할 수 있다. 현대시교육의 정전 형성 과정에 대한 연구는 정재찬(1996) 참고.

47) 이홍우(1998 : 268)는 제도의 불완전성을 제도와 관련된 활동 의미에 대한 그릇된 파악의 수준과 제도 안에서 나타나는 요소 사이의 충돌 수준에서 논의하고 있다.

제도적 양상이 현재의 국어과 교육과 상당 부분 맞닿아 있다는 점이다. 국어과의 '기능(技能)'은 국어학이나 국문학과 다른 국어교육의 정체성을 정립하는 계기가 된 개념이다. 이전의 교육과정에서도 기능을 교육해 왔지만, 5차 교육과정부터는 사고력과 연계된 '언어사용 기능'의 교육을 국어과의 주된 특성으로 삼고 이를 체계화하는 데 주력하였다. 언어 기능(技能)을 통해 국어교육의 기능(機能)을 확립하고자 한 것이다. 이 시기를 국가 주도의 문학교육이 정점에 올랐던 시기라고 평가하는 관점 역시 국어교육과 문학교육의 독자적인 정체성을 모색하는 데 제도가 수행했던 주도적 역할을 강조하는 관점이다.

둘째, 5-7차 교육과정은 제도의 기능(機能)이 중층화되었던 시기였다. 정치적 격변과 억압이 반복되던 시기와 달리 5-6차 교육과정이 공포된 때는 소련을 중심으로 한 사회주의권이 붕괴되면서 거대 담론이 해체되고 이른바 '자본주의의 승리'가 세계로 확산되던 시기였다. 1987년도부터 중국·일본·소련의 교포 문학이 출판되고, 1988년 3월 31일 정지용·김기림의 해금 조치에 이어서 같은 해 7월 19일 납·월북 작가 또는 재북 작가의 광복 전 문학 작품의 상업 출판이 허용된 것(김준오, 1992 : 12) 역시 이전의 시대와 다른 자유와 개방의 분위기를 반영한다. 국어교육도 표면적으로는 이전 시기의 '국민교육헌장'을 기반으로 하는 가치관 교육의 이념을 거두고, 기능(技能)을 중심으로 한 학습자의 능동적인 국어 활동을 강조하게 된다. 하지만 여전히 제도로서의 국가 교육의 기능을 포기할 수 없었고, 개방과 자유의 홍수 속에서 더욱 더 교육적인 것의 잣대를 날카롭게 세울 필요성이 있었다. 5-7차 교육과정기는 제도의 표면과 이면의 괴리가 중층화되는 시기였던 것이다.

2) 1980-1990년대 시교육의 문학적 환경

시교육에서의 제도와 기능, '현대시'와 '교육'의 길항 작용을 구체적으로 살펴보기 위해서는 우선 1980-1990년대의 현대시사를 검토할 필요성이 있다. 특히 '극도의 양극성'을 지니고 있던 1980년대 시대 상황에 대한 이해가 선행되어야 한다. 전체적으로 조망할 때, 탄압 시대인 5공 시절과 1988년 종반기 해금 시대로 요약할 수 있는 이 시기는 그만큼 불행하면서도 가능성이 열리기 시작한 전환기의 성격을 띠기 때문이다(김재홍, 2002 : 493). 그 첫머리에서는 유신 정권이 끝나고 민주주의가 실현될 것이라는 열망이 신군부 정권에 의해서 좌절되고, 이에 대한 저항이 5·18 민주화 운동으로 발발되었다. 그리고 말미에서는 6월 민주 항쟁으로 개헌과 함께 대통령 직선제를 성취했다. 특히 1980년 5월의 민주화 운동은 1980년대에 문학을 창작하고 수용하였던 모든 문학 주체들에게 문학의 역할과 기능(機能)에 대한 실존적 물음을 제기하였다. 나아가 1980년대의 현대시 문학은 물론 이후 현대시 문학사에서 시의 역할과 존재 이유에 대한 끊임없는 성찰을 불러일으키는 거울로 작용하였다. 1980년대는 이러한 성찰에 다양한 방식으로 응답하였고, 현대시는 '시의 시대'라고 불릴 정도의 전성기를 맞이하게 된다.

1980년대 시단의 두드러진 문학 현상으로 두 가지를 꼽을 수 있다. 첫째, 무크지가 활성화되었다는 점이다. 무크(mook)는 잡지(magazine)와 책(book)의 합성어로서 부정기적으로 발행된 책과 잡지의 종합적인 형태를 지닌 출판물을 의미한다. 『실천문학』, 『시운동』, 『오월시』, 『시와 경제』, 『삶의 문학』, 『공동체 문화』 등의 무크지는 신군부의 검열로 인해 공식적 문화의 소통이 단절된 암담한 상황 속에서 그것을 뚫고 일어서려는 문학 운동의 열기를 보여 주는 것이었다(오형엽, 2004 : 88). 잡지 인가를 받기 어려운 시대 여건 아래 출판사 등록만 있으면 특별한 절차 없이도 출판이 가능하다는 점이 1980년대의 정치·사회적 상황에 대응하여 시가 생산되고 유통되기에 적합한 매체로 무크지가 선택되었던 까닭이다(박현수, 2007 : 481).

둘째, 베스트셀러 시집이 대거 등장하였다. 1980년대 후반에 이르러 서정윤의『홀로서기』, 도종환의『접시꽃 당신』, 김초혜의『사랑굿』, 박노해의『노동의 새벽』등이 베스트셀러 목록의 상위에 올랐다. 이는 시의 대중화 정도를 직접 보여줌과 동시에, '고등 교육의 보편화, 한글 세대로 지칭되는 젊은 독자층의 증가, 대중문화의 확산 등'의 요인도 함께 보여 준다(맹문재, 2005 : 327). 또한 베스트셀러가 된 시집의 특성을 살펴보면 서정시 계열과 민중시 계열이 나란히 베스트셀러 목록에 올라 있는데, 이는 현실주의와 반현실주의 계열의 대립이 독자들에게 반영된 것으로 볼 수 있다(박현수, 2007 : 482-483). 무크지로 유통되던 1980년대 초의 현대시의 환경과 비교해 보면 1980년대 말에 시가 대중화된 현상은 유통·소비되는 시집을 생산하는 출판업의 활성화와도 관계가 깊다.

1980년대에는 이러한 문학 현상을 배경으로 민중시, 노동시, 해체시, 서정시 등 다양한 양상의 시들이 등장한다. 먼저, 1970년대 참여시의 계보를 계승·극복하면서 등장한 민중시는 1987년을 기점으로 민중의 추상성을 극복하며 노동하는 생산 대중의 주체를 강조하는 민중적 민족문학론, 노동해방문학론 등으로 발전한다. 그 과정에서 등장한 박노해, 백무산을 필두로 한 노동시는 민중시의 또 다른 영역을 개척한 것으로 평가할 수 있다. 시가 관념적이고 고매한 갈래라는 기존의 편견을 깨고 등장한, 보통 수준의 학력을 가지고 일하는 노동자가 자신의 노동 현실을 바탕으로 쓴 진솔하고 날카로운 시는 많은 공감을 얻었다. 또한 노동자로 규정되지 않았던 교사가 자신들의 정체성을 새롭게 규정하며 비민주적인 교육 환경을 고발하는 시를 창작하기도 한다.

이성복·황지우·최승자 등에 의해서 창작된 해체시도 1980년대 시의 중요한 양상으로 꼽을 수 있다. 해체시는 다양한 방법으로 기존 시 장르의 문법을 파괴하는데, 그 의의를 형식의 파괴에만 한정하는 것은 온당치 않다. 이는 우리의 사고 체계를 근본적으로 뒤흔들어 놓으면서 독자를 도덕적·인식적 판단을 유보하도록 하는 불안 속에 몰아넣지만, 그만큼 열림을 지향하고 있다는 점을 고려해야 하는 것이다(김준오, 1992 : 12). 해체시는 1980년대의 억압적인 정치 현실 속에서 시가 취할 수 있는 또 다른 저항 태세로서 간주해야 한다.

서정시의 지속적인 성장도 중요한 특징이다. 시의 본질인 서정성을 기치로 삼은 서정시 계열은 1980년대에도 꾸준히 쓰였는데, 본질적으로 '정치적'이라는 수식이 붙은 1980년대 시단에서 주류가 되지는 못하였다. 그러나 민중시 계열 가운데 신경림, 곽재구, 김용택 등은 서정성과 당대 사회 현실에 대한 비판 정신을 결합하여 민중시가 구호로 남지 않고 문학성까지 획득할 수 있도록 심혈을 기울였다.

이러한 1980년대의 시적 전개와 같은 시기에 5-6차 교육과정은 시교육을 본격적으로 기능화(技能化)한다. 시적 기능(技能)에 대한 기초적이고 체계적인 지식을 바탕으로 하여 시를 향유하는 방향으로 시교육을 초점화하는 것이다. 대신 이 과정에서 1980년대 현대시가 골몰했던 시의 기능(機能)에 대한 실존적 고민은 본격적으로 반영하였다고 평가하기 어렵다. 5-6차 교육과정기의 시교육에서 시의 기능(機能)은 학습자 개인의 문학 체험 수준인 '공감'이나 '일상의 경험과의 관련성', '감상의 다양성', '흥미, 감동'으로 설정되거나, 문학의 본질과 특성에 대한 추상적이고 일반적인 차원으로 설정되었다. '기능(技能)' 역시 시의 속성에 대한 앎의 차원으로 제한되면서 시가 가진 기능(機能)과의 괴리가 확대되었다. 이러한 괴리는 표면적으로는 해금 조치를 통해 시교육의 정전이 다양화되는 성취를 이루었으나, 실제 구체화되는 과정에서는 시의 기능(機能)에 대해 고민하던 문제의식이 제거된 채 운율, 심상, 감동과 같은 시의 미시적인 기능(技能)에 대한 앎을 학습하는 제재로 사용되는 한계를 낳았다.

1990년대 시단의 특징은 1980년대의 거대 담론을 대체하는 미시 담론이 등장하였다는 점이다. 이는 1989년 베를린 장벽이 붕괴되고 미·소 양진영의 냉전 시대가 종식된 세계 정세와 관련이 있다. 이제 인간은 거대한 이념을 기반으로 세계를 인식하고 도달해야 하는 세계를 설정하는 인간에서, 자본주의가 깊숙이 침투해 버린 매일의 일상을 살아가는 인간으로 변화하였다. 국내에서는 군부 정권의 시대가 끝나고 '문민정부(1993-1997)', '국민의 정부(1998-2002)', '참여정부(2003-2008)'에 이르는 동안 형식적 민주주의가 성취되었다(고명철, 2005 : 379). 동시에 자유주의적 자본주의가 사람들의 구체적인 일상에까지 침투하여 권력을 행사하였다. 이는 1980년대와 같은 방식의 현실 참여 계열의 시로는 더 이상 현실적인 시적 기능을 다할 수 없다는 사실을 보여 준다(고명철, 2005 : 379).

1990년대의 현대시는 해체된 중심을 대체하는 일상화된 폭력에 응전하여 이를 고발하는 한편, 해체된 중심으로 인해 이제까지 보지 못했던 주변과 경계에 대한 관심을 바탕으로 자신의 내면에 대한 성찰을 가속화하는 양상을 보인다. 이러한 1990년대 시의 특징을 '일상성'과 '탈근대성'으로 명명할 수 있다. 이 시기 현대시에서 '일상성'은 양면적인 특성을 지니고 있는데 '친숙성', '반복성', '대체 가능성'으로 요약할 수 있다. 이러한 특성은 물신화된 친근성 때문에 현실을 은폐할 가능성도 있고 사람들의 비판 의식을 순치시킬 수도 있으며, 또 역으로 거짓 구체성 속에 은폐되어 있는 현실의 본질을 드러낼 수도 있다(유성호, 1997 : 464). 일상성을 수용함으로써 1990년대 현대시는 소비문화의 기호와 양식을 시의 형식으로 도입하게 된다. 한편, '탈근대성'은 인간의 이성에 대한 확실성을 기반으로 이룩해 온 근대 문화에 대한 반성을 의미한다. 1990년대의 현대시는 "내면 / 외계, 주체(의식) / 객체(대상), 동일자 / 타자, 실재 / 허구, 정신 / 육체, 서정 / 묘사(서사), 단일한 자아 / 무수한 타자, 인과율 / 우연성과 같이 그동안 근대적 이성을 통해 이항 대립적 경계로 확연하게 구분되었던 사물(개

넘, 현상)들의 관계에 대한 탈근대적 재인식"(유성호, 2007 : 535)을 형상화하는 작업을 시도한다.

이러한 1990년대의 문학 현상을 배경으로 도시시, 생태주의시, 여성주의시, 민중시, 신서정 등 다양한 시가 등장한다. 우선 도시시는 도시의 일상이나 대중문화를 소재로 삼거나 형식으로 차용하여 해체의 양상을 보이는 시에 해당한다. 오규원, 이하석, 이문재, 김기택 등은 '도시적 일상의 삭막함'을 시에서 형상화하고, 유하, 장정일, 함민복 등은 '대중문화의 패러디'를 통해 자본주의적 소비문화에 대한 매혹과 반성을 동시에 보여 준다(오형엽, 2004 : 102-103). 다음으로 생태주의시와 여성주의시는 탈근대적 상상력을 형상화하고 있다. 생태주의시를 창작하는 대표적인 시인으로 김지하, 최승호를 꼽을 수 있다. 김지하는 중심에 대한 비판을 형상화하는 생태주의시를 창작하였고, 최승호는 근대 문명 도시의 모순을 폭로하는 경향의 시를 선보였다. 또한 여성주의시는 남성으로 상징되는 근대의 중심화된 폭력에 대한 비판을 형상화하고 있다. 김혜순, 김정란, 최정례, 나희덕, 허수경 등의 시인들이 대표적이다. 민중시는 박노해, 백무산 등에 의해서 지속적으로 창작되지만, 1980년대에 비해서 그 영향력이 감소한다. 마지막으로 1990년대에 등장한 시로 신서정 계열의 시를 꼽을 수 있다. 신서정은 세계와 동일화를 꾀하는 전통적인 서정시에 대한 비판으로 등장한 시에 해당한다. "자연의 보편적 정서를 노래한 '구(舊)서정'에 대하여 문명 생활의 찰나찰나에서 느끼는 현대인의 심리적, 실존적 틈을 드러내는"(유성호, 2007 : 582-583) 것으로 요약할 수 있다.

1990년대 시는 1980년대와 또 다른 의미에서 시의 기능(機能)에 대한 도전을 받았다. 1980년대는 시의 역할에 대한 도전을 받았지만 그만큼 역설적으로 시의 역할을 증명하기 위한 시의 생산이 활발했던 시기였다. 이러한 까닭에 1980년대가 '시의 시대'라고 불릴 수 있었다. 반면에 단결하여 저항해야 하는 중심화된 권력이 사라지고, 모든 것이 교환 가치로 평가되고 소비되는 자본주의의 시대인 1990년대에 시의 유용은 의심되었고, 소외되었다. '시의 위기'에 대한 이야기가 나오기 시작한 것이다. 이러한 상황에서 시는 미세화되고 중층화된 자본주의의 현실을 고발하는 한편, 그러한 현실과 분리되어 살아갈 수 없는 사회 속의 인간 자신에 대한 성찰을 촉구하는 역할을 수행하였다. 이 과정에서 비판하는 주체와 비판 받는 대상 사이의 경계가 모호해지고, 착종되는 현상이 발생하기도 한다.

1997년에 개정된 7차 교육과정은 1980년대 시와 1990년대 시를 본격적으로 수용하였다. 특히 7차 교육과정은 '문화론 중심의 문학교육'을 표방하면서(우한용, 2009 : 363-364) 문학의 기능(機能)으로서 문학을 생활화하고, 문학을 통해 문화를 계승하고 발전하는 것을 목표로 설정한다. 그리고 이러한 문학의 기능을 달성하기 위해서 갖추어야 하는 기능(技能)으로서 '문학 능력' 개념을 강조하게 된다. 단순히 독립적으로 '기능(技能)'만 강조하던 것과 달리 학습자에게 내면화되고 생활화되는 기능을 강조하는 것으로 볼 수 있다. 1990년대 현대시가 보여 주었던 탈중심화의 정신은 7차 교육과정에서 문학 기능(技能)으로 '창작'을 본격적으로 수용한 것이나, 문학의 소통을 강조하며 문학사회학적 구조를 반영하여 기능을 체계화한 것을 통해 간접적으로 반영되었다. 대중 문학을 문학교육에 본격적으로 수용한 것도 이러한 맥락에서 볼 수 있다. 그러나 1990년대 현대시를 교과서의 제재 차원을 넘어서 해당 시가 소통되던 상황과 그에 대한 시적 대응까지 포괄하여 반영하기에는 시교육은 여전히 기능(技能)과 기능(機能) 사이의 괴리에서 벗어나지 못했고, 7차에서 강조하는 '문학 문화'가 지니는 보수성과 개방성의 공존은 이전에 명징했던 문학의 기능(技能)이 지닌 성격도 모호하게 만드는 한계를 지니고 있었다.

2. 5-7차 교육과정기 시교육의 양상

5-7차 교육과정기의 현대시교육은 5차 교육과정부터 반영된 '기능(技能) 중심 교육'의 방향성 아래 구체적인 실천 방향을 모색하였다. 그 결과 현대시교육에서의 기능(技能)은 현대시를 '즐기기' 위한 기본적인 지식으로 한정되었다. 즉 그동안의 현대시 이론 연구를 통해 제시된 다양한 분석의 도구들이 '방법적 지식'으로 자리 잡고, 이 지식을 원활하게 활용할 수 있는 기능(技能)을 학습자들이 갖추도록 하는 데 중점을 둔 것이다.

현대시교육에 대한 이러한 관점은 '알아야 즐긴다'는 전제가 작용한 결과이기도 하다. 학교교육에서의 교수·학습은 교사가 학습자들에게 무언가를 전달해야 하는 것이고, 이 상황에서 보다 구체적으로 명제화될 수 있는 지식이 전달될수록 교수·학습 및 평가에서의 객관적인 지향점이 마련될 수 있었던 것이다.[48] '알아야 즐긴다'는 관점은 선별의 기능을 수행해야 하는 교육 제도와 그 안에서 문학교육의 위상을 분명히 확립할 필요가 있었던 문학 제도 사이의 결합을 보여 주는 것이기도 하다. 신비평의 발생이 종합 대학 내 문학 전공의 위상을 정립해야 했던 상황을 배경으로 한다는 점을 참고한다면(Eagleton / 김명환, 1986 : 41-47), 이와 같은 결합이 중등 현대시교육에서 나타난 것도 크게 이상한 부분은 아니다. 신비평이 추구했던 유기체적인 공동체의 회복도 그 출발점은 작품에 대한 철저한 '검토'가 객관적일 수 있다는 신념이었기 때문이다.

그러나 현대시교육의 이러한 모습이 현대시에 대해 적극적인 독자를 양성하는 데에 성공했는지에 관해서는 그동안 많은 비판이 있었던 것도 사실이다. 학습자들에게 시는 여전히 어렵거나 '신비한' 것으로 남아 있었고(김남희, 1997), 학습자들은 어떤 표현이 '비유'인가, '이미지'인가를 확인

---

48) 정재찬(2004 : 234-235)도 신비평이 현대시교육에 수용되는 배경을 논하면서 이와 같은 성격을 지적한 바 있다.

하는 기능(技能)은 습득했을지라도 이를 통해 자신이 현대시를 '즐기는'(=문학의 機能) 모습을 적극적으로 보이지는 못했던 것이다. 작품을 읽으면서 어떤 것이 비유이고 어떤 것이 이미지인지를 지적할 수는 있어도 그것이 학습자의 실질적인 내면화 및 '즐기기'로 이어지는지에 대해서는, 즉 '알기'가 '즐기기'로 연결되는 부분에 대해서는 명확한 해답을 내놓지 못했다고 할 수 있다.

그렇다고 해서 5-7차 교육과정기의 현대시교육이 학습자의 '즐기기'를 고려하지 않았다고 보기는 어렵다. 이에 대해서는 교육과정기마다 달라지는 제재 수록의 양상 및 학습 활동에서의 일부 변화를 통해 확인해 보도록 하자.

1) '기능'의 중층성과 시교육

(1) 지식의 기능화(技能化) : 5차 교육과정

5차 교육과정기의 우리나라 교육은 4차의 인간 중심 인문주의 교육에서 능력 중심 기능주의 교육으로 넘어와 국내·외적인 경쟁력을 갖출 수 있는 기능을 갖추는 데에 목적을 두었다(박붕배, 1997b : 514). 이로 인해 국어과 교육도 실제적인 언어 활용 능력을 강조하게 되었다. 그러나 교육과정에서 언급한 '기능'이 단순한 수준의 기술적 기능에 그치는 것은 아니었다. 국어교육에서 추구하는 기능은 '언어를 통해 사고(생각)를 이해하는 고등 정신 기능'이며, 국어 교과에서 가르치고자 하는 언어 기능은 '지식 자체가 아닌 지식의 활용 기능'이었다.[49] 이러한 교과 목표는 활동 중심의 교수·학습을 중시하는 관점을 부각하였으며, 현대시교육도 이러한 지향에서 크게 벗어날 수 없었다.

---

49) 문교부(1987), 『중학교 국어과 교육과정 해설』, 49-50.

먼저, 각 학년별로 제시되어 있는 국어과의 교육 목표 가운데 문학과 관련되는 부분을 정리해 보면 다음과 같다.

> 중1 : 문학에 관한 기초적인 지식을 갖추고 문학 작품을 즐겨 읽으며, 상상력을 기르게 한다.
> 중2 : 문학에 관한 기초적인 지식을 익힌 후, 작품 감상력과 미적 감수성을 기르게 한다.
> 중3 : 문학에 관한 기초적인 지식을 바탕으로 하여, 작품의 다양한 의미와 가치를 이해하고, 우리 문학에 대한 관심을 가지게 한다.
> 고 : 문학에 관한 일반적인 지식을 바탕으로 작품을 바르게 이해, 감상하며, 인간의 삶을 총체적으로 이해하게 한다.
>
> -문교부 고시 제87-7호, 『중학교 교육과정』

국어과에서 문학과 관련하여 제시된 목표들은 '지식을 바탕으로' 할 때만 도달할 수 있는 것으로 진술되어 있다. 문학은 삶을 총체적으로 이해하게 하지만, 이러한 목표에 도달하기 위해서는 어디까지나 문학에 대한 기본적인 지식이 바탕이 된다는 것이다. 이는 국어과에서 강조한 '지식의 활용 기능(技能)'에 대한 반응의 결과라고 볼 수 있다. 문학 영역이 별도로 독립된 4차 교육과정에서도 문학과 관련된 목표에서 첫째 요소로 지식을 제시하였으나 그에 대한 활용을 건면적으로 내세우지는 않았다.[50] 실제로 학년별 내용을 살펴보면 지식의 습득 자체가 내용으로 제시되는 양상을 확인할 수 있다.[51]

그러나 5차 교육과정의 영역 목표에 대한 위와 같은 진술은 실제 세부 내용의 제시에까지 그대로 이어지지 못한다. 다음은 5차 교육과정의 학년

---

50) 4차 교육과정 국어과 교육 목표 중 문학과 관련된 부분은 "3) 문학에 관한 기초적인 지식을 습득시키고, 문학 작품 감상력과 상상력을 기르며, 삶의 다양한 모습을 이해하게 한다."이다.

51) 중학교 1학년에서 제시된 "(8) 시에서 시인과, 시 속에서 노래하는 사람을 구별하여 이해한다."와 "(9) 시에 자주 쓰이는 비유나 관습적인 상징을 이해한다."를 예로 들 수 있다.

별 내용 가운데 시와 관련된 부분들이다.

〈1학년〉
다) 어조나 운율이 시의 분위기 형성에 미치는 효과를 살펴보고, 이에 맞게 시를 낭송하기
라) 여러 종류의 시를 읽어 보고, 시의 종류에 따른 형식의 차이와 표현의 특징을 알기
〈2학년〉
다) 일상어나 과학어와 달리 쓰인 시어를 시에서 찾아보고, 시어의 특징을 파악하기
라) 시의 주제를 파악하고, 주제가 어떤 방법으로 표현되고 있는지 살피기
〈3학년〉
다) 시의 심상을 이루는 여러 가지 표현법을 이해하기
라) 시에 자주 쓰이는 비유와 상징을 이해하기
〈고등학교〉
3) 문학 작품을 이루는 기본 요소들을 고려하면서 작품을 바르게 이해하고 감상한다.

고등학교에서의 내용이 예외적이기는 하지만, 어조와 운율, 시의 종류, 심상, 비유와 상징 등의 개념들이 어떠한 방식으로 작품의 감상에 활용되는지에 대한 구체적인 언급은 확인하기 어렵다. 5차 교육과정에서는 '지도 및 평가상의 유의점'을 통해서도 문학과 관련된 지식이 감상을 위해 활용되어야 한다는 점을 강조하고 있지만, 교과서 차원이 아닌 교육과정 문서의 차원에서는 명확하게 구체화되지 않았다. 목표 차원에서는 지식의 활용을 표방하고 있지만 실제 내용에서는 활용보다 지식 그 자체가 여전히 내용으로 자리를 잡고 있거나 지식의 활용을 강조하려다 어색한 문맥으로 꼬이는 모습을 보여 주는 것이다. 〈3학년〉의 내용은 지식을 아는 것 자체가 내용으로 제시되어 있으며, 〈2학년〉 라)에서 제시한 학습 내용은 '시의 주제'라는 지식을 통해 시를 감상할 수 있는 것처럼, 다시 말해 작품의 표현을 살펴 주제를 도출하는 것이 아니라 역으로 주제를 통해 표현을 확인하는 어색한 내용을 제시하고 있다.

이는 지식이 기능화(技能化)하는 초기 단계의 모습을 보여 준다. 작품을

읽는 것이 학습자에게 어떻게 기능(機能)하는가에 대한 언급보다는 문학과 관련된 지식을 바탕으로 하여 작품을 기능적(技能的)으로 다룰 수 있는 방향을 제시하는 데 초점을 두는 것이다. 그러다 보니 문학이 기능(機能)하는 주요 원리에 대한 지식은 언어 기능(技能)의 사례를 탐색하는 수단으로만 남게 되었다. 즉, 문학의 기능(機能)은 기능(技能) 신장의 활용 수단으로만 조명받았다고 할 수 있다.

(2) 문학 기능(機能)의 가능성 : 6차 교육과정

6차 교육과정의 개정 배경에는 ① 목표 구성의 비체계성 개선 ② 교육 내용 제시의 재구조화 ③ 지도 및 평가상의 유의점 구체화가 자리하고 있다(이삼형 외, 1992 : 1-2). 이를 바탕으로 하여 나타난 체계상의 변화 가운데 주목할 만한 부분은, 5차 교육과정이 교과 목표를 먼저 밝혔던 것에 비해[52] 6차 교육과정에서는 교과의 성격을 먼저 밝히고 있으며, 여기에서 "국어과는 언어 사용 기능, 언어, 문학의 세 영역으로 구성된 교과"라고 설명한다는 점이다. 5차 교육과정에서와 같이 '기능(技能)'이라는 용어가 사용되었지만, 이것이 국어과의 성격을 진술하는 층위에서는 5차에 비해 다소 축소된 의미만을 가지게 되었다.

또한 내용 제시의 구조에 있어서도 문학 영역의 내용 체계를 '본질' 및 '이해'와 '실제'로 나누고, 문학의 본질에 대한 하위 범주로 문학의 '특성'과 '기능(機能)'을 위치시킨다는 점이 주목된다. 문학의 본질에서 그 기능을 언급하고 있다는 점은 5차 교육과정에서 강조했던 기능중심주의에 대한 문학 영역의 적극적인 대응이라고 볼 수 있다. 문학교육을 통해 일정한 언어 기능(技能)을 습득할 수 있다면, 그것은 문학이 학습자에게 어떤

---

52) 5차 교육과정에서 국어과의 성격은 해설서에 매우 자세히 제시되어 있으며, 여기에서 언급하는 도구 교과로서의 국어과는 포괄적인 개념으로서의 기능(技能)에 대한 접근을 바탕으로 하고 있다.

기능(機能)을 하고 있다는 점을 전제해야 하기 때문이다. '문학의 기능(機能)
을 바탕으로 한 언어 기능(技能)의 습득'은 국어과의 전체적인 내용을 아우
르는 한 준거가 된다.

그러나 이러한 가능성은 국어과의 성격에서 나타난 '기능(技能)'이라는
용어와 상충되는 모습도 보이는데, 이는 내용 체계에서 제시한 '문학의
기능(機能)'에 대한 고려가 충분히 이루어지지 않았음을 방증한다. 오히려
문학의 기능(機能)에 대한 언급보다는 작품에 대해 반응하는 기능(技能)에
더욱 주목하고 있는 모습을 확인할 수도 있다. 실제로 6차 중학교 교육과
정에서 내용으로 제시한, 문학의 본질에 대한 내용은 다음과 같다.

(1) 작품의 내용을 일상의 경험과 관련지어 이야기하여 보고, 작품 세계는 일상 세계의 반
영임을 안다.
(2) 하나의 문학 작품에 대하여 생각하거나 느낀 점을 서로 이야기하여 보고, 읽는 이에
따라 감상이 다를 수 있음을 안다.
(3) 문학 작품 속의 삶과 현실의 삶을 비교하여 보고, 작품 세계는 현실을 바탕으로 상상
에 의하여 창조된 세계임을 안다.[53]
-교육부 고시 제1992-11호, 『중학교 교육과정』

(3)은 5차 교육과정의 3학년에서 제시된 "가) 문학 작품 속의 삶과 현실
의 삶을 비교, 문학의 창조성을 이해하기"의 연장선에 있는 것이지만, (1)과
(2)는 새롭게 나타난 내용이다. 특히 (2)의 내용은 '읽는 이'를 고려하기 시
작하였다는 점에서 5차 교육과정에 비해 큰 차이를 보이는 부분이다. 그러
나 여기에서 제시된 본질 가운데 '문학의 기능(機能)'에 해당하는 부분을 찾
기는 쉽지 않다. (1)에서 '작품의 내용을 일상의 경험과 관련지어 이야기'하
는 것은 삶을 돌아보게 하는 문학의 기능(機能)인 동시에 작품을 읽고 나서

---

53) 6차 교육과정의 내용에서 이 내용들은 각각 중학교 1학년, 2학년, 3학년의 (1)에 해당한
다. 여기에서는 5차 교육과정과의 비교를 위해 서로 다른 번호를 부여하였다.

자신의 반응을 구체화하기 위해 습득해야 하는 기능(技能)적인 부분이라고
도 할 수 있을 것이다. 그러나 진술된 형태로 볼 때, 이러한 부분은 문학의
반영론적 본질을 알기 위한 기능(技能)으로서의 성격에 지나지 않는다.

문학의 기능(機能)에 대한 접근이 적극적으로 이루어지지 않은 결과, 6차
중학교 교육과정에서의 현대시교육은 5차 교육과정의 내용을 거의 그대
로 이어받게 된다. 1학년에서 어조와 운율, 표현의 특징을 다루고 2학년에
서 시어의 특징과 주제를 다루며, 3학년에서 심상, 비유, 상징을 다루는,
학년별 학습 내용의 분배는 그대로 유지된 것이다. 결국 "문학에 관한 기
초적인 지식을 갖추고, 작품 감상력과 상상력을 기르게 한다."는 중학교
국어과 목표는 5차에서와 마찬가지로 '감상과 상상'보다는 '기초적인 지
식'에 대한 교육으로 구체화될 수밖에 없었다.

그러나 고등학교의 교육과정을 살펴보면 내용상의 변화가 보다 크게
나타난다.

-5차 교육과정
1) 문학의 본질과 한국 문학의 특질을 파악한다.
2) 한국의 고전 및 대표적인 현대 작품을 읽고 감상한다.
3) 문학 작품을 이루는 기본 요소들을 고려하면서 작품을 바르게 이해하고 감상한다.
4) 여러 유형의 문학 작품의 특성을 이해한다.
5) 문학 작품에 대한 비평을 읽고, 작품 감상력을 기른다.
6) 문학과 언어, 인생, 사회, 문화와의 관계를 이해한다.
　　　　　　　　　　　　　　　　-문교부 고시 제88-7호, 『고등학교 교육과정』
-6차 교육과정
〈문학의 본질〉
(1) 문학의 일반적 특성을 안다.
(2) 문학의 일반적 기능을 안다.
(3) 문학의 본질과 한국 문학의 특질을 안다.
〈문학 작품의 이해와 감상의 실제〉
(4) 여러 문학 작품의 유형상의 특성을 알고, 여러 유형의 문학 작품을 이해하고 감상한다.

(5) 여러 유형의 문학 작품을 읽고, 작품 창작의 동기에 대하여 토론한다.
(6) 작가와 작품과 독자의 관계에 대하여 알고, 능동적으로 작품을 이해하고 감상한다.
(7) 문학 작품을 이루는 구성 요소들의 기능과 관계를 알고, 작품을 총체적으로 감상한다.
(8) 여러 유형의 문학 작품을 읽고, 역사와 현실에 대한 올바른 인식을 통해 창조적 체험을 확장한다.
(9) 한국의 대표적인 고전 및 현대의 작품을 읽고, 다양한 삶의 방식과 가치에 대해 토론한다.
(10) 여러 유형의 문학 작품을 읽고, 작품이 지닌 아름다움과 가치를 창조적으로 수용한다.
(11) 개방적인 태도로 문학 작품을 읽고, 작품에 대한 자신의 생각이나 느낌을 글로 표현하는 습관을 가진다.

-교육부 고시 제1992-19호, 『고등학교 교육과정』

6차 교육과정에서 〈문학의 본질〉과 관련된 부분은 추상적인 차원에서 머물고 있으나, 여기에서만큼은 이러한 본질이 이해와 감상의 실제를 통해 구체화되고 있는 모습을 확인하게 된다. 또한 5차에서는 문학이 어떠한 기능(機能)을 하는지에 대한 언급을 찾을 수 없지만, 6차에서는 (8)-(10)의 내용을 통해 작품을 읽는 것이 ① 역사와 현실에 대한 올바른 인식 ② 다양한 삶의 방식과 가치 ③ 작품이 지닌 아름다움과 가치로 나아가는 기능을 한다는 점을 읽을 수 있다. 6차 교육과정이 5차에 비해 국어과에서 다루어야 할 내용의 범주와 구조를 짜임새 있게 엮어 기능(技能) 연마의 효율성을 높였다는 평가를 받기도 하는데(최현섭 외, 2003 : 165), 이러한 노력이 내용 체계의 구성 외에 구체적인 내용 제시의 차원에서도 나타나고 있다.[54]

(3) 기초의 강화와 목적의 유실 : 7차 교육과정

7차 교육과정은 학습자 중심의 가치를 표방하면서 학습량을 최적화하

---

54) 최지현(2005 : 38)은 교육과정 용어를 이론으로서의 용어, 방법으로서의 용어, 평가로서의 용어로 나누어 1-7차 교육과정의 문서를 점검한 바 있는데, 여기에서도 6차 고등학교 교육과정의 내용은 다른 교육과정기에 비해 방법으로서의 용어가 풍부하게 나오고 있다는 점에서 긍정적인 평가를 받고 있다.

고, 학습자의 비판적 이해와 창의적 표현을 중시하는 등의 특징을 지니는 것으로 파악된다(최현섭 외, 2003 : 176). 총론 차원에서 제시하는 인간관부터 기존의 5·6차 교육과정과 차별성을 지닌다.(강조는 인용자)

[표 2.4] 5~7차 교육과정 총론의 '추구하는 인간상'

구분	5차 교육과정	6차 교육과정	7차 교육과정
인간관 및 추구하는 인간상	1. 건강한 사람 (중략) 라. 풍부한 정서 2. 자주적인 사람 가. 주체적인 자아의식 (중략) 라. 투철한 국가 의식 3. 창조적인 사람 (중략) 다. 합리적인 문제 해결력 라. 창의적인 사고력 4. 도덕적인 사람 가. 올바른 가치 판단 나. 인간 존중의 태도 다. 건전한 시민 의식 라. 인류 공영 의식	이 교육 과정을 통하여 추구하는 인간상은 건강한 사람, 자주적인 사람, 창조적인 사람, 도덕적인 사람으로 한다.	가. 전인적 성장의 **기반 위에** 개성을 추구하는 사람 나. 기초 능력을 **토대로** 창의적인 능력을 발휘하는 사람 다. 폭넓은 교양을 **바탕으로** 진로를 개척하는 사람 라. 우리 문화에 대한 이해의 **토대 위에** 새로운 가치를 창조하는 사람 마. 민주 시민 의식을 **기초로** 공동체의 발전에 공헌하는 사람

5차 교육과정에서는 교육과정이 추구하는 인간상을 크게 네 범주로 나누고 그 하위 요소를 제시하였다. 그러나 각각의 요소들은 맥락이나 사회적인 여건에 따라 서로 다른 방향으로 해석될 여지가 충분하다. '건강한 사람'의 하위 요소 가운데 '건전한 취미'나 '풍부한 정서'는 그 구체적인 상이 모호하다. 또한 '자주적인 사람'의 하위 요소로 제시하고 있는 '주체적인 자아의식'과 '투철한 국가의식'은 그 의미가 분명하지 않으며, 때로는 상충하는 요소로 보일 수도 있다. 그에 비해 6차 교육과정은 이러한 흐름을 그

대로 이어 가면서도 하위 요소를 제시하지는 않았다. 하위 요소를 설정하지 않은 것이 목표의 포괄성을 강화할 수는 있겠지만, 오히려 교육의 궁극적 목표에 대한 고민을 방기한 것으로도 볼 수 있는 부분이다.

7차 교육과정에서는 '기초와 발전'이라는 틀 안에서 다섯 범주의 인간관을 제시하였다. 여기에서 기초에 해당하는 것은 '전인적 성장, 기초 능력, 폭넓은 교양, 우리 문화에 대한 이해, 민주 시민 의식'이다. 5차 교육과정에서의 인간관이 제시하고 있는 하위 요소에 비해 상충하는 부분은 적은 것으로 보인다. 또한 발전 및 창조의 가치가 인간관에 포함되어 있어 학교교육이 인간 성장의 도달치를 제한하지 않고 있음을 확인할 수 있다.[55]

이러한 인간관의 설정은 학습자 중심의 교육을 표방하면서도 여전히 지식을 중심에 두는 교육을 유지하게 하는 것으로 볼 수 있다. 총론에서의 인간관에서는 무언가(기초)를 바탕으로 하여 부가적인 성과(발전)를 이루는 구조가 공통적으로 나타나는데, 이는 5차 교육과정에서 문학과 관련된 국어과의 교육 목표와 그 구조가 같고, 세부적인 국어과의 교육 내용을 선정하는 데에까지 그대로 영향을 미치고 있다. 문학교육에서 기초가 되는 것은 어디까지나 지식이라는 관점이 여전히 강하게 작용하고 있었기 때문이다. 5차 교육과정 이래로 교육의 목표를 진술하는 부분에서 문학 영역에 해당하는 부분은 언제나 지식을 바탕으로 하여 부수적인 무언가를 얻는, 즉 지식의 습득이 곧 작품으로부터 무언가를 얻을 수 있는 기능(技能)으로 이어지는 형식을 취하고 있었다.[56]

---

55) 그러나 이러한 부분은 후속 검토를 요하는 부분을 많이 남기게 된다. "가. 전인적 성장의 기반 위에 개성을 추구하는 사람"만 보더라도, 교육은 기반을 닦아 주는 역할에 충실해야 하는지, 아니면 그 기반을 바탕으로 한 이후의 효과에도 책임을 져야 하는지에 대한 것을 하나의 예로 들 수 있을 것이다. 아마도 후자일 가능성이 크겠지만, 그 경우에도 개성을 가르칠 수 있는가의 문제가 여전히 남게 된다.

56) 특이한 점은 7차 교육과정의 목표는 5차나 6차에서와 같이 언어 기능, 문법, 문학의 요소로 나뉘지 않고 세 영역을 통합하여 제시하거나 문법 요소만을 따로 떼어 제시하고 있다는 것이다. 그 구체적인 모습은 다음과 같다.

실제로 학년별로 제시되어 있는 세부 내용의 진술 구조를 살펴보면 '문학의 창조성, 표현의 효과, 화자' 등과 같이 기초에 해당하는 지식적인 요소를 담고 있는 목적어와 '안다, 파악한다, 이해한다' 등의 서술어의 결합으로 이루어진 것이 대부분이다. 총론과 교과의 '성격'에서 진술하고 있는 기초(지식)를 바탕으로 한 발전(인간의 다양한 삶을 총체적으로 이해하는 능력과 심미적 정서의 함양)의 관계는 세부적인 내용 차원에 이르게 되면 기초만 남게 된 것이다. 문서에서의 구체적인 내용은 다음과 같다.

-7차 교육과정(7학년)
(1) 소통 행위로서의 문학의 특성을 안다.
(2) 문학과 일상 언어의 관계를 이해한다.
(3) 작품이 지닌 아름다움과 가치를 파악한다.
(5) 작품 속에 드러난 역사적 현실 상황을 이해한다.
(7) 작품의 사회적, 문화적, 역사적 상황에 나타난 그 시대의 가치를 이해하려는 태도를 지닌다.[57]

-교육부 고시 제1997-15호, 『중학교 교육과정』

2. 목표
    언어활동과 언어와 문학의 본질을 총체적으로 이해하고, 언어활동의 맥락과 목적과 대상과 내용을 종합적으로 고려하면서 국어를 정확하고 효과적으로 사용하며, 국어 문화를 바르게 이해하고, 국어의 발전과 민족의 언어문화 창달에 이바지할 수 있는 능력과 태도를 기른다.
가. 언어활동과 언어와 문학에 대한 기본적인 지식을 익혀, 이를 다양한 국어사용 상황에서 활용하는 능력을 기른다.
나. 정확하고 효과적인 국어사용의 원리와 작용 양상을 익혀, 다양한 유형의 국어 자료를 비판적으로 이해하고 사상과 정서를 창의적으로 표현하는 능력을 기른다.
다. 국어 세계에 흥미를 가지고 언어 현상을 계속적으로 탐구하여, 국어의 발전과 국어 문화 창조에 이바지하려는 태도를 기른다.

정작 '지식'을 바탕으로 한 '삶의 이해와 심미적 정서 함양'은 목표보다 먼저 제시되는 '성격' 항목에서 제시되고 있다.

57) (4)와 (6)은 갈등 및 인물의 행동과 관련된 내용이어서 생략하였다.

7차 교육과정에서 새롭게 재편된 문학 영역의 내용 체계는 '문학의 본질', '문학의 수용과 창작', '문학에 대한 태도', '작품의 수용과 창작의 실제'로 나뉜다. 위에서 인용한 교육과정의 내용도 이러한 틀에 맞추어 제시되고 있다. 태도 요소의 도입이 7차 교육과정의 특징 가운데 하나인데, 그것은 '동기, 흥미, 습관, 가치'의 하위 항목을 가지며 위의 예에서는 (7)이 그에 해당한다.[58] 이 태도는 (5)와 직접적으로 연결되는 것일 텐데, 여기에서의 태도는 단순히 문학의 수용에서 나타나게 되는 하나의 현상에 대한 반복적인 진술에 지나지 않는다. 다만, 그에 대한 반복적인 습관화 혹은 그러한 활동이 가지는 가치의 내면화가 보다 강조되는 정도의 차이를 가질 뿐이다.

이러한 부분을 제외하고 나면 문학 언어의 특징, 문학의 아름다움,[59] 문학의 반영적 속성은 학습자에게 명제적 지식으로 주어지는 모습을 확인할 수 있다. 물론 이러한 지식은 작품을 읽을 때 어떤 점에 주목해야 하는가에 대한 일종의 지침으로 작용할 수 있다. 그러나 그러한 주목이 학습자가 실제로 인생을 총체적으로 바라보는 데 어떻게 연결될 수 있는지에 대해서는 아직 별다른 언급이 보이지 않는다. 이 점이 7차 교육과정에서의 현대시교육과 관련된 항목에서 주목해야 할 부분이다. 7차 국어과 교육과정에서는 "언어활동과 언어와 문학에 대한 기본적인 지식을 익혀, 이를 다양한 국어사용 상황에서 활용하는 능력을 기른다."는 목표를 제시하고 있다. 이는 '문학에 대한 기본적인 지식'이 '국어사용 상황에서 활용'되는 것은 사용되어야 하는 기능(技能)에 대한 강조와 다를 것이 없다. 그

---

58) (3)이 가치를 언급하고 있어 태도의 측면에 속하는 것으로 보일 수 있겠지만, 실제 해당 내용을 학습 목표로 삼고 있는 단원의 실제를 확인하면 가치의 근거가 되는 아름다움의 실체는 함축성과 심상이라는 개념적인 요소로 환원되고 있어 태도보다는 본질에 가까운 성격을 지닌다.

59) 실제 교과서에서 해당 내용을 학습 목표로 삼고 있는 단원을 살펴보면 아름다움은 '함축성'이나 '심상'에 대한 학습으로만 구현되어 있다는 것을 확인할 수 있다.

러나 그 사용 혹은 활용이 구체적으로는 어떠한 양상을 나타내는 것인지에 대해서는 뚜렷한 방향을 확인하기 어렵다. 문학의 '기능(機能)'이 무엇인가에 대한 고민들이 교육과정의 문서를 통해 학교로 전달되기보다는, '사용' 및 '활용' 능력(=技能)의 신장을 담보해야만 했던 국어과의 부담이 작품에 대한 분석의 틀 및 분석을 위한 용어만을 교육 내용으로 강조하는 결과로 이어졌다.

2) 수록 제재의 효용론적 기능화(機能化)

현대시교육은 구체적인 작품을 떠나서 존재할 수 없다. 실제 시교육이 어떤 목적 아래 어떤 작품을 통해서 무엇을 할 것인지의 문제와 분리되지 않기 때문이다. 교과서 수록 제재들의 성격이 순수시와 민족시의 이질적인 결합으로 이루어져 있음은 이미 밝혀진 바다.[60] 그러나 이러한 성격은 6차 교육과정기 국정 교과서에서부터 조금씩 완화되기 시작하였으며, 7차 교육과정기에 이르면 『문학』 교과서에서 월북 작가 및 좌파 문인들의 작품이 다수 수록되기 시작하였다(박기범, 2003 : 96). 그러나 7차 교과서에 이르러서도 국정 교과서인 『국어』 교과서 안에서는 이러한 변화가 확연하게 나타나지는 않고 있다. 5-7차 교육과정기 국정 교과서에 수록된 현대시 제재의 변천 양상은 다음과 같다.[61]

---

60) 이에 대해서는 정재찬(1996)을 참고할 수 있다.
61) 표 우측에서의 1-1은 1학년 1학기 교과서에 수록되었음을, 음영이 추가된 부분은 단원 및 소단원에서 주 제재로 활용되지 않고 학습 활동이나 단원의 길잡이, 문학과 관련된 산문 제재에서의 예시로 활용된 경우를 나타낸다. 편의상 이 글에서 전자는 본문 제재로, 후자는 기타 제재로 칭하도록 한다.

[표 2.5] 5-7차 교육과정기 국정 교과서 수록 현대시 작품

작가	제재	5차	6차	7차
고은	열매 몇 개	3-1	3-1	
곽재구	칠석날			2-1
김광균	언덕	1-2		
	데생	3-2	3-1	3-1
김광섭	저녁에	1-2		
	성북동 비둘기		고(상)	
	마음		2-1	
김기림	바다와 나비		3-1	3-1
김남조	너를 위하여	3-1	2-2	1-2
	설일		고(하)	
김달진	샘물		2-1	
김동명	파초		2-1	
	내 마음	고(상)		1-2
김동환	북청 물장수			3-1
김상용	남으로 창을 내겠소	고(상)		
김소월	길	고(상)		
	엄마야 누나야	1-1	1-1	2-1
	진달래꽃		고(상)	고(상)
	가는 길			3-1
	바라건대는 우리에게……			2-1
김수영	폭포	고(상)		
김영랑	돌담에 속삭이는 햇발	1-1	1-1	1-2
				3-1
김요섭	꽃	2-1	3-2	

김용택	교실창가에서			2-2
	농부와 시인			2-2
김종길	성탄제		2-2	3-2
김지하	새봄			1-1
김초혜	어머니			2-2
김춘수	차례		1-2	
김현승	플라타너스	3-2		
	가을의 기도		3-2	
	지각-행복의 얼굴			2-2
나희덕	배추의 마음			3-1
도종환	어떤 마을			1-2
박남수	초롱불		1-2	
	마을			1-2
박두진	해	1-2	1-1	1-2
			2-2	
박목월	물새알 산새알	1-1		
	나그네		2-1	
	가정			2-1
	청노루	고(상)		
박성룡	풀잎	1-1	1-1	1-2
박용래	겨울밤	2-2	2-2	
박용철	떠나가는 배	고(상)		
박재삼	추억에서			고(하)
백석	여승			고(상)
변영로	논개	2-2	3-2	3-1
복효근	토란잎에 궁그는 물방울같이는			3-1
송명호	가을 우체부			1-2

신경림	가난한 사랑 노래		2-1	2-1
	동해 바다			3-2
신동엽	산에 언덕에	3-2		
	봄은			3-1
	껍데기는 가라			3-1
신석정	소년을 위한 목가	1-2		
	작은 짐승		1-2	
신석초	고풍	2-2	2-2	
	삼각산 밑에서			3-2
심훈	그날이오면		2-2	
안도현	우리가 눈발이라면			1-2
양정자	가을 소녀들			1-2
오세영	음악		3-2	
유재영	둑방길			3-1
유치환	아기	3-1		
	깃발		3-2	3-1
윤곤강	해바라기	1-1	1-2	
윤동주	자화상	3-2		3-2
	소년		3-2	
	십자가	고(상)		
	서시		1-2	
	간		고(상)	
	별 헤는 밤		고(상)	
	또 다른 고향		고(상)	
	오줌싸개 지도			2-1
윤정순	이모			1-2
이동주	강강술래	3-2	3-1	

이수복	봄비			3-1
이영도	진달래		3-1	
이육사	청포도	3-1	3-1	
	광야		고(상)	고(상)
이해인	꽃씨를 닮은 마침표처럼			2-2
이형기	낙화	2-1	2-1	3-1
정일근	바다가 보이는 교실			1-2
정지용	고향	3-1		
	바다		3-1	
	호수			1-1
				2-2
	유리창			고(상)
	향수		2-2	
정한모	어머니	2-1	2-1	
			3-2	
정현종	모든 순간이 꽃봉오리인 것을			2-1
정호승	내가 사랑하는 사람			3-1
정훈	밀고 끌고	1-2	1-2	
조병화	해마다 봄이 되면	2-1	2-1	
조지훈	승무	3-2	3-2	
	풀잎 단장		2-2	
한용운	복종	2-2	2-2	
	찬송	고(상)		
	논개의 애인이 되어서 그의 묘에		고(하)	
	나룻배와 행인			2-1
한하운	파랑새	2-1		
	보리피리		2-1	2-2
허영자	행복		1-1	

홍윤숙	오라, 이 강변으로	3-2	3-2	
황동규	즐거운 편지			3-2
	귀뚜라미		2-1	

　본문 제재들이 담고 있는 주제만을 살펴볼 때 학습자들이 자연의 모습에 경이를 느끼거나 국가 의식을 높이거나 연인에 대한 애틋한 마음을 느끼는 것이 시교육을 통해 달성하는 가치의 대부분임을 알게 된다. 물론 실제 학습 활동에서는 조금 다른 방향으로 전개될 가능성이 있지만 이는 뒤에서 다루기로 하고, 여기에서는 먼저 이러한 주제 설정이 당시의 학습자들을 대하는 시선에 일종의 계도적 성격이 담겨 있었다는 데에 주목하고자 한다. 이른바 효용론적인 관점에서 문학이 독자에게 영향을 끼치는 '기능(機能)'을 수행하리라는 신념이 깔려 있었던 것이다.

　이는 5-7차 교육과정기의 현대시교육이 기능(機能)과 기능(技能) 사이의 긴장 관계에 놓여 있음을 보여 준다. 교육과정에서의 '기능(技能)'은 언어 활동 및 국어 사용과 관련되는 방향이었다면, 수록 제재에서의 '기능(機能)'은 작품에 대한 반응으로서 학습자가 국가 의식 및 자연 친화적 태도를 가지게 하려는 방향이었던 것이다. 학교는 이와 같이 상이한 두 '기능'을 목적으로 하는 서로 다른 제도가 중층적으로 작용하고 있는 공간이었다고 할 수 있다.

　그러나 문학에 대한 효용론적인 관점이 학교교육에서 실제로 발휘한 영향이 그리 크다고 보기는 어렵다. 1990년대 이후의 중등 학습자들의 특징은 이기적이고, 실내 생활에 보다 치중하며, 국가에 대한 긍정적인 이미지를 가지고 있지 않은 것으로 파악된다. 동시에 만화책에 탐닉하고 기성세대에 대한 반감을 가지고 있다는 점도 특징으로 보고된다(김홍주 외, 1998). 이러한 학습자들에게 계도적 성격을 가진 제재들을 제공해 봐야, 계도에 대한 반감이 생기기도 전에 이미 그 내용 자체가 학습자 자신의 관심에서 멀어져 있는 까닭에 흥미를 끌기 어려웠을 것이다. 제재 선정의 과정에서 기대한 문학의 '기능(機能)'은 그것이 발현되기 위한 발판이 학습자들에게 마련되어 있는지에 대한 검토가 없었기 때문에 달성되기 어려웠다. 이런 점에서 다음과 같은 논의는 재삼 주목할 필요가 있다.

> 80년대 발표된 세 편의 시는 문학 교과서에 가장 많이 수록된 작품들로 이 사실은 이 텍스트들이 문학사적 가치를 어느 정도 검증받았다고 받아들일 수 있겠다. 그러나 〈타는 목마름으로〉는 70년대 대표적인 민중시로 당대의 역사적 맥락이 전제된 속에서만 텍스트 생산자가 의도하는 절박함을 공감할 수 있는 작품이며, 〈새들도 세상을 뜨는구나〉는 80년대 역사성과 시적 경향을 담고 있으나 오늘날 7차 교육과정을 배우는 학습자들에게는 시대적 접근성을 확보하지 못한 작품이다. 〈우리가 물이 되어〉는 다양한 각도에서 읽힐 수 있는 작품이나 학습자의 욕구를 채워 줄 수 있는 시대적 접근성을 확보했다고 보기는 어렵다. (중략) 80년대 시 텍스트가 오늘날 시대적 근접성을 갖추고 동시대성을 확보하고 있다면 그것은 80년 당대의 정치, 사회, 문화적 맥락을 경험한, 80년대 시 텍스트를 가르치는 교사나 80년대 시 텍스트를 수록한 문학 교재 편찬자들에게 해당한다고 볼 수 있다(장혜경, 2005 : 162-163).

문학이 지니는 의사소통적 기능이 교육과정에서 반복되어 학습할 내용으로 제시되지만, 학습자들은 그것을 자신의 것으로 활용하거나 사용하는 기능(技能)을 습득하지 못하는 상황이 역설적으로 문학교육 안에서 일어나는 것은 아닌지 살펴볼 부분이다. 인용문의 논의를 따른다면 이와 같은 제재의 선정은 교수·학습에서 보다 치밀한 설계가 뒷받침되지 않는 이상 쌍방적인 의사소통이라기보다 일방적인 전달에 가까운 결과로 이어지기 쉽기 때문이다. 작품을 읽고 분석하는 기능(技能)은 결국 교육과정과 교과서가 기대한 문학의 기능(機能)을 발현시키는 데까지 이르지 못하고, 제재 선정 주체의 바람으로만 그치게 되었다.

다른 한편으로는 제재의 교체 양상에서도 유사한 성격을 확인할 수 있다. 대략적인 수치만을 먼저 확인해 보면, 5-7차 교육과정기의 국정 교과서에 수록된 현대시 제재는 모두 105편이며 작가 수는 총 66명이다. 광복 이후 7차 교육과정까지의 국정 교과서에 수록된 현대시가 모두 213편이었다는 점을 참고하면(민현식 외, 2007 : 306), 5-7차 교육과정기에서도 다양한 작품들이 수록되었다는 점을 확인할 수 있다. 그러나 이러한 다양성이 각 교육과정기의 교과서 제재 사이의 균등한 배분을 의미하지 않는다는 점은 다시 살펴볼 부분이다.

현대시 제재 중 5차 교육과정 수록 작품은 39개 작품인데, 그중 6차 교육과정까지 이어지는 작품은 21개 작품, 다시 7차 교육과정까지 이어지는 작품은 10작품이다. 6차 교육과정으로의 연계에서는 정훈의 〈밀고 끌고〉, 김요섭의 〈꽃〉이 본문 제재에서 기타 제재로 전환되었고 나머지 19개 작품은 그대로 본문 제재로 사용되었다. 그러나 7차 교육과정으로의 연계를 보면 5차부터 기타 제재로 활용되었던 김동명의 〈내 마음〉과 김광균의 〈데생〉을 제외한 8개 작품 가운데 6개 작품이 기타 제재로 전환되었고 나머지 2개 작품만이 그대로 본문 제재로 활용되고 있다.

6차 교육과정만을 보면 51개 제재가 수록되었는데, 이 가운데 7차 교육과정으로 이어지는 작품은 15개 작품이다. 결과적으로 7차 교육과정의 교과서에는 35편의 제재가 새로 수록되는데, 이러한 분량은 5차 교과서 전체의 제재 수와 맞먹는 정도라고 볼 수 있다. 본문 제재만 본다면 7차 교육과정 교과서에 수록된 제재 수가 가장 적지만, 기타 제재를 포함한 전체 제재 수는 7차 교육과정이 가장 큰 것 또한 확인할 수 있다.

각 교육과정기별 교과서 수록 제재 사이의 이와 같은 연계 정도를 표로 정리하면 다음과 같다.62)

---

62) 하나의 작품이 동일한 교육과정기의 교과서 안에서 본문 제재와 기타 제재로 모두 사용된 경우는 본문 제재로만 산정하였다.

[표 2.6] 5-7차 교과서 수록 작품의 상호 연계

구분	5차 교과서	6차 교과서	7차 교과서
총 제재 수	39	52	52
5차 연계	39	21	10
6차 연계	-	31	7
7차 연계	-	-	35
본문 제재 수	33	40	24
5차 연계	33	18	2
6차 연계	-	22	6
7차 연계	-	-	16
기타 제재 수	6	10	21
5차 연계	6	1	2
6차 연계	-	9	0
7차 연계	-	-	19
본문 제재 중 기타 제재 전환 연계 수	5차 교과서	6차 교과서	7차 교과서
5차 연계	-	2	6
6차 연계	-	-	1

　주목할 것은 7차 교육과정기의 교과서가 기존의 5차와 6차 교육과정기의 교과서 수록 제재 중 본문 제재에 대해서는 연계 정도가 매우 낮은 편이라는 점이다. 5차와 6차 교과서에 수록된 제재가 총 70편에 이르지만, 이 가운데 7차 교과서에까지 이어진 제재는 17편에 불과하다. 6차 교과서 수록 제재도 5차 교과서를 기준으로 볼 때 본문 제재로 보나 총 제재로 보나 50% 이상의 제재가 그대로 유지되고 있으나, 전체 분량으로 본다면 유지되는 것 이상으로 새로 추가되는 제재가 있음을 확인할 수 있다. 이

러한 경향은 광복 이후의 교과서에 수록된 현대시 제재 전반에 걸쳐 공통적으로 나타나는 모습이기도 하다.[63] 교육과정이 바뀌고 이에 따라 교과서가 새로 개발될 때마다 기존 교과서에 수록된 작품들은 다시금 평가를 받았던 것이다.

치밀한 검증이 요구되는 부분이기는 하겠지만, 집필진들에게 기존 교과서에 수록된 현대시 제재 가운데 적지 않은 수는 '문학에 대한 지식을 바탕으로 하여 삶의 총체성을 이해'하기에 무언가 부족한 부분이 있다는 평가를 받았다고 볼 수 있다. 그렇다면 (너무나 당연한 전제이겠지만) 집필진들은 작품을 통해 이해한 삶의 총체성을 가지고 있으며, 이를 학습자들이 학습하기에 더 적절한 작품이 무엇인지를 매 교과서 개발 과정에서 고민했을 것이다. 특히 7차 교육과정에서 눈에 띄게 증가한 '기타 제재'로서의 현대시 작품들은 학습 결과를 단순히 적용하는 차원에서 그치기보다는 지식을 보다 확장된 사례들에 적용함으로써 그 안에 담겨 있는 삶의 총체성을 드러내려 한 결과라 할 수 있다. 특히 김용택, 도종환, 이해인 등의 작품이 수록되는 모습은 학습자들로 하여금 보다 동시대에 가까운 문제의식을 공유하고 이를 통해 현대시가 자신들의 삶과 무관하지 않다는 점을 부각하려 한 의도로 읽힌다.

3) 학습 활동에 나타난 '끌고 가기'와 '밀어내기'의 긴장

그러나 실제 학습 활동을 통해 학습자가 겪는 경험은 그러한 삶의 총체성과는 거리가 먼 데서 그칠 가능성이 높다. 다음은 7차 교육과정 교과서에 수록된 도종환의 〈어떤 마을〉[64]에 대한 학습 활동과 본 연구가 자료로

---

63) 구체적인 변화의 양상은, 민현식 외(2007 : 295-306) 참고.
64) 교과서에 수록된 본문은 다음과 같다.
　"사람들이 착하게 사는지 별들이 많이 떴다. / 개울물에 맑게 흐르는 곳에 마을을 이루

수집한 교과서에 기록된 학생의 활동 결과이다.(강조는 인용자)

내용 학습) '어떤 마을'의 내용을 생각하며 다음 물음에 답해 보자.

1. 이 시의 분위기를 말해 보자.

    순박하고 포근하여 따스한 분위기

2. 이 시의 분위기를 살려 주는 소재를 찾고, 그 소재들이 주는 느낌을 적어 보자.

소재	느낌
밥티	포근한 느낌
밥 짓는 냄새	**배고픈?** 느낌. 정겹고 따스한 그런 느낌
밥티처럼 따스한	따끈따끈한 느낌

목표 학습) **'어떤 마을'**을 감상하고, 심상이 잘 드러난 구절을 찾아 적어 보자.

시각적 심상 : 별들이 많이 떴다 / 개울물 맑게 흐르는

청각적 심상 : 접동새 소리

후각적 심상 : 밥 짓는 냄새

촉각적 심상 : 밥티처럼 따스한

적용 학습) 다음 사진을 보고, 심상이 잘 드러나는 표현을 만들어 보자.

제시된 학습 활동은 작품 속에서 무언가를 찾아보는 것이 주를 이루고 있다. 그것도 '심상'이라는 문학 지식을 적절하게 적용할 수 있는지를 확인하는 데 중점을 둔다. 그런데 이러한 활동 내용을 진술하는 방식에서 특이한 점이 발견된다. 목표 학습에서 감상은 이미 완료된 것으로 간주된 것이다. 감상을 '대상이 지닌 고유한 질감을 직접 지각함으로써 그에 따른 심리적 경험을 획득하고, 그것이 주는 즐거움의 정도에 따라 대상의 가치를 평가하는 일'로 보는 논의를 참고한다면(조하연, 2010 : 27), 학습자는 심리적 경험이 주는 즐거움의 정도를 가늠하는 과정을 거쳐야 하며, 이

고/ 물바가지에 떠 담던 접동새 소리 별 그림자/ 그 물로 쌀을 씻어 밥 짓는 냄새 나면 / 굴뚝 가까이 내려오던 밥티처럼 따스한 별들이 뜬 마을을 지난다.// 사람들이 순하게 사는지 별들이 참 많이 떴다." - 7차 『국어』 중 1-2, 137.

과정에서는 학습자가 자신의 심리적 경험에 주목하게 할 수 있는 교육적인 처치가 반드시 포함되어야 할 것이다. 그리고 학습자가 삶의 총체성에 대한 이해에 접근할 수 있는 가능성도 이러한 과정 속에서 더 높아질 것이다. 그러나 이 과정은 학습 활동에서 생략되어 있다. 교육과정 문서에 대한 검토에서 확인한 것처럼 문학과 관련된 지식은 올바른 감상을 위한 것이나 교과서에서의 학습 활동은 그러한 지식이 어떻게 감상으로 이어지는가에 대한 고려를 반영하지 않고 있는 것이다.

또한 심상이 잘 드러난 구절을 찾는 활동이 제시되어 있으나 여기에서는 주로 감각 기관과 관련된 용어가 주로 사용된다. 학습자는 감각 기관과 관련된 표현이 나타나는 부분을 찾아 적으면 되는 것이다. 그 결과 '소리'라는 시어가 등장하면 청각적 심상으로, '냄새'라는 시어가 등장하면 '후각적 심상'으로, '따스한'이라는 시어가 등장하면 '촉각적 심상'으로 연결되는데, 틀린 결과라고 할 수는 없겠지만 '나무는 식물이고, 고양이는 동물이다'와 같은 식의 추상화 작업이라는 의의 외에는 학습자가 작품을 감상하고 삶의 총체성을 이해하는 데 어떤 도움을 줄 수 있을지는 의문으로 남는다. 이 부분만 본다면 7차 교육과정기 교과서에서의 학습 활동은 5차 교육과정기의 학습 활동과 크게 달라진 부분이 없다.[65]

이와 같은 학습 활동을 통해 이루어진 학습자의 기록은 교육의 실제 국면에서 어떤 질문을 던져야 할 것인지의 중요성을 보다 부각한다. 이 작품을 통해 학습자는 '순박하고 포근하여 따스한 분위기'를 느꼈다고 기록하고 있다. 그 근거가 내용 학습 2번에서 제시되어 있는데, '밥'과 관련된 표현으로부터 '포근한 느낌'을 느낀 것이 가장 주된 요인으로 나타난다. 그러나 '밥티'에 대한 느낌의 경우 그것이 왜 포근한 느낌을 주게 되는지에 대해서는 학습자의 별다른 설명이 남아 있지 않다. 이는 '밥티처럼 따스한'

---

65) 다음은 5차 교육과정 중학교 3학년 2학기 교과서에서 제시된 내용이다.

에서 느끼게 된 학습자의 감각이 '밥티'에로까지 전이된 결과로 보는 것이 더 타당할 것이다. 보다 주목할 부분은 '밥 짓는 냄새'에 대한 학습자의 반응인데, '배고픈' 뒤에 붙어 있는 의문 부호는 학습자의 내적 갈등을 잘 보여 주는 부분이라고 할 수 있다. 배고픈 느낌은 '정겹고 따스한 그런 느낌'과 병존하기 어려운 것이기 때문이다. 따라서 학습자는 따스함과 정겨움이라는 분위기를 중심으로 하여 작품 전체의 분위기를 재편하게 되고 그 과정에서 '배고픔'과 같은 자신의 반응은 무시하게 된다.

이 작품에서 화자의 위치가 그 마을에 동화되지 못하는 곳에 있다는 점을 감안한다면66) 학습자가 느꼈던 '배고픔'은 작품에 대한 새로운 접근으로써의 가치를 충분히 가질 수 있었다. 이렇게 본다면 '밥 짓는 냄새'를 '후각적 심상'으로 명명하는 것이 시를 읽고 시가 가진 본연의 기능을 온전히 실현하는 데 그렇게 중요한 것인가 하는 의문을 던질 수 있다. 문학

단원의 길잡이

시의 언어는 일상의 언어와는 다른, 독특한 표현법을 지닌다. 시인들은, 시적 효과를 극대화하기 위해 일상적 언어 사용과는 달리, 그들 나름의 독자적인 어법을 구사한다.

심상은 기억과 연상에 의해 마음에 떠오르는 느낌이나 모습이다. 심상은 읽는 이의 마음에 그림을 그리게 할 뿐만 아니라, 맛이나 냄새, 소리를 느끼게 하기도 한다. 이러한 심상은 대개 비유를 통해서 이루어진다. 흔히 사용되는 비유에는 직유와 은유가 있다. 시인은 여러 가지 비유법을 구사하여 시의 언어적 표현을 아름답게 한다.

(중략)

〈강강술래〉

(1) 이 시에서, 시각적 심상, 청각적 심상, 후각적 심상, 미각적 심상이 드러난 표현을 찾아보자.

(2) 이 시는 강강술래놀이의 모습이 정지적인 심상과 동작적인 심상으로 묘사되어 있다. 각각의 경우를 찾아보자.

　　　　　　　　　　　　　　　　　　　-중학교 『국어』 3-2, 96-101.

---

66) 〈어떤 마을〉의 화자는 그 마을의 구성원으로 자리 잡지 못하고 그 마을을 '지난다(5행).' 그것도 자신이 지난다는 것을 행 구분을 통해 표 나게 드러내지 못할 정도로 스쳐 간다. 이런 점에서 볼 때 6행에서 다시 제시되고 잇는 마을의 풍경은 1행에서의 풍경과 전혀 다른 의미를 가진다고 볼 수 있다.

교육 내용을 학습자가 문학 체험에서 '아는 것', '하는 것', '느끼는 것', 그리고 '다시 아는 것'으로 구분한 논의를 참고할 때(진선희, 2006 : 217), 이 와 같은 활동은 '다시 아는 것'으로까지 이어지지 못할 가능성이 크다. 세 련된 개념어를 습득할 수는 있지만 그것이 반드시 실속으로 이어지는 것 은 아니기 때문이다.

이와 같은 학습 활동의 구성은 작품이 완벽한 구조를 이루고 있고, 그 구조를 파악하는 기능(技能)만 습득하면 학습자로부터 올바른 반응을 끌어 낼 수 있을 것이라는 관점을 전제로 한다. 7차 교육과정 교과서에 제시된 다음과 같은 삽화는 문학의 속성에 대한 교과서의 관점을 나타내고 있는 데, '언어'를 '다듬'는 것은 "세련된 느낌"을 위한 것이라는 설명과 연결 되고 있다.[67)]

[그림 1] 문학 언어와 '세련된 느낌'

〈어떤 마을〉에 대한 학습 활동과 관련지어 본다면, 이 작품은 이미지를 중심으로 하여 잘 '다듬어진' 작품으로서의 위상을 갖는다. 그렇지만 학습 자들은 〈어떤 마을〉이 얼마나 다양한 이미지를 담고 있는지를 확인할 수

---

67) 7차 중학교 『국어』 1-2, 42.

있을 뿐, 그것이 과연 '세련된' 것인가를 스스로 판단하는 데까지 나아가지 못한다. 즉 교과서 학습 활동의 역할은 이 작품에 대해 '세련된' 것이라는 판단을 내리는 방향으로 학습자들을 '끌고 가기'에 있던 것이다. 이는 5차 교육과정기 고등학교 『국어』 교과서에 제시된 학습 활동으로부터도 확인할 수 있다.(강조는 인용자)

6단원 시의 세계
 (1) 시와 언어 - 김종길

(중략)

 학습 활동

(중략)

 (6) 훌륭한 시를 읽고도 아무런 느낌이나 재미를 느낄 수 없는 사람은 **어디에 잘못이 있는가?**

-5차 고등학교 『국어』 (상), 133.

'훌륭한 시'는 이미 학습자에게 주어진 것이다. 학습자는 그 작품에 대해 가치를 평가하는 주체가 아니라, 학습 활동이 끌고 가는 대로 그 작품의 훌륭함을 받아들여야 하는 대상이다. 이것이 왜 훌륭한가에 대한 질문은 학습 활동을 통해 좀처럼 구현되지 않는다. '세련된 느낌'을 가진 '훌륭한 시'는 학습자들이 스스로 판단한 결과가 아니라 이미 외부에서 진행된 판단의 결과로 받아들일 대상일 뿐이다.

이상의 내용을 볼 때 교과서의 학습 활동 역시 국가적인 제도로서의 교육이 추구하는 '기능(技能)'의 습득과 문학적인 제도에서 추구하는 '기능(機能)'의 발현이 애매하게 공존하고 있음을 보여 준다. 문학은 '세련된' 언어를 구사하는 '기능(技能)'을 습득하는 자료이면서도 주제적인 차원에서 효용론적인 '기능(機能)'을 수행하는 도구였던 셈이다.

흥미로운 부분은 5차에서 7차 교육과정기에 이르기까지의 대부분 학습 활동이 이러한 성격을 가지고 있었던 반면, 6차 교육과정기 고등학교 교과서의 학습 활동에서는 이와 전혀 다른 관점을 확인할 수 있다는 점이다.(강조는 인용자)

> 3. 자기가 좋아하는 작가와 싫어하는 작가를 한 사람씩 들고, 다음을 생각해 보자.
>   (1) **좋아하는 이유와 싫어하는 이유**를 설명해 보자.
>   (2) 자기와 반대 되는 생각을 가진 사람과 서로의 생각을 교환해 보자.
>   (3) 작품에 대해 독자마다 다른 평가를 하게 되는 까닭이 무엇인지 생각해 보자.
> 4. 베스트셀러가 되고 있는 작품을 하나 정하여 다음과 같이 의견을 나누어 보자.
>   (1) 그 작품이 인기를 얻는 이유에 대하여 이야기해 보자.
>   (2) 그 작품이 인기가 얼마나 오래 지속되겠는지에 대하여 이야기해 보자.
>   (3) **작품의 인기가 높아졌다가 시들해지는 까닭**이 무엇인지에 대하여 이야기해 보자.
>   -6차 고등학교『국어』(상), 219.

  6차 교육과정 고등학교 교과서(상)의 7단원인 '작자, 작품, 독자'의 준비 활동으로 제시된 내용들이다. 5차 고등학교 교과서에서 '훌륭한 작품'을 받아들이지 못하는 '잘못'을 꾸짖는 관점과는 전혀 다른 방향의 활동이라고 할 수 있다. 5차 및 7차 교육과정기의 학습 활동이 기성세대의 판단을 향해 '끌고 가기'의 성격을 가지고 있었다면 6차 교육과정 고등학교 교과서의 학습 활동은 학습자를 현재 상황에서 '밀어내기'로서의 성격을 가지고 있던 것이다. '좋아하는 이유와 싫어하는 이유'를 말하는 것은 학습자로 하여금 현재 자신이 처해 있는 상황으로부터 다른 방식으로의 사고를 진행하도록 밀어내는 것이기 때문이다.
  베스트셀러에 대한 활동 내용도 흥미로운 부분이다. 특정 작품이 인기를 얻기도 하고 잃기도 하는 것이야말로 문학 전반에서 확인할 수 있는 현상이다. 이러한 활동은 '문학=훌륭한 것'이라는 공식을 파괴하는 동시에 그 이유를 물음으로써 학습자를 자신의 세계로부터 밀어내는 역할을 수행할 수 있다. 학습자는 이제 '훌륭한' 작품에 대해 그것이 왜 훌륭한 것인지를 직접 묻는 경험을 할 수 있는 것이다. 이러한 질문의 경험이야 말로 문학이 인류에 기여하는 '기능(機能)' 가운데 하나라고 보아야 한다. 개별적인 작품들이 그러한 질문들에 대해 각각의 작가가 내린 답들이라 고 한다면, 문학 활동의 진정한 기능은 남들의 답에 대한 무조건적인 수용이 아니라 자신의 질문을 생성하고 그 답을 찾아가는 것이 된다. 위에서 인용한 학습 활동은 학습자들이 이러한 '기능'을 습득하여 세계를 새로운 시각으로 바라볼 수 있는 기회를 마련하고 있다.

해당 단원의 '단원의 길잡이'를 살펴보더라도 이러한 성격은 그대로 유지된다.

> 국어 공부는, 기본적인 개념이나 원리를 안 다음에 이를 바탕으로 하여 실제로 국어 활동을 할 수 있는 능력을 기르는 것이 중요하다. 이 단원에서도 개념이나 원리를 실제 감상에 적용하여, 작품이 지닌 세계를 더욱 깊이 아는 데 중점을 두어 교수·학습하도록 한다. 이를 위해서는 학생 스스로가 작품을 읽어 기본적인 것을 미리 안 다음, 학습 활동을 중심으로 서로의 의견을 주고받는 것이 좋은 방법이다.
>
> -6차 고등학교 『국어』 (상), 218.

기본적인 것을 미리 아는 것은 '서로의 의견을 주고받'기 위한 발판으로 작용한다. 단원의 학습 목표를 참고하여 보건대,[68] 이때의 의사소통은 작품에 대한 이해 결과를 정보로서 전달하는 것이 아니라 서로의 같고 다름을 확인하는 과정이 된다. 작품을 읽고 알아야 할 '기본적인 것'은 이러한 의사소통의 주된 소재가 될 것이다. 5차 및 7차 교육과정기의 학습 활

---

68) 학습 목표
   1. 창작 동기에 따라 작품의 내용이 달라짐을 알고, 작품을 감상한다.
   2. 작자의 삶에 대하여 이해함으로써 작품 이해의 폭을 넓힐 수 있음을 안다.
   3. 독자의 경험이나 사회적 환경이 작품의 이해에 영향을 줌을 알고, 작품을 감상한다.
   4. 언어활동에서 필자-독자, 화자-청자 관계 형성이 중요함을 알고, 표현, 이해한다.
   -6차 고등학교 『국어』 (상), 219.

동에서 확인할 수 있는 것처럼, 학습자를 작품에 대한 이해로 끌고 가는 관점에서는 미리 알아야 할 것이 작품의 이해를 위한 분석적인 틀이나 용어에 국한된다. 그러나 학습자를 현재 상황으로부터 밀어내고자 할 때, 밀려난 상황에서 헤매지 않도록 하기 위해 미리 알아야 할 것들은 작품의 이해에서 그치지 않으며, 그 작품을 통해 자신의 삶에 대해 새롭게 던지게 된 질문일 것이다. 이런 관점에서 볼 때 〈어떤 마을〉에 대한 학습 활동이 '다시 아는 것'으로 이어지지 못했던 이유가 이제는 조금 더 명확해진다. 다시 아는 것은 기존의 아는 것을 넘어서는 새로운 질문을 바탕으로 할 때에만 가능한 것이다.

3. 5-7차 교육과정기 현대시교육의 의의

5차 교육과정에서 7차 교육과정에 이르는 학교교육 속에서 교육과정 문서와 교과서만 살핀다 하더라도 그 자료는 실로 방대하며 그만큼 정치하고 조직화된 접근과 정리가 요구된다. 이는 이후 보완되어야 할 부분임에 틀림없겠지만, 거칠게나마 정리한 지금까지의 자료를 바탕으로 할 때 현대시교육의 제도는 국가 수준에서 요구하는 언어 기능(技能)의 신장과 문학적인 전통이 요구하는 효용론적인 기능(機能) 사이에서의 긴장 관계 위에 지속적으로 머물러 왔다고 할 수 있다.

먼저, 문학을 통해 의사소통 능력의 발달을 추구하는 관점에서 볼 때, 문학의 기능(機能)은 표현과 이해에 있어서 보다 세련된 단계를 추구하기 위한 것이었다. 이에 다가가기 위한 기능(技能)을 신장시키기 위해 교육과정 문서, 교과서의 학습 활동이 마련한 것은 세련된 단계의 특징을 분석할 수 있는 이론적인 용어를 제시하고 그 이론을 실제에 적용하는 것이었다. 그러나 6차 교육과정기의 고등학교 교과서를 제외하면 실제에의 적용은 용어의 단순한 적용에만 그치는 것이 대부분이었다. '비유', '이미지' 등의 용어들을 통해 세계에 대한 새로운 접근을 시도하는, 발산적인 활동은 학교라는 제도에서 받아들이기에 아직 여건이 충분하지 않았다. 대중가요가 교과서에 수록되는 획기적인 변화가 있었음에도 불구하고 이것이 성공적인 평가를 받지 못하는 것(김창원, 2007 : 73) 또한 대중가요를 통한 활동이 학교라는 제도 안에서는 기본적으로는 수렴적인 성격을 가질 수밖에 없었기 때문이다. 아직 학교라는 제도 안에서 문학의 기능(機能)과 이를 다루는 학습자의 기능(技能)은 명확한 답을 지향해야만 하는 것이다. 이론의 성공적인 정착은 그것을 실천하는 현실적인 여건의 성숙을 기반으로 할 수밖에 없다는 점을 재차 확인하게 된다(황정현, 1993 : 46).[69]

다음으로, 문학의 효용론적 기능을 기준으로 볼 때, 학교교육이라는 제도는 실천장으로서의 성격을 가지는 동시에 이론의 실현에 제약을 가하는 요인으로 작용하였다. 문학의 효용성이 주로 계도적인 성격에만 국한되었기에 시를 읽는 과정과 그 의미에 대한 강조보다는 시를 읽고 얻어야 할 교훈이나 가치를 전달하려는 모습이 보다 강하게 나타났던 것이다. 각 교육과정기마다 제재 선정의 유의점이 제공되는 것도 이러한 성격을 강하게 나타낸다. 학습자들이 작품을 읽고 각자 세계를 향해 던질 수 있는 질문의 방향은 이미 한정되어 있다. 이는 학교라는 제도가 가지는 사회적인 위상과도 관련된다. 학교는 문학 전통이라는 제도를 구축하기에 최적화된 공간이기도 한 것이다. 사실상 고등학교까지의 교육이 의무화되어 있는 상황은 그것이 전 국민을 대상으로 한다는 점과, 한정된 시간 내에 이루어진다는 점으로 인해 현대시교육에 있어서도 작품을 즐기는 학습자를 기르기보다 학습자가 즐겨야 할 대상을 제시하는 데에 치중하는 결과

---

69) 1950년대의 대학에서 교양교육을 강조했던 것도 비슷한 현상을 보여 준다. 당시 교양교육 또한 그 내용보다 형식을 통해서만 대학 안에서 작용했기 때문이다. 박숙자(2012 : 465-478) 참고.

로 이어지게 하였다. 전자의 경우는 제한된 시간 안에 확인하기 어려운 부분이지만, 후자의 경우는 그것이 교과서에 제재로 수록되었다는 것을 바로 확인할 수 있기 때문이다.

결국 문학의 기능(機能)은 제도로서의 국가 수준 교육 안에서 기능(技能)의 신장과 분명한 관계를 맺지 못한 채 지금까지 이어져 왔다고 할 수 있다. 기능(機能)을 중시하면 기능(技能)을 소홀히 하는 것처럼 보이기 쉽고 그 반대의 경우도 가능하기 때문이다. 그렇다면 두 '기능'이 제도와 만나게 되면서 나타난 모호함의 현상은 서로 배치되기만 하는 것일까? 이를 확인하기 위해서는 현대시교육에서 시 읽기의 기능(機能)에 대한 재조명이 이루어져야 한다.

시를 읽기 위한 '기능(技能)'과 시 읽기가 독자에게 작용하는 '기능(機能)'의 발현은 어디까지나 문학적인 사고의 영역 안이라는 점에서 배치되지 않는 성격을 가질 수 있다. 학교교육을 떠나 문학 역시 하나의 제도로 작용할 수 있다면, 문학 제도에서 중요하게 여기는 것은 통찰력과 언어적 형상화 능력이 될 것이다(김동환, 2013 : 48-49). 여기에 언어와 사고의 관련성을 고려한다면 통찰력과 언어적 형상화 능력 또한 별개의 것으로 분리할 수 없으며 이들이 지향하는 바는 결국 세계에 대한 새로운 관계 맺기가 될 것이다. 결국 현대시교육은 문학의 기능(機能)과 문학에 대한 혹은 문학을 통한 기능(技能)이 통합되는 지점에 대한 관심으로부터 그 실체를 명확하게 할 수 있다.

이면사

제도권의 문학교육에 의문을 제기하다 :
문학교육연구회와 전국국어교사모임

같은 시 작품을 두고도 전혀 다른 시교육이 가능하다. 교육 주체들의 시교육관, 문학교육관에 따라 시교육에 접근하는 방식이 달라지기 때문이다. 시교육을 통해 시를 능숙하게 읽고 쓸 줄 아는 기능(技能)을 습득하는 것을 강조할 수도 있고, 시와 문학이 인간의 삶에서 어떤 의미 있는 기능(機能)을 해야 하는지에 대해 물을 수도 있다. 이를 각각 '기능적 미학주의'와 '비판적 인문주의'라고 이름 붙인다면, 시교육은 이 두 방향성 사이에서 균형을 잡는 일이 중요하다.

시교육을 바라보는 두 관점 사이에서 어느 한 쪽에 치우치지 않고 교육의 주체를 중심에 두면서 기능(機能)의 관점에서 기능(技能)을 비판적으로 보고, 기능(技能)의 국면까지 개혁하려는 교육적 실천을 시도한 대표적인 단체로 '전국국어교사모임'을 꼽을 수 있다. 1980년대 말부터 지역 모임을 거점으로 하여 전국적인 규모로 성장한 오늘에 이르기까지 '전국국어교사모임'은 학생을 비인간화시키는 입시 제도나 사회의 구조적 모순을 비판하면서, 학생들이 바람직한 삶을 살아가는 힘을 국어와 문학을 통해 기를 수 있도록 실천적인 방안을 모색하고 있다.

뒤에 전국국어교사모임에 통합되었지만 태동기에 있었던 단체 가운데 '문학교육연구회'도 중요하다. 문학교육연구회는 1980년대 후반 김진호, 권순긍, 김갑수, 김성수, 남정희, 문성호, 문재룡, 이윤림, 최성수 등 주로 성균관대학교에서 수학했던 교사와 연구자들이 모여 『삶을 위한 문학교육』(연구사, 1987)을 내고, 계속해서 작품 선집인 『우리들의 문학 교실』(까치, 1988), 『다시 읽어야 할 우리 소설』(사계절, 1991) 시리즈, 시선집 『희망이라는 종이비행기』(연구사, 1991) 등의 작업을 진행하였다(김상욱, 2012 : 81). 이후 전국국어교사모임

발족과 함께 그에 통합되는데, 그들의 문제의식은 다음과 같다.

> 이제는 교사들의 체험과 생각에서 우러나온 문학교육론이 필요하다. 잘못
> 된 현실에 대해 '안으로부터의' 지속적이고 전체적인 시각이 필요하다는 말이
> 다. 학생을 가르치는 교사들의 오랜 체험에서 나온 구체적인 성과와 실제적인
> 현장작업이 절실한 형편이기 때문이다. 이 점에서 지금까지 교사들의 문학교
> 육론은 지나치게 보수적이고 현실 안주에 머물렀다는 반성을 해야 할 것이다.
> 승진과 업적을 위해 추상적이고 제도내적인 논의를 반복할 것이 아니라 학생
> 들의 삶을 위한 비판적 논의가 교사들로부터 나와야 하겠다(문학교육연구회,
> 1987 : 24).

여기서 '교사들의 체험과 생각에서 우러나온 문학교육론'을 강조하는 문
학교육연구회의 문학관, 문학교육관을 살펴볼 수 있다. 문학교육연구회에서
저술한『삶을 위한 문학교육』에 따르면 문학교육은 '교과서 편찬자들의 문
학교육', '문학을 전공하는 대학 교수들의 문학교육', '교사들의 문학교육'으
로 크게 나누어 볼 수 있다. 교과서 편찬자들의 문학교육은 국어과 교육과정
의 일부로 문학교육을 상정하고 어떻게 하면 주어진 체계를 보다 효과적으
로 학생들에게 가르칠까 하는 데 주안점을 둔다. 그에 비해 대학 교수들의
문학교육은 문학 일반에 대해 관심을 가지고, 문학이 독자에게 어떻게 수용
되어 가치로 내면화하는가, 문학이 어떻게 개인의 윤리적 실천으로 옮겨 가
는가의 문제에 집중한다. 교사들의 문학교육은 문학을 삶의 현실로부터 탈맥
락화하는 것에 반대하며 문학과 삶의 연관성을 중요한 가치로 둔다. 이러한
맥락에서 문학교육연구회는 문학을 통해 보다 나은 사회로 나아가는 현실
개혁을 하자는 문학의 사회적 기능을 강조하는 문학관을 주장하게 된 것이
다. 이러한 교사들의 문학교육관은 획일화된 국정 교과서를 매개로 한 문학
교육의 장을 비판적인 시각으로 바라보며 대안적이고 실천적인 국어교육의
방향을 모색하는 움직임으로 이어지고 있다.

▌쌈지 문답

◎ 질문 하나
1980년대 들어 교육 운동으로서 교사가 시를 쓰는 현상이 두드러졌는데, 그 양상은 어떠한가요?

이 질문에 답하기 위해서는 우선 교육 운동가로서의 교사가 쓴 시를 부르는 다양한 명칭을 살펴볼 필요가 있습니다. 대개 '교육 현장시', '지식인 시', '교육시' 등으로 불렀는데, 어떠한 명칭을 사용하는지에 따라 각각 강조하는 지점이 조금씩 달랐습니다. 아래 ①, ②의 인용문을 보면서 이해를 높여 봅시다.

① 현실주의 시 영역에 속하는 '교육 현장시'
교육 현장시도 1980년대 후반의 주요 장르 중 하나이다. 1989년 전국 교직원 노동조합(전교조) 결성으로 해직 교사가 다수 발생하였으며 교육 문제가 전 국민의 관심사로 떠오르게 되었다. 이런 시대 상황을 반영하여 교육 문제만을 집중적으로 다룬 시인으로 정영상, 조재도, 정일근 등이 있으며 부분적으로 이 문제에 관심을 가지고 창작에 반영한 시인으로 도종환, 고광헌, 배창환, 박세현 등이 있다.

(중략)

교육시, 혹은 교육 현장시는 주로 순수한 어린 학생 앞에서 자신의 소시민적 고민을 성찰하거나 아이를 통하여 바람직한 미래를 상상하는 방식으로 현실 문제를 다룬다. 어린 학생을 청자로 제시하기 때문에 언어도 서정적이면서도 일상적이라는 특성을 지닌다(박현수, 2007 : 4981-500).

② '지식인 시' 영역에 속하는 교육 문제를 다룬 시
한편 1980년대의 지식인 시의 영역에는 교육문제를 다룬 것들이 있다. 1980년대에 들어 교육 환경은 상당히 변모하여 학령인구의 대부분이 의무교육을

받게 되었고 고등교육을 받을 수 있는 기회도 늘어나 학생 수가 1,000만 명이
나 되었다. 그러나 이러한 양적 증가에도 불구하고 학급당 학생 수나 교원 1
인당 학생 수가 지나치게 많았고 진학 위주의 수업으로 말미암아 인격적이고
창의적인 교육은 이루어지지 못했다. (중략) 교육 문제를 다룬 시는 이러한 상
황을 반영한 것으로 입시 일변도의 학교교육과 모순된 교육 환경을 비판하고
진정한 인간교육을 지향하였다(맹문재, 2005 : 341).

①을 보면, '교육시'라는 표현도 함께 사용하고 있지만, '교육 현장시'라는
명칭을 더욱 강조하고 있는 것을 살펴볼 수 있습니다. 인용된 부분에는 없지
만 위의 글이 인용된 책에서는 교육 현장시를 '현실주의 시'에 속하는 것으
로 간주하고 있었습니다. 이는 1980년대 당대 시의 주류를 형성하고 있는 것
으로서 민중시, 노동시 등이 여기에 포함되어 있었기 때문입니다. 그런데 이
러한 현실주의 시에 '교육 현장시'도 함께 포함되어 있었습니다. 이러한 명
칭에는 교사들이 쓰는 시가 교육의 현장을 바탕으로 발생한 문제점을 성찰
하고 해결하기 위한 노력의 일환으로 쓴 시라는 점을 강조하고 있다고 볼 수
있습니다.

②에서는 교사들이 쓴 시를 구체적인 갈래명으로 표현하고 있지 않지만
창작 주체의 특성으로 '지식인'을 설정하고, '지식인 시'에 속하는 것으로 분
류하고 있습니다. ②에 따르면 사회의 모순을 지각하고 고발해야 하는 지식
인으로서 교사를 위치시키고, 지식인의 책무로서 교사들이 시를 썼다고 평가
할 수 있습니다. 학생들을 비인간화시키는 '입시 일변도의 학교교육' 환경은
지식인인 교사로서 비판적 인식과 행동을 하도록 했을 것이란 걸 짐작해 볼
수 있지요.

위의 두 가지 명칭이 강조하는 바는 조금씩 다르지만 공통적으로 구체적
인 교육 현장을 바탕으로 겪은 문제의식을 고발하고, 그 문제에 대한 대안을
마련하고자 했던 실천으로써 선생님들이 시를 썼다는 것을 알 수 있습니다.
또한 이러한 시들에는 부조리한 교육 환경의 문제가 단지 작은 한 교실, 지
금 이 시간만의 문제가 아니라 사회 구조의 모순과 역사의 왜곡에서부터 비

롯되었다는 인식이 뒷받침되어 있습니다. 1980년대에 주로 창작된 교육시는 '시는 어떤 기능(機能)을 할 수 있는가?' 하는 질문에 다양한 방식으로 답했던 1980년대 시들 가운데 하나였던 셈입니다.

당시 교사로서 시를 썼던 이는 이광웅, 정영상, 조재도, 고광헌, 정일근, 임길택, 윤재철, 김진경, 신용길, 배창환, 최성수, 김시천, 신현수, 오인태, 정세기, 조현설, 정희성, 최두석, 안도현, 도종환, 김용택, 나희덕, 곽재구 등을 꼽을 수 있습니다. 이들은 나중에 교육과 직접적으로 관련된 주제로 시를 지속적으로 쓴 시인과, 지속적으로 교육시를 쓰기보다는 다른 방향의 시 세계를 모색해 간 시인으로 나뉘게 됩니다. 이러한 차이점에도 불구하고 공통되는 특징은 교사와 시인의 역할을 겸해서 했다는 점인데, 시인과 교사 모두 누군가를 '일깨우는' 역할을 한다는 점에서 의미를 찾을 수 있습니다.

추가로 『오월시』 동인에 대해서도 언급해야 할 것 같습니다. 『오월시』는 1981년에 첫 동인지를 발간하여 1985년까지 매년 동인지를 냈습니다. 구성원은 김진경, 윤재철, 최두석, 곽재구, 고광헌 등이었으며, 현직 교사들이 활동의 중심에 있었습니다. 황지우가 『오월시 판화집』의 해설에서 "너희는 그때, 어디서, 무엇을 하였느냐?"고 일갈했던 것처럼(황지우, 1986 : 66), 오월시는 광주 문제와 교육 문제를 연결 지어 강렬한 현실 비판 의식을 보여 줍니다. 『민중교육』(1985) 등과 함께 엮어서 이들이 파면, 구속당하는 이유입니다. 이들에게 교육 운동과 문학 운동은 두 몸이 아니었습니다.

◉ 질문 둘

현대시교육에서 '학습자'가 강조된 교육과정의 시기와 배경이 궁금해요.

그동안 국어교육은 훌륭한 인간의 양성이라는 목표를 지속적으로 다뤄 왔습니다. 시교육 역시 국어교육의 하위 영역에서 전인적 성장을 위한 여러 목표들을 제시하고 그에 따른 내용과 방법들을 강구하였습니다. 하지만 그동안의 학교교육은 사실상 '배우는 주체'보다 '가르치는 주체'에 더욱 초점화되어 있었다고 볼 수 있겠지요(김중신, 1997 : 163). 또한 그동안의 교육과정 논의에서는 '무엇을 가르쳐야 할 것인가'라는 논제에 있어 이 '무엇'에 해당하는 부분이 교육의 내용과 방법에 관한 것으로 이해되어 왔습니다. 그러나 교육을 통해서 실질적인 변화를 일으켜야 하는 주체가 학습자라는 점에서, 또 교육 내용을 전달하는 것이 곧바로 학습자의 변화를 이끌어내지 못한다는 점에서 학습자의 흥미와 적성, 소질에 걸맞은 교육과정을 모색해야 한다는 논의가 제기되었던 것입니다.

물론 학교교육에서 학습자를 완전히 배제하지는 않았지만, 교육과정 차원에서 학습자를 두드러지게 강조한 것은 제7차 교육과정입니다. 정보화·세계화 시대에 맞추어 교육 이념 역시 수동적인 학습자에서 벗어나 스스로 지식을 창출할 수 있는 자기 주도적인 학습자관으로 변화가 일어납니다. 이에 따라 '열린 교육'이나 '평생교육의 실현' 등 수요자 중심 교육이 본격적으로 논의되었습니다. 7차 교육과정에서는 앞선 교육과정에서는 학생의 적성과 소질에 맞는 선택의 기회가 부족했음을 지적하고, 그 해결을 위해 필수 과목 축소 및 선택 과목의 확대, 정보화·세계화 교육의 강화, 수준별 교육과정의 편성·운영을 골자로 한 학습자 중심 교육과정을 표방하게 됩니다.

국어과의 경우 1학년부터 10학년까지를 '국민 공통 기본 교육과정'으로 상정하고 11-12학년을 '선택 중심 교육과정'으로 편성하여, 학습자의 흥미와 진로 적성에 맞는 교과를 선택할 수 있도록 설정하였습니다. 선택 중심 교육과정의 강화는 그동안 학습자들이 지닌 소질과 진로의 차이에도 불구하고 학교에서 지정한 동일한 교과목을 학습함으로써 오는 "학교교육에 대한 불신감 및 사교육 의존, 수동적인 학교 활동 등을 타파"(길형석, 2002 : 4)하기 위한 방안으로 볼 수 있습니다. 이에 따라 그동안 11학년과 12학년에 배치되었던 필수 과목을 폐지하고 선택 과목 136단위에 특별활동 8단위를 포함한 144단위를 편성하여 학습자들이 선택할 수 있는 폭을 교육과정 차원에서 마련하고자 하였습니다.

또한 이 시기에는 학습자가 지닌 역량의 다양성을 고려하기 위한 '수준별 교육과정'이 도입되었습니다. 개별 학습자들은 모두 서로 다른 능력 수준을 갖고 있기에 개인차를 고려하여 개개인의 성장 잠재력의 개발과 교육 효과의 효율성을 극대화하기 위한 시도가 요구되었습니다. 학습 활동에서는 '심화 활동'과 '보충 활동'을 개설하여 개인의 학업 능력에 따른 학습 활동을 부가적으로 선택할 수 있도록 확장하였습니다.

이렇듯 학습자 중심의 교육과정에 대한 논쟁적 검토가 이루어질 수 있게 된 것은 다양한 분야에서 학습자 혹은 독자, 수용 주체에 대한 논의가 강화되었기 때문입니다. 그중에서도 현대시교육에 가장 중요한 영향을 끼친 분야는 바로 문학과 교육학이라고 할 수 있습니다. 문학의 경우 오랜 시간 동안 특별한 소양을 지닌 전문 작가에 의해 창작된 산물로 여겨졌기에 문학 작품을 이해하기 위해서는 작가의 의도를 파악하는 것이 매우 중요하게 여겨졌습니다. 그러나 문학 작품의 이해를 의사소통의 일종으로 간주하는 논의를 토대로 메시지를 창출하는 발신자의 역할 외에도 그를 받아들이는 수신자의 중요성이 강조되기 시작합니다. 쌍방적인 의사소통의 중요성이 강조되면서 수신자는 메시지를 수동적으로 받아들이는 것에서 그치지 않으며, 발신자와의 소통을 통해 영향력을 줄 수 있는 존재로 변화하게 된 것입니다. 이러한 측면에서 문학을 읽는 것 역시 단순히 작가가 전달하는 주제나 의도를 파악하는 일에서 나아가 독자의 상상력과 미적 체험이 갖는 의미를 밝히기 위한 것이라는 의식이 나타납니다. 독자의 역할이 강화되면서 규범화된 단 하나의 해석보다는 현재 이 자리에 있는 독자가 경험하는 창의적인 해석이야말로 문학이 가지는 의의라는 의견이 힘을 얻게 된 것입니다.

한편 교육학의 연구에서도 점차 학습자의 발달에 주목하는 논의들이 제기되어 여러 가지 교육철학이 태동합니다. 철학, 교육학, 심리학 등 다양한 분야의 학문이 발달됨에 따라 아동은 성인의 의도대로 변형시킬 수 있는 수동적인 존재가 아니라 그 나름의 의지와 특성을 지니고 있는 고유한 존재라는 인식이 등장하기 시작합니다. 학습자는 성인의 가르침에 의해 변화하기보다는 스스로 학습하는 능력을 지닌 존재이며, 개개인의 취향과 소질에 따라 다른 특성을 지닌 존재로 이해되어야 한다는 것입니다. 이와 같은 견해에서 교사는 아동을 특정한 방향으로 직접 이끌어내는 지도자가 아니라 아동이 지닌 개개인의 특성을 고려하고, 그들이 지닌 흥미를 자발적으로 이끌어낼 수 있는 관찰자 및 보조자로서의 역할로 탈바꿈됩니다.

시교육 역시 학습자 중심 교육과정의 도입 및 아동의 발달과 특성에 주목하는 다양한 이론을 통해 점차 지식 전달 중심의 교육에서 벗어나 학습자의 사고와 상상력을 개발하는 교육으로 변화해 나가게 됩니다. 특정한 작품의 의미는 권위 있는 비평가의 해설에 의존하기보다 학습자가 자신의 경험에서 비롯되어 느끼는 반응에 기초하여 도출되어야 하며, 다른 학습자와의 소통을 통해 그럴 듯한 근거를 지닌 해석을 정교화함으로써 문학의 수용을 통해 도출되는 사고와 정서를 공유하는 방향을 모색했습니다. 또한 생산의 측면에서 학습자 역시 의미 있는 일상의 경험을 문학적으로 형상화할 수 있는 능력을 개발할 수 있으며, 자신의 체험이 담긴 문학 작품을 창작하는 주체가 되어야 한다는 논의가 발달합니다. 이를 통해 학습자는 문학을 생활화할 뿐만 아니라 생산과 향유에 이르는 문학을 통한 소통에 참여함으로써 문학 현상의 전반을 체험할 수 있는 기회를 가지게 됩니다. 학습자 중심의 교육과정을 통해 교육의 주체로서 학습자의 위상이 재검토되었으며, 문학교육을 통해 변화할 수 있는 학습자의 실질적인 능력과 소양이 무엇인지에 대한 논의가 심화되는 계기가 마련되었다고 볼 수 있습니다.

참고 문헌

[자료]
· 교육과정 자료

교육부(1997), 『초·중·고등학교 국어과·한문과 교육과정 기준(1946-1997)』, 대한교
        과서주식회사.

문교부(1987), 『중학교 교육과정』, 문교부 고시 제87-7호.

문교부(1988), 『고등학교 교육과정』, 문교부 고시 제88-7호.

교육부(1992), 『중학교 교육과정』, 교육부 고시 제1992-11호.

교육부(1992), 『고등학교 교육과정』, 교육부 고시 제1992-19호.

교육부(1997), 『국어과 교육과정』, 교육부 고시 제1997-15 [별책 5].

· 교과서 자료
 -1차 교육과정기 교과서

문교부, 『중학 국어』Ⅰ-Ⅰ, 서지사항 불분명.

문교부(1964), 『중학 국어』Ⅰ-Ⅱ, 대한교과서주식회사, 1964.

문교부(1956), 『중학 국어』Ⅱ-Ⅰ, 대한교과서주식회사, 1956.

문교부(1958), 『중학 국어』Ⅱ-Ⅱ, 대한교과서주식회사, 1958.

문교부(1956), 『중학 국어』Ⅲ-Ⅰ, 대한교과서주식회사, 1956.

문교부(1961), 『중학 국어』Ⅲ-Ⅱ, 대한교과서주식회사, 1961.

문교부(1956), 『고등국어』 1, 대한교과서주식회사.

문교부(1956), 『고등국어』 2, 대한교과서주식회사.

문교부(1959), 『고등국어』 3, 대한교과서주식회사.

문교부(1960), 『고등국어』 1, 대한교과서주식회사.

문교부(1959), 『고등국어』 2, 대한교과서주식회사.

문교부(1959), 『고등국어』 3, 대한교과서주식회사.

-2차 교육과정기 교과서

문교부(1973), 『중학 국어』Ⅰ-Ⅰ, 대한교과서주식회사.

문교부(1966), 『중학 국어』Ⅰ-Ⅱ, 대한교과서주식회사.

문교부(1971), 『중학 국어』 II-I, 대한교과서주식회사.
문교부(1971), 『중학 국어』 II-II, 대한교과서주식회사.
문교부(1972), 『중학 국어』, 대한교과서주식회사.
문교부(1972), 『중학 국어』 III-II, 대한교과서주식회사.
문교부(1973), 『인문계 고등학교 국어』 I, 대한교과서주식회사.
문교부(1974), 『인문계 고등학교 국어』 II, 대한교과서주식회사.
문교부(1968), 『인문계 고등학교 국어』 III, 대한교과서주식회사.
문교부(1971), 『실업계 고등학교 국어』 1, 대한교과서주식회사.
문교부(1968), 『실업계 고등학교 국어』 2, 대한교과서주식회사.
문교부(1968), 『실업계 고등학교 국어』 3, 대한교과서주식회사.

 -3차 교육과정기 교과서
문교부(1974), 『중학 국어』 1-1, 대한교과서주식회사.
문교부(1974), 『중학 국어』 2-1, 대한교과서주식회사.
문교부(1974), 『중학 국어』 3-1, 대한교과서주식회사.
문교부(1975), 『중학 국어』 1-2, 대한교과서주식회사.
문교부(1975), 『중학 국어』 2-2, 대한교과서주식회사.
문교부(1975), 『중학 국어』 3-2, 대한교과서주식회사.
문교부(1975), 『인문계 고등학교 국어』 1·2·3, 대한교과서주식회사.
문교부(1975), 『실업계 고등학교 국어』 1·2·3, 대한교과서주식회사.

 -4차 교육과정기 교과서
한국교육개발원(1984), 『중학 국어』 1-1, 대한교과서주식회사.
한국교육개발원(1984), 『중학 국어 2-1』, 대한교과서주식회사.
한국교육개발원(1984), 『중학 국어』 3-1, 대한교과서주식회사.
한국교육개발원(1984), 『중학 국어』 1-2, 대한교과서주식회사.
한국교육개발원(1984), 『중학 국어』 2-2, 대한교과서주식회사.
한국교육개발원(1984), 『중학 국어』 3-2, 대한교과서주식회사.
한국교육개발원(1984), 『고등학교 국어』 1, 대한교과서주식회사.
한국교육개발원(1985), 『고등학교 국어』 2, 대한교과서주식회사.
한국교육개발원(1986), 『고등학교 국어』 3, 대한교과서주식회사.

 -5차 교육과정기 교과서
한국교육개발원 편(1994[1989]), 『중학교 국어』 1-1, 대한교과서주식회사.
한국교육개발원 편(1990[1989]), 『중학교 국어』 1-2, 대한교과서주식회사.

한국교육개발원 편(1992[1990]), 『중학교 국어』 2-1, 대한교과서주식회사.
한국교육개발원 편(1993[1990]), 『중학교 국어』 2-2, 대한교과서주식회사.
한국교육개발원 편(1992[1991]), 『중학교 국어』 3-1, 대한교과서주식회사.
한국교육개발원 편(1992[1991]), 『중학교 국어』 3-2, 대한교과서주식회사.
서울대학교 사범대학 1종도서연구개발위원회 편(1992[1990]), 『고등학교 국어』(상), 대
　　　한교과서주식회사.
서울대학교 사범대학 1종도 연구개발위원회 편(1990), 『고등학교 국어』(하), 대한교과
　　　서주식회사.

-6차 교육과정기 교과서
한국교육개발원 편(1999[1995]), 『중학교 국어』 1-1, 대한교과서주식회사.
한국교육개발원 편(1995), 『중학교 국어』 1-2, 대한교과서주식회사.
한국교육개발원 편(1999[(1996]), 『중학교 국어』 2-1, 대한교과서주식회사.
한국교육개발원 편(1996), 『중학교 국어』 2-2, 대한교과서주식회사.
한국교육개발원 편(1999[1997]), 『중학교 국어』 3-1, 대한교과서주식회사.
한국교육개발원 편(1997), 『중학교 국어』 3-2, 대한교과서주식회사.
서울대학교 사범대학 국어교육연구소 편(1997[1996]), 『고등학교 국어』(상), 대한교과
　　　서주식회사.
서울대학교 사범대학 국어교육연구소 편(1996), 『고등학교 국어』(상), 대한교과서주식
　　　회사,

-7차 교육과정기 교과서
고려대학교・한국교원대학교 국정도서 편찬위원회 편(2005[2001]), 『중학교 국어』 1-1,
　　　대한교과서주식회사.
고려대학교・한국교원대학교 국정도서 편찬위원회 편(2009[2001]), 『중학교 국어』 1-2,
　　　대한교과서주식회사.
고려대학교・한국교원대학교 국정도서 편찬위원회 편(2003[2002]), 『중학교 국어』 2-1,
　　　대한교과서주식회사.
고려대학교・한국교원대학교 국정도서 편찬위원회 편(2009[2002]), 『중학교 국어』 2-2,
　　　대한교과서주식회사.
고려대학교・한국교원대학교 국정도서 편찬위원회 편(2005[2003]), 『중학교 국어』 3-1,
　　　대한교과서주식회사.
고려대학교・한국교원대학교 국정도서 편찬위원회 편(2011[2003]), 『중학교 국어』 3-2,
　　　대한교과서주식회사.
서울대학교 국어교육연구소 편(2006[2002]), 『고등학교 국어』(상), 교학사.

서울대학교 국어교육연구소 편(2006[2002]), 『고등학교 국어』(하), 교학사.

[연구 논저]

강진호(2007), 「국가주의의 규율과 '국어'교과서 : 1-3차 교육과정의 『국어』교과서를 중심으로」, 『현대문학의 연구』32, 한국문학연구학회.

고명철(2005), 「현대시의 풍경, 그 다원성의 미학」, 이승하 외, 『한국 현대시문학사』, 소명출판.

국어교육미래열기(2009), 『국어교육학개론』, 삼지원.

권성우(2008), 「한국 현대비평사의 기원 : 1960년대 비평의 성과와 의미」, 근대문학100년 연구총서 편찬위원회 편, 『논문으로 읽는 문학사 2』, 역락.

권혁준(1997), 『문학이론과 시교육』, 박이정.

길형석(2002), 「학습자중심 교육과정에 관한 연구」, 『학습자중심교과교육연구』2(2), 학습자중심교과교육학회.

김남희(1997), 「현대시 수용에 대한 문화기술적 연구 : 고등학생 독자를 중심으로」, 서울대학교 석사학위논문.

김동환(2013), 「국어과 교과서의 문학 제재와 관련된 쟁점과 제안」, 『국어교육학연구』47, 국어교육학회.

김상욱(2012), 「문학교육, 도약을 위한 성찰-"삶,생활을 위한" 문학교육을 중심으로-」, 『문학교육학』38, 한국문학교육학회.

김선양(2004), 『현대한국교육사상사』, 한국학술정보

김성민·박영균(2010), 「분단의 트라우마에 관한 시론적 성찰」, 『시대와 철학』21/2, 한국철학사상연구회.

김수영(1985), 「실험적인 문학과 정치적 자유-문학시평, 〈오늘의 한국문화를 위협하는 것〉을 읽고」, 홍신선 편, 『우리문학의 논쟁사』, 어문각.

김수영(2003), 「시작 노트4」, 『김수영 전집·산문』, 민음사.

김윤식(2002), 『한국근대문학사와의 대화』, 새미.

김윤식(2008), 『백철 연구』, 소명출판.

김윤식(2009), 『내가 살아온 한국 현대문학사』, 문학과지성사.

김재홍(2002), 「80년대 한국시의 비평적 성찰」, 김윤식·김우종 외, 『한국현대문학사』, 현대문학.

김준오(1992), 『도시시와 해체시』, 문학과비평사.

김중신(1997), 「학습자 중심의 문학교육과정 내용체계」, 우한용 외, 『문학교육과정론』, 삼지원.

김진균(1997), 『근대 주체와 식민지 규율 권력』, 문화과학사.

김진희(2009), 「문학과 정치의 경계-저항시 장르와 문학사」, 『국제어문』 46, 국제어문학회.

김진희(2010, 「모윤숙과 노천명의 시에 나타난 '해방'과 '전쟁'」, 『한국시학연구』 28, 한국시학회.

김창원(2007), 『국어교육론 : 관점과 체제』, 삼지원.

김창원(2011), 『문학교육론 : 제도화와 탈제도화』, 한국문화사.

김한식(2005), 「김동리 순수문학론의 세 층위-반공주의와 순수문학의 상동성을 중심으로」, 『상허학보』 15, 상허학회.

김현(1988), 「김종삼을 찾아서」, 장석주 편, 『김종삼 전집』, 청하.

김혜니(2003), 『한국근현대비평문학사연구』, 월인.

김홍주 외(1998), 『한국 중등학생의 의식 및 생활 실태 조사 연구』, 한국교육개발원 연구보고RR98-3.

리영희(2006), 『역정-나의 청년시대』, 한길사.

맹문재(2005), 「광주항쟁 이후 시의 양상과 특징-1980년대의 한국 시문학사」, 이승하 외, 『한국 현대시문학사』, 소명출판.

문학교육연구회(1987), 「문학교육 비판의 시각」, 『삶을 위한 문학교육』, 연구사.

민현식 외(2007), 『미래를 여는 국어교육사』 Ⅰ, 서울대학교출판부.

박기범(2003), 「제7차 교육과정에 따른 문학 교과서의 내용 분석 연구 : 수록된 문학 작품을 중심으로」, 『문학교육학』 11, 한국문학교육학회.

박붕배(1997a), 『한국국어교육전사』 (중), 대한교과서주식회사.

박붕배(1997b), 『한국국어교육전사』 (하), 대한교과서주식회사.

박숙자(2012), 「제도로서의 문학 : 1950년대 '교양'으로서 「대학국어」」, 『한국근대문학연구』 25, 한국근대문학회.

박용찬(2006), 「한국 전쟁 전후 현대시 국어교과서 정전화 과정 연구」, 『어문학』 91, 한국어문학회.

박청미(2008), 「교육 공공성 개념과 교육 제도의 변화」, 『교육사상연구』 21(3), 한국교육사상연구회.

박현수(2007), 「민중 혁명의 시기(1979-1991년)」, 오세영 외, 『한국현대시사』, 민음사.

박형준·민병욱(2007), 「1950년대 문학교육의 지형학」, 『문학교육학』 24, 한국문학교육학회.

백철(1975a), 『진리와 현실』, 박영사.

백철(1975b), 『속·진리와 현실』, 박영사.

송희복(1995), 「집단적 삶 의식의 넓이, 개인족 실존의 깊이」, 권영민 편, 『한국문학 50년』, 문학사상사.

오세영 외(2007), 『한국현대시사』, 민음사.

오형엽(2004), 『현대시의 지형과 맥락』, 작가.

우한용(2009), 『한국 근대문학교육사 연구』, 서울대학교출판부.

유성호(1997), 『한국 현대시의 형상과 논리』, 국학자료원.

유성호(2007), 「탈냉전의 시기(1991년-2000년)」, 오세영 외, 『한국현대시사』, 민음사.

유성호(2008), 「제도로서의 문학교육」, 『국어교육』 125, 한국어교육학회.

윤여탁(1993), 「해방 정국 문학가동맹의 시단 형성과 시론」, 『한국현대문학연구』 2, 한국현대문학회.

윤여탁 외(2006), 『국어교육 100년사』 I, 서울대학교출판부.

이광호(2008), 「자유의 시학과 미적 현대성 : 김수영과 김춘수 시론에 나타난 '무의미'의 문제를 중심으로」, 근대문학100년 연구총서 편찬위원회 편, 『논문으로 읽는 문학사』 2, 역락.

이남호(1994), 「1950년대와 전후세대 시인들의 성격」, 송하춘 · 이남호 편, 『1950년대의 시인들』, 나남.

이도영(2004), 「국어과 교육과정에 대한 사적 고찰」, 『교육연구』 22, 춘천교대 초등교육연구소.

이명재(2013), 『한국문학의 성찰과 재조명』, 학고방.

이민영(2015), 「프로연극운동의 방향 전환, 극단 신건설」, 『민족문학사연구』 59, 민족문학사학회 · 민족문학사연구소.

이봉범(2005), 「반공주의와 검열 그리고 문학」, 상허학회편, 『반공주의와 한국문학』, 깊은샘.

이삼형 외(1992), 『제6차 교육과정 각론 개정 연구 : 중학교 국어과』, 한국교육개발원 연구보고서(RR92-13-01).

이지엽(1997), 『한국 전후시 연구』, 태학사.

이혜원(2008), 「1970년대 서술시의 양식적 특성 : 김지하 · 신경림 · 서정주의 시를 중심으로」, 근대문학 100년 연구총서 편찬위원회 편, 『논문으로 읽는 문학사』 3, 역락.

이홍우(1998), 『교육의 목적과 난점(제6판)』, 교육과학사.

임규찬(2009), 「국민국가 수립과 문학적 대응」, 민족문화연구소 엮음, 『새민족문학사 강좌』 2, 창비.

임 화(1933), 「동지 백철(白鐵) 군을 논함-그의 시작(詩作)과 평론에 대하야」, 임화문학예술전집편찬위원회 편(2009), 『평론』 1, 소명출판.

장혜경(2005), 「시의 텍스트성과 시교육 제재」, 『국어교과교육연구』 10, 국어교과교육학회.

정재찬(1992), 「신비평과 시교육의 연관에 대한 비판적 검토」, 『선청어문』 20, 서울대학교 국어교육과.

정재찬(1996), 「현대시교육의 지배적 담론에 관한 연구」, 서울대학교대학원(박사).

정재찬(2004), 『문학교육의 현상과 인식』, 역락.

정재찬(2007), 『현대시의 이념과 논리』, 역락.

조하연(2010), 「문학교육 감상 연구 : 고려 속요를 중심으로」, 서울대학교 박사학위논문.

진선희(2006), 「제7차 교육과정 및 교과서의 시 읽기 교육 내용에 대한 분석적 고찰」, 『학습자중심교과교육연구』 6(1), 학습자중심교과교육학회.

차혜영(2005), 「국어 교과서와 지배 이데올로기」, 상허학회 편 『반공주의와 한국문학』, 깊은샘.

최미숙(2011), 「문학 교육과정의 교재화 과정 검토와 제언」, 『문학교육학』 35, 한국문학교육학회.

최지현(2005), 「중등학교 문학교육과정 설계를 위한 교육과정 용어 선정 및 범주화에 관한 연구(Ⅰ)」, 『문학교육학』 17, 한국문학교육학회.

최태호(1970), 「편수비화」, 『교단』 39호, 3월, 교단사.

최현섭 외(2003), 『국어교육학개론』(제2판), 삼지원.

한계전(1995), 「50년대 모더니즘 시의 가능성」, 『한국언어문화』 13, 한국언어문화학회.

한국교육과정 · 교과서연구회(1998), 「한국 교육과정 변천에 관한 연구」, '98 교육부 위탁연구과제 답신보고.

한수영(2009), 「식민지, 전쟁 그리고 혁명의 도상에 선 문학」, 민족문학사연구소 엮음, 『새 민족문학사 강좌』 2, 창비.

한수영(2011), 『사상과 성찰』, 소명출판.

황정현(1993), 「제5차 교육과정 적용에 따른 국어과 교육의 문제 : 교육 현장에서의 문제를 중심으로」, 『교육 한글』 6, 한글학회.

황지우(1986), 「오월은 푸르구나 우리들은 자란다·『오월시 판화집』 해설」, 『사람과 사람 사이의 신호』, 한마당.

Eagleton, T. / 김명환 외 역(1986), 『문학이론입문』, 창작과비평사.

제3부
시교육사 전개의 동인과 변곡점

Ⅰ. 교육과정 및 교과서 정책과 시교육

1. 국어과 교육과정과 시교육의 위상

교육 이념은 세계와 삶의 어떤 바람직한 설계에 대한 인식과 실천 의지를 포함한다(최현섭 외, 2005 : 21). 우리나라 교육의 일반 이념은 교육법을 통해서 확인이 가능하며, 제1조에 제시된 교육의 이념은 '홍익인간(弘益人間)'이다. 이를 자세히 살펴보면 이념의 실천은 인격의 도야와 자주적인 능력을 발달시키는 개인적인 차원과 공민으로서 국가 발전에 봉사하고 인류 공영에 기여하는 사회적인 차원에서 모두 강조됨을 알 수 있다.

> 교육법 제1조
> 교육은 홍익인간의 이념 아래 모든 국민으로 하여금 인격을 완성하고 자주적 생활 능력과 공민으로서의 자질을 구유하게 하여 민주 국가 발전에 봉사하며, 인류 공영의 이상 실현에 기여함을 목적으로 한다.

교육법이 이념으로 제시하는 '홍익인간'이 시교육에서는 어떻게 구현될 수 있을까. 적어도 국가 제도 안에서 이루어지는 학교교육에서는 교육과정의 목표를 통해 그 이념이 구체화되는 것이 자연스럽다. 그렇다면 시교육의 기저를 이루는 국어과 교육과정이 형성된 과정을 살피는 일은 교육의 이념이 시교육에서 어떻게 구체화되는지를 살필 수 있는 방법이다.

1) 국어과 교육과정의 이념과 교육과정의 구체화

교육과정이 설정한 이념의 구체적 양상은 교과 목표의 변천을 통해 살펴볼 수 있다. 제1차 교육과정이 제정되기 이전인 교수요목기에서부터 국어교육을 통해 이루고자 하는 바로 계속하여 강조한 것은 '인간의 변화'와 '모국어에 대한 인식'이었다. '국민학교 교수요목'(1946)의 '교수 요지'에서는 현재의 관점으로 보았을 때 기능적인 측면과 문법 및 문학(국문학)의 측면을 포함하는 동시에 윤리적인 측면까지도 포함하고 있다. 모국어에 대한 인식은 곧 '국민'으로의 변화를 요구하는 것이었던 셈이다. '중학교 교수요목'(1946)에서도 이러한 관점은 그대로 반영되어 있다.

(一) 교수 요지

국어는 일상 생활에 필요한 말과 글을 이켜, 바른 말과 맞는 글을 잘 깨쳐 알게 하고, 또 저의 뜻하는 바를 바르고, 똑똑하게 나타낼 수 있도록 힘을 길러 주고, 아울러, 지혜와 도덕을 북도두어, 국민된 도리와 책임을 깨닫게 하며, 우리 국민성의 유다른 바탕과 국문학의 오래 쌓아온 길을 밝히어, 국민 정신을 담뿍 길러내기에 뜻을 둔다.

-교수요목 국민학교 국어과

(一) 교수 요지

국어를 잘 알고 잘 쓰게 하며, 우리의 문화를 이어 확충 창조하게 하고, 겸하여 지덕(智德)을 열어 건전한 국민정신을 기르기로 요지를 삼음.

-교수요목 중학교 국어과

한편 제1차 교육과정은 광복 직후 교수요목이 지향했던 방향에서 조금 벗어나 학생들의 경험과 생활을 중시하는 특성을 보인다. 국어과 교육과정의 목표 역시 근본적인 차원에서는 언어를 인간의 개인적 삶과 사회적 관계를 가능하게 하는 핵심 능력으로 간주하였다는 점에서 그 중요성은 유지되었으나, 이전의 교수요목에 비하여 국어를 통한 국민정신의 함양 및 모국어에 대한 가치를 과도하게 강조하는 경향에서 벗어나고자 하였다 (괄호의 내용은 원문 그대로임).

---

1. 언어는 인간의 사회 생활을 통하여 서로 교섭하고 결합하는 가장 기본이 되는 수단이다. (사회 형성의 기능)
2. 언어는 개인의 생각을 나타내는 것으로, 특히 언어 예술로서의 언어는 우리들의 인간성을 형성하며 국민적인 사상 감정을 도야하는 것이다. (인간 형성의 기능)
3. 언어는 문화를 매개하는 것으로, 모든 학문이나 기술이 언어로서 표현되고, 전달 계승되는 것이다. (문화 전달의 기능)

ー제1차 국어과 교육과정 중학교 목표

제1차 교육과정에서 국어과의 목표는 국민정신의 함양 및 모국어로서의 가치를 강조하는 것보다 인간의 삶에서 언어가 지니는 역할을 '사회 형성', '인간 형성', '문화 전달'이라는 근본적인 차원에서 규명하고자 하였다. 또한 교수요목기와는 달리 언어활동의 구체적인 양상을 '말하기', '듣기', '쓰기(글짓기)', '읽기'의 네 측면으로 나누었으며, 각 부분에 해당하는 목표를 설정하였다. 제1차 교육과정에서부터 제2차 교육과정에 이르기까지 생활 중심, 경험 중심이라는 진보주의 교육 사조의 영향이 작용하였으며, 언어 사용 기능을 올바르게 기르는 실천적인 측면을 중시했다. 이 시기 문학교육은 독립적인 영역을 확보하지 못한 채 '읽기' 영역의 하위 제재로서만 다뤄졌다. 따라서 문학교육의 목표는 '문학 작품을 바르게 읽을 수 있다'는 기능적 차원에서 설정되어 있으며, 구체적인 실천 양상은 학년별 지도 내용을 통해 제시되었다. 제2차 교육과정 역시 근본적인 구성 방향은 직전 교육과정과 크게 달라진 점이 없었다.

제3차 교육과정은 국민교육헌장의 이념 구현을 토대로 하여 '국민적 자질 함양', '인간 교육의 강화', '지식 기술 교육의 쇄신'을 그 기본 방향으로 삼았다(손영애, 2005 : 111). 이전 중학교 교육 목표에서 다소 축소되었던 '국어를 통한 민족 문화의 발달'이 다시금 주요한 교과 목표로 재등장함에 따라, 모국어에 대한 교육이 곧 국민정신을 형성한다는 기조가 형성되었다. 이 시기 국어과 교육과정은 언어 사용 기능의 신장을 위한 내용을 담으면서 또한 가치관 교육을 위한 교과로서 강조되었다는 특징을 보인다. 언어 사용 기능의 신장을 위해서 학년별로 '말하기', '듣기', '읽기', '쓰기'의 차원에서 목표가 정립되었으며 가르쳐야 하는 영역에 대한 개념들이 구조화되었다. 앞서 국어과의 목표가 '사회 형성', '인간 형성', '문화 전달'이라는 추상적인 언어의 기능에서 도출되었던 것에 반해 제3차 국어과 교육과정의 목표는 국어교육을 통해 도달해야 하는 목표라는 점에서 초점화된다. 구체적인 항목은 '언어 사용의 신장을 통한 언어 생활의 영위', '지식과 경험 확충을 통한 문제 해결 능력 및 사회 적응 능력 발달', '자주적인 사고 능력 확충 및 풍부한 정서 함양', '국어를 통한 민족 문화의 발전'의 네 가지 관점에서 제시된다.

---

(1) 일반 목표
  (가) 일상생활에 필요한 국어 사용의 기능을 신장하고 성실한 태도를 길러서, 효과적인 언어생활을 영위할 수 있게 한다.
  (나) 국어를 통하여 지식과 경험을 넓히고, 문제를 해결하는 힘을 길러서, 발전하는 사회에 적응하고 스스로 앞길을 개척할 수 있게 한다.
  (다) 국어를 통하여, 바르게 사고하고 자주적으로 판단하는 힘과 풍부한 정서와 아름다운 꿈을 길러서, 원만하고 유능한 개인과 건설한 국민으로 자라게 한다.
  (라) 국어 존중의 뜻을 높이고, 국어로 표현된 우리 문화를 사랑하게 하여, 민족 문화 발전에 이바지하려는 마음을 굳게 하도록 한다.
  －제3차 국어과 교육과정 중학교 목표

교육과정의 총론에서 지향하는 구체적인 인간상의 표방이 나타난 것은

제4차 교육과정부터다. '자주적이고 창의적인 국민'을 양성하는 것을 필두로 하여 그 세부 항목으로는 '올바른 정신과 튼튼한 몸을 단련하는 건강한 사람', '취향이 고상하고 아름다움을 추구하는 능력 있는 사람', '인간을 존중하며 규범에 따라 행동하는 도덕적인 사람', '자신과 공동체의 일을 스스로 결정하여 실천하는 자주적인 사람'[1]을 둠으로써 교육과정을 통해 형성해 내야 하는 전인적인 인간을 기르고자 하였다. 곧, 3차 교육과정에서 국어를 가치관 교육 강화를 위한 교과로 상정함에 따라 국민교육헌장의 이념을 강조했던 것과 달리, 제4차 교육과정에서는 국어과 교육을 그 기반이 되는 국어학과 국문학, 수사학의 학문적 토대를 바탕으로 교육과정을 설계하고자 하는 시도가 이루어졌다. 3차와 4차 공히 '학문 중심'을 표방하되, 3차가 다분히 가치관에 경도되었던 데서 벗어나 본격적인 의미에서의 학문중심 교육과정이 구성된 것이다.

> 국민 학교의 교육 성과를 발전시키고, 국어와 민족 문화에 대한 관심을 깊게 한다.
> 1) 말과 글을 통하여 생각과 느낌을 효과적으로 표현하고 이해하며, 합리적인 판단력을 기른다.
> 2) 국어에 관한 체계적인 지식을 가지게 한다.
> 3) 문학에 관한 기초적인 지식을 습득시키고, 문학 작품 감상력과 상상력을 기르며, 삶의 다양한 모습을 이해하게 한다.
> ―제4차 국어과 교육과정 중학교 목표

이 시기 국어과 교육과정은 국어과 특성의 명료화, 학습 내용의 적정화를 기본 방향으로 삼았으며 세부적으로는 언어 기능의 신장 및 문학교육의 강화, 언어교육의 체계화, 작문교육의 강화, 가치관 교육의 내면화를 개정의 방향으로 삼았다(손영애, 2005 : 113). 제4차 교육과정에서 가장 두드

---

[1] 중학교에는 '지식과 기술을 익혀 문제를 합리적으로 해결하는 능력 있는 사람'이 하나 더 추가되어 있다.

러진 특징은 국어과의 영역이 학문적 토대에 따라 '표현·이해', '언어', '문학'으로 분리되었다는 것이다. 이에 따라 문학은 국어교육 내에서 독자적인 교육 범위를 가지게 되었으며 문학교육의 목표와 내용, 방법에 대한 분화가 가속화되었다. 문학교육의 독자적인 교육 목표는 국문학에 기저를 둔 학문적 전통을 이해하는 것으로서의 '기초적인 지식'의 습득과 '감상력과 상상력의 신장'이라는 문학 경험의 특수성을 체험하는 것으로 설정되었다. 이를 통해 문학이 인간의 삶을 형상화하고 있으며 문학교육을 통해 '다양한 삶의 양상'들을 경험할 수 있게 된다.

교과 목표의 측면에서 제5차 교육과정은 언어 사용 기능의 신장을 국어과 교육의 궁극적 목표로 하여 기능중심 교과로서의 성격을 강조한 특성을 보인다(손영애, 2005 : 114). 제4차 교육과정에서 삼분되었던 국어과 교육과정의 영역은 제5차 교육과정에서 여섯 영역의 체제로 변환된다. 이에 따라 학년별 목표는 '말하기', '듣기', '읽기', '쓰기', '언어', '문학'의 영역별로 선정된다. 언어 사용 기능의 신장을 통해 실질적인 국어 능력을 확충하고자 하였던 제5차 교육과정에서는 교수·학습 상황에서의 주체를 학생으로 하고 언어 사용의 결과(product)보다 과정(process)을 중시하였다. 그리고 이러한 교육과정의 정신이 보다 효율적으로 현장 교육에까지 미칠 수 있도록 하기 위하여 교수·학습의 실제성을 중시하였다(손영애, 2005 : 114).

교육을 통한 바람직한 인간상의 형성은 제6차 교육과정에도 이어졌다. 그러나 '건강한 사람' '자주적인 사람', '창조적인 사람', '도덕적인 사람'으로서의 전인적인 발달은 이념적 차원에서 제시되었을 뿐 부분별로 항목화되지는 않았다. 총론 차원에서는 각 인간상이 처하는 하위 항목을 제시하는 것보다는 그러한 인간상에 도달하기 위한 교육과정 구성의 원칙을 제시하였다.

이 교육과정을 통하여 추구하는 인간상은 건강한 사람, 자주적인 사람, 창조적인 사람, 도덕적인 사람으로 한다.

이를 구현하기 위한 교육 과정의 구성 방침은 다음과 같다.

가. 도덕성과 공동체 의식이 투철한 민주 시민을 육성한다.

나. 사회의 변화에 대응할 수 있는 창의적인 능력을 개발한다.

다. 학생의 개성, 능력, 진로를 고려하여 교육 내용과 방법을 다양화한다.

라. 교육 과정 편성·운영 체제를 개선하여 교육의 질 관리를 강화한다.

-제6차 교육과정 총론

제6차 교육과정에서는 국어과 교육과정의 '성격' 항목이 추가되어 종전의 교육과정에서 다루지 못했던 국어과 교육의 본질과 특수성에 대한 설명을 강화하였다. 국어과의 '성격'을 추가함으로써 교육과정 차원에서 국어과가 담당하는 지점에 대한 설명력을 높였을 뿐만 아니라 '성격-목표-내용-방법-평가'로 교육과정을 조직함으로써 교과의 성립에서부터 평가에 이르는 일련의 과정을 체계적으로 정리하였다. 여기서 문학교육의 목표는 '이해와 감상을 바탕으로 한 삶의 다양성 이해와 상상력 신장'으로 요약된다.

국어과는 언어 사용 기능, 언어, 문학의 세 영역으로 구성된 교과이다. (중략)

문학 영역에서는 문학 작품을 이해할 수 있는 지적 능력을 길러 준다. 그리고 문학 작품 감상을 통하여 즐거움을 느끼게 하고, 삶의 다양한 모습에 대하여 관심을 가지고 이해하게 하며, 풍부한 상상력을 길러 준다.

-제6차 국어과 교육과정 '1. 성격'

이를 발전시켜, 제7차 교육과정에서는 교육과정 총론에서 '추구하는 인간상'과 '교육과정의 구성 방침'을 분리하여 기술함으로써 이념적 지향과 그 방법을 세분화하였다. 바람직한 인간상은 교육 일반에서 지향하는 '홍익인간'의 이념과의 상관성 속에서 정립되었으며, 추구해야 하는 목표를 총 다섯 가지 항목에서 수식 구조를 통해 구체적으로 설명하고자 하였다. 이때 바람직한 인간상의 모습은 개인적 삶에서부터 시민 의식의 함양을 통한 공동체적 삶의 단위까지 확장되어 있다.

우리나라의 교육은 홍익인간의 이념 아래 모든 국민으로 하여금 인격을 도야하고, 자주적 생활 능력과 민주 시민으로서 필요한 자질을 갖추게 하여 인간다운 삶을 영위하게 하고, 민주 국가의 발전과 인류 공영의 이상을 실현하는 데 이바지하게 함을 목적으로 하고 있다.

이러한 교육 이념을 바탕으로, 이 교육 과정이 추구하는 인간상은 다음과 같다.
가. 전인적 성장의 기반 위에 개성을 추구하는 사람
나. 기초 능력을 토대로 창의적인 능력을 발휘하는 사람
다. 폭넓은 교양을 바탕으로 진로를 개척하는 사람
라. 우리 문화에 대한 이해의 토대 위에 새로운 가치를 창조하는 사람
마. 민주 시민 의식을 기초로 공동체의 발전에 공헌하는 사람

-제7차 교육과정 총론

제7차 국어과 교육과정의 목표 진술에서는 각 영역별로 제시되었던 종전의 교육과정과 달리 '본질', '원리', '태도'의 내용 체계에 따라 하위 목표가 구성되어 있다는 특징을 보인다. 언어활동, 언어, 문학에 있어서의 기본적인 지식을 포함하는 '본질' 차원의 목표와 국어를 효과적으로 사용하는 '원리'에 대한 이해, 국어의 발전을 통해 국어 문화에 참여하려는 '태도'의 형성은 영역별로 분화되어 있는 국어과 교육의 목표를 학습자가 수행해야 하는 교육 행위적 차원에서 재조직함으로써 여섯 가지의 하위 영역을 결합하고자 하였다. 이에 따라 국어과의 하위 영역은 서로 분리된 채 다루어질 것이 아니라 '본질'을 이해하고 '원리'를 파악하여 수행하는 과정에서 특정한 '태도를' 정립함으로써 교육될 수 있다는 영역 일반적인 준칙이 적용되기 시작한 것이다.

언어 활동과 언어와 문학의 본질을 총체적으로 이해하고, 언어 활동의 맥락과 목적과 대상과 내용을 종합적으로 고려하면서 국어를 정확하고 효과적으로 사용하며, 국어 문화를 바르게 이해하고, 국어의 발전과 민족의 언어 문화 창달에 이바지할 수 있는 능력과 태도를 기른다.

가. 언어 활동과 언어와 문학에 대한 기본적인 지식을 익혀, 이를 다양한 유형의 국어 사용 상황에서 활용하는 능력을 기른다.

나. 정확하고 효과적인 국어 사용의 원리와 작용 양상을 익혀, 다양한 유형의 국어 자료를 비판적으로 이해하고 사상과 정서를 창의적으로 표현하는 능력을 기른다.

다. 국어 세계에 흥미를 가지고 언어 현상을 계속적으로 탐구하여, 국어의 발전과 국어 문화 창조에 이바지하려는 태도를 기른다.

-제7차 국어과 교육과정 '2. 목표'

이렇게 보면, 교수요목에서부터 7차 교육과정에 이르는 과정은 국어과 교육과정의 상세화 및 체계화의 과정이라고 볼 수 있다. 이 과정에서 국어과는 목표를 보다 상세화하면서 국어과의 성격을 정립해 나가는 동시에 하위 영역의 체계 및 내용 체계를 갖추어 가면서 발전을 거듭해 왔다. 그러는 동안에도 국어과가 '민족', '국민'으로서의 정체성을 학습자에게 요구한다는 점은 시종일관 유지되어 왔다. 시교육도 이와 같은 흐름 속에서 '국어과'의 한 영역인 문학의 일부로 그 명맥을 이어온바, 일제 강점기 '저항'이 무엇인가에 대한 물음에 명확한 답을 얻지 못한 것처럼 '현대시'와 '민족', '국민' 사이의 긴장 속에서 찾아야 할 답은 여전히 남아 있는 상황이라고 할 수 있다.

2) 시교육과 국어 교과의 영역 문제

대한민국의 공식 교육과정은 1955년에 고시되었지만, 실질적으로 근대적인 국어교육을 모색한 시점은 일제 강점기 이후 자국어에 대한 이해를 바탕으로 교육이 이루어진 교수요목기부터라 할 수 있다. 교수요목에서

'과학(이과)', '국어', '실업과', '산수', '사회,' '영어'에 관한 교육 내용을 제시하고 있다는 점에서 교과로서의 국어의 발달은 이 시기부터 비롯된다.

이 시기 교과로서의 국어에 대한 이해는 자국어의 회복과 관련지어 매우 중요하게 다루어졌다. 바른 말과 글을 가르치는 국어는 무엇보다도 '국민성' 내지는 '국민정신' 함양과 직결되었다. 국어의 회복을 위해서는 다른 학문 분야에 비해 국어의 교과화(敎科化)가 절실하게 필요했던 것이다(김혜정, 2003 : 130). 국어 교과 성립의 중요성은 배당 시수를 통해서도 확인이 가능하다. 교수요목의 '주간교수싯수'에 따르면 '국어' 과목 시수는 국민학교에서 '9·9·9·9·8·8'로, 중학교에서는 '5·5·5·3·3·3'으로 매우 높은 비중을 차지하고 있다(김혜정, 2003 : 130-131).

교수요목기 국어 교과의 강조는 교수요목 제정에 참여하였던 주요 세력들을 통해서도 짐작할 수 있다. 당시 제1회 조선심의의원회(1945.9.23.)에 참여했던 인사들은 대부분 국어국문학자들이었다. '교과서 분과'의 최현배, 장지연, 조윤제, 피천득과 함께 '학무국'의 백낙준, 김활란, 정인보, 이극로, 유진오, '편수국'을 지휘했던 이숭녕 등 당대에 국어국문학자 및 지식인들이 교육과정 및 교과서 제정 논의에 다수 참여하면서 국어 교과는 교과 교육 체제를 위한 선도적인 위치를 점하게 된다(김혜정, 2003 : 148).

국어 교과는 정규 교육과정인 제1차 교육과정에서부터 존립하였으며, 그 본질적인 필요성은 1) 학습 능력의 향상 2) 국어 문화 전달을 통한 문화적 교양 함양 3) 언어생활의 개선 차원에서 제시된다.[2] 교육과정 형성 초기부터 국어과는 언어 교육을 통해 "개인의 심정과 인격을 도야"할 뿐만 아니라 "사회적인 매개(媒介)를 개선"하여 인간관계를 형성하는 데 중

---

2) "국어 교육의 사명은 첫째 학습자의 언어 능력을 발달시켜서 모든 학습을 원만히 하며, 둘째로 국어 문화를 전달하여 문화적 교양을 섭취케 하며, 셋째로 언어 생활을 개선 향상케 하는 데 있다. 언어가 원래 언어 생활과 구별할 수 없는 것과 마찬가지로 국어 교육도 국어의 교육인 동시에 국어 생활의 교육임을 잊어서는 아니 된다."(제1차 국어과 교육과정)

추적인 역할을 도맡는 교과의 위상을 점하였다.

국어 교과의 가치와 필요성이 비교적 이른 시기부터 강조되었음에도 시교육의 위상이 확립되는 데에는 다소 시간이 소요되었다. 국어과 교육과정을 통한 시교육의 실행은 국어 교과에서 문학을 어떻게 이해하고 있는가와 관련된다.

교수요목에서 문학에 대한 교육 내용은 중등학교에서야 등장한다. 또한 초기 교육과정이라고 할 수 있는 제1차·2차 교육과정에서도 일상생활의 언어 능력 향상을 강조하였기 때문에 문학에 대한 이해는 대체로 예술적 측면에서 이해되었다. 이때의 문학은 언어생활과는 다른 차원에서 인간의 심미적 정서를 고양하고 민족 문화의 전통을 계승하는 역할을 하는 문예의 성격으로서 강조되었던 것이다.

교수요목에서의 영역 구분은 초기 교육과정 이후 국어과 교육과정의 영역 구분에 중대한 영향을 끼친다. 이 교수요목은 '국어 교과에서 언어 수행과 가치관 형성의 중요성을 강조하고 국어교과의 영역을 '읽기·말하기·듣기, 짓기, 쓰기'의 다섯 영역으로 구분함으로써 이후 교육과정의 뿌리가 되었다(윤여탁 외, 2006 : 343). 특히 '문법'과 '국문학사' 영역 구분의 틀은 5차 교육과정까지의 뼈대를 이룬다(윤여탁 외, 2006 : 344). 아울러 '문학' 영역에서 '국문학사 개요'는 4차까지의 근간을 이루는 교육 내용이 되었다.

그러나 국가 교육과정이 제정되었던 제1차 교육과정기에서부터 제3차 교육과정에 이르기까지 문학은 독자적인 영역을 갖추지 못한 채 '읽기' 영역의 하위 측면에서 '문학적 글에 대한 이해'라는 글의 특성 차원에서 다루어졌다. 실제 교육 현장에 영향을 미치는 교과서 제재 차원에서 현대시는 제1차 교육과정에서부터 제7차 교육과정에 이르기까지 수필을 제외하고 가장 빈번하게 게재된 문학 장르이자 평균 12.2%의 높은 게재율을 보였음에도 불구하고([표 3.1])[3] 독자적인 영역으로 다루어지지 못하였다. 실제 제1차 교육과정에서부터 제3차 교육과정기에 현대시의 게재 빈도가 낮은 수치가 아님에도 불구하고 이 시기 문학교육의 특수성이 고려되지 못하였다는 점이다.

[표 3.1] 문종을 기준으로 본 현대시의 교육과정별 비중 변화

문종	구분	교수요목	전시	전후	1차	2차	3차	4차	5차	6차	7차	합계
현대시	빈도	133	15	24	38	119	96	54	36	33	10	558
	비율(%)	13.2	14.9	8.2	7.7	11	16.3	16.4	11.4	12.3	11.5	12.2

영역 구분에 따른 문학교육의 기본 틀은 학문중심 교육과정기에 접어들면서 상당한 변화를 보여 준다. 학문중심 교육 사조의 유입으로 인해 각 교과는 모학문의 체계를 이어 받은 소학문 영역으로 받아들여졌다. 국어 교과 역시 그 기틀이 되는 '국어학'과 '국문학'이라는 양대 학문을 토대로 하여 각 학문에서 중시하는 기초 원리를 습득하는 과정으로 인식되기 시작한다. 국어과 교육과정이 학문중심 체제로 본격화되었던 제4차 교육과정의 경우 시교육은 국문학 체제 내의 현대시 이론과 원리에 의해 조직되었으며, 이는 다분히 지식적 차원에서 습득되었다고 할 수 있다. 따라서 시교육에서 중요시하는 시에 대한 경험은 국문학 연구에서 밝혀진 결과들을 전달하는 것에 머물렀고, 그 과정 역시 다분히 분석주의적 경향에 치우쳤다.

이 시기 모학문의 체계 내에서 교과의 위상을 확립하려는 교육과정의 논리는 국어 교과의 영역 구분 측면에서도 큰 영향을 미쳤다. 그동안 여섯 영역으로 구분되어 있었던 국어과 교육과정은 '표현·이해', '언어', '문학'의 체제로 개편되었다. 교과학문을 바탕으로 분과주의가 강조되었

---

3) [표 3.1]은 윤여탁 외(2006 : 407)에서 현대시와 관련된 부분을 발췌 인용하였다.

던 학문중심 교육과정의 조직 원리 하에 시교육은 국문학의 근본을 바탕으로 하여 '문학'으로 완전히 분리되는 기저를 마련할 수 있게 된다.

그러나 이러한 영역 구분은 제5차 교육과정기 이후 여섯 영역 체제로 회복됨으로써 현재의 영역 구분의 근거로 작용한다. '표현·이해'로 묶여 있었던 언어 사용 기능들이 각각 하나의 영역으로 자리 잡음에 따라 제5차 교육과정에서부터 문학은 1/6 영역의 위상을 부여받는다. 제4차 국어과 교육과정에 비하여 영역 특수성이 점하는 비율은 양적으로는 축소되었으나, 교육과정 이론의 발달에 따라 목표와 내용, 방법, 평가에 이르는 일련의 과정은 체계적으로 발전하게 되는 계기를 마련하였다.

제5차 국어과 교육과정 이후 국어 교과의 독립적인 정체성 확보를 위한 연구들이 활발하게 이루어졌다. 이 시기 이후 국어 교과에 대한 인식은 인간의 사고를 표현하는 데 필수적인 경로로써 언어에 대한 첨예한 인식을 동반하게 된다. 따라서 국어교육은 단편적인 지식이나 경험들에 한정되지 않으며, 심층적 차원에서의 인간의 사고 능력을 신장시키기 위한 필수 항목으로서 받아들여졌다. 이러한 관점에서 문학 역시 단순히 예술적 차원의 경험으로만 한정되지 않는다. 문학교육의 범주는 인간의 창의적이고 심미적인 사고를 신장시키기 위한 것이라는 점에서 언어생활과 단절되지 않으며, 국어과 내에서 고유의 영역을 지속하고 있다.

2. 국어 교과서의 변화와 시교육의 실행 양상

교과서는 교육의 이념, 목표, 내용, 방법, 평가의 체계를 표상하고, 실행하는 데 주도적인 역할을 하는 교육 매체다. 하나의 교육 시스템에서 교과서는 교육 공동체의 철학을 반영하고, 학교교육의 표준을 제시하며, 교육과정과 교실을 매개하는 역할을 한다(김창원, 2011 : 217). 또한 교과서는 어떠한 구체적인 물체의 형상을 입어야 하며, 그 물체가 교육을 위한 목적으로 사용되어야 하고, 그 물체는 자체가 가지는 어떠한 특성이 교육의 내용으로 표상되어 있거나 표상되어야 한다는 세 가지 조건을 모두 충족시켜야만 그 온전한 자격을 갖는다고 할 수 있다(이성영, 1992 : 76). 이러한 측면을 고려했을 때, 교과서의 작용 양상은 교과서의 구체적인 물리적 실체(단원 구성 방식, 교과서 제재, 교과서 판본 등)와 그러한 실체들이 표상하고 있는 교육의 내용 및 목표·이념, 마지막으로 실제 교과서가 수업 현장에서 실행되는 양상4)으로 구분하여 살펴볼 필요가 있다.

그런데 교과서의 실체와 표상, 실행은 분리되어 있지 않다. 교과서가 표상하는 바는 당대 교육과정이 지향하는 이념, 교과의 목표에 해당한다. 교과서가 교육과정의 의도를 반영하는 자료이고, 교육과정을 어떻게, 어느 정도로 반영하느냐에 따라 교육과정 실행의 정도와 양상이 달라지는 것이다(정혜승, 2002 : 77). 어떠한 교육과정의 이념과 목표에 따라 교과서에 배치되고 조직되는가에 따라서 학습자가 동일한 시를 통해 겪게 되는 문학 경험의 양상은 달라질 수 있다. 또한 교과서의 재질, 판형과 단원 구성 방식 등은 일차적으로는 교과서를 구성하는 물리적인 요인이지만, 한국전쟁 중에 '국제연합한국재건위원단(UNKRA)'의 지원을 받아서 만들어진 거친 지질(紙質)의 교과서나, '익힘 문제', '공부할 문제', '학습 활동' 등으로 변화되는 교과서의 학습 내용 제시 방식 등은 당대의 국어교육의 환경, 사회·문화적 환경, 학습자관, 교과서관 등을 표상하기도 한다.

한편 '국어'를 교육의 내용으로 삼고 있다는 점에서 국어 교과서의 표

---

4) 주세형·남가영(2014)은 국어 교과서를 대상으로 하여 교사가 교과서를 어떠한 방식으로 교육 현장에서 실행하는지에 대한 연구를 진행하였다. 이 책에서는 국어과 교사가 획득해야 하는 능력으로 교육과정과 교과서의 관계를 인식하며 교과서를 분석할 수 있는 핵심 기능을 설정한다. 교사는 1단계에서 교과서를 매개로 추상적인 교육과정을 역추적하여 교육과정의 상세화 과정을 이해하는 작업을 하고, 2단계에서 교과서로 수업을 실행하기 위해 교과서를 재구성해야 한다. 이러한 과정은 국어과 교육과정이 교과서로 상세화된 후에 현장에서 실행되는 모습을 보여 준다.

상성은 중층화된다. 국어 교과서의 표상성은 국어교육 내용 자체의 구조 뿐 아니라 국어와 국어교육을 둘러싼 담론과 현상의 차원까지 포괄하고 있기 때문이다. 개화기, 일제 강점기, 미군정기, 건국기와 전시, 전후 등의 역사적 변천의 과정에서 '국어'는 객관적이고 체계적인 지식의 구조라기 보다는 '국어' 사용자들의 정체성을 상징하는 기능을 지니고 있었다. 개화 기에 '국어'와 관련해서는 '언문일치와 국어 통일 문제'가 대표적으로 등 장한다(윤여탁 외, 2006 : 9). 오랜 기간 우리의 국어생활은 상층의 지배자가 사용하던 상층 언어로서의 한문(글말)과 하층의 피지배자들이 주로 사용하 던 하층 언어로서의 국문(입말)의 양층 언어(Diglossia) 구조를 지니고 있었다.

개화기에 이르러 입말과 글말이 통일된 '국어'의 사용을 정책화하고 있 는데, 여기에는 기존의 상층의 언어문화와 하층의 언어문화 사이의 위계 를 없애고, 국어를 통해 전달되는 신문물을 배워서 계몽해야 하는 국민의 정체성을 암묵적으로 상정하고 있다고 볼 수 있다. 또한 일제 강점기 초 1911년 조선교육령에서는 조선어교육과 일본어(국어) 교육을 분리된 과정 으로 운영하다가, 1938년 조선교육령에 이르러서는 조선어를 '수의 과목', 선택 '교양 과목' 차원으로 격하하는 과정을 거친다. 우리의 언어를 침식 하는 과정은 조선인을 황국의 신민으로 호명하는 일제의 조선 침략 과정 을 상징적으로 보여 준다. 공용어로서 영어가 있고 국어와 일본어가 허용 가능한 언어의 지위에 놓였던 미군정기에 이루어진 국어교육과, 일제 강 점기에 잃어버린 국어의 지위를 회복하고 국어 사용자들에게 국민으로서 의 정체성을 부여하기 위해서 '한글전용법'을 제정한 정부수립기의 국어 교육은 동일하게 '국어'를 가르치는 교재를 사용하고 있더라도 물리적 실 체가 표상하는 바는 다른 것이다.

이러한 면을 종합하여 볼 때, 국어 교과서를 통해서 점검할 수 있는 시 교육의 양상은 두 가지 차원에서 살펴볼 수 있다. 첫째, 교육과정과 교과 서 정책의 변화에 따라서 국어 교과서에 구현된 시교육이 어떠한 위상을 차지하고 있는지를 살펴보는 것이다. 이는 국어 교과서의 명칭이 변화되는 과정과 국가 교육과정에서 시교육의 위치 변화를 통해 점검할 수 있다. 둘째, 추상적인 교육과정이 구체적인 학습 자료인 교과서로 구체화된 양상을 국어 교과서의 목차와 단원 구성을 통해서 살펴보는 것이다.

1) 교과서 명칭과 체제의 변화 : 『독본(讀本)』, 『교본(敎本)』, 『국어(国語)』

국어 교과서의 명칭은 일제 강점기에 『독본』, 해방기에 『교본』, 국가 교육과정기에 『국어』라고 서로 다르게 불렸다. 이러한 명칭의 차이는 당대의 전문가들이 국어교육과 국어과 교과서의 성격, 역할을 서로 다르게 상정하고 있었다는 점을 암시한다. 각 시기의 명칭에 담긴 의미를 살펴보기 위해서는 당대 교육과정과 교과서 정책을 함께 살펴볼 필요가 있다.

우선 일제 강점기 때 사용되던 조선어과 교과서의 명칭 가운데는 [표 3.2]에서 확인할 수 있듯이 『독본』이 사용된 경우가 많다. '독본'의 사전적 의미는 '읽을거리를 모아둔 선집(選集)'에 해당한다. '일반인이 교양 습득을 목적으로 읽으면 좋은 글'들이 모범적인 텍스트의 지위로 구성된 교재가 독본이다. 학교급별 또는 목적별로 공통된 교과서가 존재했던 19세 이전의 동아시아의 전통5)이 지속되다가 갑오개혁 이후 근대 문물을 널리 알리기 위해서 언문일치의 독본 형태의 교재가 왕성하게 출판되었다. 이 시기에 발간된 독본은 '교훈성을 강하게 띤 설명적 텍스트가 많으며, 대부분 단독 저자의 저술로 편찬'된 것이 특징이라고 할 수 있다(김혜정, 2005 : 193). [표 3.2]에서 조선 총독부에서 발행한 교과서 목록을 확인할 수 있다.6)

---

5) 유학 교육에서는 초등과정이 『천자문』, 『소학』, 『18사략』, 『통감』이고, 중등과정이 『논어』, 『맹자』, 『중용』, 『대학』이었다. 또한 일반교양으로서 시 짓기의 경우 『당음(唐吟)』, 『연주시(聯珠詩)』, 『고문진보』를 암송하였다. 동아시아 문학교육의 전통에 대한 자세한 내용은 김인환(2009) 참고

6) 허재영(2013 : 61)을 전제하였다. 해당 책에서 "?는 권수를 정확히 파악하지 못한 것을 뜻

[표 3.2] 조선 총독부의 조선어과 교과서 목록

연대별 (교육령)	학교급별	교과서명	발행 연도	권수	비고
1910 (조선 교육령)	보통학교	朝鮮語讀本	1911	8권	1911.12.28. 교과용 도서 알림표 근거 (실물 확인 안됨)
		普通學校學徒用 漢文讀本	1912.3.13.	?	권4
		普通學校朝鮮語及漢文讀本	1913-1919	5권	박붕배 본
	고등 보통학교	高等朝鮮語及漢文讀本	1914	4권	박붕배 본
	여자고보	개발 안 됨			
1920 (신교육령)	보통학교	普通學校朝鮮語讀本	1925	6권	박붕배 본
		普通學校 高等科 朝鮮語讀本	1925	?	도서 일람표 참고
		普通學校 漢文讀本	1925	2권	(5, 6학년용)
	고등 보통학교	新編高等朝鮮語及漢文讀本	1925-1926	5권	박붕배 본
	여자고보	女子高等朝鮮語讀本	1925	4권	박붕배 본 (3권 누락)
	기타	朝鮮語法及會話 外	1925		경성조선어 연구회
1930 (일부수정)	보통학교	普通學校 朝鮮語讀本	1933-1937	6권	박붕배 본
	고등 보통학교	中等教育 朝鮮語及漢文讀本	1933	6권	여자고보
	여자고보				
1940년 이후	초등교육	初等朝鮮語讀本(簡易學校用) 編纂趣旨書	1939.6.22	1권	편찬 취지서
		初等朝鮮語讀本	1939년 이후	?	권2

하며, 괄호는 허재영 필자의 소장본을 뜻한다."라고 밝히고 있다.

이 시기의 교과서 명칭은 총독부가 조선을 통치하기 위한 수단으로서 우리말과 글의 지위를 낮춰 가던 시기라는 점과 함께 살펴볼 필요가 있다. 우리말이 '국어'에서 '조선어'로 격하되고 국어교육의 기능이 그야말로 '기능화'되는 양상과 관련이 있는 것이다. 총독부는 중등교육에서 '조선어' 교과를 1차 교육령(1911)과 2차 교육령(1922)에서 '조선어급한문(朝鮮語及漢文)'의 위치로 두었다가[7] 3차 교육령(1938-)부터는 '조선어'를 공교육의 정식 교과에서 배제하고, 수의 과목의 위치로 강등시킨다. 또한 "조선 총독부에서 편찬한 교과서를 사용하는 것을 원칙으로 하되, 그러한 도서가 없을 때에는 조선 총독의 검정을 받은 교과용 도서나 조선 총독부의 인가를 받은 도서를 사용"할 것이라는 제1차 조선교육령 이후 보통학교의 교과서 규정을 둔다(허재영, 2013 : 58). 이로써 모든 교과서가 총독부의 엄격한 통제 아래 놓였다. 이러한 상황에서 교과서는 철저하게 일제의 조선 침략 수단으로 이용된다. 단원 구성 방식 등이 체계적으로 변모함에 따라 겉보기에는 매우 세련된 면이 있으나, 내용적으로는 '조선어'의 교과 목표가 외국어교육화함에 따라 구체적인 내용이나 수준이 변질되었고 결국 "무색무취한 외국어 교과서의 역할을 하게 된 것"(김혜정, 2005 : 200)이다.

해방기에는 (상), (중), (하)로 구성된 『중등국어교본』이 1946년 9월-1947년 5월에 발간되었다. 해방기의 교과서를 '교본(敎本)'이라고 부르는데, '교본'이라는 용어가 무엇을 의미하는지에 대해서는 여러 가지 견해가 존재한다. 우선, '교본'은 내용적으로는 '독본(讀本)'과 대동소이하지만, 구시대와의 차이를 두려는 의도로 주로 국정 교재에 붙인 이름이라는 견해가 있다(김혜영, 2005 : 203). 이는 '독본'에서 '교본'으로의 명칭 변화가 일제

---

7) 별개의 과목이었던 조선어와 한문을 '及'으로 연결함으로써 조선어는 이전에 수행하던 '독서', '작문', '습자' 등의 국어교육 고유의 과목과 함께 漢文 과목이 병합되었다. 한 과목에서 배워야 하는 학습량은 늘었으나 절대 시수가 줄어들었기 때문에 조선어의 교육이 제대로 이루어질 수 없었다(김혜정, 2005 : 199).

강점기의 흔적을 지우고자 하는 당대의 분위기를 반영한다는 점을 지적한 것이다(윤여탁 외, 2006 : 350). 또 하나의 견해는 '독본'이 교재의 교육적 기능을 강조한 교재라는 점이다. 이에 따르면 『중등국어교본』은 근대계몽기 초기의 독본에서처럼 필자 한 사람의 목소리(어조)로 책 내용 전체가 서술된 것이 아니라, 각각의 개성적인 저자들이 다양하고 새로운 문체와 주제, 그리고 텍스트 유형으로 작품을 창작했음을 보여 준다(윤여탁 외, 2006 : 356). 다양한 배경의 학습자를 수용하기 위해서 다양한 작가들이 쓴 제재들을 반영하고자 한 것이다. 그에 따라 일제 강점기의 교과서가 『독본』이라는 명칭을 지니면서도 다양한 읽기 자료를 제공하는 '독본'으로서의 기능을 하지 못하였던 데 비해, 『중등국어교본』은 현대시, 시조, 소설, 수필, 설명문, 논설문 등 다양한 문종으로 구성되어 '독본'의 역할을 충실히 수행할 수 있게 되었다(김혜정, 2005 : 206).

이와 별개로 교과서에 영향을 끼친 당대 국어와 국어교육의 담론을 살펴볼 필요가 있다. '한글 전용'과 '교수요목의 제정'이 여기에 해당한다. 광복과 함께 국어(國語)에 대한 관심이 극대화되는 것은 자연스러운 일이었다. 국어를 회복하는 일이 곧 우리의 지난 역사를 회복하는 일로 인식되었으며, 사회 전반적으로 한글 전용을 권장하는 분위기가 형성되었다. 이는 '국어'가 수많은 언어종 가운데 하나인 '한국어(조선어)'가 아니라 국가와 민족 회복의 상징으로 받아들여졌음을 의미한다. 미군정이 보기에 '한글'은 봉건적 구시대와의 단절을 의미하며, 동시에 당시 미군정 교육이 목표하던 '사회 동질성'을 획득하기에 적절한 수단으로 인식되었고(윤여탁 외, 2006 : 333), 한글의 사용 여부가 교과서 승인의 중요한 기준으로 설정되었다. 그러나 이러한 군정청의 방침은 동아시아의 한자 문화권에 속하면서 오랜 기간 동안 한자로 문화를 향유해 왔던 우리 문화에 대한 이해가 없던 정책이었다. 그 결과 1948년 10월에 '한글 전용법'이 통과되지만, 현실적으로는 한자를 병용하게 된다. 그때부터 일제 강점기에 일본어를 '국어'로, 조선어를 외국어로 습득한 사람들과 달리 정규 교육의 시작부터 한글이 국어인 교과서로 공부한 '한글세대'가 등 장한다. 1960년대 초반부터 등단한 시인, 작가, 비평가가 최초의 한글세 대라 할 수 있다.

국어교육사에서 '교수요목'의 제정은 미군정기에 두드러지는 특징이라 고 볼 수 있다. 그러나 1947년에 제정된 교수요목이 교과서로 구체화되기 이전에 발행된 『중등국어교본』(1946)은 교수요목의 지침을 구체적으로 담 고 있다고 보기 어렵다. 교수요목이 교육과정으로서 마땅히 역할을 하지 못하던 시기, 교과서가 교과교육의 근본이 되는 지침서라는 의미로 교본 을 이해하는 것(윤여탁 외, 2006 : 350)도 이러한 맥락에서 이해할 수 있다. 교수요목이 제정되기 전에 교과서가 먼저 교육의 필요에 발 빠르게 대응 한 것이다. 국어 교본 반포식(1945.11.20.)의 현장은 "'삼십육 년간'의 과거 가 '우리들의 교과서'가 부재하는 시기였다면, 현재와 미래는 '교과서'가 현존하고 '기리 자유롭'게 영속할 시간이라는 점"을 극명하게 보여 주었 다(김신정, 2010 : 433).

교본의 시기를 거쳐 교과서명으로 '국어(國語)'가 등장하는 시기가 도래한 다. 『중등국어』(1948.1-1948.8) 1, 2, 3권이 출판된 이후에 『중학 국어』, 『고등 국어』 등의 교재들이 정부 수립, 한국 전쟁, 그리고 그 후 1차 교육과정이 공포되기 전까지 활발히 발행되었다. 이 시기에 조선어학회에서 만든 『중 등국어교본』(상·중·하)과 문교부에서 개발한 『중등국어』(1·2·3)가 혼용되었음을 알 수 있는데, 이는 『중등국어교본』(하)가 1948년 10월까지 발행되었다는 데서 확인할 수 있다(허재영, 2007 : 41). 또한 정부 수립 이후에 중등교육을 6년제로 정함에 따라 『중등국어』 ①-⑥이 새로 만들어졌는데, 현재 ⑥권은 전해지지 않아서 전쟁으로 인해 발간이 되지 않은 것으로 추 측되기도 한다. 1951년부터 6년제의 중등교육 학제가 중학교 3학년, 고등학 교 3학년으로 분리됨에 따라 교과서도 이에 따라 『중학 국어』, 『고등국어』

로 나누어서 발행되었다. [표 3.3]에서 중등학교의 국어과 교과서 출판 현황을 살펴볼 수 있다.8)

[표 3.3] 중등학교(중학교, 고등학교)의 국어과 교과서

시기		연도	책명	발행자	저작자	비고
미군정기		1946-1947	중등국어 교본 (상, 중, 하)	군정청 문교부	조선어 학회	처음에는 학무국
		1948	중등국어 (1, 2, 3)	군정청 문교부	군정청 문교부	권3은 정부 수립 이후 발행
정부 수립기		1949-1950	중등국어 ①-⑥	문교부	문교부	건국기의 국어과 내용의 토대가 된 교과서임
전시기	중학교	1951-1953	중등국어 (학년당 2권)	문교부	문교부	1) 운크라 지원으로 이루어진 임시 교과서의 성격이 강함 2) 변형 사륙판 3) 학년-학기의 교재 내용 중복되는 경우가 있으며, 보충 교재 부분을 두어 내용 보완하는 경우가 있음
	고등 학교	1951-1953	고등국어 (학년당 2권)	문교부	문교부	
전후	중학교	1953-1955	중학 국어 (학년당 2권)	문교부	문교부	판형 국판으로 변화(55년은 운크라 지원이 부분적으로 이루어짐)
	고등 학교	1953-1955	고등국어 Ⅰ, Ⅱ, Ⅲ	문교부	문교부	판형 국판으로 변화 (학년당 1권으로)

---

8) 허재영(2013 : 75)에서 전재하였다.

이 시기에 발행된 교과서가 이후의 교과서들에 많은 영향을 주었지만, 교과서명으로서 『국어』가 지니는 특징을 살펴보려면 국가 교육과정이 시작되는 제1차 교육과정을 기반으로 발행된 『중학 국어』(1956)와 『고등국어』(1957)[9]부터 살펴보는 것이 필요하다. 그 이전까지 교실에서 교육의 목적으로 사용되는 교재 차원의 텍스트는 많았지만, 산발적인 텍스트의 모음 수준을 넘어서 교육 공동체의 합의와 목적을 담은 교육과정을 구체적으로 실현시키는 대상으로서 교과서의 위상과 기능이 제대로 작용한 것은 교육과정 고시 이후이기 때문이다.

2) 교과서 목차와 단원 구성의 변화 : 문종·주제 → 목표·활동

교과서 목차와 단원 구성의 변화를 살펴보는 이유는 목차와 단원 구성이 교육과정을 구체화한 결과이기 때문이다. 교과서는 표면적으로는 교육 내용의 구현 방식에 대한 의사결정이나 교과서 편찬 지침에서 제시하는 단원 구성 체계 등의 외적 형식에도 영향을 받지만, 각 교육과정기마다 표방하고 있는 지향점 및 교육철학적 이념에 따라 달라져 왔고, 또한 당대 사회·문화적 요구와 정치 이데올로기와 같은 거시적 사회 상황의 영향도 받아 왔다(민현식 외, 2007 : 119). 나아가 시가 교과서에 편제되는 방식은 학습자가 시를 경험하는 방식에 강한 영향을 미친다.

국가 교육과정기의 교과서 목차와 단원 구성 방식을 크게 문종·주제 중심의 구성과 목표·활동 중심의 구성으로 나누어 볼 수 있다. 전자는 1-4차 교육과정기, 후자는 5-7차 교육과정기가 해당한다. 여기에서는 중등교육에서 다룬 『국어』 교과서를 대상으로 살펴보고자 한다.

---

9) 1차 교육과정을 기반으로 하여 만들어진 최초의 고등학교 국어교과서는 『고등국어』(1956. 3)다. 그러나 1차 교육과정을 기반으로 하면서 1957년 3월부터 발행된 『고등국어』가 1962 년까지 사용된 교과서이기 때문에 『고등국어』(1957)라고 밝혀 적게 되었다.

1-4차 교육과정을 구체화하여 만들어진 중등 교과서에서 시교육은 문종 중심, 주제 중심으로 구성되어 있음을 확인할 수 있다. [표 3.4]-[표 3.7]은 1-4차 교육과정기와 5-7차 교육과정기로 나누어 중등학교『국어』 교과서 시 관련 단원의 상세 목차와 단원 구성 방식을 정리한 표다.10)

여기서 시교육의 양상과 관련해서 세 가지 양상을 살펴볼 수 있다. 첫째 교과서 단원명에 사용된 '현대시'를 지칭하는 명칭의 변천, 둘째 문종 중심과 목표 중심의 교과서 구성의 비교, 셋째 주제 중심과 활동 중심 교과서 구성의 비교다.

---

10) 다음과 같은 기준들로 1-7차 교육과정기에 있는 중학교와 고등학교의 국어 교과서에 있는 현대시 작품을 정리하였다.

① 해당 교육과정기에 발행된 교과서들 가운데 발행 연도에 따라 한자 병기, 시 제재 등에 차이가 있을 수 있기 때문에 교과서의 서지 정보를 참고하여 발행 연도와 초판 발행 연도를 표시함.

② 발행 연도, 초판 발행 연도, 편찬자, 저작권자, 출판사에 대한 정보는 해당 교과서의 서지 정보에 근거하여 정리함.

③ '대단원명', '소단원명', '현대시(제목)', '작가명'은 해당 발행 연도에 출판된 교과서에 실린 그대로 표시함. '대단원명', '소단원명', '현대시(제목)'의 경우 한자 병기를 반영하여 정리함. '작가명'의 경우 한자 병기를 반영하지 않음.

④ 번역시의 경우 교과서 원문의 '옮김'과 '역'을 '역'으로 통일하여 정리함. 번역시의 외국 작가의 작가명은 해당 교과서에 실린 그대로 반영함.

⑤ 소단원의 중심 제재로 사용된 현대시를 정리 대상으로 삼음. 단원의 길잡이, 단원의 마무리, 학습 활동, 적용 학습, 목표 학습 등에서 활용한 현대시는 정리 대상으로 삼지 않음. 다만 7차의 경우 '생각넓히기', '보충·학습'에서 다양한 현대시 제재를 체계적인 교육의 자료로 다루고 있기 때문에 이 부분에 실린 현대시 제재를 포함하여 정리함.

[표 3.4] 1-4차 교육과정기 중학교『국어』교과서 목차

교육과정	교과서명	발행연도(초판)	편찬자	저작권	출판사	목차			
						대단원	소단원	현대시(제목)	작가명
1차	중학국어 I - I	1956 (-)[11]	문교부	_[12]	대한교과서 주식회사	V. 노래하는 마음	2. 노래하는 마음[13]	물새 알 산새 알	박목월
								새벽 종	강소천
								빗소리	주요한
								내 마음의	김영랑
								달, 포도, 잎사귀	장만영
								울릉도(鬱陵島)	유치환
								산방(山房)	조지훈
	중학국어 I -Ⅱ	1960 (-)	문교부	-	대한교과서 주식회사	-	-	-	-
	중학국어 Ⅱ- I	1956 (-)	문교부	-	대한교과서 주식회사	I. 시의 세계	1. 시 감상	봄 소식	유치환
								산 너머 남촌에는	김동환[14]
								봄길에서	김영랑
								새로운 길	윤동주
								해의 품으로	박두진
	중학국어 Ⅱ-Ⅱ	1956 (-)	문교부	-	대한교과서 주식회사	-	-	-	-
	중학국어 Ⅲ- I	1959 (-)	문교부	-	대한교과서 주식회사	Ⅱ. 소재와 표현	2. 우리들의 시	아카시아 꽃	학생작품
								초가삼간	학생작품
								어머니	학생작품
								푸른 하늘	학생작품
								고요한 물결	학생작품
								추석	학생작품

	중학 국어 Ⅲ-Ⅱ	1961 (-)	문교부	-	대한교과서 주식회사	-	-	-	
2차	중학 국어 Ⅰ-Ⅰ	1971 (1966)	문교부	-	대한교과서 주식회사	Ⅲ. 마음의 향기	3. 노래하는 마음	마을	박남수
								장날	노천명
								산유화	김소월
								물새알 산새알	박목월
								나의 꿈을 엿보시겠읍니까	신석정
								낙엽송	박두진
								언덕	김광균
	중학 국어 Ⅰ-Ⅱ	1971 (1966)	문교부	-	대한교과서 주식회사	Ⅸ. 우리들의 국어 공부	3. 겨울의 서정	눈 내리는 밤	강소천
								그리움	이원수
								함박눈	고창식
								눈 오는 날에	학생 작품
								눈 오는 밤이면	학생 작품
	중학 국어 Ⅱ-Ⅰ	1971 (1966)	문교부	-	대한교과서 주식회사	-	-	-	-
	중학 국어 Ⅱ-Ⅱ	1971 (1966)	문교부	-	대한교과서 주식회사	-	-	-	-
	중학 국어 Ⅲ-Ⅰ	1972 (1966)	문교부	-	대한교과서 주식회사	-	-	-	-
	중학 국어 Ⅲ-Ⅱ	1973 (1966)	문교부	-	대한교과서 주식회사	Ⅷ. 현대 문학에의 길	2. 현대시의 모습	가을의 동화	김용호
								하늘	박두진

								낮잠	김남조
								귀뚜라미가 울고	디킨슨 고원역
								이니스프리의 호도	예이츠 김용호역
3차	중학 국어 1-1	1981 (1974)	문교부	-	대한교과서 주식회사	새로운 출발	3. 봄	해변	최계락
								미끄럼대	전봉건
								물새알 산새알	박목월
								낙엽송	박두진
						감사	11. 싱그러운 첫여름	비 갠 여름 아침	김광섭
								엄마야 누나야	김소월
								낮잠	김남조
								풀잎	박성룡
						문학 이야기 (1)	19. 아름다 움을 찾아	달밤	조지훈
								밤	김동명
	중학 국어 1-2	1976 (1975)	문교부	-	대한교과서 주식회사	가을의 그리움	5. 가을	추석(秋夕)	신석정
								장날	노천명
								가을 운동회	이성교
								낙엽	박화목
						아름다운 우리말 (1)	15. 겨울의 리듬	먼 길	윤석중
								굴뚝	윤동주
								눈이 온 아침	박목월
								새하얀 밤	강소천
	중학 국어 2-1	1976 (1974)	문교부	-	대한교과서 주식회사	새로운 결의	1. 새 봄	해마다 봄이 되면	조병화
								봄을 기다리는 마음	신석정

							봄 소식	유치환
					참 아름다움	11. 5월의 시	산 너머 남촌에는	김동환
							언덕	김광균
중학 국어 2-2	1976 (1975)	문교부	–	대한교과서 주식회사	빛나는 강산	6. 가을의 시	소쩍새	장만영
							가을의 동화(童話)	김용호
					아름다운 우리말 (2)	17. 겨울의 서정	눈 오는 밤에	김용호
							어머니의 기도	모윤숙
중학 국어 3-1	1980 (1974)	문교부	–	대한교과서 주식회사	이 한 마음	5. 조국(祖國) 을 생각하며	식목제	유치환
							논개	변영로
							복종	한용운
							내 새마을	이동주
					문학 이야기 (3)	21. 시	해(海)에게서 소년(少年)에게	최남선
							아기의 꿈	주요한
							돌담에 속삭이는 햇발	김영랑
							해의 품으로	박두진
중학 국어 3-2	1979 (1970)	문교부	–	대한교과서 주식회사	'나'의 발견	1. 그리움	할머니와 할아버지	이하윤
							어머니	양명문
							고풍	신석초
					아름다운 우리말 (3)	12. 늦가을	첫서리	김종길
							박	장서언

							우리말	김동명
					외국 문학의 첫걸음	17. 다른 나라의 시	이니스프리의 호도(湖島)	예이츠 김용호역
							귀뚜라미가 울고	디킨슨 고원역
							칠월	시토름 송영택역
4차	중학 국어 1-1	1984 (1984)	한국교육 개발원	문교부	대한교과서 주식회사	1. 시	(1) 시의 세계	엄마야 누나야	김소월
								먼 길	윤석중
								달밤	조지훈
								물새알 산새알	박목월
								산 너머 남촌에는	김동환
						10. 문학(文學) 이야기	(2) 싱그러운 첫여름	풀잎	박성룡
								낮잠	김남조
	중학 국어 1-2	1984 (1984)	한국교육 개발원	문교부	대한교과서 주식회사	4. 시	(1) 시의 세계	새로운 길	윤동주
								가을	김윤성
								온실	장만영
								눈 오는 밤에	김용호
								샘물	김달진
	중학 국어 2-1	1984 (1984)	한국교육 개발원	문교부	대한교과서 주식회사	1. 시	(1) 시의 세계	소년을 위한 목가(牧歌)	신석정
								해마다 봄이 되면	조병화
								언덕	김광균
								봄 소식	유치환
	중학 국어 2-2	1984 (1984)	한국교육 개발원	문교부	대한교과서 주식회사	4. 시	(1) 시의 세계	가을 한때	박재삼
								꽃	김요섭

								어머니의 기도	모윤숙
								고풍	신석초
								초토의 시	구상
중학 국어 3-1	1986 (1984)	한국교육 개발원	문교부	대한교과서 주식회사	7. 시	(1) 시의 세계		청포도	이육사
								남으로 창을 내겠소	김상용
								복종	한용운
								논개(論介)	변영로
								어머니	정한모
								분수(噴水)	김춘수
					10. 국문학	(2) 시(詩)의 흐름		해(海)에게서 소년(少年)에게	최남선
								빗소리	주요한
								돌담에 속삭이는 햇발	김영랑
								해의 품으로	박두진
중학 국어 3-2	1985 (1984)	한국교육 개발원	문교부	대한교과서 주식회사	1. 시	(1) 시의 세계		팔 월	전봉건
								나의 사랑하는 나라	김광섭
								학	서정주
								플라타너스	김현승

---

11) 교과서 서지 정보에 초판 발행 연도 미표기. 이후 '(초판)'의 항목에 '(-)'의 경우 발행 연도 미표기를 의미함.
12) 교과서 서지 정보에 저작권자 미표기. 이후 '저작권' 항목에 '-'의 경우 저작권자 미표 기를 의미함.
13) 교과서에 해당 단원 시인들의 시인명 미표기.
14) 교과서에 저자 이름 누락.

[표 3.5] 1-4차 교육과정기 고등학교 『국어』 교과서 목차

교육과정	교과서명	발행연도(초판)	편찬자	저작권	출판사	목차			
						대단원	소단원	현대시(제목)	작가명
1차	고등국어 1	1967 (-)	문교부	-	대한교과서 주식회사	VI. 계절의 감각	5. 금잔디	금잔디	김소월
							8. 청포도	청포도	이육사
	고등국어 2	1959 (-)	문교부	-	대한교과서 주식회사	III. 근대시	3. 근대시초(近代詩抄)	알 수 없어요	한용운
								깃발	유치환
								빼앗긴 들에도 봄은 오는가?	이상화
								진달래꽃	김소월
								파초(芭蕉)	김동명
								모란이 피기까지는	김영랑
								마음	김광섭
								푸른 오월	노천명
								광야(曠野)	이육사
								나비	윤곤강
	고등국어 3	1960 (-)	문교부	-	대한교과서 주식회사	-	-	-	-
2차	인문계 고등학교 국어 I	1973 (1968)	문교부	-	대한교과서 주식회사	VI. 계절의 향기	1. 금잔디	금잔디	김소월
							3. 청포도	청포도	이육사
	인문계 고등학교 국어 II	1974 (1968)	문교부	-	대한교과서 주식회사	I. 시의 세계	1. 근대시	알 수 없어요	한용운
								진달래꽃	김소월
								모란이 피기까지는	김영랑

							파초	김동명
							광야	이육사
							깃발	유치환
							사슴	노천명
							그 먼 나라를 알으십니까	신석정
							국화 옆에서	서정주
							도봉	박두진
							나그네	박목월
							승무	조지훈
							별 헤는 밤	윤동주
	인문계 고등 학교 국어 Ⅲ	1968 (1968)	문교부	–	대한교과서 주식회사	Ⅵ. 現代文學의 감상	2. 外國詩人의 詩情	추수하는 아가씨	워어즈 워어드 황동규역
							가지 않은 길	프로스트 피천득역
							비둘기 떼	고티에 하동훈역
							가을날	릴케 송영택 역
							바닷가에	타고르 양주동역
							배	지셴 허세욱역
3차	인문계 고등 학교 국어 1	1978 (1975)	문교부	–	대한교과서 주식회사	아름다운 청춘	1. 3월의 고향(故鄕)	3월의 고향(故鄕)	박두진
						고향의 음성	35. 겨울의 언어(言語)	동백(冬柏)	정훈
								산(山)	김광림
								고무신	장순하

							설날 아침에	김종길
인문계 고등 학교 국어 2	1984 (1975)	문교부	–	대한교과서 주식회사	사색의 제목들	7. 그리운 우리 임	광야(曠野)	이육사
							알 수 없어요	한용운
							어머니	정인보
							진달래꽃	김소월
							울릉도(鬱陵島)	유치환
					고향	15. 고향 (故鄕)	나그네	박목월
							사슴	노천명
							파초(芭草)	김동명
					만추의 서정	27. 만추 (晩秋)	국화 옆에서	서정주
							벽공(碧空)	이희승
							승무(僧舞)	조지훈
							가을에	정한모
인문계 고등 학교 국어 3	1980 (1975)	문교부	–	대한교과서 주식회사	동서남북	4. 세계 (世界)의 시정(詩情)	아침 이미지	박남수
							의자	조병화
							추수하는 아가씨	워어즈 워어드 황동규역
							가지 않은 길	프로스트 피천득역
							비둘기 떼	고티에 하동훈역
							가을날	릴케 송영택역
							바닷가에	타고르 양주동역

							배	지센 허세욱역
					인간과 문화	14. 유월의 시	참회록(懺悔錄)	윤동주
							조국(祖國)	정완영
							부다페스트에서 의 소녀의 죽음	김춘수
4차	고등 학교 국어 1	1989 (1984)	한국교육 개발원	문교부	대한교과서 주식회사	1. 시(1)	(1) 3월 1일의 하늘	3월 1일의 하늘	박두진
							(2) 빼앗긴 들에도 봄은 오는가	빼앗긴 들에도 봄은 오는가	이상화
							(3) 깃발	깃발	유치환
							(4) 광야 (廣野)	광야(廣野)	이육사
							(5) 가을의 기도(祈禱)	가을의 기도(祈禱)	김현승
							(6) 성탄제 (聖誕祭)	성탄제(聖誕祭)	김종길
	고등 학교 국어 2	1990 (1985)	한국교육 개발원	문교부	대한교과서 주식회사	1. 시	(1) 진달래꽃	진달래꽃	김소월
							(2) 그 먼 나라를 알으십니까	그 먼 나라를 알으십니까	신석정
							(3) 모란이 피기까지는	모란이 피기까지는	김영랑
							(4) 나그네	나그네	박목월
							(5) 국화(菊花) 옆에서	국화(菊花) 옆에서	서정주
							(6) 가을에	가을에	정한모
	고등 학교 국어 3	1986 (1986)	한국교육 개발원	문교부	대한교과서 주식회사	2. 시	(1) 님의 침묵(沈默)	님의 침묵(沈默)	한용운
							(2) 서시(序詩)	서시(序詩)	윤동주

							(3) 승무 (僧舞)	승무(僧舞)	조지훈
							(4) 꽃	꽃	김춘수
							(5) 겨울 바다	겨울 바다	김남조

[표 3.6] 5-7차 교육과정기 중학교 『국어』 교과서 목차

교육 과정	교과 서명	발행 연도 (초판)	편찬자	저작권	출판사	목차			
						대단원	소단원	현대시(제목)	작가명
5차	국어 1-1	1989 (1992)	한국교육 개발원	교육부	대한교과서 주식회사	5. 시와 운율	(1) 엄마야 누나야	엄마야 누나야	김소월
							(3) 돌담에 속삭이는 햇발	돌담에 속삭이는 햇발	김영랑
							(4) 물새알 산새알	물새알 산새알	박목월
							(5) 풀잎	풀잎	박성룡
							(6) 해바라기	해바라기	윤곤강
	국어 1-2	1989 (1992)	한국교육 개발원	교육부	대한교과서 주식회사	11. 시의 종류	(1) 언덕	언덕	김광균
							(2) 저녁에	저녁에	김광섭
							(5) 해	해	박두진
							(6) 소년을 위한 목가(牧歌)	소년을 위한 목가(牧歌)	신석정
	국어 2-1	1992 (1990)	한국교육 개발원	교육부	대한교과서 주식회사	15. 시의 언어	(1) 해마다 봄이 되면	해마다 봄이 되면	조병화
							(2) 파랑새	파랑새	한하운

						(3) 꽃	꽃	김요섭
						(4) 낙화	낙화	이형기
						(5) 어머니	어머니	정한모
						(6) 가난한 사랑 노래	가난한 사랑 노래	신경림
국어 2-2	1992 (1990)	한국교육 개발원	교육부	대한교과서 주식회사	10. 시의 주제	(1) 복종	복종	한용운
						(2) 논개 (論介)	논개(論介)	변영로
						(3) 고풍	고풍	신석초
						(5) 겨울 밤	겨울 밤	박용래
국어 3-1	1996 (1991)	한국교육 개발원	교육부	대한교과서 주식회사	7. 시의 구성	(2) 청포도	청포도	이육사
						(3) 아기	아기	유치환
						(4) 열매 몇 개	열매 몇 개	고은
						(5) 고향	고향	정지용
						(6) 너를 위하여	너를 위하여	김남조
국어 3-2	1992 (1991)	한국교육 개발원	교육부	대한교과서 주식회사	7. 시와 표현	(1) 승무 (僧舞)	승무(僧舞)	조지훈
						(2) 강강술래	강강술래	이동주
						(3) 플라타너스	플라타너스	김현승
						(4) 오라, 이 강변으로	오라, 이 강변으로	홍윤숙
						(5) 자화상	자화상	윤동주
						(6) 산에 언덕에	산에 언덕에	신동엽

6차	국어 1-1	1995 (1995)	한국교육 개발원	교육부	대한교과서 주식회사	1. 시의 운율	(2) 엄마야 누나야	엄마야 누나야	김소월
							(3) 돌담에 속삭이는 햇발	돌담에 속삭이는 햇발	김영랑
							(4) 해	해	박두진
							(5) 풀잎	풀잎	박성룡
							(6) 행복	행복	허영자
	국어 1-2	1995 (1995)	한국교육 개발원	교육부	대한교과서 주식회사	3. 시의 화자	(1) 차례 (茶禮)	차례(茶禮)	김춘수
							(2) 작은 짐승	작은 짐승	신석정
							(3) 해바라기	해바라기	윤곤강
							(5) 초롱불	초롱불	박남수
	국어 2-1	1999 (1996)	한국교육 개발원	교육부	대한교과서 주식회사	5. 시의 언어	(1) 해마다 봄이 되면	해마다 봄이 되면	조병화
							(2) 나그네	나그네	박목월
							(3) 낙화 (落花)	낙화(落花)	이형기
							(4) 파초	파초	김동명
							(5) 어머니	어머니	정한모
							(6) 가난한 사랑 노래	가난한 사랑 노래	신경림
	국어 2-2	1996 (1996)	한국교육 개발원	교육부	대한교과서 주식회사	11. 시의 주제	(1) 복종	복종	한용운
							(2) 고풍	고풍	신석초
							(3) 너를 위하여	너를 위하여	김남조

						(4) 성탄제 (聖誕祭)	성탄제(聖誕祭)	김종길
						(5) 겨울 밤	겨울 밤	박용래
국어 3-1	1999 (1997)	한국교육 개발원	교육부	대한교과서 주식회사	8. 시의 심상	(1) 바다와 나비	바다와 나비	김기림
						(2) 강강술래	강강술래	이동주
						(3) 청포도	청포도	이육사
						(4) 열매 몇 개	열매 몇 개	고은
						(5) 바다	바다	정지용
국어 3-2	1997 (1997)	한국교육 개발원	교육부	대한교과서 주식회사	4. 시의 표현	(2) 승무 (僧舞)	승무(僧舞)	조지훈
						(3) 소년 (少年)	소년(少年)	윤동주
						(4) 오라, 이 강변으로	오라, 이 강변으로	홍윤숙
						(5) 가을의 기도(祈禱)	가을의 기도(祈禱)	김현승
						(6) 깃발	깃발	유치환
						(7) 음악	음악	오세영
					10. 국문학의 세계	(2) 근대시 3제(三題)	논개(論介)	변영로
7차	국어 1-1	2003 (2001)	고려대학교 · 한국교원대 학교 국정도서편 찬위원회	교육 인적 자원부	대한교과서 주식회사	1. 문학의 즐거움	(1) 새봄	새봄	김지하
						3. 문학과 의사소통	(3) 호수	호수	정지용
						7. 문학과 사회	생각 넓히기	아버지가 오실 때	학생 작품
								엄마 걱정	기형도

국어 1-2	2009 (2001)	한국교원대학교·고려대학교 국정도서편찬위원회	교육 과학 기술부	㈜두산	2. 문학의 아름다움	(1) 바다가 보이는 교실	바다가 보이는 교실	정일근
						생각 넓히기	동강은 흐른다	학생 작품
						보충 심화	가을 우체부	송명호
							내 마음은	김동명
					4. 시의 세계	(2) 돌담에 속삭이는 햇발	돌담에 속삭이는 햇발	김영랑
						(3) 어떤 마을	어떤 마을	도종환
						(4) 우리가 눈발이라면	우리가 눈발이라면	안도현
						생각 넓히기	연분홍 송이송이	김억
						보충 심화	이모	윤정순
							가을 소녀들	양정자
							해	박두진
					6. 문학과 독자	생각 넓히기	국토 11	조태일
국어 2-1	2003 (2002)	고려대학교·한국교원대학교 국정도서편찬위원회	교육 인적 자원부	대한교과서 주식회사	1. 감상하며 읽기	(2) 모든 순간이 꽃봉오리인 것을	모든 순간이 꽃봉오리인 것을	정현종
						보충 심화	귀뚜라미	황동규
					4. 삶과 문학	(1) 가정	가정	박목월
						보충 심화	두 얼굴	학생 작품
							바라건대는 우리에게 우리의 보습 대일 땅이 있었다면	김소월

					6. 작품 속의 말하는이	(1) 나룻배와 행인	나룻배와 행인	한용운
						보충 심화	칠석날	곽재구
국어 2-2	2009 (2002)	고려대학교 ·한국교원 대학교 국정도서편 찬위원회	교육 과학 기술부	㈜두산	1. 작가와 작품	보충 심화	보리피리	한하운
							꽃씨를 닮은 마침표처럼	이해인
					3. 문학의 표현	(1) 지각 (知覺)	지각(知覺)-행복 의 얼굴-	김현승
						보충 심화	어머니	김초혜
국어 3-1	2004 (2003)	한국교원대 학교·고려 대학교 국정도서편 찬위원회	교육 인적 자원부	주식회사 교학사	1. 시의 표현	(1) 내가 사랑하는 사람	내가 사랑하는 사람	정호승
						(2) 배추의 마음	배추의 마음	나희덕
						(3) 낙화	낙화	이형기
						보충 심화	토란잎에 궁그는 물방울같이는	복효근
							봄비	이수복
							바다와 나비	김기림
							논개	변영로
					5. 읽기와 매체 활용	보충 심화	향수	정지용
					6. 한국 현대 문학의 이해	(2) 가는 길	가는 길	김소월
						(3) 깃발	깃발	유치환
						(4) 봄은	봄은	신동엽
						생각 넓히기	대생	김광균

						(1) 즐거운 편지	즐거운 편지	황동규
국어 3-2	2011 (2003)	한국교원대학교·고려대학교 국정도서 편찬위원회	교육 과학기 술부	두산 동아(주)	1. 창조적인 문학 체험	(2) 성탄제	성탄제	김종길
						보충·심화	동해바다	신경림
							자화상	윤동주
					4. 고전 문학의 감상	보충·심화	삼각산 밑에서	신석초

[표 3.7] 5-7차 교육과정기 고등학교 『국어』 교과서 목차

교육 과정	교과 서명	발행 연도 (초판)	편찬자	저작권	출판사	목차			
						대단원	소단원	현대시(제목)	작가명
5차	국어 (상)	1990 (1990)	서울대학교 사범대학 1종 도서연구 개발위원회	문교부	대한교과서 주식회사	6. 시의 세계	(2) 현대시	길	김소월
								찬송(讚頌)	한용운
								폭포(瀑布)	김수영
	국어 (하)	1991 (1990)	서울대학교 사범대학 1종 도서연구 개발위원회	문교부	대한교과서 주식회사	-	-	-	-
6차	국어 (상)	1997 (1996)	서울대학교 사범대학 국어교육 연구소	교육부	대한교과서 주식회사	2. 문학의 즐거움	(5) 뻐꾸기에 부쳐	뻐꾸기에 부쳐	W. 워즈위스 유종호역
						5. 문학의 유형	(2) 진달래꽃	진달래꽃	김소월
						7. 작가, 작품, 독자	(1) 광야(曠野)	광야(曠野)	이육사
						10. 문학과 현실	(1) 성북동(城北洞) 비둘기	성북동(城北洞) 비둘기	김광섭

					3. 언어와 문학	(1) 설일 (雪日)	설일(雪日)	김남조
국어 (하)	1996 (1996)	서울대학교 사범대학 국어교육 연구소	교육부	대한교과서 주식회사	6. 문학과 문화	(2) 논개 (論介)의 애인(愛人)이 되어서 그의 묘(廟)에	논개(論介)의 애인(愛人)이 되어서 그의 묘(廟)에	한용운
7차								
	국어 (상)	2003 (2002)	서울대학교 국어교육 연구소	교육 인적자 원부	㈜두산	6. 노래의 아름다움	(3) 진달래꽃	진달래꽃	김소월
						(4) 유리창 (琉璃窓)	유리창(琉璃窓)	정지용
						(5) 광야(曠野)	광야(曠野)	이육사
						심화 학습	여승(女僧)	백석
	국어 (하)	2003 (2002)	서울대학교 국어교육 연구소	교육 인적자 원부	㈜두산	4. 효과 적인 표현	심화 학습	추억에서	박재삼
						6. 표현과 비평	심화 학습	설일(雪日)	김남조

우선, [표 3.8][15)]에서 중학교와 고등학교 교과서의 대단원명, 소단원명에 있는 현대시 명칭의 변화를 살펴보면, 문종·주제 중심의 지향과 목표·활동 중심의 지향이 끼친 영향을 엿볼 수 있다.(강조는 필자)

---

15) '시' 명칭이 노출된 경우 굵은 글씨로 강조하여 정리함. '대단원명〉소단원명'으로 정리함. 시 제재명과 동일한 소단원명은 '(작품명)'으로 표시함. 동일한 형식으로 중복되는 '대단원명〉소단원명'은 1회만 정리함. '생각넓히기'와 '보충심화', '심화 학습'이 소단원 명일 경우는 '(생각넓히기)', '(보충심화)', '(심화 학습)'으로 표시함.

[표 3.8] 1-7차 교육과정기 중고등학교 교과서 대단원명,
소단원명에 나타난 현대시의 제시 방법

교육 과정	교과서 대단원명 〉 소단원명	
	중학교	고등학교
1차	- **노래**하는 마음〉노래하는 마음 - 시의 세계〉시 감상 - 소재와 표현〉**우리들의 시**	- 계절의 감각〉(작품명) - **근대시**〉근대시(근대시 초)
2차	- 마음의 향기〉노래하는 마음 - 우리들의 국어 공부〉겨울의 서정 - 현대문학에의 길〉**현대시의 모습**	- 계절의 향기〉(작품명) - 시의 세계〉**근대시** - **현대문학**의 감상〉외국시인의 시정
3차	- 새로운 출발〉봄 - 감사〉싱그러운 첫여름 - **문학** 이야기(1)〉아름다움을 찾아 - 가을의 그리움〉가을 - 아름다운 우리말(1)〉겨울의 리듬 - 새로운 결의〉새봄 - 참 아름다움〉**5월의 시** - 빛나는 강산〉**가을의 시** - 아름다운 우리말(2)〉겨울의 서정 - 이 한 마음〉조국을 생각하며 - **문학** 이야기(3)〉**시** - '나'의 발견〉그리움 - 아름다운 우리말(3)〉늦가을 - **외국 문학**의 첫걸음〉**다른 나라의 시**	- 아름다운 청춘〉3월의 고향 - 고향의 음성〉겨울의 언어 - 사색의 제목들〉그리운 우리 임 - 고향〉고향 - 만추의 서정〉만추 - 동서남북〉세계의 시정(詩情) - 인간과 문화〉**유월의 시**
4차	- **시**〉시의 세계 - **문학** 이야기〉싱그러운 첫여름 - 국문학〉**시의 흐름**	- **시** (1)〉(작품명) - **시**〉(작품명)
5차	- **시와 운율**〉(작품명) - **시의 종류**〉(작품명) - **시의 언어**〉(작품명) - **시의 주제**〉(작품명) - **시의 구성**〉(작품명) - **시와 표현**〉(작품명)	- 시의 세계〉**현대시**

6차	- **시**의 운율〉(작품명) - 시의 화자〉(작품명) - 시의 언어〉(작품명) - 시의 주제〉(작품명) - 시의 감상〉(작품명) - 시의 표현〉(작품명) - 국문학의 세계〉**근대시** 3제	- **문학**의 즐거움〉(작품명) - 문학의 유형〉(작품명) - 작가, 작품, 독자〉(작품명) - 문학과 현실〉(작품명) - 언어와 문학〉(작품명) - 문학과 문화〉(작품명)
7차	- **문학**의 즐거움〉(작품명) - 문학과 의사소통〉(작품명) - 문학과 사회〉(생각 넓히기) - 문학의 아름다움〉(작품명, 보충심화 생각 넓히기) - 시의 세계〉(작품명, 보충심화, 생각 넓히기) - 문학과 독자〉(생각 넓히기) - 감상하며 읽기〉(작품명, 보충심화) - 삶과 문학〉(작품명 보충심화) - **작품** 속의 말하는 이〉(작품명 보충심화) - 작가와 작품〉(보충심화) - 문학의 표현〉(작품명) - 시의 표현〉(작품명, 보충심화) - 읽기와 매체 활용〉(보충심화) - **한국 현대 문학**의 이해〉(작품명, 생각 넓히기) - **창조적인 문학** 체험〉(작품명, 보충심화) - **고전 문학**의 감상〉(보충심화)	- **노래**의 아름다움〉(작품명, 심화 학습) - 효과적인 표현〉(심화 학습) - 표현과 비평〉(심화 학습)

　1-4차 교육과정기의 교과서에는 크게 네 가지 특징이 있다. 첫째, '근대, 현대'와 같은 시대적 구분을 시에 적용하고 있다. 1차와 2차의 고등학교 교과서 단원명에는 '근대시', '현대시', '현대 문학'이 등장한다. '시'라는 갈래명에 시대적 구분이 결합된 것은 초기 교과서에서 볼 수 있는 고전 문학 작품 수록의 강세로 말미암아 고전 문학과의 연관성 속에서 현대 시교육의 위상이 결정되었던 것을 방증한다.

둘째, '노래하기'로서의 시의 특성이 강조되었다. 1차, 2차의 중학교 교과서에 있는 '노래하는 마음', '낭독'이나 '시'의 대범주 안에 '시'와 함께 '시조'가 함께 묶인 것 등은 시의 장르적 속성으로서 음악성을 강조하고 있음을 알 수 있다. 여기에는 역시 노래로서 향유되던 고전 문학이 문학교육에 강한 영향력을 행사한 데에 따른 여파가 있고, 교육과정 문서상에 '운문'으로 명시되어 있는 갈래 인식을 '노래하는 마음'으로 교과서에 구체화한 데는 갈래의 특성을 주 교육 대상으로 삼으면서도 시 갈래를 통해 인간의 정서 함양을 교육의 내용으로 구성하고자 한 의도를 엿볼 수도 있다.

셋째, '주제+시'의 명칭이 사용되는 현상을 볼 수 있다. 특히 3차에서 두드러지는데, '5월의 시', '가을의 시', '유월의 시'에서처럼 해당 단원에 실린 시들의 공통적인 주제가 시를 수식하는 형태로 나타난다. 시를 주제 중심으로 교육하고자 했던 의도에는 교수·학습의 용이성과 통합성에 대한 고려가 담겨 있다.

넷째, 문종에 해당하는 '시'가 단원명에 직접적으로 노출되어 있다. 이는 특히 4차에서 두드러진다. 4차 교육과정기에 이르러 '현대문학'이 독립된 형태로 고등학교 『국어』Ⅱ'의 선택과목으로 편성되었다.16) 국어 교과서 안에서 '현대문학', '현대시', '근대시' 등의 명칭으로 단원이 할당되어 온 것과 비교하면, 현대문학교육이 『국어』Ⅱ'의 한 과목으로 편성된 것은 현대 문학이 하나의 독립적이고 고유한 '교과(敎科)'로 정리되었다는 판단이 전제되었음을 보여 준다. 이러한 현대문학교육의 변화된 위상은 교과서 대단원명에도 반영된다. 예컨대 4차 고등학교 교과서의 단원명 가운데 '시(1)'과 '시(2)'가 보이는데, 전자는 현대시를 다루고 후자는 고전시

---

16) 박붕배(1997 : 400)에서는 현대문학교육이 별도의 교재로 독립한 이유를 "제4차 교육 과정이 인문주의를 표방하게 되었고, 또 1960년대, 1970년대의 경제 제일주의가 우리의 민심을 각박하게 만들고, 인정이 메말라 가는 처지에서 발상된 것이 현대문학을 강화하게 된 것"이라고 보고 있다.

를 다루고 있다. '시'의 갈래명 안에 현대시와 고전시가를 나란히 배치하는 것은 고전 문학 위주의 문학교육에서 현대 문학과 고전 문학이 각각의 고유성과 체계성을 가진 문학교육으로의 변화를 꾀하고 있음을 방증한다.

한편 5-7차 교육과정기 중학교, 고등학교 교과서의 단원명에는 대개 중학교 교과서를 중심으로 '시'라는 명칭이 사용된 것을 확인할 수 있다. 이는 중학교에서 시의 기본적인 특성 및 원리를 학습하기 때문으로 보인다. 그리고 활동 중심으로 시교육이 진행됨으로써 6차와 7차에는 시 명칭을 바로 단원명에 노출시키기보다 '노래의 아름다움', '효과적인 표현'과 같은 대단원명에 시가 제재로서 사용된 것을 볼 수 있다. 이러한 특징은 1-4차 교육과정기에 만들어진 교과서와 변별되는 특징이다. 또한 직접적으로 '시'를 지칭하는 명칭은 아니지만 6차의 경우 '문학과 문화'라고 해서 시를 '문화'의 차원으로까지 확대해서 다루고 있는 것을 엿볼 수 있다.

다음으로 1-4차 교육과정기의 문종 중심 교과서 구성과 5-7차 교육과정기의 목표 중심 교과서 구성을 비교해 보고자 한다. 1-4차 교육과정기의 교과서 목차를 살펴보면 문종을 중심으로 시교육의 제재가 구성되어 있음을 알 수 있다. 전면적으로 문종 중심으로 교과서 단원을 구성한 것은 4차 교육과정기의 교과서다. 〈시(1), 설명문(1), 수필(1), 전기, 설명문(2), 희곡과 시나리오, 논설문(1), 국어의 이해, 시조, 소설, 논설문(2), 수필(2), 기행문, 시(2), 국문학의 이해〉로 구성된 4차 교육과정기의 인문계 고등학교 『국어』1의 대단원 목차를 보면, 시, 설명문, 수필, 전기 등의 갈래명을 교과서 대단원에 직접적으로 사용하고 있는 것을 확인할 수 있다. 4차 교육과정기 교과서만큼은 아니지만 1차 교육과정기에도 문종으로 교과서를 구성한 것을 살펴볼 수 있다. 곧, 〈말하기와 쓰기, 수필·기행, 근대시, 영화와 연극, 독서, 고전, 국어·국자의 변천〉(1차 고등학교 『고등국어』2[단기 4291년]의 대단원 목차 구성)에서 보면, '말하기와 쓰기'와 같이 언어 행위가 포함되어 있지만, 대체로 문종으로 구성되어 있다.

마지막으로 2차 교육과정기에 만들어진 인문계 고등학교 『국어』Ⅱ를 살펴보면, 직접적으로 문종이 명시되어 있지 않지만, 문종을 중심으로 구성되어 있음을 확인할 수 있다. '시의 세계, 국어의 이해, 여정의 표현, 문학과 비평, 음성 언어의 표현, 독서의 즐거움, 국어 생활의 실제, 논문과 논설문, 고대 산문의 음미, 고대 시가의 여운'을 보면, 문종을 풀어서 설명하거나(기행문을 의미하는 '여정의 표현'), 문종+문종을 감상하는 행위/특징('고대 산문의 음미', '고대시가의 여운')으로 구성하는 경우도 있다.

반면 5-7차 교육과정기의 교과서는 학습 목표를 중심으로 구성되어 있다. 5-6차 교육과정기의 국어 교과서 구성은 이전 문종 중심의 구성과 크게 다른 것이 없어 보이지만, 〈시와 운율(『국어』 1-1), 시의 종류(『국어』 1-2), 시의 언어(『국어』 2-1), 시의 주제(『국어』 2-2), 시의 구성(『국어』 3-1), 시와 표현(『국어』 3-2)〉에서 볼 수 있듯이 시의 특성을 단계적으로 학습하도록 목표 중심으로 구성되어 있는 것을 확인할 수 있다. 7차 교육과정기의 중·고등학교 교과서와 6차 교육과정기의 고등학교 교과서에는 문학 자체의 구성보다는 문학을 둘러싼 문학 현상에 대한 앎을 목표로 구성되어 있는 단원들을 발견할 수 있다.

마지막으로 1-4차 교육과정기의 주제 중심 교과서 구성과 5-7차 교육과정기 교과서의 활동 중심 교과서 구성을 비교해 보자. 1-4차 교육과정 교과서에서는 특정한 주제를 다루는 단원 아래 시들이 묶인 경향을 볼 수 있다. 현대시는 주로 〈계절, 고향, 정서, 3월, 6월〉 등의 주제를 다룬 단원 아래 편제되어 있다. '계절의 감각', '계절의 향기', '고향의 음성', '만추의 서정' 등의 대단원명 아래에 봄, 여름, 가을, 겨울을 환기시키는 김소월의 〈금잔디〉(봄, 1-2차), 이육사의 〈청포도〉(여름, 1-2차), 서정주의 〈국화 옆에서〉, 이희승의 〈벽공(碧空)〉, 정한모의 〈가을에〉(가을, 3차), 정훈의 〈동백(冬柏)〉, 김광림의 〈산(山)〉, 장순하의 〈고무신〉, 김종길의 〈설날 아침에〉(겨울, 3차)가 실렸음을 보게 된다. 시를 계절을 표상하는 주제로 다루는 것은 시가 자연에 대한 순수한 서정을 노래하는 것이라는 전통적인 시관(詩觀)에서 벗어나지 못하였다고 볼 수 있다.

한편 '고향', '3월, 6월', '정서' 등의 주제로 구성된 시들은 서로 복합적으로 연계되어 학습이 이루어지도록 되어 있다. 예를 들어 '고향'은 박목월의 〈나그네〉, 노천명의 〈사슴〉, 김동명의 〈파초〉(3차)와 같이 독립적으로 다루어지기도 하지만, 3·1운동을 상징하는 '3월'의 역사적 시간과 결합될 경우 '고향'은 민족의 고난과 상처인 동시에 되찾아야 하는 이상으로 재의미화된다. 또한 3차 교육과정을 기반으로 만들어진 인문계 고등학교 『국어』 1(1975)에서 '3월의 고향' 소단원이 속해 있는 대단원명은 '아름다운 청춘'인데, 민족의 고난과 저항을 상징하는 3월의 역사적 시간이 여기서는 '아름다운 청춘'의 이름으로 재편되며, 국가를 향한 충성을 강조하고 있다.

주제 중심의 구성은 교과서의 단원명뿐 아니라 단원 구성 체제에서도 드러난다. 5차 교육과정에서 '단원의 길잡이'가 등장하기 전까지는 엄밀한 의미로 〈대단원-소단원〉의 구성이 성립하지 않던 시기라고 볼 수 있다. 1-4차 교육과정기의 교과서는 표면적으로는 대단원 형태를 띠지만 '실질적'으로는 소단원별 단원 구성이라고 할 수 있다(민현식 외, 2007 : 160). 대단원의 길잡이 역할을 하는 도입부가 간략히 1~2줄로 구성되어 있거나, 아예 없기도 하며, 2~3개의 본문 제재에 익힘 문제(1-2차)나 공부할 문제(3-4차)가 딸려 있는 구성이었기 때문이다. 또한 한 단원을 마무리하며 학습 목표를 달성하였는지 정리하고 평가할 수 있는 '정리부'의 부분도 구성되어 있지 않은 상태다. 1-4차 교육과정기의 교과서 단원 구성 방식과 5-7차 교육과정기의 교과서 단원 구성 방식을 각각 정리하면 다음 표와 같다.

[표 3.9] 1-4차 교육과정기 『국어』 교과서 단원 구성 방식

교육과정	급별	단원 구성 방식				
		도입부		전개부		정리부
1차	중·고등학교	–		본문 제재	익힘 문제 / 주	–
2차	중학교	대단원명 / 소단원명 / 학습 목표와 학습 방향에 대한 간략한 기술		본문 제재	익힘 문제 / 주	–
	고등학교	대단원명 / 소단원명	학습 목표와 학습 방향에 대한 간략한 기술	본문 제재 / 주	익힘 문제	–
3차	중·고등학교	대단원명 / 소단원명		본문 제재 / 주	공부할 문제	–
4차	중학교	대단원명 / 소단원명	단원 목표 / 학습 안내	본문 제재 / 주	공부할 문제, 문법, 작문	–
	고등학교	대단원명 / 소단원명	단원 목표1, 단원 목표2 / 학습 안내, 학습 안내	본문 제재 / 주	공부할 문제	–

[표 3.10] 5-7차 교육과정기 『국어』 교과서 단원 구성 방식

교육과정	급별	단원 구성 방식		
		도입부	전개부	정리부
5차	중학교	대단원명 / 소단원명 · 단원의 길잡이	본문 제재 / 주 · 학습 활동	단원의 마무리
	고등학교	대단원명 / 소단원명 · 단원의 길잡이	본문 제재17) · 학습 활동	단원의 마무리
6차	중학교	대단원명 / 소단원명 · 단원의 길잡이	본문 제재 / 주 · 학습 활동	단원의 마무리
	고등학교	대단원명 / 소단원명 · 단원의 길잡이 (학습 목표 · 준비 학습)	학습할 원리 · 학습할 내용 및 제재 / '지은이' '중요 어구' '참고' · 학습 활동 · 학습 활동 도움말 / 평가 중점	말하기듣기학습활동 · 학습활동도움말 · 쓰기학습활동 · 학습활동도움말 · 단원의마무리 · 단원의마무리도움말
7차	중학교	대단원명 / 소단원명 · 단원의 길잡이 / 학습 목표	읽기 전에 · 본문 제재 / 주 · 학습 활동	생각 넓히기 · 보충 심화 · 이 단원을 마치며
	고등학교	대단원명 · 소단원명 · 이 단원에서는 · 이 활동을 통해 · 준비 학습	주 · 본문 제재 · 주 / '알아 두기' '도움말' · 학습 활동 / '혼자 하기' '함께 하기'	단원의 마무리 / 정리하기 · 점검하기 · 보충 학습 · 심화 학습 · 사진으로 보기

[표 3.9]와 [표 3.10]에서 보듯이, 5-7차 교육과정기 교과서는 1-4차와 달리 활동 중심으로 구성되어 있다. 5차에 이르러 본격적으로 '대단원 체제'라 할 수 있는 '도입부-전개부-정리부'의 구성이 갖추어진다. 또한 5차에서는 시 작품 제목과 본문 사이에 간략한 설명을 추가한 것을 볼 수 있다. 5차 교과서에만 나타나고 이후에는 이러한 구성을 사용하고 있지는 않지만, 학습자의 학습 과정을 고려하여 작품에 대한 이해의 폭을 넓히기 위한 배경지식 제공의 기능을 수행하고 있다. 그러나 이는 배경지식 제공의 기능은 갖추었지만 학습자의 흥미를 유발하고 자신이 겪었던 경험을 활성화하는 데는 제 기능을 못하고 있다. 이러한 점은 이후 6차 교육과정의 고등학교 교과서에서 수정·보완된다.

6차 교육과정기의 고등학교 교과서에는 '도입부-전개부-정리부'의 활동 제시가 구체화되어 나타나는 것을 확인할 수 있다. 6차 교육과정 시기 단원 구성의 특징으로는 세 가지를 들 수 있다. 첫째, '단원의 길잡이'에서 '학습할 원리'를 요약적으로 정리하여 대단원 동안 학습해야 할 내용의 지침을 제공한다. 둘째, 다른 시기와 달리 '학습 활동'과 '단원의 마무리'에 '도움말'의 형태로 교과서에 제시한 활동이 어떠한 이유로 제시했는지, 이 활동들을 하기 위해서는 어떠한 지식을 떠올려야 하는지에 대한 지침을 제공한다. 이러한 '도움말'의 구성은 6차 교육과정 시기 교과서가 표방했던 '자율 학습이 가능한 교과서'와 맞닿아 있다. 1991년 1월 31일 국무총리실(당시 노재봉 총리)에서 자율 학습이 가능한 교과서에 대한 연구 지시가 있었는데, 국어과에서도 학습자가 자율적으로 학습할 수 있도록 교과서의 구성에 이를 반영한 것이다. '평가의 중점'과 같이 학습 목표를 상기시키는 요점들이 학습 활동에 제시된 점이나, 본문 제재에 '지은이', '중요 어구', '참고'와 같이 내용 이해를 돕는 도움들이 풍부해진 것도 이

---

17) 시인명과 시 작품 본문 사이에 시에 대한 간략한 설명을 추가하기도 함.

러한 자율 학습 정책의 일환으로 볼 수 있다. 셋째, 총체적인 언어 활동 교육을 꾀하였다. 6차 교육과정 시기의 특징적인 점으로 모든 단원의 마지막에 '말하기 · 듣기', '쓰기'가 첨가되어 있다. 현대시가 수록된 단원에도 '말하기 · 듣기', '쓰기'가 편성되어 있다. 대단원 전체의 학습 목표나 교육 내용과 기계적으로 결합되어 있는 경우도 있으며, '말하기 · 듣기', '쓰기'의 언어활동과 본문의 내용을 연계하기에 적절한 구성도 보인다. 문학 영역이나 읽기, 문법 영역 중심으로 교과서가 구성되었더라도 이들은 모두 '말하기 · 듣기', '쓰기'를 포함하는 통합적인 언어 활동이라는 인식이 반영되었다고 볼 수 있다.

7차 교육과정을 기반으로 만들어진 교과서에서는 '활동'을 중점적으로 강조한다. 이는 국민 공통 기본 교과로서 10학년까지의 '국어과 학습은 학습자가 국어 사용 상황에 능동적으로 참여하고 자신의 언어를 창조적으로 사용하는 언어 활동을 강조하여 국어의 가치를 체험할 수 있게'[18] 해야 한다는 점을 강조하고 있다. 말하기, 듣기, 쓰기, 읽기 영역에서만 언어 활동이 이루어지는 것이 아니라, 문학 영역도 언어 활동의 일환으로서 기능하였다.

지금까지 살핀 바를 정리하면, 교육과정의 변화 속에서 시교육은 '문학'이라는 고유의 영역을 확보해 가는 과정을 거치면서도 '한국 국민'으로서의 정체성을 강조하는 흐름과 함께 해 왔음을 알 수 있다. 또한 교과서의 변화 속에서 시교육이 실체로서의 작품, 즉 '전수받고 그로부터 감흥을 얻어야 할 대상'에서 활동 대상으로서의 작품, 즉 '학습자가 스스로 읽어 내고 의미를 부여해야 할 대상'으로 초점을 바꿔 왔음도 알 수 있다. 이러한 변화는 우리의 삶과 문학이 가지고 있는 긴장의 양 극단이 무엇인지를 잘 보여 준다. 이는 곧 개인과 사회와의 긴장인 동시에 전통과 변혁 사이

---

18) 7차 국어과 중학교 교육과정의 목표 서술 부분에 해당한다.

의 긴장이라고 할 수 있다. 시가 삶으로부터 유리되지 않은 무엇이라면, 이와 같은 변화 또한 우리의 삶과 세계에 대한 인식을 보여 준다는 면에서 한편으로는 문학적이요, 시적인 특성을 가진다고 할 수 있다.

Ⅱ. 문학사를 보는 관점과 시교육의 대응

1. 시교육과 교육 정전

작품을 고려하지 않은 시교육은 상상하기 어렵다. 시교육이 언어 사용의 일반적인 영역까지 포괄할 수는 있지만, '시적 언어 교육'이 아닌 '시교육'인 이상 구체적인 시, 곧 작품이 교육의 중심에 서게 된다. 여기에 교과서가 아직까지 가지고 있는 권위를 더하면 교과서에 수록되는 작품은 일종의 정전과 같은 지위를 얻게 된다. 1994학년도의 대학수학능력시험과 2007 교육과정의 검·인정제 도입 이후 교과서의 위상이 다소 약화되기는 했지만, 적어도 7차 교육과정까지의 『국어』 교과서는 모두 국정이었기 때문에 여기에 수록된 작품들은 중등교육을 이수한 모든 국민 사이에서 독보적인 가치를 지닌다.

하지만 비판적으로 보면, 시교육이 국가 수준의 교육과정을 바탕으로 이루어진 지 고작 60년 남짓 되었을 뿐이다. 현대시 자체의 성립도 (논란은 있지만) 100년을 겨우 넘은 정도다. 이 정도 기간에 교과서에 수록된 제재들을 과연 '정전'이라고 부를 수 있는 것일까? 거꾸로, '시간적 지속성'이 정전이 갖추어야 할 필수적인 요건일까? 이 외에도 고려할 질문들은 남아 있다. 국어교육의 일부로 시교육이 존재하는 상황에서 시교육의 정전은 작품성을 바탕으로 하는 것일까, 국어 능력 신장 기제의 유무를 바탕으로 하는 것일까? 현대시가 자의식과 근대정신을 바탕으로 하고 해체의 정신까지 품고 있다면 이에 대해 '정전'을 논의하는 것이 현대시의 정신에 맞는 것일까? 정전에 대한 논의는 이와 같이 복잡한 질문들이 켜켜이 쌓여 있는 창고를 정리하는 작업처럼 보이기도 한다.

여기에서는 정전을 둘러싼 기존의 논의들을 살펴보고 향후 시교육에서 '정전'이라는 개념을 어떻게 다룰 수 있는지에 대한 고민을 진행해 보고자 한다.

1) 정전을 둘러싼 담론들 : 정전(正典)과 정전(整典)의 길항

흔히 '정전(正典)'이라고 하면 기존의 전통 속에서 가지런히 정리된 일련의 목록으로서의 작품군을 떠올리는 경향이 강하다. 이러한 흐름 속에서 문학교육에서 정전에 대한 논의는 '정전 현상'에 주목함으로써 사회적인 구성 작용을 부각하는 방향으로 발전하기도 하였다.

먼저, 정전(正典)에 대한 논의와 관련하여 그 동안 시교육에서 정전이 과연 존재했는가에 대해 회의하는 견해가 존재한다. 서구에서 '정전'의 개념이 유입되었고 많이 사용되었음에도 불구하고 서구와 문화적·민족적·사회적 특성에서 드러나는 차이점 때문에 서구의 '정전' 개념을 우리나라에 그대로 도입하여 사용하기 어렵다고 보는 견해다. 윤여탁(2008 : 140)은 서양 문학에서의 '정전'에 해당하는 목록이 우리나라 근대 이후에 만들어진 적이 없다고 보면서 그 대신 '정전의 역할을 담당했던 목록'으로서 '준정전(準正典)'의 개념을 채택하였다. 이명찬(2008 : 46)은 더 나아가 그러한 방식으로 갖추어진 '준정전'의 목록도 교육 자체의 자율적인 논리에 따르지 못한 채 '심하게 너덜거리고 뒤틀린 목록들의 더미'로만 남아 있다고 본다.

'정전'이든 '준정전'이든 교육의 현장에서 정전의 역할을 수행하는 작품군이 시대에 따라 다르게나마 존재하는 것으로 간주한다고 하더라도 그것들이 가지는 통시적인 특징을 일목요연하게 정리하기는 쉽지 않다. 윤여탁(2008)이 이미 언급한 것처럼 '시'의 지향성을 무엇으로 보는가가 변화함에 따라, 즉 패러다임이 어떻게 전환되는가에 따라 문학계에서도 이후 문학의 대안으로 제시하는 바가 달라졌기 때문이다. 이명찬(2008)은 이와 같은 현상에 주목하면서도 단순히 패러다임에 따라 변화하는 다양한 작품을 섭렵하는 것으로 기존의 정전 논의를 극복하려는 시도에는 양적인 문제로만 문제를 돌파하려는 한계가 있음을 지적하기도 하였다. 정전의 문제는 작품의 양적 증대로 해결하기보다 한 작품에 대해 다양한 독법을 제시함으로써 돌파하는 것이 더욱 교육적이고 문학적인 해결책이 될 수 있다는 것이었다.

박인기(2008 : 30-33)는 문학에서 정전이 형성되는 논리와 교육에서 정전이 형성되는 논리가 서로 다르다는 점에 주목하기도 하였다. 문학에서는 정전이 문학계 안에서의 독립적인 성격을 가질 수 있지만 교육에서는 교육이 추구하는 목표 및 기획하는 방향에 따라 그로부터 자유로운 정전을 구성하기 어렵다는 것이었다. 여기에 덧붙여 정전을 단순히 목록으로 보기보다 '정전'이 이 사회 안에서 어떠한 방식으로 작용하는가에 주목하기도 했는데, 이러한 관점은 정전이 가지고 있는 고정성을 사회적 상호 작용의 역동성으로 전환하는 것이기도 하였다. 문영진(2006) 또한 정전의 문제를 문학 작품의 소통과 순환 과정 속에서 해명하고자 시도한다. 이를 위해서 하위 소통 체계를 4개로 구분하는데, (가) 취향·출판과 관련된 소통 체계, (나) 문학사·비평과 관련된 소통 체계, (다) 교육과정의 작성과 재작성과 관련된 소통 체계, (라) 교실 차원에서 학생이 정전과 구체적으로 만남으로써 이루어지는 소통 체계가 그것이다. 그는 정전화의 과정은 이 네 과정의 복합적인 상호작용 체계와 관련된 개념들을 활용하여 기술하는 것이라고 보고 있다(문영진, 2006 : 171).

이와 같은 시각은 작품에 접근하는 학습자들의 활동에 주목할 수 있는 가능성을 충분히 내포한 것이기는 하나, 실제로 '정전 현상'이 갖추는 네 가지 조건(박인기, 2008 : 27-29)을 살펴보면 정전 현상에 대한 학습자의 체험이나 개입이 중심이 되기보다는 교육 기획에서 참조해야 할 '선별 기준'을 제시하는 방향으로 정리되는 것으로 보이기도 한다. 또한 정전의 문제를 소통의 문제로 본다고 하더라도 학습자들이 그 과정에 기성세대와 동등한 지위로 참여할 수 있는 여지가 있는 것으로 보이지도 않는다. 소통 체계에 대한 주목이 정전 현상에 대한 분석틀로만 작용할 뿐 학습자가 수행해야 할 활동으로까지 충분히 전이되지는 못한 것으로 보이는 것도 이러한 맥락의 연장선에 있다.

여기에서 더 나아가 더 적극적으로 학습자들의 독립적인 활동에 주목한 논의는 정재찬(1997)에서 확인할 수 있다. 정전은 학습자들이 자신의 읽기 경험을 바탕으로 스스로 구성해 나가는 것이라는 관점이다. 최지현(2000 : 89-90) 또한 전수해야 할 실체적인 목록으로서의 정전보다는 '블록 쌓기 모델'이라는 관점을 도입하여 학습자들이 스스로 구성해 가는 과정으로서의 정전에 주목하는데, 이와 같은 관점을 통틀어 정리하면 '정전(整典)'이라는 개념을 도입하는 것도 시교육의 생산적인 측면에 기여할 수 있을 것으로 보인다.

'정전(正典)' 개념이 이미 주어진, 정리되어 있는 문화적 전통적 산물이라는 함의를 가진다면 '정전(整典)' 개념은 다양한 양태로 편재하는 작품들이 학습자의 입장에서 어떻게 정리되어 가는지에 주목한다. 이는 '정전 현상'에 주목하는 기존의 논의와 맞닿은 것처럼 보이기도 하지만, 기존의 논의에 비해 학습자들이 현재까지 쌓아 온 '시 경험'을 크게 고려한다는 차이점을 지닌다. 정전 현상에 주목함으로써 사회적 소통 관계에 참여하는 학습자의 지위를 보장할 수 있는 것처럼 보이나, 적어도 중등교육의 장에서 학습자들이 그러한 소통 관계에 참여하기에는 '시 경험'이 아직 충분하지 않다는 것이 '정전(整典)' 개념의 기본 전제다.

정전이 목록으로 존재하는 것이라면 이는 작품이 곧 가르쳐야 할 내용이 된다는 것을 의미한다. 이와 달리 정전이 일종의 활동으로 존재하는 것이라면 이는 다양한 작품을 읽고 이에 대해 가치를 평가하는 활동이 곧 학습자들로 하여금 체험하게 해야 할 내용이 된다는 것을 의미한다. 그렇다면 정전에 대한 기존의 논의들은 어떤 방향에 더 무게를 두어 왔던 것일까.

2) 정전(正典)의 목록화에 숨은 전제와 한계

'목록으로서의 정전'은 교육 내용의 개발 차원에서 반드시 거쳐야 할 논의 대상이다. 그러나 이러한 논의들이 다루는 '정전'의 개념이 반드시 숭배 대상으로서의 작품군을 의미하는 것은 아니다. 윤여탁(2008)은 텍스트를 중심으로 하여 정전에 대한 논의를 진행하였지만, '교육 정전'이라는 개념을 도입함으로써 그 외연을 확장시키고 있다. 여기에서의 '교육 정전'이란 '학교교육에서 교육 목적에 합당하게 정리된 텍스트와 텍스트 목록, 해석 텍스트'인데(윤여탁, 2008 : 138), 문학적 전통 속에서의 정전만을 고수하기보다는 학습자의 문학 능력 성장에 기여할 수 있는 다양한 텍스트를 포괄할 수 있다는 장점을 지닌다. 교육이라는 맥락을 놓치지 않는 관점이기 때문에 '교육 정전'에는 '문학 작품뿐만 아니라 비문학 제재 등 다양한 텍스트와 해석, 그리고 이와 관련된 교수 학습 활동이 포함된다(윤여탁, 2008 : 138).

교육 정전이라는 개념의 도입은 교사가 문학적인 전통의 관점에서 보았을 때에는 비정전적인 것이라 하더라도 '유연성 있게 문학교육에 이끌어 들이는 것'이 가능하게 된다. 우한용(2006)은 이와 같이 교육 정전이 형

성되는 과정에 있다는 점을 강조하며 "그 구성과 변형 과정에서 문학교육
과 문학 바깥의 교섭과 소통은 이루어진다."고 보기도 하였다(우한용, 200
6 : 25).

그래도 교육 정전의 개념이 학습자들에게 작품에 대한 자유로운 접근
을 허용하는 것인지에 대해서는 회의적인 시각이 남아 있다. 이명찬(2008)
은 교육의 장에서 정전의 권위와 중심성을 해체하기 위해서 사용하는 비
정전 자료 역시 학습자에게 억압으로 작용할 수 있음을 밝히고 있다. '비
정전 자료'라고 하더라도 '교과서'라는 제도를 통해 전달되는 것이기 때
문이다. 구체적인 논의의 내용은 다음과 같다.

> '교육 텍스트'가 갖는 본래적 성격 때문에라도 비정전적 자료를 쉽게 제
> 공하는 것은 문제의 소지가 있다. 자유롭고 손쉬운(혹은 손쉬워 보이는) 텍
> 스트라 하더라도 그것들이 교육(이 지니는 무게를 생각해 보라!)의 현장에서
> 그것도 교과서라는 이름으로 제공될 때 그것은 벌써 하나의 억압으로 작동
> 하지 않을 수가 없다. 아무리 '학생 작품'이라는 표지를 달고 있어도, 작품
> 혹은 텍스트는 독자로서의 학생들이 힘겹게 밀고 들어가야 할 관문이기 때
> 문이다. 그것은 또, 아무리 스스로 '쓰는' '독자 작가'가 강조되는 시대이자
> 문학교육의 도달점이 작가의 탄생(혹은 모든 독자의 작가 만들기)에 있다 하
> 여도, 출발 지점의 독자는 주눅 들어 있을 것이기 때문이기도 하다. 기왕에
> 주눅이 필수적이라면 그것을 창조적 생산으로 전화할 방법을 찾는 것이 현
> 명한 일일진대 그것을 위해서는 최량의 모범적인 글쓰기를 보여 주는 것이
> 선결 요건이다(이명찬, 2008 : 54).

결국 동일한 작품이라도 사설 출판사의 선집 형태로 제시된 정전과 교
과서 형태로 제시된 정전이 학습자에게 어떠한 태도를 요청하는지에 대
해서 재고할 필요가 생긴다. 이는 다시 정전이 갖추어야 할 요건은 무엇
인지, 또 그것이 제시되는 방식은 어떠해야 하는지에 대한 논의를 정리해
야 할 필요성으로 이어진다.

시교육이 정전의 문제에 대해 이와 같이 지대한 관심을 보이며 지속적으로 논의를 계속하는 이유는 무엇일까. 그것은 아마도 기존의 문학계에서 벌어진 '훌륭한 문학'에 대한 서로 다른 가치 평가가 지금까지도 이어지고 있다는 데에서 한 원인을 찾을 수 있다. 여기에 교실에서 다루어지는 작품은 '훌륭한' 것으로 평가를 받은 작품이며 이러한 작품을 읽는 독자는 그 작품이 '훌륭한' 것이라는 가치관과 함께 그 작품이 품고 있는 정서와 세계관을 스펀지처럼 흡수할 것이라는 전제도 일정 정도 기여한다. 다음에 살펴볼 '정전'의 요건에 대한 논의들을 살펴보면 이를 확인할 수 있다.

송무(1997)는 정전이 바람직한 교재의 목록을 뜻한다면 이에 대한 논의는 문학교육 상황의 세 차원에서 이루어질 수 있다고 보았다. 첫째는 교재 선정의 차원으로 선정된 작품들의 목록이 문학의 범례적 가치를 두루 체험시킬 수 있는 것인가의 문제다. 둘째는 교수법의 차원으로 그 목록의 가치를 어떻게 온전히 전달할 것인가, 또는 정전에 섞여 있을 수 있는 바람직스럽지 못한 부분을 어떻게 가려내고 가르쳐야 할 것인가 하는 것이 문제가 된다. 셋째는 제도의 차원이다. 이때는 교과과정, 학점 제도, 평가 제도 등이 효과적인 정전 교육이 이루어질 수 있도록 짜여져 있는가 하는 것이 문제가 된다(송무, 1997 : 294).

이와 같은 논의는 정전의 가치를 인정하면서도 그 안에 혹시라도 포함될 수 있는 '바람직스럽지 못한 부분'으로부터 학습자들을 보호해야 하는 교육인의 사명감을 보여 주는 것이기도 하다. 이러한 사명감은 자연스러운 동시에 반드시 필요한 것이기도 하지만, 학습자들이 교육을 통해 자신의 삶을 찾기보다 교육이 제시한 방향으로만 삶을 발전시켜 나가도록 한다는 점에서 비판의 대상이 될 수도 있다. 송무(1997)의 논의는 정전이 가지는 역사성을 바탕으로 하여 올바른 정전을 수립하기 위해서는 끊임없는 헤게모니의 투쟁이 있어야 한다는 내용을 포함하면서도, 이면에는 그러한 투쟁을 학습자의 것이 아닌 기성세대의 것으로 바라보는 것이 아닌가 하는 의구심을 낳게 한다.

김중신(2008)이 정전 형성의 요건으로 제시한 다섯 가지 항목은 '현재성'을 그중 하나로 포함하고 있다는 점에서 학습자들이 당면한 문제를 포괄할 수 있는 가능성을 보이기도 한다. 그러나 작가가 역사적으로나 시대적으로 부끄럽지 않은 삶을 살았는지를 판단하는 요건으로서의 '역사성'이나 그 작품이 당시에 문학사적으로 의미가 있었는지를 판단하는 요건으로서의 '당대성' 등은 여전히 기성세대가 설정한 방향으로 학습자가 수렴되기를 바라는 관점으로부터 자유롭지 못하다. '현재성' 또한 기성세대가 바라보는 현재의 문제들에 대해 학습자들도 관심을 가지기를 바라는 시선이 담겨 있다.[19] 그 방향이 윤리적인 차원에서 보아 크게 어긋남이 있지는 않겠지만, 정전 논의에서 선택의 주체가 기성세대로 설정되어 있다는 점은 다시 한 번 논의해 봐야 한다.

김수업(2011)이 제시한 네 가지 '가늠자'도 동일한 맥락에서 정리할 수 있다. 첫째 가늠자는 우리말의 힘을 얼마나 아름답게 부려 썼는가이고, 둘째 가늠자는 겨레 삶 속뜻을 얼마나 잘 드러내 놓았는가이며 셋째 가늠자는 세월의 흐름도 뛰어넘는 재미를 얼마나 지녔는가, 마지막 넷째 가늠자는 아이들 마음을 얼마나 힘차게 끌어당길 수 있는가다. 그러나 여기에서도 '아름다움', '겨레 삶 속뜻', '재미' 등의 개념들은 아직까지 우리 사회에서의 합의가 충분히 이루어졌다고 보기 어렵다. 이와 같은 개념들은 발화자의 욕망이 투영된 결과로서만 작용하기 쉽다는 점에서 교육의 국면에서 구체화되는 데에 한계가 있는 것이기도 하다.

강석(2013 : 33-35)이 지적한 것처럼 이와 같은 현상들은 교육이 가지는 '재생산성'의 일면을 잘 보여 준다. 동시에 이러한 현상은 우리 사회가 시

---

19) 이 외에도 그 작품이 아직도 새롭게 해석될 여지가 있는지를 판단하는 '함의성', 그의 생애나 작품에 대해 더 알고 싶은 마음을 갖게 하는지를 판단하는 '흥미성'의 요건을 제시하였다. 김중신(2008 : 66-72) 참고.

교육을 받아들이기에 아직 충분히 안정되어 있지 않다는 것을 반증한다. 현대시의 역사는 모더니즘적 관점과 리얼리즘적 관점의 경쟁적 발전을 통해 이루어졌다고 볼 수 있는데,[20] 그 과정에서 발생했던 저항적이고 반발적인, 혹은 다소 일탈적인 자세는 여전히 억압의 대상으로만 다루어진 것이다. 기성세대가 학습자들의 일탈을 얼마만큼 포용할 수 있는가는 다양한 문제 상황들에 대한 적절한 대처 방안을 얼마나 안정되게 구축하였는가와 결부된다. 학습자들을 현재 사회가 적대시하는 것으로부터 격리하고자 하는 방식의 접근은 아직 그것들에 대한 학습자들의 관심이나 경험을 어떻게 다루어야 하는지에 대한 방안을 마련하지 못한 결과에 불과하다. 그 결과 유성호(2008 : 44)가 파악한 바와 같이 성적 기표가 드러난다든가 성적 불온성 등이 내적 근간을 이룬 작품도 꾸준하게 정전의 목록에서 배제되어 왔다.

3) 정전(整典) 활동으로서의 시교육의 가능성

시교육의 장은 문학계에서 추구하는 문학에 관한 가치 혹은 이데올로기와 국가(교육)에서 추구하는 문학에 관한 가치 혹은 이데올로기가 중첩된 공간이다. 기성세대가 후속 세대에게 일정한 가치 혹은 이데올로기를 전수하고자 하는 것은 교육의 국면에서 자연스러운 일이기에, 기존의 정전 개념은 그 양적인 확장에 있어서나 독법의 질적인 심화에 있어서나 일면 유효한 부분이 있음을 부정할 수 없다.

---

20) 물론, 이 가운데에서 '순수시'의 위상을 어떻게 볼 것인가의 문제는 여전히 남아 있다. 그러나 우리 현대시의 역사에서 '순수시'는 모더니즘이나 리얼리즘에 대해 대타적으로 존재하는 경향이 있다(이승하 외, 2005). 현대시의 역사를 모더니즘과 리얼리즘의 경쟁적 발전 구도로 단순하게 정리하는 것이 큰 무리일 수는 있겠으나, 이는 전통으로부터 탈피하여 새로운 영역으로 눈을 돌리는 모던의 정신을 강조하는 과정에서 일부 불가피한 측면이라고도 할 수 있다.

그러나 문제는 기성세대가 어떤 작품을 정전으로 규정하고 그것을 학습자들에게 전수하고자 할 때 나타나는 문제점들을 해결할 방법이 여의치 않다는 데에 있다. 예를 들어 김소월의 〈엄마야 누나야〉나 조지훈의 〈승무〉 같은 작품은 해방기 이후 발간된 교과서에 총 8회 수록된 작품이다. 작품은 변함없이 교과서에 수록되고 있지만, 학습자는 늘 변화하고 있다. 해방기와 정부수립기, 한국 전쟁기를 거치면서 두 작품을 배운 세대와 4·19 및 5·16을 체험하면서 배운 세대, 광주와 올림픽을 관통하는 세대, 그리고 1990년대 말 IMF를 거치면서 무한 경쟁 시대에 배운 세대가 두 작품에 대해 동일한 반응을 보일 것이라 생각할 수는 없다. 21세기에 태어난 세대는 또 다를 것임도 자명하다. 처음에 두 작품을 교육 정전으로 삼았던 문제의식은 오늘날 더 이상 유효하지 않다.

문학사에서 상대적으로 '순수 시인'으로 분류되는 김소월이나 조지훈 외에 '민중 시인' 혹은 '저항 시인'으로 평가를 받는 시인들의 작품은 어떨까. 장래 희망으로 '돈을 많이 벌 수 있는' 의사, 변호사를 꼽는 학습자들에게 신동엽의 〈껍데기는 가라〉나 신경림의 〈가난한 사랑 노래〉가 얼마나 밀도 있게 파고들 수 있었을까. 매일 경쟁에서의 낙오를 걱정하며 실체를 알 수 없는 불안에 휩싸여 있는 그들에게 과연 '껍데기'는 무엇이고, '가난'은 무엇일까. 시교육의 사후적인 영향에 대한 연구들이 아직 활성화되어 있지 않은 까닭에 그 실체를 분명히 파악하기는 어렵지만, 1990년대 이후 학습자들의 일상을 고려하면 '껍데기'와 '가난'에 대한 성찰조차 일종의 '사치'처럼 여겼을 가능성도 배제할 수 없다.

강석(2013 : 33)의 논의대로 시교육에서 정전의 문제가 '재생산'의 효과와 분리되지 않기에, 시와 관련하여 기성세대들이 각자의 위치에서 추구하는 재생산의 욕망은 어디에서나 작동한다. 그러나 그것은 어디까지나 기성세대들의 욕망일 뿐, 학습자들이 그에 부응하는가 하는 질문에 대해서는 긍정적인 답변을 하기 어렵다. 문영진(2006)도 정전을 둘러싼 소통의 맥락이 도관 은유로 인식될 때의 한계를 지적하면서 정전화 과정이 일종의 '인정 투쟁'의 성격을 가진다는 점을 간파한 바 있다. 이러한 관점에 기대어 보면 기존의 정전 논의들이 간과했던 것은 학습자들이 얻고자 했던 '인정 투쟁'이라고 할 수 있다.

기존의 정전 개념에서 상정하는 '정전성'이 내재되어 있는 작품이라고 할지라도 그것을 학습자에게 일방적으로 전달하려 하는 경우와 학습자 스스로가 그것을 발견해 내고 자신의 목소리를 통해 자신의 문학관에 대한 인정을 요구하는 경우는 그 이후의 효과가 분명히 다를 것이다. 그러나 학습자들의 인정 욕망을 인정한다고 해도 여전히 (교육)정전 선정의 주체는 기성세대로만 한정되어 있는 감을 지우기 어렵다. 박인기(2008 : 34)가 '정전을 수용하는 코드를 구명하고, 수용자별로 나타나는 개별성에 대한 섬세한 연구를 문학교육에 적용해야 한다'는 방향을 제시하였고 이는 학습자를 교육의 중심에 놓으려는 시도로서의 가치를 충분히 가지고 있지만, 여전히 학습자는 정전 선정 과정에서 고려해야 할 하나의 변인에 지나지 않는다.

이와 같은 시선의 연장선 위에서 학습자는 문학계에 '입문'하기 위한 예비적 위치에만 놓이게 된다. 어떤 작품이 좋은 것인지, 문학이란 무엇이며 그것이 우리 사회에 끼치는 영향은 무엇인지에 대한 질문과 답은 문학계 내부에서 하는 것이고 학습자들은 그것을 지식의 형태로 습득하며 문학계로의 입문을 승인받기 위한 준비만을 하는 것이다. 학습자를 문학계의 일원으로 상정하고 그들의 목소리에 귀를 기울이는 것은 '문학적'이지 않은 것일까? 문학이 현대 사회의 고민과 사유의 구체적 형상화에 앞장서는 아방가르드적 요소를 가지는 것과 다수 대중의 일부인 학습자들의 목소리에 귀를 기울이며 그 향유층을 보다 넓혀 가는 것이 전혀 양립할 수 없는 것처럼 보이지는 않는다.

가치의 교육은 전달할 지식의 문제가 아니라 설득하고 협상해야 할 '인정'의 문제로 보아야 할 것이다. 한때 키치(kitsch)시가 시교육에서 하나의 화두로 떠올랐을 때 이에 대한 대응은 키치시를 저열하거나 함량 미달인 것으로 바라보는 시선을 전제로 하고 있었다. 아무리 긍정적으로 보더라도 그것은 시에 대한 관심을 불러일으키기 위한 입문으로써의 역할에 머무르는 것이 전부였다. 그러나 이후 키치시를 전략적으로 어떻게 다루어야 할 것인지에 대한 논의는 크게 활성화되지 못하였다. 그 결과 이제는 학습자들이 키치시라도 읽는다면 고마운 상황이 된 것처럼 보이기도 한다.

설득과 협상은 지속적인 대화를 필요로 한다. 대화가 일방향적인 전달이 아니라 끊임없이 조정을 거듭하는 양방향으로의 침윤이라면, 현재 학습자들의 고민은 무엇인지, 그 고민을 담아 자신의 이야기를 펼쳐낼 수 있는 작품이 무엇인지를 기성세대가 먼저 정하는 것은 그 논리가 성립되지 않는다. 시간이 걸리더라도 기성세대는 어떤 작품이 어떤 점에서 왜 좋다고 보는지, 학습자는 자신의 입장에서 어떤 작품이 어떤 점에서 왜 좋다고 보는지를 서로에게 끊임없이 제시하면서 때로는 인정하고 때로는 인정받는 과정이 시교육에서는 보다 활성화될 필요가 있다.

'정전(整典)'이라는 개념을 도입하는 것은 이러한 과정에 보다 주목할 수 있는 길을 제시한다고 볼 수 있다. 학습자들이 되도록 많은 작품들을 읽고 그에 대한 가치를 평가하며 자신만의 목록을 제시하는 일이 문학계와 문학교육계에서 진행되고 있는 정전(正典) 논의와 병행될 필요가 있다. 무정부주의적인 해석이 비판을 받는 것과 마찬가지로 '정전(整典)' 개념 또한 무정부주의적인 목록화라는 비판을 받을지도 모르겠다. '아무 작품이나 읽히자는 것인가?'라는 비판이 대표적일 것으로 예상된다. 그러나 현실을 보다 분명하게 바라볼 필요가 있다. 학습자들은 '아무 작품도' 읽지 않는다. 자신이 그에 대해 무언가 표현할 것이 있어야 '이해했다'고 말할 수 있다면, 자신만의 목록을 구축하게 하는 것은 가장 쉽게 정전을 이해하는 한 방법이 될 수 있는 것이다.

2. 친일시 논쟁과 시교육

한국 사회에서 '친일'은 아직도 진행 중인 논란거리다. 우리 사회에서 특정 인물이나 그와 관계되는 인물에게 친일 의혹이 제기되면 언론과 대중은 예외 없이 민감하고 격렬하게 반응한다. 친일은, 관용이나 용서의 여지없이 비판받고 단죄해야 할 행위다. 광복 70년이 넘은 오늘날에도 이처럼 친일 문제가 뜨거운 이슈가 되는 이유는 우리 사회에서 친일 문제가 아직 해결되지 않은 채로 지속되고 있기 때문이다.[21] 친일파 청산이 제대로 이루어지지 않은 채로 친일파가 그대로 사회 기득권층으로 잔류해 온 이 사회에서 친일 문제는 여전히 현재 진행형일 수밖에 없다(최지현, 2003 : 11).[22]

시교육에서 친일의 문제는 친일시 또는 친일 시인을 둘러싼 논쟁을 통해 다루어진다. 우리 교과서에 수록된 시인 중 일제 강점기를 통과해 온 경우, 친일 경력에서 완전히 자유로운 이는 그리 많지 않다. 그중에서도 친일 행위에 특히 적극적이었던 이들은 이미 정부에 의해 '친일 문인'으로 규정된 바 있다. 2005년 노무현 정부에서 국가 기관으로 발족된 '친일반

---

21) "일본 제국주의의 식민 통치를 벗어나서 해방을 맞았을 때 우리에게 가장 시급했던 일은 일제 잔재를 청산하는 일이었다." 그러나 미군정은 "친일관료들을 다시 기용하고, 중요 친일 인사들을 끌어들였으며 각 부문의 제도나 규범 속에서도 일제 잔재들을 그대로 온존시켰다. 이것은 1948년 이승만 정권이 들어서면서도 마찬가지였는데 이승만 정권은 자신의 정권 유지에 따르는 정략적 차원에서 이 과업을 거부했던 것이다.", "그 뒤 6·25 동란을 거치면서 분단 체제가 고착되고, 이승만 독재, 유신 독재를 지나 오늘에 이르기까지 일제 잔재는 거의 한 번 제대로 손도 못 대고 우리 사회의 구석구석에 온존해 왔던 것이다."(교육출판기획실 엮음, 1988 : 8)

22) 친일시를 비롯한 친일의 문제 상황이 현재적인 것은 친일파의 역사적 청산 실패, 친일 반역자들이 친미주의자로 돌변하면서 기득권을 유지하게 된 것, 그 과정에서 지배구조와 사회 관계가 냉전 체제에 바탕을 두고 극심하게 왜곡되기 시작한 것, 식민주의 문화와 습속이 그대로 온존된 것 등이 원인이라고 할 수 있다(최지현, 2003 : 11). 최지현(2003)에서는 '친일시'가 그것을 둘러싼 담론 속에서 생명을 유지하고 재생산되고 있음을 밝히며, 문학교육에서 '친일시' 및 '친일시 담론'을 텍스트로 다루어야 할 것을 논의하였다(최지현, 2003 : 23).

민족행위 진상규명위원회'는 이명박 정부 시기인 2009년 말에 '친일반민
족행위자'로 판정한 문인 31명의 명단을 발표하였는데, 김기진, 김동인,
김동환, 김문집, 김억(안서), 김용제, 김종한, 노천명(女), 모윤숙(女), 박영희,
백(세)철, 서정주, 유진오, 윤두헌, 이광수, 이무영, 이석훈, 이찬, 임학수,
정덕조(女), 장은중(혁주), 정비석, 정인섭, 정인택, 조용만, 조우식, 주영섭,
주요한, 채만식, 최재서, 최정희(女)가 그들이다(구광모, 2013 : i).

우리 시대의 대표적인 문인으로 분류되는 다수의 시인들이 친일 경력
을 가지고 있고, 이들 중 몇몇은 교과서에서 비중 있게 다루어지고 있으
므로 친일 문학 논쟁은 간단하게 해결되기는 어렵다. 이는 시인의 삶과
이데올로기, 그리고 작품 사이의 상관관계로 확장될 수 있다는 점에서 더
욱 중요하게 다루어져야 할 문제다. 이 장에서는 시인들의 친일 전적을
단순히 단죄하기보다는 문학교육에서 이들의 문제를 어떻게 다루어야 할
것인지 하는 문제에 초점을 맞추고자 한다. 현재 친일 시인들의 작품이
교과서에서 어떻게 다루어지고 있으며, 또 앞으로 어떻게 접근해야 할 것
인지 고찰함으로써 친일 문제에 대한 생산성 있는 논의를 이어가고자 한
다. 그러기 위해서 국정 교과서를 넘어 고등학교 선택 과목인 『문학』 교
과서로 논의를 확장한다.

1) 친일 문학의 생성과 문학교육의 접근

'1940년부터 1945년 해방에 이르는 시기'를 가리켜 '암흑기'라고 부른
다(김대행, 1999 : 119). 전시 체제 아래에서 일제의 수탈은 나날이 가혹해져
가고 언론은 통제되었으며 광복의 희망은 보이지 않았던 이 시기는 그야
말로 우리 민족의 '암흑기'라고 부를 만하다. 이 시기에 산출된 문학이나
그 활동에 대해서는 '친일문학'으로 규정된다(김대행, 1999 : 120). '친일 문
학'의 개념과 정의에 대해서는 다양하게 논의되지만, 여기서는 일제 강점

기에 창작되었으며 일본 제국주의에 적극적·소극적으로 동참 및 동조한 모든 문학을 가리키기로 한다.

1930년대 후반에 이르러 일제의 언론 탄압 및 지식인에 대한 회유책이 극에 달하였고, 조심스럽게 나타나기 시작한 친일의 논리들은 백철의 '사실수리론', 최재서 등의 '국민문학론', 이원조의 '제3의 논리' 등으로 발전하여 적극적인 친일문학의 기반으로 자리 잡게 되었다(박용찬, 2003 : 93-94). 일제 말 친일 협력시는 미적 이념에 따라 이광수, 주요한, 김동환, 김억 등의 '국민문학파와 국민주의', 서정주, 김종한 등의 '순수 서정파와 언어미학주의', 김용제 등의 '프로문학파와 전체주의' 등 크게 세 갈래로 분류할 수 있다(박수연, 2006 : 206-207). 친일 문인들은 저마다의 논리와 근거, 이론을 갖추고 일본의 침략 전쟁을 긍정하고 합리화하여 이에 동참할 것을 촉구하는 친일 문학을 양산해 나갔다.

문학교육에서 친일문학의 문제는 두 가지로 나누어 접근할 수 있다. 먼저, 일제의 침략 전쟁과 식민 정책을 노골적으로 긍정하는 친일시다. 이러한 시들은 노골적이고 선동적인 구호들로 이루어져 있으며, 교과서 수록 여부와 상관없이 작품에 대한 가치평가가 합의되어 있기 때문에 논란의 대상이 되지는 않는다. 문학교육에서 논쟁의 대상이 되어 왔던 것은 친일 경력이 있는 시인의 친일시가 아닌 다른 작품들이다. 이러한 작품들의 경우, 교과서 수록 여부에서부터 작품에 대한 평가에 이르기까지 여전히 논란의 대상이 되고 있다. 친일 문인의 작품이 교과서에서 다루어지는 것과 관련해서 다음의 글에서는 친일의 잔재를 청산할 것을 적극적으로 요구하였다.

> 국어 교과서의 경우 친일문학자들의 작품이 해방된 지 42년이나 된 지금에도 큰 비중을 차지하고 있다. 물론 그러한 친일 문학자들이 우리 문학계의 지도적 위치를 차지해 왔기 때문이겠지만 아무리 그렇다 해도 교과서에까지 그들의 작품을 중요하게 취급하는 데에는 문제가 있는 것이다. (…)
>   이 책을 엮은 이유는 바로 이러한 '어처구니 없는 경우'에 있다. 해방된

지 42년이나 지난 지금에도 교과서에서 친일 문학자들의 작품을 아무 것도 모르는 채 '감동 깊게' 읽어야 되는 데에 있다. 결국 우리 교육 특히 교과서에 남아 있는 일제 잔재를 확인해 보고 그것을 통해 뼈아픈 반성을 해 보자는 데에 그 목적이 있는 것이다. 또한 그러한 것들이 이제까지 남아 있게 된 이유와 배경을 통해 우리 교육의 모순을 보자는 데에 있다(교육출판기획실 엮음, 1988 : 9).

문학교육은 성장하는 인간인 청소년 학습자의 가치관 형성과 정서 함양에 그 어떤 교과보다 지대한 영향을 미친다.[23] 그렇기 때문에 교과서 제재를 선택할 때에는 작품의 가치뿐 아니라 그것을 창작한 시인의 윤리성까지 점검하게 마련이다. 시인과 시를 완전히 분리해서 가르칠 수 없고, 가능하다고 해도 이를 반드시 바람직하다고 할 수 없으며, 교과서에서 시인에 대한 소개와 설명은 이미 오랫동안 중요하게 다루어져 왔다. 그래서 교과서에서 친일 논란은 개별 작품을 대상으로 이루어지기도 하지만, 그를 넘어서 작품의 생산자인 시인을 둘러싸고 이루어지기도 하는 것이다. 문학교육에서 친일의 문제가 어떻게 논의되는지 '직접적인 친일시'와 '친일 문인의 작품'으로 나누어 각기 다른 관점에서 접근해 보자.

2) 문학교육에서 친일 문제를 다루는 방식

(1) 친일시의 직접 제시 : 대조를 통한 가치화

친일시를 직접적으로 다루는 교과서는 그리 많지 않다. 교과서에서는 일반적으로 교육적인 가치가 있다고 평가되고 문학적으로도 높은 평가를

---

23) "문학을 가르친다는 것은 학습자로 하여금 문학의 일반 원리나 지식을 습득하게 하는 데서 그치지 않는다. 작품 속에 내재된 형상적 사유의 본질을 파악하고, 그러한 바탕 위에 문학적 사고방식과 가치관을 내면화함으로써 궁극적으로는 학습 주체의 의식과 행동 양태에 영향을 미치도록 한다는 것이다."(김유중, 1996 : 403)

받는 작품들, 이른바 정전에 해당하는 작품들이 수록되기 때문이다. 그러나 교과서에서 다루어지는 모든 작품들이 문학적 정전에 해당하는 것은 아니다. 문학적 완성도와 형상화 면에서 기성 시인의 작품에 미치지 못하는 학생 작품이 교과서에 종종 실리는 것처럼 교과서에는 정전에 해당한다고 할 수 없는 작품들이 교육적 목적을 위해 수록되기도 한다. 즉, 교과서에서 다루어지는 작품이라고 해서 반드시 가치 있는 작품으로 검증된 것도 아니고, 그 자체를 학습하거나 내면화해야 하는 것도 아니다.

친일시를 다룬다는 것은 친일시의 반민족적 성격을 부정하거나 역사적 평가와는 별개로 작품의 문학적 가치를 평가하겠다는 것이 아니라, 오히려 일제 말기를 살아갔던 지식인들의 대처 방식과 태도를 상기함으로써 우리 문학사에 존재했던 뼈아픈 비극을 되새기고자 하는 것이다. 실제로 친일시는 교과서에 수록되어 교육의 장에서 다루어졌다.[24] 7차 교육과정의 상문연구사 문학 교과서는 『문학』(상)에서는 김용제의 〈님의 부르심을 받들고서〉를, 『문학』(하)에서는 김팔봉의 〈가라, 군기 아래로, 어버이들을 대신해서〉를 수록하고 있는데, 이는 모두 청년들로 하여금 전쟁에 참여하기를 촉구하고 선동하는 친일시들이다.

    우리 젊은이들
    희망이 솟는 어깨 위에는

---

24) 친일시의 교육적 근거에 대해서는 김유중(1996)에서 논의된 바 있다. 여기서 전제되어야 하는 것은 '시 작품에 내재하는 가치 또는 가치관과 시 교육의 결과 형성되는 가치관이 반드시 동일한 것은 아니'라는 점이다(김유중, 1996 : 404-405). 특히 친일시의 경우에는 현재적 상황이나 학습 조건에 대한 인식이 선행될 때 일고의 가치도 없는 것으로 판단될 수 있으나, 당대의 상황에 대한 이해와 그에 따른 문인 및 지식인들의 행동 특성으로부터 일정한 역사적 교훈을 얻고자 할 때 별도의 가치를 부여받을 수 있는 근거가 마련된다(김유중, 1996 : 406). 다만, "친일시란 어떤 경우에도 그 자체가 정당화되거나 미화될 수 있는 대상"이 아니며, "교육현장에서 우리가 그것을 다루는 것은 민족사의 반성 차원에서 시문학 쪽의 예를 수집함으로써 그로부터 역으로 현재와 미래 역사에 대한 비판적 교훈을 얻고자 하는" 것임을(김유중, 1996 : 419) 분명히 해야 할 것이다.

구름이 마신 아침 하늘이
인력(引力)을 재주 넘기며
날으라고 높게 푸르다

아직도 어린 티 나는 이들의
샛별 같은 갈매기 눈동자에는
수상기(水上機)의 날개를 펴고
전함이 백호의 갈기 같은 물결을
하늘에 품길 저— 바다가
한도 없이 넓게 푸르다

새로운 반도의 역사의 큰 날
모든 늙은 어머니조차
젖가슴 억안았던 팔을 풀고
낡은 울타리 훨훨 틔우고
나라인 마당에 "가거라" 한다

이날에 오른 새로운 병사들은
충성의 뜻과 건설의 꿈을 품고
감격의 총을 메고 나선다
"사내답게 가거라
죽어 좋을 일터로!"

아아 만세우뢰에 답례하는 그들은
기쁜 눈물에 말이 많지 않았다
"간다!" "갑니다!" 하고만
"갔다 온다"곤 하지 않았다.

　　　　　-김용제, 〈님의 부르심을 받들고서〉[25]

---

25) 『매일신보』, 1943.8.3. 김병걸·김규동(1986b : 134-135)에서 재인용.

가라! 아들아, 군기 아래로!
신국 일본의 황민이 되었거든
동아 10억의 전위(前衛)가 아니냐.
불발(不拔)의 의기, 필승의 신념이 네 것이로다.

대동아전쟁은 침략의 전쟁이 아니다.
국민 정부와 체결한 일화(日華) 기본조약
같은 것이 과거의 어느 전사(戰史)에 일찍이
있었던 일이냐.
대의(大義)에 순(殉)할 때 오체(五體)는
홍모(鴻毛)와 같음을 네가 생각하느뇨.

학창을 열고 너희를 부르니 즐거울지로다.
철필을 던지고 총검을 잡으라,
학문 이상의 학문이 기다린다.
길은 한 가지, 구원히 사는 길은 궁극 한 가지이니
가라! 아들아, 군기 아래로 활발히 나가라!

　　　　　　　　－김팔봉, 〈가라, 군기 아래로, 어버이들을 대신해서〉[26]

〈님의 부르심을 받들고서〉는 김용제뿐만 아니라 김동환, 김상용, 김팔봉, 노천명 등이 동명의 제목으로 작품을 발표한 바 있다.[27] 교과서에서 김용제의 이 시는 "조선 청년들에게 일제의 징병 정책에 목숨을 걸고 적극적으로 응하기를 독려하는 작품으로, 친일적인 가치관을 담고 있다."라고 설명된다(강황구 외, 2003a : 53). 김팔봉의 〈가라, 군기 아래로, 어버이들을 대신해서〉는 일제가 내세우던 대동아공영권의 환영을 연상할 수 있으며, "대동아전쟁은 침략 전쟁이 아니다."라는 시적 화자의 외침에서 이 시가 선동적인 친일시임을 어렵지 않게 알 수 있다. 두 작품은 일제의 침략

---

26) 『매일신보』, 1943.11.5. 김병걸・김규동(1986a : 177)에서 재인용.
27) 김병걸・김규동(1986a ; 1986b) 참조.

전쟁을 합리화하고 이에 동참하는 일을 숭고하고 성스러운 것으로 미화하고 있다는 점에서 유사한 내용의 친일시들이다.

작품 간의 유사성만큼이나 교과서에서 이들 작품을 다루는 방식 역시 대동소이하다. 이들 작품은 교과서에 단독으로 실린 것이 아니라 저항시의 의미와 가치를 강조하기 위해 수록되어 있다. 김용제의 〈님의 부르심을 받들고서〉는 심훈의 〈그날이 오면〉과 함께 수록되어 있는데, 〈그날이 오면〉은 〈님의 부르심을 받들고서〉와 "같은 시대를 살면서도 해방의 그날을 간절히 기다리는 민족적 가치관을 담고 있는 작품"(강황구 외, 2003a : 53)으로 설명된다. 김팔봉의 〈가라, 군기 아래로, 어버이들을 대신해서〉는 학습자들이 이 시를 윤동주의 "〈십자가〉 화자의 시각에서 비판해"(강황구 외, 2003b : 263) 보도록 하는 학습 활동으로 제시되어 있다. 심훈과 윤동주는 일제 강점기의 대표적인 저항시인들이라는 점에서 친일시와 저항시의 대조를 통해 친일시는 비판하고 저항시의 가치는 되새길 수 있도록 한 교과서 집필진의 의도를 알 수 있다.

(2) 친일 문인의 비친일 작품 수록 : 문학과 윤리의 가치 충돌

친일 문인들 중 상당수가 우리 시대의 대표적인 문인으로 평가받아 왔고, 그들을 기리는 문학상과 기념관이 만들어지기도 하였다. 비슷한 일이 교과서와 학교 현장에서도 반복되어, 교과서에서 중요하게 다루어지는 작품들 중 친일 경력이 있는 문인들이 쓴 작품들이 상당수 있다. 친일 문인의 작품을 교과서에 수록하는 문제에 대해 제기되는 의견들을 이분화해 보자면, 작가와 작품은 분리할 수 없으므로 교과서에 수록할 수 없다는 견해와 친일 경력과 상관없이 문학적·교육적 가치는 별개로 인정해야 한다는 견해로 나누어 볼 수 있다.

이러한 문제와 관련하여 가장 대표적으로 거론되는 시인은 미당 서정

주이다. 서정주의 〈국화 옆에서〉는 1990년 한국교육개발원이 주관한 국
정 국어 교과서 최종 심의 때 삭제된 바 있다(김우종, 2012 : 31). 서정주 작
품의 교과서 수록 여부에 대한 논의들을 살피는 것은 친일 문인의 작품
수록에 대한 의견들을 파악할 수 있도록 한다. 이에 서정주 작품의 교과
서 수록에 대해 엇갈리는 의견들을 차례로 살펴보고자 한다.

> 또한 서정주의 시는 상이한 입각점에서 다시 한 번 고려해 볼 만하다. 특
> 히 그의 시에 앞서 그의 삶이 시종일관 보여왔던 몰역사적이고, 반교육적
> 양태는 누누히 지적되고 있음에도 불구하고 시의 이면에 가려진 채 은폐되
> 어 있다. 이는 모윤숙, 노천명 등 대표적인 친일작가들의 시들이 빠져 있는
> 것과는 달리 예술적 기준이 작용한 것으로 생각된다. 하지만 미적 기준만큼
> 이나 학습자의 삶의 총체적 인식을 교육의 목표로 상정할 때, 미적 성취는
> 필요에 따라 달리 평가될 수 있어야 한다는 현실적 판단이 요청된다. 적어
> 도 삶이 그릇될지라도 시만 잘 쓰면 된다는 생각의 단서로 작용하지 않을
> 까 염려될 따름이며, 개별 교과의 독자성으로 말미암아 교육의 전체적 목표
> 가 흔들려서는 안되기 때문이다(김상욱, 1991 : 216).

> 그렇다면 서정주의 작품에 대한 이런 폄하 현상은 문학교육 제재 선정의
> 균형감각 상실에 기인한다고 할 것이다. 문학교육 제재 선정은 미학적 성
> 취, 작품 세계의 삶, 작품의 윤리 등이 교조적이거나 기계적으로 적용되어
> 서는 합리적으로 실현될 수 없다. (…) 실제로 서정주의 경우에도 친일의 범
> 위를 명확하게 밝혀 친일의 사실이 서정주의 전 시작과정이나 친일과 관련
> 이 없는 다른 작품(의 분석)에 하나의 이데올로기로 작용하는 우를 범해서
> 는 안 된다고 본다. 그래야 우리의 문학적 자산을 스스로 파기하지 않을 수
> 있기 때문이다(손진은, 2005 : 370).

김상욱(1991)에 대하여 김유중(1996)에서는 "시와 시인의 비분리적 인식
의 틀 위에 미당 시의 탈락을 긍정적인 시각으로 보고, 이 조치에 정당성
을 부여하고 있다"고 보았다(김유중, 1996 : 422). 즉, 시인과 작품은 분리할

수 없으므로, 미학적 성취가 뛰어나더라도 친일 시인의 작품이라면 교육의 장에서는 다루어질 수 없다는 입장이다. 반면, 손진은(2005)은 서정주의 작품이 국어 교과서에서 사라지고 문학 교과서에서는 문학적 성취에 비해 미미하게 다루어지고 있는 상황을(손진은, 2005 : 369) '균형 감각 상실'로 보아 비판한다. 이는 친일 경력이 있다고 하더라도 그와 상관없는 작품은 교육의 장에서 다루어질 수 있다는 입장을 취하는 것이다. 이처럼 친일 시인이 지은 작품에 대한 논박은 시인과 작품을 분리할 수 있는가의 문제,28) 교육에서 작품의 윤리적 가치와 미적인 성취 중 어느 것을 강조하여 다룰 것인가의 문제에29) 대한 입장과 밀접하게 관련된다.

3) 문학교육과 친일시 논의의 방향

(1) 친일시의 직접 제시 : 도식적 비판과 사유의 극복

앞서 살펴본 김용제의 〈님을 부르심을 받들고서〉, 김팔봉의 〈가라, 군기 아래로, 어버이들을 대신해서〉와 같은 시들은 생경한 구호, 논리의 부족과 결핍 등으로 특징 지을 수 있다. 이러한 종류의 친일시들은 억지스러운 구호를 나열할 뿐 치열한 사유의 과정이 결여되어 있어, 독자의 마

---

28) 김상욱(1991)에서는 시와 시인을 분리할 수 없다는 입장을 강하게 취하고 있다. 반면, 친일과 관련 없는 작품들에는 친일시에 가하는 것과 동일한 비판의 논리를 적용해서는 안 된다는 입장은(손진은, 2005 : 370) 기본적으로 시인의 삶과 개별 작품을 분리해서 볼 수 있다는 전제를 가진다고 할 수 있다.

29) 손진은(2005)에서는 "서정주만한 미학적 성취를 보여 주고 있는 시인이 드물"(손진은, 2005 : 370)며, 그를 "꾸준히 미적 완성도가 높은 시를 산출해낸 몇 안 되는 시인"(손진은, 2005 : 365)이라고 평하면서 교과서에서 그의 작품이 다루어지는 정도는 "문학적 성취도에 있어 타 시인들과의 형평성에서 크게 기울어 있는 형국"이라고 보았다(손진은, 2005 : 369). 이러한 관점에서 서정주의 작품을 문학교육의 제재로 수용해야 하는 가장 큰 이유는 서정주의 작품이 보여 주는 뛰어난 미적 성취에서 기인하는 것으로 보인다. 이는 김상욱(1991)에서 작품의 미적 성취는 교육의 목표에 따라 달리 평가될 수 있다고 하는 것과는 대조적이다.

음을 움직이지 못함은 물론 주장하는 바의 설득력을 획득하기도 어렵다. 그러나 당대에는 이러한 선동시 또는 슬로건시만 존재했던 것이 아니라 다양한 친일시가 창작된 바 있다. 그러므로 친일시 중 노골적인 선동시 또는 슬로건시의 형식을 갖춘 것만을 다루는 것은 자칫 친일시에 대해 잘 못된 정의를 하도록 만들 수 있다는 점에서 문제적이다. 친일시는 반드시 억지스럽고 생경스러운 구호의 나열이라고 여기게 되면, 나름의 문학적 완성도를 갖춘 친일시를 읽을 때에는 그것을 친일시라고 인식하고 판단 하기 어려워지기 때문이다.

실제로 학습자들은 정치 선동시의 형식이 아닌 친일시가 특정한 맥락 에서 주어질 때에는 순수시, 저항시, 민족시로 달리 읽힐 수 있음을 보여 주었다(최지현, 2003 : 21).[30] 이는 '순수시'로 위장되어 있는 '친일시'가 우 리가 변별해 내지 못하는 동안 다시 '민족시'로 돌변하게 될 수도 있다는 점에서 "상당한 문제성을 갖는다"(최지현, 2003 : 20). 앞서 살펴본 교과서들 에서는 일차적으로 친일의 단서가 직접적으로 주어져 있는 친일시를 다 루고 있고, 더욱이 이를 저항시와의 명확한 대립 구도에서만 제시하였기 때문에 학습자들은 이를 주체적으로 사고하여 비판하기보다는 도식적인 비판의 논리를 기계적으로 가하게 된다.[31] 이러한 교육만을 받는 경우,

---

30) 최지현(2003)에서는 양명문의 〈富士山に寄す〉(富士山에 붙인다)를 텍스트로 삼아, 대학 생들을 대상으로 감상 정도를 확인하는 실험을 한 바 있다. 이 실험에서 학생들은 다섯 개의 변형 텍스트(ㄱ. 서지사항 없이 텍스트만 주었을 경우, ㄴ. 시인과 국역된 제목을 텍스트와 함께 제시하되, 제목의 '富士山'을 금강산으로 바꾸어 제시하였을 경우, ㄷ. 번 역시임을 밝히는 대신, 시인명을 제외하고 일본어 제목을 제시하였을 경우, ㄹ. 시인과 국문 제목을 텍스트와 함께 제시하되, 제목의 '富士山'을 '후지산'으로 바꾸고 발표 연대 를 병기한 경우, ㅁ. 시인과 국문 번역 제목과 함께 출전을 모두 밝히고, 시의 분류 명칭 으로 '친일시'를 함께 제시한 경우) 중 하나를 받은 후 작품의 내용, 감상 초점, 작품에 대한 평가를 하였다(최지현, 2003 : 19-20).
31) 친일시 해석의 획일화는 저항시의 감상과 이해에 획일화로도 이어질 수 있다는 점에서 도 문제적이다. 일례로, 김팔봉의 〈가라, 군기 아래로, 어버이를 대신해서〉와 대조하여 윤동주의 〈십자가〉를 읽게 할 경우 〈십자가〉는 다양한 해석의 여지를 잃어버리게 된다. 〈십자가〉에서 시적 화자가 보여 주는 흔들림, 불안, 번민은 초점화되지 않고, '조국을

학습자들은 친일의 단서가 명확하지 않은 친일시를 다른 맥락에서 만났을 때, 이를 친일시로 인식하지 못할 우려가 있다. 교과서에서 친일시를 지나치게 자세히 다룰 필요는 없지만 우리가 반드시 기억해야 하는 과거로서 제대로 접해야 한다면, 친일시를 읽을 때에도 문학적으로 사유하고 주체적으로 사고할 수 있도록 할 필요가 있을 것이다.

(2) 친일 문인의 비친일 작품 수록 : 학습자의 주체적 가치관 형성

친일 시인들의 작품을 교과서에서 삭제하는 것은 간단한 해결책으로 보이지만, 근본적인 해결 방법이 될 수는 없다. 친일 전력을 가진 시인이 상당해 온전한 합의가 어려울 뿐 아니라, 이미 친일 시인들의 작품들이 다수 교과서 수록 여부와 관계없이 우리 사회의 문학 정전으로 자리매김했기 때문이다.[32] 그러므로 교과서에서 다루지 않는다고 해도 학습자들은 학교 밖에서 여러 가지 경로로 작품을 접할 수 있으며, 학교를 졸업한 후 사회에 나가서 작품을 접하게 될 수도 있다. 학교에서 친일 시인의 작품을 전혀 접하지 못하다가 학교 밖에서 아무런 맥락 없이 접하는 것이 오히려 교육적으로 우려할 만한 결과를 초래할 수도 있다.

시와 시인을 분리할 수 없고 문학교육에서 가치관 교육은 중핵적인 문제지만, 그렇기 때문에 오히려 친일 문제를 교육의 장에서 공론화하고 학습자로 하여금 주체적이고 입체적인 판단을 할 수 있도록 하자는 것이다. 학습자들은 텍스트의 가치관을 '재생산'하는 것이 아니라 주체적으

위한 희생'에 초점이 맞추어져 윤동주를 애국지사로 한정하여 바라보게 만들 수 있기 때문이다.

32) 이러한 문제에 대해서는 김유중(1996)에서 논의한 바 있다. 그에 따르면, 특정 시인의 시가 교과서에 실리느냐 마느냐가 본질적인 중요성을 지니지는 않는다. 서정주의 시는 이미 우리 문단에서 고전의 위치에 올라섰으며, 지금까지의 방식대로 정전의 섭렵과 주해를 문학교육의 근간으로 삼는 한 그의 시가 우리 문단과 일선 교육 현장에서 강력한 영향력을 행사하는 일은 앞으로도 지속될 것이기 때문이다(김유중, 1996 : 421).

로 지식과 정보를 취사, 선별함으로써 스스로의 독자적인 가치관으로 '재구성'한다(김유중, 1996 : 423). 이러한 점에서 "텍스트에 내재된 미적 성과와 함께, 작가로서의 그의 친일 경력을 동시에 일러주"며, "경우에 따라서는 그의 친일시 작품들도 함께 인용, 소개"하자는(김유중, 1996 : 423 제안은 여전히 유효하다. 친일은 부끄러운 역사로서 반드시 기억되어야 하는 비극이고, 우리 모두가 아프게 되짚고 곱씹어야 할 문제다. 문학교육에서 친일의 문제는 친일시와 친일 시인을 둘러싼 논쟁을 통해서33) 다루어질 수 있다는 점에서 친일시 교육에 대한 문제는 보다 적극적으로 논의할 필요가 있다.

3. 번역시의 수용과 시교육

한국 현대시의 선조에 대해 여러 후보를 세울 수 있는데, 번역시도 그 중요한 후보 중 하나다. 20세기 초에 집중적으로 등장해서 광복 이후까지 이어지는 번역시를 빼놓고 현대시와 시교육을 논의하기는 어렵다. 이에 대해서는 백철이 신문학의 역사를 서술하기 시작한 초기에 우리나라의 근대 문학의 첫 탄생 과정에 외국 작품의 번역을 둔 것에서부터 문제제기가 있었다.

이러한 번역시를 둘러싸고 다양한 담론들이 존재한다. 우선 중역, 축자역, 의역의 문제다.34) 중역의 문제는 일본이나 중국을 통해서 서양 문물

---

33) 친일의 문제는 한두 개인의 윤리 문제로 환원시킬 일이 아니라(김병걸·김규동, 1986 a : 5), 민족사 전체에 대한 거시적인 안목을 바탕으로 비판적인 시각에서 재조명함으로써, 미래 역사에 대응해 나가기 위한 뼈아픈 문화적 교훈의 범례로 삼을 수 있도록 인도해야 한다(김유중, 1996 : 418).

34) '중역'은 "원문에서 직접 번역하지 않고 다른 외국어로 옮긴 것을 다시 이중으로 번역하는 것"이며, '의역'은 "원문에서는 비록 조금 벗어나더라도 목표 언어에 걸맞게 옮기는

을 수입했던 우리의 근대화 과정과 관련이 있다. 우리가 "일제의 식민지
화로 인해 그들이 겪은 근대화를 중역적(重譯的)으로 받아들일 수밖에 없"
던 것은 해방 이후 한국의 근대화가 타율적인 기반 위에서 기형적으로 만
들어진 기본 배경에서 기인한다고 볼 수 있다(임현진, 1996 : 191).

둘째, 이식문학론의 문제다. 외국의 시를 번역하는 것은 '근대적인 신문
학'을 수용하는 과정이기도 하였다. 이식문학론을 주장한 백철은 우리나
라의 근대 문학 탄생 과정에서 창작 활동보다도 먼저 존재했던 단계로서
번역을 상정하고 있다. 외국 문학을 통해 우리의 신문학이 생성되었다고
보는 관점이 있는가 하면, 이러한 번역시의 수용은 외국의 문학을 수용할
만한 능력을 우리의 문화가 갖추고 있었음을 방증하는 것이라고 보는 견
해도 있다.35)

번역시를 둘러싼 다양한 담론 가운데, '교육'의 문제가 놓여 있다. 번역
시는 전시기에 발행된 『중등국어』에서부터 6차 고등학교 『국어』 교과서
에 이르기까지 우리 시교육에 지속적으로 수용되었다. 번역시의 교과서
수록이 한국 근대문학의 시발점에 대한 인식의 반영이든 중역, 축자역, 의
역의 과정에서 발생한 문화적인 습합이든, 당대의 번역시에 대한 인식은
교과서에도 어느 정도 반영되었을 것이다. 변화의 폭이 비교적 큰 편이라
는 점이 흥미롭다. 어떤 교육과정기에는 여러 작품이 수록되었다가도 어
떤 교육과정기에는 한 편도 수록되지 않기도 하였다. 이와 같은 변화의
양상을 정리하고 그 가운데 현대시 교육의 관점이 어떤 변화를 겪어 왔는
지를 짚어보자.36)

번역 방법"이며, '축자역'은 '번역문으로서는 조금 어색하더라도 원문이나 원작에 충실
하게 옮기는 번역 방법'이다. 김욱동(2015 : 307) 참고.

35) "번역의 주체는 출발 쪽이거나 도착 쪽이거나 어느 한 쪽에만 있는 것이 아니라 양쪽에
동시에 있었다는 것이다. 즉 상황적 차원에서는 서양적 정신문화의 내용과 양식이 광범
위하고 강력한 침투력을 가지고 있었으나, 질료적 차원에서는 오히려 낯선 것의 침투를
소화해 낼만한 수용자의 수용체가 강력한 내구성을 가지고 있어야 한다는 것이다."(정
명교, 2013 : 15)

1) 번역시 수록 실태와 교육과정

번역시는 [표 3.11]에서 볼 수 있듯이 전시기 『중등국어』 교과서에 네 편이 수록된 이후 2차와 3차 교육과정기 중학교와 고등학교 국어 교과서에 집중적으로 수용되었고, 4차와 5차에는 한 편도 실리지 않다가 6차에 이르러 한 편이 수록되었다. 총 13명의 외국 시인, 14편의 작품이 실렸으며, 윌리엄 워즈워스(William Wordsworth)의 시는 두 편이 실리고, 나머지 12명의 시인들은 한 편씩 실렸다. 시인들이 소속된 국가를 살펴보면 프랑스, 미국, 아일랜드, 영국, 독일, 인도, 중국을 포함한 7개의 국가의 번역시가 수록되어 있다.

[표 3.11] 전시-7차 교육과정기의 번역시 수록 목록

작가 (국가)	작품	전시	1차	2차	3차	4차	5차	6차	7차
윌리엄 워즈워스 William Wordsworth (영국)	추수하는 아가씨			○	○				
	뻐꾸기에 부쳐							○	
빅토르 위고 Victor Marie Hugo (프랑스)	씨 뿌리는 시절 저녁	○							
테오필 고티에 Théophile Gautier (프랑스)	비둘기 떼			○	○				
테오도르 슈토름 Theodor Storm (독일)	칠월				○				

---

36) 중역, 축자역, 의역의 문제도 흥미로운 대상이겠으나, 이는 또 다른 문제 설정이 필요하다고 보아 여기서는 다루지 않도록 한다.

에밀리 디킨슨 Emily Dickinson (미국)	귀뚜라미가 울고			○	○				
폴 베를렌 Paul Verlaine (프랑스)	가을 노래	○							
라빈드라나드 타고르 Rabīndranath Tagore (인도)	바닷가에			○	○				
윌리엄 예이츠 William Yeats (아일랜드)	이니스프리 의 호도			○	○				
로버트 프로스트 Robert Frost (미국)	가지 않은 길			○	○				
폴 발레리 Paul Valéry (프랑스)	석류	○							
라이너 릴케 Rainer Rilke (독일)	가을날			○	○				
장 콕토 Jean Cocteau (프랑스)	내 귀는	○							
지셴 紀弦 (중국)	배			○	○				

이러한 수록 양상은 교육과정과 어떤 연계를 맺고 있을까? 1, 4, 5, 7차 교육과정기 교과서에는 별도의 번역시가 수록되지 않았는데, 그렇다면 교

육과정에서는 외국 문학에 대한 언급이 없었던 것일까? 실제 교육과정을 살펴보면 꼭 그렇지만은 않다는 것을 확인할 수 있다. 또한 외국 번역시를 교육의 대상으로 삼으면서도, 교육과정기별로 강조점이 다르다.

1차 교육과정기에는 외국 문학에 대한 언급이 교육과정 문서에는 있었지만, 교과서로 구현되지는 않았다. 1차 교육과정에서 중학교 국어과 '지도 내용'에는 'g. 현대 문학(세계 문학)' 항목이 따로 설정되어 있고, 하위 항목으로 "현대 문학에는 어떠한 종류가 있는가를 안다.", "우리 나라 현대 문학의 대표적인 작가 및 그의 작품에 대하여 연구한다.", "현대 문학의 대표적인 작가 및 그의 작품에 대하여 연구한다."가 있다. '각 학년의 지도 내용' 가운데 3학년 읽기 부분에는 '우리말로 번역된 세계의 뛰어난 문학 작품을 읽는다.'의 내용도 있다. 또한 고등학교 국어과 지도 내용에는 '지도의 구체적 목표'를 다루는 데에서 "3. 우리말로 번역된 세계 문학 작품을 읽는다."가 있다. 그러나 이러한 교육 내용이 시 제재를 매개로 교과서 적극적으로 구현되지는 않았다.

2차 교육과정기에 이르러 1차 교육과정 문서에 있는 유사한 지도 내용이 『국어』 교과서에 구현되기 시작하였다. 1차 교육과정 문서와 달라진 점은 '현대 문학'과 '세계 문학'의 관계를 문서상으로 명시적으로 드러내었다는 점이다. 중학교 3학년 읽기 '학년 목표'에서 있는 "번역된 세계 명작, 널리 알려진 우리 나라 고전 작품을 읽으며, 현대 문학의 특징이 무엇인가를 알도록 한다."라는 내용은 '현대 문학'의 개념 영역에 외국 문학뿐만 아니라 우리문학까지도 포함하고 있다. 또한 2차 교육과정 교과서에 외국 번역시가 여러 나라별로 고루 수록되어 있는데 이는 2차 고등학교 『국어』Ⅰ '읽기'의 '지도 목표'에 있는 "⑷ 동양 및 서양 작가의 뛰어난 작품에 대하여 대강 알도록 한다.", "⑸ 한국 문학과 외국 문학과의 특징을 대강 알도록 한다."에서 근거를 찾을 수 있다. 동서양의 '대강'의 특성을 아는 것을 목표로 각 나라의 대표적 문학작품들을 섭렵하는 방식으로 교과서를 구성하였다.

3차 교육과정기는 교육과정 문서상으로 외국 번역시에 대한 언급은 소략화되었으나 교과서 제재로는 가장 많은 작품이 구현되었다. 외국 번역시는 3차 교육과정 문서에서 '제재 선정의 기준'으로만 제시되었다. 중학교의 경우는 '(19) 국어과 특유의 지식 체계에 관한 제재-(나) 우리 문학에 대한 이해를 높이기 위한 것으로서-④세계 고전에의 접근'이 설정되어 있었고, 고등학교의 경우는 '(3) 문학에 관한 내용-(다) 세계 문학의 개요'로 설정되어 있다. 교육과정상으로 외국 문학이 소략화되는 현상은 3차 교육과정 문서에서 '교육 내용'이 언어 기능을 다룬 '지도 사항'과 담화 형식, 문학 갈래를 다룬 '지도 형식'으로 분리되어, 간략화된 데에 기인한다. 또한 1-2차까지는 '현대 문학'의 특징을 아는 것에 강조점을 두었다면, 3차에서는 '우리 문학에 대한 이해를 높이기 위한 것으로서' 외국 번역시를 교육의 대상으로 삼는다는 강조점을 둔 것으로 변화한 것도 간략화의 원인이 된다.[37] 그러나 3차 교육과정을 기반으로 편찬된 교과서에는 가장 많은 수의 외국 번역시가 고루 수록되어 있다.

4-5차 교육과정에는 외국 번역시가 수록되지 않았지만 교육과정 문서상으로는 '세계 문학'에 대한 교육 내용이 포함되어 있다. 4차 교육과정 문서에는 중학교에는 언급되지 않았지만 고등학교『국어』I' '내용'에는 '한국 문학의 발달 과정과 세계 문학의 대체적인 흐름을 안다.'가『국어』II' '지도상의 유의점'에는 '세계 문학사에서 전개되어 온 근대 이후의 대표적인 문학 운동의 기본 정신을 그와 관련된 한국 문학 작품을 통해 이해한다.'가 있다. 5차 교육과정 문서에는 중학교에는 언급되지 않았지만 고등학교 '문학'에서만 '세계 문학 속에서 한국 문학의 특성을 이해하고,

37) 3차 인문계 고등학교 국어과 교육과정 문서의 '지도상의 유의점'에는 다음과 같은 내용이 기술되어 있다. "아. 읽기 가운데 문학 작품은, 현대 국어로 옮기거나 또는 원전대로의 한글 및 국한문 혼용의 고전과 우리 나라 현대 작품을 위주로 하고, 한문으로 된 우리 나라 문학 작품과 외국의 문학 작품을 현대 국어로 옮겨 이에 더한다."

민족 문학으로서의 한국 문학에 긍지를 가진다.'라는 내용이 포함되어 있
다. 해설서에서는 이 내용이 어떠한 방식으로 다루어져야 하는지에 대한
부연 설명이 있었는데, 그 내용은 다음과 같다.

> 이 항목에서 문제되는 것은 학생들에게 세계 문학을 어떻게 체험시켜 한
> 국 문학과의 비교항을 만들어 줄 것인가 하는 점이다. 문예 사조나 서양 문
> 화사를 읽도록 한다는 것도 어려운 일이다. 그리고 그것은 개념적인 지식에
> 그치기 쉽다는 한계를 가진다. 다만, 유사한 모티프가 나타나는 작품의 경
> 우, 다른 나라의 문학 작품에서 그러한 예를 찾아 제시하는 방법을 고려할
> 수 있다. 윤동주의 '간(肝)'같은 작품의 경우 프로메테우스 신화를 읽을 수
> 있도록 하는 방법이 가능할 것이다.
> 또한 한국 문학 작품이 외국어로 번역되어 읽히는 경우 그 작품을 읽고
> 어떠한 점에서 외국인들이 그 작품에 공감하는 것인가 하는 점을 토론하도
> 록 하는 방안도 활용될 수 있다.[38]

위의 인용문에서 확인할 수 있듯이, 외국 문학 자체에 대한 이해보다는
외국 문학과의 관련 속에서 우리 문학의 위상을 이해하는 방향으로 구성
되었다. '민족 문학'이라는 개념이 교육과정 문서에 처음으로 등장한 것은
세계 문학 속 한국 문학의 고유성과 지역성에 대한 인식이 단적으로 반영
된 것이다.

그러나 실제로 4차 및 5차 교육과정의 국정 교과서에서는 번역시가 수
록되지 않았다. 5차 교육과정의 경우 세계 문학에 대한 언급이 '국어'가
아닌 '문학'에서 나타났다는 점에서 그 성격을 달리 하겠지만, 4차 교육과
정기 교과서의 경우는 당시 교과서 개발진들의 기획이 어느 정도 반영된
결과로 보아야 하는바, 이에 대해서는 추후 별도의 점검이 필요할 것이다.

6-7차 교육과정기에는 공통과정에는 외국 문학에 대한 언급이 없지만

---

38) 문교부(1988), 「고등학교 국어과 교육 과정 해설」, 문교부 고시 제88-7호, 33.

개별과정으로 마련된 '문학'에는 외국 문학에 대한 언급이 있다. 6차 공통
과정 교육문서상에는 외국 문학, 세계 문학에 대한 별다른 언급이 없었으
나 고등학교『국어』교과서에는 한 편의 외국 번역시가 수록되었다. 고등
학교에는 '문학' 과목에서만 '(나) 세계 문학의 양상'이라는 항목 아래 "①
세계 문학의 개념과 성격을 이해한다."와 "세계 문학의 흐름과 양상을 개
괄적으로 이해한다." 정도의 내용이 포함되어 있었다. 7차 교육과정기에
도 심화 선택 과목인 '문학'에서 6차와 유사한 기조를 유지하지만 "① 세
계 문학의 양상과 흐름을 개괄적으로 이해한다."와 "한국 문학과 세계 문
학이 서로 교섭하는 양상을 이해한다."라는 내용에서처럼 '교섭'이라는
개념이 도입된 것이 다르다. 그러나 6-7차 교육과정기에는 공통교육과정
에는 세계 문학, 외국 문학에 관한 내용이 없고, 교과서 제재상으로 구현
하는 일도 대폭 축소되었다.

2) 교육과정기에 따른 번역시 수용 양상

교과서에 수록된 번역시는 수용된 교육과정시기에 따라 다양한 양상을
보인다. 이는 교육적 기획의 문제인데, 명시적이든 암묵적이든 어떠한 학
습 목표를 달성하기 위해서 번역시가 교과서에 수록되었기 때문이다. 이
러한 의도성을 추론하기 위해서는 번역시가 어떠한 대단원과 소단원에
구성되어 있는지, 또한 어떠한 교육과정을 기반으로 상세화되고 있는지,
해당 번역시를 옮기고 있는 역자들의 특징은 무엇인지 등을 전반적으로
살펴보아야 한다. [표 3.12]에서 전시부터 7차까지 번역시가 교과서에 수
용된 양상을 개략적으로 살펴볼 수 있다.

[표 3.12] 전사-7차 교육과정기의 번역시 교재화 양상

교과서 (교육과정)	저자	국가	작품명39)	관련 사조	대단원- 소단원	옮긴이
중등국어 3-1(전시)	빅토르 위고 Victor Marie Hugo	프랑스	씨 뿌리는 시절 저녁	낭만주의	시를 읽자- 역시 네 편	미표기
중등국어 3-1(전시)	장 콕토 Jean Cocteau	프랑스	내 귀는	다다이즘	시를 읽자- 역시 네 편	미표기
중등국어 3-1(전시)	폴 베를렌 Paul Verlaine	프랑스	가을 노래	상징주의	시를 읽자- 역시 네 편	미표기
중등국어 3-1(전시)	폴 발레리 Paul Valéry	프랑스	석류	상징주의	시를 읽자- 역시 네 편	미표기
중학 국어 III-II(2차)	에밀리 디킨슨 Emily Dickinson	미국	귀뚜라미가 울고	청교도 주의	현대문학에의 길-현대시의 모습	고원
중학 국어 III-II(2차)	윌리엄 예이츠 William Yeats	아일 랜드	이니스프리 의 호도	낭만주의 신비주의	현대문학에의 길-현대시의 모습	김용호
인문계 고등학교 국어III(2차)	윌리엄 워즈워스 William Wordsworth	영국	추수하는 아가씨	낭만주의	현대문학의 감상-외국시 인의 시정(詩情)	황동규
인문계 고등학교 국어III(2차)	로버트 프로스트 Robert Frost	미국	가지 않은 길	고전주의	현대문학의 감상-외국시 인의 시정	피천득
인문계 고등학교 국어III(2차)	고티에 Théophile Gautier	프랑스	비둘기 떼	유미주의	현대문학의 감상-외국시 인의 시정	하동훈

---

39) 교과서에 실린 제목을 그대로 반영하여 적는다.

인문계 고등학교 국어Ⅲ(2차)	라이너 릴케 Rainer Rilke	독일	가을날	신비주의 실존주의	현대문학의 감상-외국시 인의 시정	송영택
인문계 고등학교 국어Ⅲ(2차)	라빈드라나드 타고르 Rabīndranath Tagore	인도	바닷가에	범신론	현대문학의 감상-외국시 인의 시정	양주동
인문계 고등학교 국어Ⅲ(2차)	지셴 紀弦	중국	배	낭만주의 주지주의	현대문학의 감상-외국시 인의 시정	허세욱
중학 국어 3-2(3차)	윌리엄 예이츠 William Yeats	아일 랜드	이니스프리 의 호도	낭만주의 신비주의	외국 문학의 첫걸음-다른 나라의 시	김용호
중학 국어 3-2(3차)	에밀리 디킨슨 Emily Dickinson	미국	귀뚜라미가 울고	청교도 주의	외국 문학의 첫걸음-다른 나라의 시	고원
중학 국어 3-2(3차)	테오도르 슈토름 Theodor Storm	독일	칠월	낭만주의	외국 문학의 첫걸음-다른 나라의 시	송영택
인문계 고등학교 국어 3(3차)	윌리엄 워즈워스 William Wordsworth	영국	추수하는 아가씨	낭만주의	동서남북-세 계의 시정(詩情)	황동규
인문계 고등학교 국어 3(3차)	로버트 프로스트 Robert Frost	미국	가지 않은 길	고전주의	동서남북-세 계의 시정	피천득
인문계 고등학교 국어 3(3차)	테오필 고티에 Théophile Gautier	프랑스	비둘기 떼	유미주의	동서남북-세 계의 시정	하동훈

인문계 고등학교 국어 3(3차)	라이너 릴케 Rainer Rilke	독일	가을날	신비주의 실존주의	동서남북-세 계의 시정	송영택
인문계 고등학교 국어 3-2 (3차)	라빈드라나드 타고르 Rabīndranath Tagore	인도	바닷가에	범신론	동서남북-세 계의 시정	양주동
인문계 고등학교 국어 3-2 (3차)	지셴 紀弦	중국	배	낭만주의 주지주의	동서남북-세 계의 시정	허세욱
고등학교 국어(상) (6차)	윌리엄 워즈워스 William Wordsworth	영국	뻐꾸기에 부쳐	낭만주의	문학의 즐거움-뻐꾸 기에 부쳐	유종호

이를 바탕으로 하여 번역시의 수록이 두드러지는 2차, 3차, 6차 교육과
정에서 그 구체적인 모습이 어떠했는지 살펴보자.

(1) 2차 교육과정 : 번역시의 권위 차용

2차 교육과정에서 '문학'은 별도의 영역으로 설정되어 있지 않고 '읽기'
의 하위 항목인 '문학의 이해와 감상'으로 편성되어 있었다. 그리고 지도
내용 중 '(3) 세계 문학의 이해와 감상'이 있었다.

2차 교육과정기에 교과서에 수록된 번역시를 살펴보면, 외국시를 통해서
우리 문학의 위상을 높이려고 하는 의도를 엿볼 수 있다. 이는 단적으로 번
역시를 지칭하는 용어로 '현대시'를 사용하고 있는 데서 나타난다.

[표 3.13] 2차 교육과정기 번역시 관련 국어과의 목표 및 지도 내용

학년	목표	지도 내용
중학교 3학년	읽기-2. 번역된 세계 명작, 널리 알려진 우리나라 고전 작품을 읽으며, 현대문학 의 특징이 무엇인가를 알도록 한다.	3. 언어 문화의 체험과 창조 ㅅ. 현대문학(세계 문학) (1) 현대문학에는 어떠한 종류가 있는가를 안다. (2) 우리나라 현대문학의 대표적인 작가 및 작품을 안다. (3) 현대문학의 특징은 무엇인가에 대하여 관심을 갖는다. (4) 우리말로 번역된 세계의 뛰어난 문학 작품을 읽는다.
고등학교 3학년	읽기 ㄴ. 문학 학습의 목표 (4) 동양 및 서양 작가의 뛰어난 작품에 대하여 대강 알도록 한다. (5) 한국 문학과 외국 문학과의 특징을 대강 알도록 한다.	읽기 ㄴ. 문학의 이해 및 감상 (3) 세계 문학의 이해와 감상

2차 교육과정을 기반으로 만들어진 『중학 국어』 III-II에서 번역시를 지칭하는 용어로 '현대시'를 사용하는 것은 교육과정에 기반을 둔 것이다. '번역된 세계 명작'을 통해서 '현대문학의 특징'에 대해서 아는 것을 목표로 설정하고 있으며, '현대 문학(세계 문학)'이라는 범주와 그 범주 안에 있는 '우리나라 현대문학', '우리말로 번역된 세계의 뛰어난 문학 작품'에서 볼 수 있듯이 현대 문학의 보편성 속에 우리 문학과 세계 문학이 위치하는 것이다. [표 3.14]는 2차 교육과정기 국어 교과서에 수록된 번역시가 어떤 맥락에서 제시되고 있는지를 구체적으로 보여 준다.

[표 3.14] 2차 교육과정기 『국어』 교과서의 번역시 단원 구성

교과서 (교육과정)	대단원명	소단원명	제재	저자
중학 국어 III-II	현대 문학에의 길	1. 현대 문학의 길잡이	현대 문학의 길잡이	조연현
		2. 현대시의 모습	가을의 동화	김용호
			하늘	박두진
			낮잠	김남조
			귀뚜라미가 울고	디킨슨 고원 역
			이니스프리의 호도	예이츠 김용호 역
		3. 제리의 어머니	제리의 어머니	로올링즈 이정우 옮김
		4. 고구마	고구마	차범석
		5. 나의 사랑하는 생활	나의 사랑하는 생활	피천득
인문계 고등학교 국어 III	현대 문학의 감상	1. 한국 현대 시정	한국 현대 시정	문덕수
		2. 외국 시인의 시정(詩情)	추수하는 아가씨	워즈워드 황동규 역
			가지 않은 길	프로스트 피천득 역
			비둘기 떼	고티에 하동훈 역
			가을 날	릴케 송영택 역
			바닷가에	타고르 양주동 역
			배	지센 허세욱 역
		3. 소설의 감상	소설의 감상	곽종원
		4. 별	별	알퐁스 도데

중학교 교과서의 경우 '현대문학에의 길'이라는 대단원 아래 전체적인 개괄 수준의 소단원과 개별적인 작품을 제시하는 소단원이 묶여 있다. 개별적인 작품을 제시하는 과정에서는 한국 현대시 세 편과 외국 번역시 두 편이 함께 제시된다. 이와 같은 배치는 김용호, 박두진, 김남조의 위상을 디킨스나 예이츠의 위상과 동일하게 보는 관점을 보여 주는 것이라 할 수 있다. 고등학교 교과서에서는 다소 다른 방식으로 정리가 되어 있는데, 『국어』Ⅱ에서 '근대시'라는 소단원 아래 13편의 우리나라 작품이 수록되어 있고, 『국어』Ⅲ에서 '현대문학의 감상'이라는 대단원 아래 6편의 외국 작품이 번역되어 수록되어 있었다. '근대'와 '현대'라는 명칭의 차이가 있기는 하지만, 이 또한 우리나라 현대시와 외국 현대시를 동일한 선상에 놓고 있음을 보여 주는 것이라 할 수 있다.

구체적으로 세계 현대 문학으로서 우리 문학의 위상을 세우는 작업은 교재 구성의 차원에서 3단계로 진행된다. 1단계는 다른 시대 문학과의 변별 속에서 현대 문학의 특수성을 세우고 세계 문학과 우리의 문학을 비교하는 것이다. 2단계에서는 우리의 문학과 세계 문학을 대등한 범주 속에 배치하는 것이다. 3단계에서는 현대시로서의 특징과 원리를 확인하는 학습 활동으로 우리 문학과 세계 문학을 대등한 범주에 배치한 것을 다시 한 번 지식으로 명제화하는 과정을 거친다.

> 여기서 현대 문학이라고 하는 것은 현대에 쓰인 문학을 의미하는 것이 아니라, 현대에 쓰인 문학 중에서 현대적 특성을 지닌 문학을 의미하는 것이다. 이러한 문학이 현대의 문학을 代表하는 것이 되며, 이것이 현대문학의 특질 또는 性格을 말해 주는 것이 된다.[40]

1단계는 현대 문학에 대한 설명글을 통해 이루어진다. 위의 글은 『중학

---

40) 문교부(1967), 『중학 국어』Ⅲ-Ⅱ, 대한교과서주식회사, 68.

국어』 Ⅲ-Ⅱ에 실린 「현대문학의 길잡이」 글에서 '현대 문학'의 특징에 대해서 설명하고 있는 글이다. 현대 문학을 속성으로 정의하려는 시도를 하며, 본문에서는 고대 문학, 근대 문학과 변별되는 특징을 간략히 서술한다. 그리고 이러한 현대 문학으로서의 특징을 처음으로 보여 주고 있는 작품으로 제임스 조이스(James Joyce)의 작품을 든다.[41] '현대 문학'이라고 명명할 수 있는 특징이 드러나는 것은 제임스 조이스의 작품뿐만 아니라 우리나라의 문학에서도 나타나는 현상임을 말하기 위해서 1935년을 전후한 이상의 시와 소설을 예로 들기도 하며, 근대문학으로서 김소월의 〈왕십리〉, 현대 문학으로서 이상의 〈꽃나무〉를 비교, 대조하고 있다.[42] 현대 문학을 설명하는 근거로서 외국의 문학 작품과 현대의 문학 작품이 나란히 놓이는 것이다.

> 생명파 두 거장(巨匠)은 서정주(徐廷柱)와 유치환(柳致環)이다. 이 둘은 초기에는 다 같이 니이체와 보들레르의 門前을 열심히 드나들었다. 이리하여, 이 둘의 基調는 우연히도 生命意識의 앙양(昂揚)이라는 점에서 일치하게 된 것이다.[43]

인문계 고등학교 『국어』 Ⅲ 교과서에서도 문덕수의 「韓國 現代詩情」이라는 시의 일반적인 특성과 한국 현대시의 특성을 설명하는 글이 대단원 처음에 배치되어 있다. 이 설명문에서는 우리나라의 시인들의 개별적인 특성과 한국 현대시사의 특정한 사조를 설명하는 데에 서구의 문예 사조

---

41) "이와 같은 새로운 성격을 처음으로 보여 준 작품은 제임스 조이스의 '젊은 藝術家의 초상화'와 '율리시즈'라는 소설이다." 문교부(1967), 『중학 국어』 Ⅲ-Ⅱ, 대한교과서주식회사, 71.

42) "우리 나라에서 이러한 새로운 성격의 문학이 나타나기 시작한 것은 1935년을 전후한 시기부터였다. 李箱의 詩와 소설이 그 대표적인 한 예가 된다." 문교부(1967), 『중학 국어』 Ⅲ-Ⅱ, 대한교과서주식회사, 72.

43) 문교부(1968), 『인문계 고등학교 국어』 Ⅲ, 대한교과서주식회사, 159.

나 시인을 통해서 설명하는 것을 볼 수 있다. 1920년대의 낭만주의를 "유럽의 낭만주의의 末期的 증세가 潮水"처럼 밀려 온 것으로 설명하거나44), 1930년대에 나타난 주지주의의 흐름을 "흄, 파운드, 엘리어트 등의 영미 주지주의의 이론"45)에 해당한다고 설명하는 것이다. 위의 인용문에서 확인할 수 있듯이, 서정주와 유치환의 시적 경향의 유사성을 니체와 보들레르의 문학을 접한 독서 경험에서 근거를 찾고 있기도 하다.

2단계에서는 1단계에서 밝힌 현대 문학의 특징을 우리나라 시와 번역 시들의 실제 예를 통해서 알아보는 단계다. 『중학 국어』 Ⅲ-Ⅱ의 '2. 현대시의 모습' 소단원에는 김용호, 박두진, 김남조의 시와 함께 에밀리 디킨스(Emily Dickinson), 윌리엄 예이츠(William Yeats)의 시가 실려 있다. 『인문계 고등학교 국어』 Ⅲ에서는 한국의 현대시에 대한 설명 속에 한국의 현대시의 경향에 대해서 간략히 설명하고, 별도의 소단원인 「外國詩人의 詩情」에서 외국 시인들의 시를 싣고 있다. 전시기의 교과서에서 프랑스 출신 작가들의 시를 위주로 수록했던 것에 비하여, 2차에서는 '영국, 미국, 프랑스, 독일, 인도, 중국'까지 다양한 출신 작가들의 시를 구성하고 있다. 이는 미묘한 차이일 수 있지만 고등학교 3학년 지도 내용인 '세계 문학의 이해와 감상'에서 볼 수 있듯이 '세계 문학'을 다루고자 하는 의도에서 국가 구성을 다양화하였다고 볼 수 있다.

마지막 3단계인 학습 활동에서는 외국의 시와 우리의 시를 구분하지 않고, '현대시'로서 통칭하는 것을 명제화하고 있음을 알 수 있다. 다음의 교과서 익힘 문제를 통해 이를 확인할 수 있다.

---

44) 문교부(1968), 『인문계 고등학교 국어』 Ⅲ, 대한교과서주식회사, 154.
45) 문교부(1968), 『인문계 고등학교 국어』 Ⅲ, 대한교과서주식회사, 155.

1. 韓國 現代詩情
   익힘 문제
1. 시는 시 이외에 아무것도 아니라는 평범한 사실에서 출발하여야 함은 어째서인가?
2. 시가 언어 예술임에 대하여 설명해 보라.
3. 현대 시인의 서정의 특색을 열거하고 설명해 보라.
4. 현대시가 접맥되어 있는 한국 시의 전통은 어떤 것인지 연구해 보라.

1. 外國詩人의 詩情
1. 현대시의 본질에 대하여 연구하여 보라.
2. 여기에 실린 시는 각각 어떤 소재를 어떤 태도로 표현한 것인지를 알아보라.
3. 여기에 실린 각 시의 관찰이 섬세하고 감상이 뛰어난 곳을 찾아보라.
4. 우리나라 시인들의 시와 외국 시인의 시를 비교 감상하여 보고, 그 시정이 어떻게 다
   른지를 연구하여 보라.

우리나라의 시들 중 '현대시가 접맥되어 있는' 부분을 연구해 보라는
것이나 외국 시인의 작품을 다루면서 '현대시의 본질'을 연구해 보라는
등의 익힘 문제를 통해서 학습자는 번역시와 한국의 현대시의 상위 범주
로서 '현대시'를 설정하게 된다. '현대시'라는 소단원에 한국시와 외국의
번역시를 나란히 구성한『중학 국어』Ⅲ-Ⅱ와 달리『인문계 고등학교 국
어』Ⅲ에서 번역시와 한국시를 분리하여 외국시만 별도의 소단원에 수록
하고 있음에도 학습 활동에서 보면 모두 공통된 상위 범주로서 '현대시'
를 설정하고 있는 것을 알 수 있다. 우리나라의 시와 외국 시인들의 시를
비교하는 활동이 있지만, 소략화되어 있고, 사회문화적 배경이나 역사적
조건 등 전반을 아우르는 맥락에서 이루어지는 비교라기보다는 시적인
정취를 비교하는 감상의 수준에 제한되어 있다.

교재 구성 이외에 본문 게재 방식에서도 특수성을 발견할 수 있다. 전
시기 국어 교과서에 실린 번역시와의 차이점으로 '옮긴이'의 이름이 표기
되었다는 점을 들 수 있다. [표 3.15]에서 옮긴이의 목록을 정리하였다.[46)]

[표 3.15] 2-6차 교육과정기 교과서에 수록된 번역시의 옮긴이 목록

차수	작품(작가)	옮긴이	직업	대학(학사)	전공
2, 3	귀뚜라미가 울고 (에밀리 디킨슨)	고원	시인, 번역가	동국대학교	영문학
2, 3	이니스프리의 호도 (윌리엄 예이츠)	김용호	시인, 기자, 문예지 주간, 교수, 펜클럽한국본부 부회장	(일본) 메이지대학	법학
2, 3	추수하는 아가씨 (윌리엄 워즈워스)	황동규	시인, 교수	서울대학교	영문학
2, 3	가지 않은 길 (로버트 프로스트)	피천득	시인, 수필가, 교수	(중국 상해) 호강대학	영문학
2, 3	비둘기 떼 (테오필 고티에)	하동훈	교수, 번역가	서울대학교	불문학
3	칠월 (테오도르 슈토름)	송영택	시인, 번역가, 문인협회사무국장	서울대학교	독문학
2, 3	가을날 (라이너 릴케)				
2, 3	바닷가에 (라빈드라나드 타고르)	양주동	시인, 교수, 문학이론가	(일본) 와세다대학	영문학 불문학
2, 3	배 (지셴)	허세욱	시인, 교수, 수필가	한국외국어 대학교	중문학
6	뻐꾸기에 부쳐 (윌리엄 워즈워스)	유종호	문학평론가, 교수	서울대학교	영문학

---

46) 새로운 시편이 3차와 6차에서 추가되기도 하지만, 3차에서도 2차 때와 동일한 옮긴이의 번역시를 사용하며, 전시기부터 7차까지 교과서에 수록된 번역시의 총 옮긴이 9명 가운데 8명이 2차 교과서에 있다는 점을 확인할 수 있다. 여기에서는 6차 교과서에 실린 외국시 번역에 참여한 유종호를 포함하여 옮긴이의 특성을 살펴본다.

여기에서 다음의 세 가지 특성들을 찾을 수 있다. 첫째, 번역시의 명칭이 '역시'에서 '(현대)시'로 변화되었다는 점을 들 수 있다. 전시기에 발행된『중등국어』에서는 번역시에 '역시'의 명칭이 사용되었다. 반면 2차 교육과정기에 발행된『중학 국어』와『인문계 고등학교 국어』에서는 '현대시', '외국시', '외국의 현대 문학'의 개념이 사용되고 있다. 전시기에는 번역하는 행위에 대한 뚜렷한 자각 없이 내용을 위주로 전달하고자 하는 경향에서 시를 번역하였다면, 2차에서부터는 '역시'로서의 특수성을 부각시키기보다는 '문학'에 포함시킴으로써 '문학성'을 보여 주는 데 번역시의 역할이 초점을 맞추고 있었다는 것을 알 수 있다.

둘째, 번역의 권위와 예술성을 확보하기 위해서 문인 출신이면서 교수 출신을 번역가로 설정한 경향이 보인다. 한국의 현대시가 외국의 현대시와 공통점을 갖는 현대 문학으로의 보편성을 보여 주기 위해서는 우선 외국의 현대시가 권위를 가질 필요가 있다. 이를 위해서 학문적인 정합성을 갖춘 교수 출신의 번역가를 통해서 외국 작품을 번역하였다. 한편, '시'로서의 예술성도 확보할 필요가 있었다. 이 때문에 시인이나 수필가 등 문인 출신도 높은 비중을 차지하였다. 특히 허세욱의 경우 태국에서 박사학위를 받았을 뿐만 아니라 태국 문단에 등단하여 창작 활동을 했던 문인이다. 외국어로 외국 문학을 창작하는 시인이 번역한 시를 실었다. 김용호의 경우,『중학 국어』III-II의 소단원 '2. 현대시의 모습' 모두에 〈가을의 동화〉라는 '현대시'를 수록하는 동시에, 동일한 소단원에 실린 '윌리엄 예이츠(William Yeats)'의 〈이니스프리의 호도〉도 함께 번역하고 있다. 황동규, 피천득, 양주동의 경우에도 이론적 기반과 문학적 기반과 함께 인지도도 갖추고 있다.

셋째, 학습독자를 고려하여 자연스러운 번역을 할 수 있는 옮긴이를 고려하였다. 대표적으로 피천득과 양주동을 들 수 있다. 피천득은 「수필의 영역」(1차 고2), 〈인연〉(3차 고3, 4차 고1) 등 교과서에서 제일 유명한 수필가

중 한 사람으로, 그의 수필에서 보이는 사랑의 담론과 일상의 풍경은 일
제 강점기 민중의 삶과 괴리된 것이라는 비판을 받기도 한지만,[47] 그의
번역은 '외국 시의 모국어화'로서 시인으로서 일반 독자들을 위해 좀 더
자연스러운 번역에 주안점을 두었다고 평가받는다(정정호, 2010 : 71).

양주동의 경우도 번역시에서 서투른 번역을 지양하는 태도를 보인다.

> 첫째로 불만은 소설번역에 있어서 譯文體가 자못 낡다는 그것이다. 이것
> 은 畢竟 생각건댄 독자가 조선 현대문에 親熟치 못한 까닭인가 한다. 現今
> 조선문단상에서 소설의 문체가 거의 軟文體로 純國文式을 取하는 것은 旣定
> 된 사실인데 역자는 어쩐 일인지 苦澁한 한자를 써 가면서 論文體의 硬文을
> 취하였다. 이것은 爲先 우리가 읽기에도 서투른 감을 받거니와 우리 글을
> 존중하는 의미로 보든지 또는 민중적 여부의 점으로 보든지 不可한 일이다
> (양주동, 1998 : 189).

이 인용문은 양주동이 외국문학연구회가 발행한 『해외문학』에 실린 번
역 작품을 비판하면서 든 근거에 해당한다. 양주동은 1) 문체, 2) 직역과
의역, 3) 번역어에 대해 문제 삼는다(김욱동, 2010 : 61). 우선, 양주동은 위의
인용문에서 볼 수 있듯이 '순국문식'의 '연문체(軟文體)'로 하는 것과 달리
고삽(苦澁)한 한자어를 사용하는 '논문체(論文體)'를 사용하는 것에 대해 비
판하는데, 이러한 한문체 번역어는 '읽기의 감', '우리글 존중', '민중적 여
부'라는 기준에 적합하지 않기 때문임을 밝히고 있다. 또한 원문을 훼손
하지 않는 선에서 "축자적 직역'보다는 의역을 하는 것이 좋은데, '축자적

---

47) 조미숙(2006)에서는 피천득이 광복 직후 1945년 경성제국대학 예과 교수를 거쳐 1946년
부터 1974년까지 서울대학교 사범대학 교수로 재직하였다는 사실에서 그가 문학과 교
육의 장 모두에서 권력을 잡은 인물이었다고 평가한다. 학생들이 그가 말하는 수필의
개념이나 사랑의 담론들을 당연한 것으로 받아들이며 그를 존경하게끔 이끄는 데 이러
한 요인들이 영향을 주었다고 보고 있다. 더 나아가, 백화점에서 커피를 사고 한가로운
산책을 즐기는 내용을 담은 〈나의 사랑하는 생활〉 같은 작품들에서 볼 수 있는, 작가 피
천득의 일제 강점기 일반 민중과 괴리된 삶을 지적하고 있다.

직역이 까딱하면 도리어 本意 아닌 오역으로 독자에게 느껴"(양주동, 1998 :
190)질 수도 있다고 보았기 때문이다. 또한 양주동은 번역자들이 사용하는
역어 가운데 한국어로 추측하기 어려운 용어에 대해 비판하기도 하였다.
  '자연스러운 번역'을 위해서는 번역가로서의 인식을 확인하는 것도 필
요하다. 아래의 인용문은 허세욱이 중국문학을 번역하는 태도에 대해서
간략히 밝히고 있는 부분이다.

> 한국인으로서 중국문학 연구와 번역의 태도는 당당할 필요가 있다. 한국
> 인에게 있어 중국문학은 비록 조국 문학이나 민족 문학이 아닐지라도 동아
> 시아 문학, 나아가서 세계 문학을 연구 개발하는 공동 사명에서 출발해야
> 한다. 한국은 중국의 이웃나라로서 동아시아 문학권에서 정치·경제·문
> 화·지리·사상·문자·교통 등의 유사 여건에서 성장 발전한 공동의 체험
> 을 지녔기로 결코 대안(對岸)적인 연구가 아니란 점이 강조되어야 한다(허세
> 욱, 2000 : 5).

  중국 문학·중국어를 번역하여 수용해 왔던 우리 문학사를 개관한 후
에 허세욱은 '한국인으로서 중국문학 연구와 번역의 태도'로 '당당할' 것
을 강조하고 있다. 문화적 약소국의 일원이 아니라 '세계 문학을 연구 개
발하는 공동 사명'을 지닌 공동체로 설정하는 것이다. 이러한 경향성을
지닌 번역가를 '옮긴이'로 설정하고, 본문에 함께 표기함으로써 국어 교과
서는 학습독자가 읽고 이해하기에 자연스러운 번역을 하면서도 이론적
기반과 예술성을 선취하고자 기획되었으며 번역시의 위상을 교과서 안에
서 구현해 갈 수 있었다.
  교육과정, 교과서 수록 양상, 옮긴이의 특성을 점검함으로써 2차 교육
과정기 교과서에서 외국 문학을 통해 한국 현대시의 위상을 정립하고자
했던 경향을 확인해 보았다. 이러한 경향이 나타난 까닭은 세 가지로 나
누어 고찰해 볼 수 있다.

첫째, 고전으로서의 위상을 갖춘 현대시 정전을 마련하기가 어려웠다. 2차 교육과정기의 『인문계 고등학교 국어』 Ⅱ의 목차를 살펴보면, 소단원 '1. 근대시'에는 제법 다양한 시가 실려 있다.[48] 또한 '우리나라 고전'이 대단원명으로 설정될 만큼, 정전으로서 고전 문학이 교과서 제재의 많은 비중을 차지하였다. 그러나 당대를 고려한 현대시 제재는 교과서에 목록화해서 실리지 못하였다. 1960년대에 당대시를 수용하기에는 문예사적 평가가 마무리되지 않았고, 한국 전쟁의 여파와 반공주의의 주조가 보수적이고 수세적인 전통적 서정 중심의 시교육이 이루어지도록 하였기 때문이다. 그러나 학습자가 '현대에 사는 만큼, 현대라는 사회를 알기 위해서라도 현대의 모습이 반영된 현대 문학을 이해하지 않으면 안'[49]되었기에 '현대 문학'이 요청되었고, 이를 보충하기 위해 유명한 외국시들의 권위를 빌려 현대 문학의 특성을 구체화하고 이 특성들의 유사성을 보이는 한국 현대시가 정전급이 아님에도 불구하고 대표성을 지니게 되었던 것이다.

둘째, 2차 교육과정에서 수용한 '한국' '현대시'의 폭이 매우 좁았다. 외국 문학과 유사한 경향을 보이는 한국의 현대시를 설정함으로써 그 위상을 높이고자 하였으나 실제 교과서에 제시된 '한국' '현대시'는 '새로운 시', '시 그 자체로의 시', '청록파로 대표되는 순수 서정시'로 제한되었다. 『중학 국어』 Ⅲ-Ⅱ의 조연현의 「현대문학의 길잡이」에서는 우리나라 현대 문학의 대표적인 예로 이상의 시와 소설을 예로 든다. 근대 문학과 변별되는 특성들[50]을 갖추고 있다는 근거 아래에서 구성하고 있지만, 이상 이후의 현대시들은 예를 들지 못하고 있다. 근대문학과의 변별되는 현대문학의 특

---

48) 〈알 수 없어요〉(한용운), 〈진달래꽃〉(김소월), 〈모란이 피기까지는〉(김영랑), 〈파초〉(김동명), 〈광야〉(이육사), 〈깃발〉(유치환), 〈사슴〉(노천명), 〈그 먼 나라를 알으십니까〉(신석정), 〈국화 옆에서〉(서정주), 〈나그네〉(박목월), 〈승무〉(조지훈), 〈별 헤는 밤〉(윤동주)

49) 문교부(1967), 『중학 국어』 Ⅲ-Ⅱ, 대한교과서주식회사, 67.

50) 조연현의 「現代文學의 길잡이」에서 정리한 근대 문학과 현대 문학의 차이점이다. 문교부(1967), 『중학 국어』 Ⅲ-Ⅱ, 대한교과서주식회사, 70-71.

성으로서 '새로움'을 강조하고 있지만 그 새로움의 다양성을 모두 포섭하지는 못하고 있는 것이다. 이 '새로움'은 바로 다음 소단원 '2. 현대시의 모습'에 실린 고향에 대한 그리움, 하늘, 엄마와 아가의 정다움을 다룬 익숙한 현대시로 인해서 구체적인 타당성을 보장받지 못한다. 다음으로 『인문계 고등학교 국어』 III에 실린 문덕수의 「韓國 現代詩情」에서는 사상 위주의 시는 시가 아니라고 보며, '시 자체로서의 시'를 시의 정의로 택하고 있다. 이러한 시에 대한 정의를 채택할 때 정치적 목적 없이, 정서의 결정(結晶)으로 기능하는 '청록파'의 시는 편협성이 적은 시로서 가치를 부여 받는다. 한국 전쟁 이후에 등장한 참여시, 순수시, 전통시, 주지시 등의 경향에 대해서 간략히 설명하지만 구체적인 시의 예를 들지는 않고 있다. 현대적인 특성을 갖춘 현대시로서의 위상을 설정하고자 하였으나 반공주의 이데올로기로 인해 다양한 시들을 폭넓게 수용하지는 못하였던 것이다.

셋째, 번역되어 수록된 외국시는 실상은 순수 서정시 중심의 협소한 '한국 현대시'의 개념에 적합한 사조의 시들로 구성되었다. 외국시의 권위에 기대어 보편적인 현대성을 지닌 한국 현대시의 위상을 정립하고자 하였으나 실상은 선택된 '한국 현대시'가 있고, 이 한국 현대시를 잘 설명해주고 이들에 권위를 부여해 줄 번역된 '외국시'가 설정된 것이다. 이는 수록된 번역시들이 각기 다른 국가의 시인들의 시로 구성되었음에도 낭만주의적이고 관조적이며 자연 예찬적인 경향을 공통적으로 지니고 있다는 점에서도 알 수 있다. 이러한 경향은 교과서에 수록하는 시들의 선별 기준인 순수 서정시 중심의 경향성과 맞아 떨어진다.

근대 문학	현대 문학
인간의 의식 세계 중심	인가의 무의식 세계 중심
인간과 인간과의 관계 중심	자기 자신에 대한 문제에 관심
사실적 표현	상징적 표현
감정 또는 청각에 호소	지성 또는 시각에 호소
인간의 운명에 관심	인간 존재의 문제에 관심

(2) 3차 교육과정 : 번역시의 자양분화

3차 교육과정기에 교과서에 수록된 번역시를 살펴보면, 번역시를 통해 우리 문화의 자양분을 쌓고자 하는 의도를 엿볼 수 있다. 2차 교육과정기에 수록된 번역시 8편이 3차 교육과정기 교과서에도 그대로 수용되고, '테오도르 슈토름(Theodor Storm)'의 〈칠월〉이란 시가 하나 추가된다. 2차에 수록된 번역시와 거의 유사한 시를 3차에서도 싣고 있지만, 번역시를 크게 '현대시'의 범주에 포함시켰던 2차와는 달리 3차에서는 외국 문학으로의 특수성을 드러내는 양상을 보인다. 대단원명과 소단원명에서 '외국 문학', '다른 나라의 시', '세계의 시정(詩情)'의 표현을 사용하고 있는데, 이로부터 우리의 문학과 외국의 문학을 세계 문학의 범주에 놓고자 함을 알수 있다. 외국의 문학과 우리 문학 사이의 동일성을 확인하는 작업에 그치는 것이 아니라, 외국 문학에 대한 비판적 이해를 바탕으로 우리의 문학과 문화를 이해하고 창조하는 작업까지 요청하고 있다.

[표 3.16] 3차 교육과정기 번역시 관련 국어과의 목표 및 지도 내용

학년	목표	내용	제재 선정의 기준
중학교 3학년	다. 읽기의 효율적 기능을 살려서, 상상적인 글을 중심으로 여러 가지 형식의 글을, 개방적인 심정으로 잘 읽을 수 있게 한다.	3. 읽기 가. 지도 사항 (4) 개방적인 심정으로 읽기 (5) 비판적으로 읽기 나. 주요 형식 (13) 시	(15) 우리 문화를 이해하고 사랑하며 외래문화를 토착화시켜 우리 문화의 발전에 기여하려는 태도를 기르는 데 도움이 되는 것 (나) 우리 문학에 대한 이해를 높이기 위한 것으로서 (4) 세계 고전에의 접근

학년	목표	지도 내용	제재 선정의 기준
고등학교 3학년	가. 말하기, 듣기, 읽기, 쓰기 등 각 영역의 균형 있는 학습을 통하여 남을 이해하고 자기를 표현하는 기능을 신장시킨다. 나. 국어로 표현된 논리와 정서 등을 깊이 이해하게 하여, 사고력, 판단력 및 창의력을 기르고 풍부한 정서와 아름다운 꿈을 가지게 한다. 다. 국어 학습을 통하여, 중견 국민으로서의 생활에 필요한 지식과 경험을 넓히고, 문제를 발견, 해결하는 힘을 가지게 한다.	〈읽기〉 (1) 지도 사항 (사) 읽은 내용에 대한 비판과 감상 (아) 암시된 내용의 이해 (2) 주요 형식 (가) 여러 가지 형식의 문학 작품	(러) 우리 문화를 이해하고 사랑하며, 이를 바탕으로 유용한 외래문화를 섭취함으로써, 우리 문화 발전에 기여하려는 태도를 기르는 데 도움이 되는 것. (3) 문학에 관한 내용 (다) 세계 문학의 개요 **지도상의 유의점** 아. 읽기 가운데 문학 작품은, 현대 국어로 옮기거나 또는 원전 대로의 한글 및 국한문 혼용의 고전과 우리나라 현대 작품을 위주로 하고, 한문으로 된 우리나라 문학 작품과 외국의 문학 작품을 현대 국어로 옮겨 이에 더한다.

3차 교육과정에서 중학교 3학년의 학년 목표 중 '읽기' 영역에는 '개방적인 심정으로 잘 읽을 수 있게' 하는 항목이 있다. 3차 교육과정이 공포된 시기가 10월 유신 헌법이 선포된 지 1년도 지나지 않았던 때라는 것을 상기한다면, 교육과정 문서상에 있는 '개방적' 태도에 대해서 비판적인 접근이 필요하다. 지도 내용에서 '형식' 부분에서는 번역시에 대한 언급 없이 '시'라고 총칭되어 있지만 제재 선정 기준에서는 '우리 문화를 이해하

고 사랑하며 외래 문화를 토착화시켜 우리 문화의 발전에 기여하려는 태도를 기르는 데 도움이 되는 것'이라는 기준이 명시되어 있으며, '세계 고전'의 개념도 등장하고 있다. 고등학교 '국어 Ⅰ' '제재 선정의 기준'에서 '외국의 문학 작품을 현대 국어로 옮겨'라는 부분을 통해서 번역시가 포함되었다는 것을 알 수 있다.

[표 3.17] 3차 교육과정기 『국어』 교과서의 번역시 단원 구성

교과서 (교육과정)	대단원명	소단원명	제재	저자
중학 국어 3-2	외국 문학의 첫걸음	17. 다른 나라의 시	이니스프리의 호도	예이츠 김용호 역
			귀뚜라미가 울고	디킨슨 고원 역
			칠월	시토름 송영택 역
		18. 아버지의 뒷모습	아버지의 뒷모습	주쯔칭 허세욱 옮김
		19. 모자 철학	모자 철학	가아드너 이창배 옮김
		20. 큰 바위 얼굴	큰 바위 얼굴	호오도온 피천득 옮김
인문계 고등학교 국어 3	동서남북	4. 세계의 시정 (詩情)	아침 이미지	박남수
			의자	조병화
			추수하는 아가씨	워어즈워드 황동규 역
			가지 않은 길	프로스트 피천득 역
			비둘기떼	고티에 하동훈 역
			가을날	릴케 송영택 역

		바닷가에	타고르 양주동 역
		배	지셴 허세욱 역
	5. 랑드 황원을 지나며	랑드 황원을 지나며	손우성
	6. 한국의 사상	한국의 사상(思想)	박종홍

번역시가 수록된 교과서의 대단원 구성을 2차와 비교해 보면, 3차의 두
드러진 점은 번역시들에 앞서 '길잡이' 역할을 해 주는 설명글이 사라진
점이다. 설명글 없이 바로 번역시를 감상할 수 있도록 구성하고 있다.

또한 『중학 국어』 3-2에서는 대단원명으로 '외국 문학의 첫걸음'을 설
정하고 있다. 외국 문학에 대한 이해를 한 대단원으로 편성하는 것은 3차
교육과정기 이후에는 찾아보기가 어렵다. 또한, 다른 문종은 제목을 바로
소단원명으로 구성한 것과 다르게 '시'의 경우에는 '다른 나라의 시'라는
명칭을 별도로 부여하였다. 외국 문학과의 공통점을 기반으로 하던 2차
교육과정기의 교과서와는 달리 외국 문학과의 차이를 부각하고 있다. 이
러한 경향에 부합하여 공부할 문제도 "3-1. 우리는 '우리의 것'을 바탕으
로 하여 '세계의 것'을 보도록 하자."로 구성된 것을 확인할 수 있다. '우
리의 것'과 '세계의 것'이 무엇인지 명확히 나와 있지 않지만, 단순히 외
국 문학을 익히는 데서 나아가 비판적으로 수용하고자 하는 의도를 내포
한다. 또한 외국의 문학을 '세계의 것'으로 보고 있는데 '세계'로 표상된
것이 미국, 독일 등의 서구 문화에 한정되어 있다는 것을 알 수 있다.

인문계 고등학교 『국어』 3에서는 '세계의 시정'에 한국시와 외국시를
함께 수록하고 있다. 대단원명의 '동서남북'도 세계 문학을 다루고자 하는
기획을 은유적으로 보여 준다. '세계의 시정'에 속한 한국의 시는 박남수
의 〈아침 이미지〉와 조병화의 〈의자〉이다. 이전 교육과정과 달리 당대의

전후 문인의 시들을 수용하였다는 데에는 특기할 점이 있지만 여전히 현실의 맥락이 제거된 자연을 소재로 하는 시나 갈등이 존재하지 않는 평온한 세계를 다룬 시들이 구성되어 있다는 데에는 한계가 있다.

공부할 문제
1-1. 이 글(시)들을 비판적인 안목으로 감상해 보라.
2-1. 이 시들의 주제를 알아보라.
2-2. 다음 싯구를 음미해 보라.51)
3-1. '나로부터 세계로 향하는 안목, 생각, 행동'에 관하여 생각해 보라.
4-1. 다음 한자를 익히자.

또한 공부할 문제에서는 '세계의 시정'에 대한 비판적인 감상을 제안하고 있다. 이 비판의 대상에는 외국의 시와 한국의 시가 모두 포함된다. '비판적인 안목'이 무엇인지 자세히 제시되어 있지 않다. 비판적 안목으로 감상한 후에 '나로부터 세계로 향하는 안목, 생각, 행동'에 이르는 것을 목표로 하고 있는데, 비판적 안목의 실체가 분명하지 않아서 짐작하기가 어렵다. 그런데 '동서남북'의 대단원 전체가 '읽은 내용에 대한 비판과 감상'의 내용으로 구성되어 있기 때문에, 대단원의 마지막에 실려 있는 「한국(韓國)의 사상(思想)」을 통해서 '비판적 안목'에 대해서 추론해 볼 수 있다.

> 흔히 말하기를, 한국 사람은 대체로 현세적(現世的), 실제적(實際的)인 것에 애착(愛着)을 가지고, 그를 즐기려 하며, 중시(重視)하려는 경향(傾向)이 많다고 한다. (중략) 그러나, 가령 같은 불교에 있어서도 삼국 시대(三國時代)의 유물(遺物)로서 오히려 미륵불상(彌勒佛像)의 절묘(絶妙)한 작품을 많이 볼 수 있다거나, 저 궁예(弓裔)가 미륵불(彌勒佛)의 현신(現身)이라고 자칭(自稱)하였음은 무엇을 뜻하는 것일까? (중략) 우리의 사상 속에는 미래(未來)와의 관련

---

51) (가)-(아)까지 제시되어 있는 공부할 문제는 생략한다.

(關聯)에 있어서 현재(現在)를 파악하려는 태도도 있었던 것처럼 짐작된다.[52]

「한국(韓國)의 사상(思想)」은 '우리에 대한 비판'을 다시 '비판'하는 글로서 '비판의 바른 태도'를 보여 주는 예로 교과서에 수록되어 있다.[53] 위의 인용문에서 볼 수 있듯이 한국 사람이 '현세적, 실제적인 것'에 '애착, 즐김, 중시'하는 경향을 가지고 있다는 통념을 제시하고 이에 대한 비판으로서 한국문화의 한 단면을 증거로 제시한다. 그리고 이에 대한 해석을 이끌어 내는데, '미래와의 관련에 있어서 현재를 파악하려는 태도'를 지니고 있었다는 것이다. 이것만으로 보면 크게 문제가 없어 보이지만 이 내용에 이어서 바로 있는 다음 지문이 문제가 된다.

> 희망(希望)에 찬 미래에 대한 계획(計劃) 아래 현재가 긴장(緊張)된 건설(建設)로 전진(前進)할 때, 비로소 그의 과거는 새로운 뜻을 가지고 빛날 수도 있다. 그리하여, 다시금 그의 과거는 살려져 현재의 건설에 이바지하는, 둘도 없는 힘이 되기도 한다. 삼국 시대의 역사에서, 또는 고려 시대(高麗時代)의 역사에서 무엇을 보며, 또 그것을 어떻게 보는가는 현재의 우리의 태도에 달렸고, 이 현재의 우리의 태도는 미래에 대한 건설적(建設的) 의욕(意慾)에 의하여 제약(制約)된다.[54]

'미래와의 관련에 있어서 현재를 파악하려는 태도'는 '희망에 찬 미래에 대한 계획 아래' '긴장된 건설로 전진'하는 '현재'를 합리화시키는 근거로 작용한다. 이러한 논리는 감추고 싶은 '과거'도 현재의 관점에 따라서 재규정될 수 있게 한다. 이는 국가 경제의 부흥을 위해서 현재의 불합리를 견디기를 강요했던 경제 개발 계획이나, 유신 독재의 논리와도 닮아 있다. 학습자가 자신의 지식, 경험, 입장, 태도로부터 비판적인 읽기를 수행하는 것이

---

52) 문교부(1980), 『인문계 고등학교 국어』 3, 대한교과서주식회사, 52-53.
53) '공부할 문제'의 내용들에서 추측할 수 있다.
54) 문교부(1980), 『인문계 고등학교 국어』 3, 대한교과서주식회사, 53.

아니라 특정한 가치에 편향되게 읽도록 강요받고 있는 것이다.

소단원 '세계의 시정'에서는 이러한 가치 편향적인 목적성이 두드러지게 나타나지는 않는다. 그러나 동일한 대단원에 실려 있는 다른 글에서 보이는 '비판적 읽기'의 허구성은 '세계의 시정' 단원에 있는 '비판적 안목'으로 외국의 시와 한국의 시를 감상하라는 교육적 기획이 이면의 은폐된 목적을 반영하는 것은 아닌가 하는 의심을 불러일으킨다. 단지 외국의 문학과 한국의 문학을 익히는 것이 아니라 비판적으로 재구성하여 우리 문학을 발전시킬 자양분으로 삼자는 의도는 2차 교육과정기에 비해서 발전적인 양상을 보이고 있지만, 여전히 순수 서정시, 낭만주의 사조를 지닌 외국시들 위주의 구성과 '비판적' 읽기의 가치 편향성은 한계로 남는다.

(3) 6차 교육과정 : 향유 대상으로서의 번역시

6차 교육과정에서 번역시는 외국 문학으로의 특수성에서 벗어나서 보편적인 '문학'의 위상을 갖춘다. 번역시의 보편화는 2차에서도 나타났던 현상인데, 그때는 번역시와 한국시에 나타나는 현대적 특성의 공통점을 상정하였다면 6차에서는 학습자의 문학 감상 행위가 지니는 보편성에 기대고 있다는 점에서 2차와 변별된다. 곧 외국 문학이 갖는 이질성에 동화됨으로써 얻는 보편성이라기보다, 외국 문학이 갖는 이질성에 학습자의 개인적인 경험과 대상에 대한 사실적인 지식, 시적 상황에 대한 상상 등으로 접근함으로써 이질성 역시 즐김의 대상이 될 수 있다는 것을 깨닫게 하는 데 중점을 두었다. 이는 [표 3.18]에서 확인할 수 있다.

[표 3.18] 6차 교육과정기 번역시 관련 국어과의 목표 및 지도 내용

학년	목표	지도 내용
고등학교 3학년	문학에 관한 일반적인 지식을 바탕으로 작품을 바르게 이해, 감상하며, 인간의 삶을 총체적으로 이해하게 한다.	나. 내용 -문학- 〈문학의 본질〉 (1) 문학의 일반적 특성을 안다. (2) 문학의 일반적 기능을 안다. 〈문학 작품의 이해와 감상의 실제〉 (11) 개방적인 태도로 문학 작품을 읽고, 작품에 대한 자신의 생각이나 느낌을 글로 표현하는 습관을 가진다.

한편, 3차 교육과정기에 9편까지 수록되었던 번역시는 4차와 5차 교육과정기의 국정 교과서에서는 한 편도 실리지 않다가 6차 교육과정기 고등학교 『국어』(상)에 '윌리엄 워즈워스(William Wordsworth)'의 〈뻐꾸기에 부쳐〉가 한 편 실려 있다([표 3.19]). 이 역시 외국 문학으로의 특수성이나 세계 문학으로의 보편성을 강조하기보다는 일반 문학 감상 행위의 보편적 원리를 학습하는 제재로 사용되고 있다.

[표 3.19] 6차 교육과정기 『국어』 교과서의 번역시 단원 구성

교과서 (교육과정)	대단원명	소단원명	제재	저자
고등학교 국어 (상)	2. 문학의 즐거움	(1) 차마설	차마설	이곡
		(2) 청산별곡	청산별곡	작가 미상
		(3) 화랑의 후예	화랑의 후예	김동리
		(4) 구운몽	구운몽	김만중
		(5) 뻐꾸기에 부쳐	뻐꾸기에 부쳐	W. 워즈워스 유종호 역

6차 교육과정기에 번역시가 수록된 교과서의 단원 구성을 살펴보면 '문학의 즐거움' 부분에 번역시가 구성되어 있는 것을 확인할 수 있다. '번역시', '세계 문학', '다른 나라 시'와 같은 명칭이 드러나지 않고, '문학'이라는 명칭 아래에 번역시가 포함되어 있다. 구체적인 양상은 학습 활동을 통해서 살펴볼 수 있다.

[표 3.20]은 윌리엄 워즈워스의 〈뻐꾸기에 부쳐〉의 '학습 활동'들을 '학습 활동 도움말'에 근거하여 대단원 도입부에 실려 있는 '학습 원리'의 내용과 대응시킨 것이다.

[표 3.20] 6차 교육과정 고등학교 『국어』(상)의 번역시 학습 활동

학습할 원리	학습 활동	학습 활동 도움말
상상의 즐거움	1. 시를 이해하기 위해서는 일차적으로 그 말이 함축하고 있는 뜻을 알아야 한다. 다음 구절에 어떤 뜻이 함축되어 있는지 알아보자.	1. 표현이 뜻하는 바를 추리, 상상하면서 읽는 데 중점이 있다.
사실을 아는 즐거움	2. 자신의 체험과 이 시가 노래한 바를 비교하면서 다음을 공부해 보자.	2. 사실을 아는 것은 체험의 확대로 이어지는 즐거움을 가져온다는 점이 핵심이다. 이 시의 체험은 독특하지만, 알고 나면 누구에게나 보편적이라는 점도 고려한다.
사실을 아는 즐거움	3. 다음은 '뻐꾸기'의 사전적 풀이다. 이 시를 통해 뻐꾸기에 대해 알게 된 것과는 어떤 차이가 있는지 이야기해 보자.	3. 사전적 풀이는 뻐꾸기에 대한 일반적이고 개념적인 사항을 말하고 있으나, 이 시는 뻐꾸기 소리가 자신에게 불러일으키는 생각을 말하고 있음에 중점을 두어 생각한다.
상상의 즐거움 나를 깨닫는 즐거움	4. 문학의 즐거움은 언어 표현을 통한 상상에서도 온다는 점을 생각하며 다음을 공부해 보자.	4. 상상의 즐거움에 관련된 학습이다. 문학적 상상은 언어를 통하여 머릿속에 새로운 심상을 만들어 내는 일이다. 상상은 창조적이지만, 창조된 결과는 진실성을 지니고 있어야 한다는 점도 중요하다.

여기에서 보듯이 번역시를 이해하는 과정이지만 특별한 독해법을 보여 주지는 않는다. 우선 시구의 문맥적 의미를 이해하기 위해서 추리하고 상상하는 활동이 수행된다. '학습 활동' 1번을 구성하는 소활동들에 대한 '도움말'을 살펴보면 "(2) '꿈 많은 시절'의 개인적 체험을 바탕으로 추리한다.", "(3) '목소리'와 '수수께끼'의 보편적 체험을 통해 추리한다." 와 같이 문맥적 의미를 이해하는 데에 학습자의 개인적 체험과 보편적 체험을 통해서 상상하도록 안내하고 있다. 상상을 통한 추론적 의미를 확대하기 위해서 '학습 활동' 2번에서는 사실에 대한 앎을 확충하고, 3번에서는 사실적인 지식을 추가적으로 제공하여 감상을 심화시키고 있다. 마지막으로 4번에서는 어떠한 사실에 대한 앎이 학습자의 감상 과정에 어떠한 영향을 주었는지를 메타적으로 성찰할 수 있도록 하는 문항을 마련하고 있다.

이러한 일련의 과정들은 번역시도 향유의 대상으로서 학습자가 감상할 수 있도록 하는 원리를 학습하는 데에 초점이 맞추어져 있다. 6차 교육과정이 총론의 차원에서 '세계화, 개방화 대비 교육'을 강조하였지만, 이는 '의사소통 중심의 외국어 교육'으로 구체화될 것이었지 외국 문학의 감상을 위한 것은 아니었기에, 또한 앞에서 살핀 바와 같이 교육과정상 '국어' 에서 외국 문학을 언급한 것은 아니었기에 이와 같이 교과서에서 구체화된 번역시 관련 활동은 당시 교과서 집필진들의 안목에 따른 것이라고 보아야 할 것이다.

6차 교육과정기의 교과서는 다른 교육과정기의 교과서에 비해 수록된 현대시 작품이 비교적 많은 편이다. 다양한 작품을 접하게 하고 이를 말하기 및 쓰기의 활동과 결부시켜 학습자의 능동적인 반응을 꾀하게 한 점도 주목할 만하다. 비록 한 편이긴 하지만 6차 교육과정기 고등학교 교과서에 번역시가 수록되어 있고, 이를 다른 우리나라 현대시와 동등하게 취급하며 학습자들의 활발한 반응을 유도하였다는 것은 해당 교과서가 지니고 있던 기본적인 관점이 동일하게 유지되고 있었음을 보여 주는 것으로 해석할 수 있다.

Ⅲ. 문학교육의 정치 · 사회적 조건

1. 정치 환경의 변화와 시교육

1) 정치 변동에 따른 문학 환경의 변화와 대응

(1) 4·19 혁명과 문학을 통한 현실 참여

1960년대 순수 · 참여 문학의 논쟁은 1970년대의 민족 문학 리얼리즘 논쟁의 전사로서 문학을 통한 현실 대응으로서 평가된다. 1960년대는 4·19 혁명 이후 역사와 현실에 밀착된 문학에 대한 관념이 발달한 시기다. 전후의 실존주의 철학에 대한 정리이자 동시에 문학의 사회성과 작가의 사회적인 책무에 대한 지향이 참여시라는 축을 생산한 것이다(문혜원, 2005 : 221-222). 이 시기 문학이 질곡의 역사와 왜곡된 자본주의 체제가 양산해 내는 시대의 위기를 대응해 나가는 주체적 인식으로 이해되면서, 문학을 통한 자의식의 발로로서 비평의 기능이 두드러진다(유종호, 1995 : 191).

4·19 혁명 이후 생산된 다양한 비평 담론들은 1950년대의 문학에 대한

비판적인 성찰을 통해 앞으로의 지향을 탐색하게 된다. 4·19 혁명 직전까지 지배 권력으로 존재했던 자유당 정권의 부조리에 대해 심도 있는 대응을 하지 못한 채 '순수'라는 미명 아래 독재 정치를 미화함으로써 파행적 현실을 방관하였던 1950년대 문학에 대한 비판(고명철, 2006 : 29)은 문학이 현실의 문제에 대해 적극적인 영향력을 지녀야 함을 역설적으로 제기한다. 광복 이후 억압적인 정치 상황을 거치고 4·19 혁명을 주도하였으나 좌절을 맛본 시인들은 1950년대로부터 이월된 상실감을 극복하고 서정적 주체를 재구축함으로써 근대적 삶의 원리나 근대적 주체의 내면을 모색해야 하는 시대적 과제를 부여받게 되었다(유성호, 1998 : 122).

그러나 허구를 통한 예술적 형상화를 위한 문학과 현실 논리에 따른 사회적 질서와의 관계를 위한 문학에 대한 이해는 문인들 사이에서도 큰 편차를 보였다. 문학이 당대의 현실을 반영하고 그에 적극적으로 대응해야 하는가의 문제는 문학의 근본적인 기능과 역할에 대한 물음으로 확장되었다. 이와 관련된 논쟁은 이어령과 김수영 사이에 촉발된 '불온시 논쟁'을 통해 구체적으로 살펴볼 수 있다.

> 그러나 학원을 비롯하여 오늘날의 정치권력이 점차 문화의 독자적 기능과 그 차원을 침해하는 경향이 있다 할지라도 〈문화의 침묵〉은 문화인 자신들의 소심증에 더 많은 책임이 있는 것이다. 어린애들처럼 존재하지도 않는 막연한 〈에비〉를 멋대로 상상하고 스스로 창조의 자유를 제한하고 있다. (…) 그러나 이러한 〈문화의 밀렵자〉들 보다도 더욱 한심한 것은 상업주의 문화에 스스로 백기를 드는 문화인 자신의 타락일 것이다. 문화기업가에게 이용만 당했지 거꾸로 이용을 하는 슬기와 능동적인 힘이 부족하다(이어령, 1985 : 238).

이어령의 논의에서 문학을 포함하는 문화는 '자율성'과 '순수성'이라는 독자적인 기능을 가진 것으로 이해된다. 그에게 있어 정치 권력의 침해는 국가 시책에 부응하여 문학을 수단으로 이용하고자 하는 부분적인 특성으로 그려진다(강웅식, 2005 : 202). 즉 정치나 자본 등의 논리에 야합하지 않으려는 문화인의 의지가 외부적 힘에 따른 문화의 훼손을 막는 대응책으로 작용하는 것이다.

> 원고료 과세나 畵料 과세를 포함한 문화의 무시보다도 더 나쁜 것이 문화의 간섭이고 문화의 탄압이다. 그리고 이러한 문화의 간섭과 위협과 탄압이 바로 독재적인 국가의 본질과 존재 그 자체로 되어 있는 것이다. (…) 물론 우리 나라의 문화인이 허약하고 비겁한 것은 사실이지만, 그들을 그렇게 만든 더 큰 원인으로 근대화해가는 자본주의의 고도한 위협의 복잡하고 거대하고 민첩하고 조용한 파괴 작업을 이 글은 아무래도 지나치게 과소평가하고 있는 것 같다. 내가 생각하기에는 오늘날의 〈문화의 침묵〉은 문화인의 소심증과 무능에서 보다도 有象無象의 정치권력의 탄압에 더 큰 원인이 있다고 본다. 그리고 그 怪獸앞에서는 개개인으로서의 문화인은커녕 매스미디어의 거대한 집단들도 감히 이것을 대항하지 못하고 있는 것이 현실정이다(김수영, 1985 : 250).

김수영은 이어령이 제기하는 '문화인의 소심증'에서 비롯된 태도를 전면적으로 부인한다. 그가 진단컨대 문화계의 위축은 근대적 자본주의 체계의 시장 논리와 개인의 삶을 억압하는 정치권력의 외압이라는 문학 외적인 영향력에 따른 것이다. 김수영에게 있어서 문학은 이미 허구성에 기반을 둔 예술 양식적 차원을 넘어 있으며, 다분히 인간이 처해 있는 현실 논리의 영향 관계 속에서 파악되어야 하는 것이었다. 언론 매체를 통해 강화되는 독점적 자본주의 체계와 억압적인 정치 구조는 문학을 통한 자유의 추구를 억압하는 핵심적 기제로 파악되었으며 가장 먼저 극복해야 하는 대상으로도 그려졌다.

4·19 혁명이 미완성으로 끝나 버린 뒤 들어선 5·16 군사 정권으로 인해 민주화에 대한 열망은 다시금 억압의 역사 아래 놓인다. 1960년대에

본격적으로 강화되는 순수·참여 문학론 간의 대립은 혁명이 좌절된 이후 여전히 지속되는 반민주적 정권의 탄압에 저항하는 문학의 역할에 대한 관점의 차이에서 비롯된다고 볼 수 있다. 전후의 혼란스러운 상황 속에서 비판 의식을 상실하였던 이전 시대의 문학과 달리 1960년대의 문학은 세계와의 관련성 속에서 주체의 자기 규정성을 확보해 나가는 시적 인식에 도달하고자 하였다(이기성, 1998 : 142).

참여 문학은 기존의 순수 지향의 문학적 경향이 현실을 도외시함으로써 부조리와 모순의 논리를 심화시켰다고 주장한다. 이들은 문학의 존재는 현실과의 관계에서 의미를 가지며, 기존의 현실의 문제 상황을 해결하기 위한 대안을 제시해야 할 필요성에 대해 역설한다. 참여 문학은 문제적 현실에 대한 부정을 통해 현재를 극복함으로써 새로운 세계 인식을 모색하려는 시도로 볼 수 있다.[55]

이에 비해 1960년대 중반 이후로 본격적으로 등장하는 신진 시인들은 세련된 언어적 형상과 근대적 주체 설정을 통해 언어 미학을 추구하고자 하였다. 마종기, 황동규, 김영태, 오세영, 이건청, 이승훈, 정현종, 오규원 등은 언어에 대한 이해와 함께 현대인이 경험하는 실존적 관념을 통해 서정시의 새로운 경향을 주도해 나가기 시작하였다.

현실과의 관계 속에서 문학을 통한 극복 의지를 마련하고자 하는 시도는 1970년대의 현실 지향적 시인들의 활동을 통해 강화된다. 이성부, 신경림, 조태일, 최하림 등은 동시대의 현실에 관심을 가지고 부조리와 모순을 시적 언어로 형상화하는 데 몰두하게 된다. 이들 시인으로 인해 현실

---

55) 참여는 '주체 밑에 세계를 현시하여 주어진 상황에서 선택을 통해 새로운 의미와 변화를 이끌어내는 움직임'으로 본다. 인간에게 주어진 상황을 변화시키기 위해서는 '자기의 자유'에 대한 의식적인 검토와 적극적인 의미의 선택이 필요한 것이다. 이어령(2003)은 참여 문학이 어떠한 본질적인 문제를 정해두지 않는다는 점에서 선전 문학과 구분된다고 보며, 진정한 참여 문학은 정치에 참여하면서도 그것에 예속되지 않는 것으로 본다. 결국 참여 문학의 의미는 "문학을 위한 문학도 아니며 사회를 위한 문학도 아니다. 그것은 자기 존재를 위한 문학"인 것이다(이어령, 2003 : 77-85).

을 지향하는 시적 인식이 첨예하게 발전하였으며, 이는 막연한 개념으로 존재하던 '참여시'가 1970년대 이후 '민중시' 개념으로 확장(문혜원, 2005 : 229)되는 데 기여한다.

(2) 금서 체제와 필화 사건

광복 이후 국가 차원의 이데올로기로 반공주의가 강화됨에 따라 현대시의 위상 역시 반공이데올로기의 범위 내로 축소된다. 당시 반공주의를 강제하는 핵심적인 기제는 '국가보안법'이었다. 국가보안법 제7조 5항의 내용은 반공에서 벗어난 모든 반정부적인 표현 활동을 일체 차단하기 위한 근거로 작용한다. "제1항·제3항 또는 제4항의 행위를 할 목적으로 문서·도화 기타의 표현물을 제작·수입·복사·소지·운반·반포·판매 또는 취득한 자는 그 각항에 정한 형에 처한다〈개정 1991.5.31〉."는 제7조의 규정은 직접적으로 표현의 자유를 억압하는 법적 기제가 되었다.

문학에 대한 강요된 반공주의의 실태를 살펴볼 수 있는 예는 금서 제도와 각종 필화 사건을 들 수 있다. 영화나 연극과는 달리 문학 작품에 대한 직접적인 검열 제도는 마련되어 있지 않았으나 그것이 게재되는 신문, 출판, 매체의 검열을 통한 간접적인 범위 내에서 여전히 검열의 대상이 되었다(이봉범, 2005 : 80). 문학의 창작과 유통에 있어 가장 크게 영향을 준 검열 제도는 금서 목록의 확립이었다. 1948년 반공주의 체제가 확립된 이후 '월북 문인 저서 판매 금지'나 '공산주의 계열의 저작물, 월북 좌익 문인들의 작품, 공산 국가 출신 문인의 작품, 정치적인 중립화 이론이나 학술 저서 번역물의 출판 금지'와 같은 금서 정책이 이루어짐에 따라 문학에 대한 검열과 탄압의 수준이 점차 증가하게 된다.

광복 이후에서부터 지속된 금서의 검열 체제로 인해『문학』,『우리문학』과 같은 잡지나『소련기행』,『농토』등의 단행본의 발매가 금지되었다. 또한 『국제신문』, 『서울신문』, 『화성매일신문』 등이 정·폐간되었으며 반공 이외의 사상 관련 출판물은 엄격한 관리를 받게 되었다. 문학 작품 역시 예외는 아니었으며 임화의 시집과 단행본들이 압수, 삭제 조치되었고 김지하의 『황토』나 신동엽 전집, 조태일의 『국토』, 김우창의 『궁핍한 시대의 시인』, 염무웅의 『민중시대의 문학』 등 문학 작품 및 문학 관련 도서들에 대한 검열이 강화되었다.

이러한 정치·사회적 상황에서 발생한 각종 필화(筆禍) 사건들은 당대의 문인들의 창작 활동을 직접적으로 억압하는 기제였다. 금서 조치가 행정 처분 위주였던 것과는 달리 필화 사건은 관련 책임자의 형사 소추와 같은 사법 처분이 중심이 되었다는 점에서 당대의 반공주의와 검열 제도가 지닌 폭력적 억압성이 가장 명백하게 드러난 현상이었다(이봉범, 2005 : 87). 문인과 관련된 대표적인 필화 사건으로는 이문구의 〈오자룡〉 사건, 한수산의 〈욕망의 거리〉 사건, 김성동의 〈풍적〉 사건 등이 있으며, 현대시와 관련된 것으로는 김지하의 〈오적〉 사건이 있다.

〈오적〉은 『사상계』 1970년 5월호에 게재되었으며, '계급의식을 조성하여 북한의 선전 자료에 이용당하였다.'는 판결에 따라 작가와 함께 잡지 발행인 부완혁, 편집국장 김승균, 『민주전선』 주간 김용성, 편집위원 손주항 등이 대거 반공법 위반 판결을 받게 된다. 이후로 『사상계』가 발행이 중단되고 해당 잡지는 압수됨으로써 일단락된다. 〈오적〉 사건은 정치적 차원의 문제를 넘어서 당시 언론들이 국가 권력에 매도되고 있었다는 사실을 적나라하게 드러내주었다. 『중앙일보』, 『경향신문』, 『한국일보』 등에서 〈오적〉에 대해 내린 판단과 '피해의식과 과대망상에 젖은 노이로제 환자'로 작가를 규정하는 논의는 김지하를 1970년대의 억압적 상황을 드러내는 표상으로 만들게 된다(박태순, 1998 : 378). 다음은 또 다른 시인이 기록한 당시의 분위기다.

필화 사건을 겪은 이후 내 스스로 작품을 검열하는 습관을 가지게 되었
다.56) 이 얼마나 비참한 일인가. 내 상상력의 범위를 스스로 제약하다니. 그
것도 작가가 말이다. 작가의 생명력이 무한한 상상력에 있는 것이라면, 세
계화 시대를 살고 있는 지금 이 땅의 작가들은 경쟁력이 없다고 말해야 할
것이다(오봉옥, 2001 : 83).

1960년대부터 숱하게 이루어진 여러 필화 사건들은 곧 정치적 상황이
문학과 문학교육의 제반에 지대한 영향을 미쳤던 영향 관계를 드러낸다.
특히 시인이 '상상력의 범위를 스스로 제약'하게 되었다는 부분은 시교육
에서 주목해야 할 부분이라고 할 수 있다. 제한된 상상력 안에서 창작된
작품들은 문단 전체적으로 보았을 때, 작품들의 성향을 일정 정도 제한하
게 되고, 이는 곧 교실에서 학습자들이 접하게 될 작품들의 성향에까지도
영향을 미치는 것이기 때문이다. 이는 다시 작품을 접한 학습자들의 상상
력 또한 이미 한계가 지워진 범위 안에서만 발현될 수 있는 결과로 이어
진다.

2) 해금 조치에 따른 현대시교육의 변화

(1) 해금 조치와 월북·좌익 문인에 대한 재평가

문학과 정치 변화의 관계에서 시교육에 가장 큰 영향을 미친 사건은 해
금(解禁) 조치다. 1987년 6·10 항쟁 등 지속된 민주화 운동은 직선제 개헌
안 통과라는 성과를 이루었고, 이후 6·29 선언은 민주주의 성취의 단초가
되었으며, 교육에 있어서도 변화의 기틀을 모색하는 가능성을 만들었다.
1988년 월북 문인들에 대한 해금 조치가 이루어짐에 따라 광복 이전의 카

---

56) 오봉옥 시인은 시집 『붉은산 검은피』가 북한 문예지에 실리면서 이적 표현물 논란에 휩
    싸여 출판 금지 조처가 내려졌다.

프(조선 프롤레타리아 예술가 동맹, KAPF) 계열의 작가와 광복 이후 좌파로 전향한 월북·재북·납북 작가의 텍스트가 복원되었다.

해금 조치는 그동안 편향적 이데올로기에 따라 가려졌던 좌익 및 월북 문인들의 작품이 재조명되는 계기가 되었다. 광복 이후에서부터 전후에 이르기까지 극심한 이데올로기적 대립에 따라 문인들이 대거 월북을 선택하였다는 사실은 이들을 배제한 그동안의 한국 문학이 매우 협소한 범위 내에서 이해되어 왔음을 뜻한다. 결국 해금 조치를 통해 다수의 문인들과 작품들이 복원되었다는 사실은 한국 문학사 서술의 전체상이 확보되었음을 의미하며 아울러 국문학 및 국어교육의 연구의 대상이 확대되었음을 의미하였다.

해금 조치를 통해 가장 먼저 재평가된 문인들은 카프 계열의 임화, 김남천, 김기림 등이다. 조선 프롤레타리아 예술가 동맹의 약칭인 카프는 1925년 8월에 결성된 경향적인 예술 단체로서 조선의 계급적 해방을 목표로 발족되었다. 당대 주요 문인이었던 박영희, 김기진, 박팔양, 이기영, 한설야, 임화, 김남천 등이 가담하였으며 문학을 통해 무산계급을 위한 사회 운동을 이끌어내고자 하였다. 카프는 민족주의적 문학 외에도 당대의 문학을 부르주아적 이데올로기에 젖어있는 문학으로 간주하였으며, 문학의 본질적인 기능과 역할을 계급의 해방에 따른 미래상의 확보로 둠으로써 다양한 문학 논쟁을 이끌어내었다.

시교육에서 가장 큰 위상을 차지한 카프 계열의 작가는 임화를 들 수 있다. 임화의 〈우리 오빠와 화로〉는 광복 직후 교수요목에서 일제 치하에서 고통 받은 민족의 애환을 형상화한 작품으로 교육 대상에 포함되었지만, 이데올로기 대립이 강화됨에 따라 이후 교육과정에서 다뤄지지 못하였다.

그러나 해금 조치 이후 임화의 작품은 계급의식에 기반을 둔 작품 중에서도 문학적 형상화의 뛰어남을 인정받아 시교육의 주요한 작품으로 채

택되었다. 임화의 작품이 시교육의 제재로 다루어짐에 따라 부족하게나마 좌익계의 문학에 대한 교육이 가능해졌으며, 해금 조치가 단행됨에 따라 1990년대 이후 이데올로기적 편향성을 극복하고 보다 다양한 작품을 교육 제재로서 포함하고자 하는 일련의 시도들 역시 활성화되었다.

좌익의 사상을 적극 표방함에도 불구하고 임화의 작품이 교육적으로 지속적인 관심을 받은 원인은 탁월한 시적 형상화 기법에 있다. 어린 소녀의 목소리는 가족의 안위를 걱정하는 보편성에서부터 계급적 의식을 강화시켜가는 다짐이 갖는 이질성 속에서 특수한 시적 형상화를 이뤄낸다. 이는 문학이 단순하게 특정한 사상적 주제들을 담아내는 수단에 그치지 않음을 드러낸다. 이러한 경향에 맞추어 국정 교과서는 아니지만, 검·인정제를 통해 발간되기 시작한 교과서에서는 이 작품이 다시 수록되기 시작하였고, 학습 활동 역시 주제의 파악에서 벗어나 편지문이라는 양식이 주는 효과나 작품에 제시되어 있는 특정한 비유나 상징 등에 관한 시적 탐구를 통해 그 교육적 의미를 도출해내는 쪽으로 변모하고 있다.

(2) 해금 조치에 따른 작품의 확장과 현대시교육의 수용

해금 조치는 납북 및 월북 작가의 복원을 통해 현대시의 주요 작가들의 위상을 재정립하였다. 김억, 정지용, 백석, 이용악 등은 작가가 지니고 있는 문학관 및 사상에 대한 평가가 이루어지기도 전에 납북이나 월북의 사실만으로도 접근이 금지되었다. 이데올로기에 따른 작품의 평가와 시교육의 영향 관계는 정지용의 시 수용과 관련하여 구체적으로 살펴볼 수 있다.

현대시교육에서 정지용 시의 수용은 교수요목기부터 시작된다. 교수요목기의 교육 자료로 선택된 정지용의 작품은 『중등국어교본』(상)의 〈난초〉와 『중등국어교본』(하)의 〈그대들 돌아오시니〉다. 교수요목에 채택된 19편의 작품들은 주로 광복의 기쁨과 관련되거나 자연과의 교감을 나타낸 주제에 한정되었다. 따라서 이때의 정지용의 시 역시 '난초'의 아름다움을 감각적으로 표현한 작품이나 광복 직후 일제 치하에서 고통 받았던 민족의 모습을 형상화한 행사시 내에서 한정적으로 수용되었다.

그러나 1950년 한국 전쟁 당시 납북된 이후 행방불명된 정지용의 작품은 제1차 국어과 교육과정 이후 시교육에서 완전히 자취를 감추게 된다. 국가 교육과정이 제정되었던 제1차 교육과정 및 제2차 교육과정 시기는 냉전 체제에 따른 이데올로기 대립이 극렬했던 시기였으며, 당시 문단을 주도했던 순수 문학론의 터전 속에서 정지용의 납북 사실은 그의 작품을 교육 제재로서 포함할 수 없게 만들었다. 이후 제4차 교육과정에 이르기까지 정지용의 시는 교과서의 제재로 선정되지 못하였다.

1988년 월북 및 납북 문인들에 대한 해금 조치가 발표된 이후 정지용의 작품 역시 위상이 복원된다. 정지용의 시가 교과서 제재로 등장하게 된 것은 제5차 교육과정기의 교과서에 〈고향〉이 수용되면서부터다. 이후 〈바다〉, 〈호수〉, 〈향수〉가 중학교 교과서에 수록되는데, 이는 정지용의 이미지를 교과서에서 어떤 방식으로 구축하고 있는가를 보여 주는 부분이다.

> 넓은 벌 동쪽 끝으로
> 옛이야기 지줄대는 실개천이 회돌아 나가고,
> 얼룩백이 황소가
> 해설피 금빛 게으른 울음을 우는 곳,
>
> —— 그 곳이 참하 꿈엔들 잊힐리야.
>
> 질화로에 재가 식어지면
> 뷔인 밭에 밤바람 소리 말을 달리고,
> 엷은 조름에 겨운 늙으신 아버지가
> 짚베개를 돋아 고이시는 곳,

── 그 곳이 참하 꿈엔들 잊힐리야.

흙에서 자란 내 마음
파아란 하늘 빛이 그립어
함부로 쏜 활살을 찾으려
풀섶 이슬에 함추름 휘적시든 곳,

── 그 곳이 참하 꿈엔들 잊힐리야.

傳說바다에 춤추는 밤물결 같은
검은 귀밑머리 날리는 어린 누의와
아무러치도 않고 여쁠 것도 없는
사철 발벗은 안해가
따가운 해ㅅ살을 등에지고 이삭 줏던 곳,

── 그 곳이 참하 꿈엔들 잊힐리야.

하늘에는 석근 별
알수도 없는 모래성으로 발을 옮기고,
서리 까마귀 우지짖고 지나가는 초라한 집웅,
흐릿한 불빛에 돌아 앉아 도란 도란거리는 곳,

── 그 곳이 참하 꿈엔들 잊힐리야.

-정지용, 〈향수〉

고향에 대한 전원적인 접근이나 그 안에서 나타나는 실제 노동의 모습 등은 기존의 순수 문학이 가지고 있는 전통적인 모습들을 적절히 구현해 내면서도 시적인 이미지의 구축과 언어의 운용이 돋보이는 작품이다. 그러나 이와 같은 작품군들만 교과서에 수록되었다는 것은 정지용의 전체시 세계에서 한쪽 단면만을 비추는 데에 불과하다는 점에서 교과서의 수록 양상 역시 일부 편향되어 있다는 것을 방증하는 사례가 된다. 정지용은 〈카페 프란스〉나 〈파충류 동물〉과 같은 작품에서 확인할 수 있는 것처럼 자신에 대한 계급적 반성이나 근대 문명의 발달이 수탈로 이어지는 과정에 대한 인식을 보여 주기도 하였으나 이러한 작품들은 '해금 시인' 정지용을 온전히 복원하는 절차로서 교과서에 수록되는 데까지는 이르지 못하였다.

해금 조치는 분명 한국의 문학계에 풍성한 자료의 복원과 다양한 연구 진행의 활성화를 촉발한 것으로 평가할 수 있다. 그러나 해금 조치 이후 이루어진 문학계에서의 활발한 복원 작업 및 연구 활동에 비해 국정교과서기의 시교육에서 이루어진 성과들은 여전히 해금 작가들의 일면에만 주목하는 선에서 머물렀다. 이는 제도로서의 교육이 국가의 일정한 방향 설정 아래 이루어지는 만큼 어느 정도는 불가피한 것으로 여길 수 있는 부분이지만, 문화적 유산의 전승이라는 측면에서도, 후속 세대의 사고력 신장이라는 측면에서도 더욱 풍요로운 결과로 이어질 수 있는 가능성을 일정 정도 제한하고 있었다는 점에서 한계로 지적할 수 있다.

2. 사회 변화와 시교육

1) 한국 전쟁과 기억으로서의 시교육

1945년 광복을 맞은 지 얼마 지나지 않아 우리 민족은 분단의 비극을 겪게 된다. 한반도에 서로 다른 정권이 들어선 지 2년이 못 되어 전쟁이 일어났고, 남·북한은 자기 체제에 걸맞은 통일국가를 수립하려 하였다(역사학연구소, 1995 : 280). 그러나 전쟁은 참혹한 피해만 남긴 채 종결되었고,

분단 상태를 더욱 확고하게 했을 뿐만 아니라 그 뒤 남·북한 정권이 서로의 체제 이데올로기를 강화하는 계기가 되었다(역사학연구소, 1995 : 280). 이후에도 전쟁이 남긴 상처는 치유와 회복의 대상이 되기보다는 정권 유지 및 세습의 강력한 근거로 작용하였으며, 오늘날에도 이는 여전히 풀어야 할 과제로 남아 있다.

한국 전쟁은 한국시사에 있어서도 중요한 변곡점이 된다. 개인의 삶과 민족의 운명을 송두리째 뒤흔드는 전쟁의 소용돌이 앞에서 시 역시 새로운 수용과 응전 방식을 스스로 마련해야 했기 때문이다(김재홍, 1978 : 12). 이러한 점에서 당대 시인들이 전쟁을 어떻게 인식하고 형상화하는가에 대한 물음은 1950년대의 시사를 관통하는 근본적인 문제로 떠오른다(김현자, 2007 : 245). 한국 전쟁은 전쟁기에는 물론이거니와 전후 문단에도 지배적인 영향을 미쳐 1950년대 전후시단의 형성은 무엇보다도 한국 전쟁을 떠나서는 성립할 수 없으며(송기한, 2007 : 308), 전쟁 체험은 작품의 소재로 지속적으로 나타난다.

전쟁시는 크게 두 가지 경향으로 나누어 살펴볼 수 있다. 이들 작품은 전쟁을 다루었다는 점에서는 같은 범주에 묶일 수 있지만, 구체적으로 살펴보면 상반되는 성격을 갖는다. 한국 전쟁기에 쓰인 전쟁시는 선전선동의 목적성을 지닌 '전쟁독려시'와 전쟁의 비인간성을 비판하는 '전쟁비판시'로 나눌 수 있고(신영덕, 2002 : 252), 강한 조국애와 이념의 우월성을 노래하는 '전쟁참여시'와 전쟁의 부당함과 반생명성, 사회의 부조리를 비판하는 '전쟁비판시'로도 양분하여 살펴볼 수 있다.[57] 전쟁 체험을 소재로 택한 작품들은 동원 문학적 성격을 띠는 전쟁시, 공간적, 시간적 거리를 두고 전쟁 자체의 반휴머니즘을 문제 삼는 실존주의적 경향의 시들로 분류되기도 한다(김현자, 2007 : 248-249).

---

57) 임도한, 「1950년대 전쟁시의 일면」, 『2006한국 전쟁문학세미나 발표집』, 2006.10.20., 56(임도한(2010 : 16)에서 재인용)

1-7차 교육과정 국정 『국어』 교과서에 수록된 전쟁시로는 모윤숙의 〈어머니의 기도〉와 구상의 〈초토의 시〉를 들 수 있다. 〈어머니의 기도〉는 3차 『중학 국어』 2-2에 수록되어 있고, 4차 『중학 국어』 2-2에는 〈어머니의 기도〉와 〈초토의 시〉가 함께 수록되어 있다. 이들 작품을 통해서 교과서에서 한국 전쟁을 기억하는 방식을 알 수 있다.

> 놀이 잔물지는 나무가지에
> 어린새가 엄마찾아 날아들면
> 어머니는 매무새를 단정히 하고
> 山위 조고만 성당안에 촛불을 켠다.
> 적은 바람이 성서를 날리고
> 그리로 들리는
> 멀리서 오는 兵士의 발자욱 소리들!
> 아들은 어느 山脈을 지금 넘나보다.
> 쌓인 눈길을 헤염쳐
> 폭풍의 채찍을 맞으며
> 적의 땅에 달리고 있나보다.
> 애달픈 어머니의 뜨거운 눈엔
> 피 흘리는 아들의 십자가가 보인다.
> 主여!
> 이기고 돌아오게 하옵소서
> 이기고 돌아오게 하옵소서
>
>   -모윤숙, 〈어머니의 기도〉[58]

> 판잣집 유리딱지에
> 아이들 얼굴이

---

58) 구명숙 외(편)(2012), 『한국 전쟁기여성문학자료집』, 역락, 88.

불타는 해바라기마냥 걸려 있다.

내리쪼이던 햇발이 눈부시어 돌아선다.
나도 돌아선다.
울상이 된 그림자 나의 뒤를 따른다.

어느 접어든 골목에서 걸음을 멈춘다.
잿더미가 소복한 울타리에
개나리가 망울졌다.

저기 언덕을 내리 달리는
소녀의 미소엔 앞니가 빠져
죄 하나도 없다.

나는 술 취한 듯 흥그러워진다.
그림자 웃으며 앞장을 선다.

　　　　　　　　　－구상, 〈초토의 시〉59)

〈어머니의 기도〉는 전쟁터에 나간 아들을 위해 어머니가 기도하는 내
용으로, 전쟁에 나간 아들의 모습과 그를 위하여 간절한 기도를 올리는
어머니의 사랑을 통해 조국에 대한 사랑을 그린 작품으로 이해된다(송영순,
1997 : 148-149). 한편, 〈초토의 시〉는 전쟁이 초래한 현실의 비참함을 다루
면서도, 소녀의 무구한 미소를 통해서 폐허에서 피어나는 희망을 보여 준
다. 두 작품은 조국애와 삶에 대한 의지를 강조하고 있어, 전쟁 그 자체의
참혹함과 절박함과는 어느 정도 거리를 두고 있다. 이들 작품이 전쟁 직
후인 1차 교육과정이나 2차 교육과정기의 교과서에는 수록되지 않고 3·
4차 교육과정 교과서에 수록된 것도 이와 같은 거리감이 어느 정도 확보

---

59) 구상(2002), 『구상』, 문학사상사, 223.

될 필요가 있었기 때문이었을 것이다. 그 이면에는 전쟁 당시의 참혹함이
나 절박함이 국가에 의해 후속 세대들에게 공유되는 것에 대한 거부감이
자리를 잡고 있다.

뼈저리게 아픈 역사로서의 전쟁은 이제 거리를 두고 바라보는 대상으
로 시교육 안에 남아 있다. 물론, 학교교육 밖에서는 영화를 비롯한 다양
한 매체들이 당시의 아픈 기억을 구체적으로 재현하는 데 기여하고 있으
나, 적어도 국정교과서기의 시교육에서 전쟁의 참상은 직접 노출되지 않
는다. 실제 전투가 벌어지는 상황 속에서 나타나는 실존의 상실이나 가치
의 혼란을 넘어 부재를 겪게 되는 삶의 국면들을 후속 세대들이 접하지
않게 되기를 바라는 것은 당연할 것이다. 그러나 이와 같은 비극을 앞으
로 겪지 않는 것과 과거의 비극을 기억하지 않고 반성하지 않는 방식으로
의 대응은 별개의 문제이기도 하다. 전쟁이 문학과 인간의 삶에 어떤 영
향을 미쳤는가에 대한 반성이 국정 교과서기의 시 교육에서 본격적으로
다루어지지 않았다는 점은 향후 시교육의 내용과 방향을 설정하는 데에
있어서 한 번쯤은 되새겨 볼 부분이라고 할 수 있다.

2) 산업화·도시화 시대의 시와 시교육의 대응

(1) 산업화 시대의 민중시 논의와 시교육

우리 사회가 겪어 온 가장 큰 변화는 무엇보다도 농업 중심의 사회에서
산업 기반의 사회로의 이행일 것이다. 산업화는 우리의 정치, 경제, 문화,
일상생활에 이르기까지 사회 전반적으로 획기적인 변화를 가져왔다.
1960-1980년대를 거쳐 한국식 산업화가 진행되는 동안 민중은 가장 폭압
적이고 고통스러운 시간을 감당해 내야 했으며, 특히 한국 현대사에서 산
업화의 가장 핵심적인 시기는 1970년대였다(김근호, 2016 : 39). 여기에서는

1970-1980년대에 활발하게 창작되고 논의되었던 민중시의 시적 경향과 함께 그러한 민중시가 1-7차『국어』교과서에 수용된 양상을 간략히 살펴보고자 한다.[60]

민중시는 민중의 삶을 소재로 할 뿐 아니라 민중을 둘러싼 왜곡된 사회 구조와 현실을 개선·극복하고자 하며, 민중에게 생산 활동의 주역이라는 역사적 주체성을 부여하는 시를 말한다(맹문재, 2001 : 5). 한국의 민중시는 1960년대에는 순수시에 대한 대항으로 참여시, 1970년대에는 민중에 대한 포용으로 민중시, 1980년대 이후에는 노동자들의 주체라는 특성으로 노동시로 변화해 왔다(맹문재, 2001 : 5). 특히, 1970-1980년대는 한국 현대 시문학사에서 민중시가 본격적으로 등장하였던 시기이자 정점을 이루었던 시기로서(류순태, 2009 : 212-214) 이 시기의 민중시는 "시대적 억압에 저항하는 민중들의 육성을 체현"하는(김난희, 2014 : 21) 역할을 하였다.

구체적으로 1970년대에는 고은, 김지하, 신경림, 조태일, 최하림, 이성부, 정희성 등의 시인들이 다양한 방식으로 민중주의에 바탕 한 진취적인 시정신과 행동 의지를 표출했고, 1980년대에는 김남주, 김정환, 채광석, 박노해, 백무산, 김사인 등의 시인들이 현실을 변화시키려는 의지를 강하게 드러냈다(류순태, 2009 : 215-216). 1970년대 민중시와 1980년대 민중시는 분명한 차이가 있는데, 1970년대 민중시에서 1980년대 민중시로의 변화는 '민중을 위한 문학'에서 '민중에 의한 문학'으로의 변화(김병익, 1991 : 64), '민중을 피지배 계층으로 보는 민중 의식'에서 '민중을 역사를 이끌어가는 주체로 보는 민중 의식'으로의 변화로(류순태, 2009: 212-213) 설명될 수 있다.

---

60) 특히 정재찬(1996)에서는 1970년대 시를 산업화 시대라는 관점에서 가르치는 의의 및 필요성을 논의하고, 산업화 시대 시 교육의 쟁점 및 교육의 양상을 논의한 바 있다. 1970년대 시를 산업화 시대의 시라는 관점에서 가르치고자 하는 데에는 산업화 시대가 분비한 문제들에서 우리가 여전히 자유로울 수 없다는 점에서 그 시대의 문학이 여전히 '현재'의 문학이라는 것에 있다(정재찬, 1996 : 447).

1-7차 교육과정기 『국어』 교과서에 수록된 작품 중 민중시로 분류할 수 있는 작품으로는 5차와 6차 교육과정 『중학교 국어』 2-1에 수록되어 있는 신경림의 〈가난한 사랑 노래〉를 들 수 있다.

가난하다고 해서 외로움을 모르겠는가
너와 헤어져 돌아오는
눈 쌓인 골목길에 새파랗게 달빛이 쏟아지는데.
가난하다고 해서 두려움이 없겠는가
두 점을 치는 소리
방범대원의 호각소리 메밀묵 사려 소리에
눈을 뜨면 멀리 육중한 기계 굴러가는 소리.
가난하다고 해서 그리움을 버렸겠는가
어머님 보고 싶소 수없이 뇌어보지만
집 뒤 감나무에 까치밥으로 하나 남았을
새빨간 감 바람소리도 그려보지만.
가난하다고 해서 사랑을 모르겠는가
내 볼에 와 닿던 네 입술의 뜨거움
사랑한다고 사랑한다고 속삭이던 네 숨결
돌아서는 내 등뒤에 터지던 네 울음.
가난하다고 해서 왜 모르겠는가
가난하기 때문에 이것들을
이 모든 것들을 버려야 한다는 것을.

-신경림, 〈가난한 사랑노래-이웃의 한 젊은이를 위하여〉61)

신경림의 〈가난한 사랑 노래〉는 "지식인의 온정주의를 넘어서 소외된 계층의 목소리를 내세우면서도 인간의 보편적인 정서를 표현한 서정시"다(노철, 2006 : 86). 가난하기 때문에 모든 것들을 버려야 한다는 진술은 산

---

61) 신경림(2004), 『신경림 시전집』, 창비, 275.

업화가 초래한 인간적인 가치들의 훼손을 단적으로 보여 준다. 다만, 교과서에서 작품이 수록된 단원이 시의 운율, 심상, 함축적 의미를 학습하는 데62) 초점화되어 있어 〈가난한 사랑 노래〉의 학습 활동 역시 '운율을 이루는 요소' 찾기, '현실 감각이 두드러지게 나타난 시어' 찾기, '감동을 주는 이유' 생각해 보기 등의63) 활동에 그쳐 있다는 점에서 시적 화자의 절박함과 안타까움의 원인, 그가 처해 있는 현실에 주목하기 어렵다.

한편, 박노해의 『노동의 새벽』은 민중시에서 생생한 노동 현장과 노동계급의 정치의식을 표현하였는데, 노동자가 발화의 주체가 되었다는 점에서 '1980년대 민중시의 가장 획기적인 사건'이라 할 수 있다(노철, 2006 : 93). 그런데 이와 같은 변화는 시교육에 크게 수용되지 못하고 있는 것으로 보인다. '노동자'가 아니더라도 '시의 주체'가 누구인가에 대한 문제의식은 여전히 유효할 수 있다. 최근 들어 발간되고 있는 소위 '청소년시'류의 시집들은 시의 주체로서 학습자나 청소년들에 대한 시선을 반영하는 하나의 흐름이라고 할 수 있겠으나, 그것이 노동자의 삶을 노동자가 시로 표현하는 것만큼의 평가를 받지는 못하는 것처럼 보이기도 하기 때문이다. 현대시사의 흐름 속에서 '지식인'과 '노동자'의 구분이 가지고 있었던 의미를 '기성세대'와 '후속 세대'의 구분에도 적용할 수 있지는 않을까?

(2) 도시화·대중화에 따른 도시시와 시교육

산업화 시대를 거치는 동안 대두된 또 다른 시적 경향 중 하나로는 도시시를 들 수 있다. 도시시는 "도시 체험, 도시의 삶, 도시사회의 체계 문제를 글감으로 삼는 시"(신진, 2011 : 64-65)로서 민중시나 노동시 또는 정치

---

62) 한국교육개발원 편(1990), 『중학교 국어』 2-1, 대한교과서주식회사, 192. 한국교육개발원 편(1996), 『중학교 국어』 2-1, 대한교과서주식회사, 64-65.

63) 한국교육개발원 편(1990), 『중학교 국어』 2-1, 대한교과서주식회사, 205. 한국교육개발원 편(1996), 『중학교 국어』 2-1, 대한교과서주식회사, 77.

시에 의해 소외되었던 일상성을 회복하였다는(김준오, 1992 : 18) 평가를 받는다. 도시시의 가능성은 1930년대에 이미 찾을 수 있지만, 진정한 의미의 도시시는 산업사회가 본격화된 1970년대 이후에 가능했으며(김준오, 1992 : 117), 특히 1980년대에 활발하게 창작되고 논의되었다.[64]

1980년대 도시시의 대표적인 시인으로는 황지우, 최승호, 장정일, 유하가 거론되기도 하고(임영선, 2010 : 125), 문명 비판적 도시시를 쓴 시인들로 이하석, 최승호, 오규원이, 대중문화와 기술, 정보 사회에 바탕을 둔 새로운 시로 젊은 세대의 새로운 감수성을 드러낸 시인들로 장정일, 하재봉, 유성근, 유하, 장경린, 함성호가 거론되기도 한다(이미순, 2003 : 718-719). 1980년대 도시시들은 다양한 형식적 실험을 시도하는데, 일례로 황지우의 1980년대 시들은 형식 파괴로 인한 '낯섦'을 통해서 일상적인 것들을 의혹의 시선으로 바라보고 반성하게 한다(임영선, 2010 : 125).

도시가 현대인의 중요한 삶의 공간이 된 현실에서 도시시는 우리 시대는 물론 미래에도 가장 적합한 시 양식이라고(김준오, 1992 : 17) 할 수 있다. 도시시의 일상성 회복은 '시적인 것과 일상적 삶의 구분을 없애는 것'이며(임영선, 2010 : 124), 삶의 구체성을 추구한다는 점에서 현실을 직접 느끼려는 리얼리즘을 지향하는 것이다(김준오, 1992 : 18). 도시시는 산업화와 대중화가 가속화된 현실에서 해체되고 상실된 인간의 정체성을 탐구하며, 일상에 대한 반성과 성찰을 촉구한다. 오늘날의 학습자들에게도 대개 일상의 공간은 도시라는 점에서 1980년대 도시시의 시적 모색은 시교육의 장에서도 여전히 유효하다.

민중시와 도시시를 통해 확인할 수 있는, 사회의 변화에 대한 문단의

---

64) 실제로 1980년대 말은 도시시에 대한 논의가 가장 활발히 전개된 시기며(김준오, 199 2 : 118), 1980년대 후반기는 도시시가 주류를 이루었다고(김효중, 2000 : 120) 말해진다. 또한, '1980년대의 시단에서 가장 주목할 만한 현상은 해체시 또는 도시시의 등장'이었다고 평가된다(임영선, 2010 : 123).

대응은 풍요로운 상상력을 바탕으로 하여 폭넓게 이루어졌다고 볼 수 있다. 더욱 가속화되는 사회의 변화 속에 나타나는 문제 지점들을 예리한 언어적 감각으로 놓치지 않으며 이를 형상화해 내고 있는 것이다. 이는 교육에 비해 사회의 문제에 상대적으로 유연하게 대처할 수 있는 문단의 특징을 보여 주는 것이라고 할 수 있다. 교육의 국면에서는 보편적인 평가 결과를 획득한, 보다 고정되고 안정된 실체를 다루는 것이 필요기도 하겠지만, 이와 같이 상황에 따라 유연한 대처를 할 수 있는 것이 문학의 힘이라면 그러한 속성을 체험하는 것도 문학에 대한 이해를 보다 심화시키는 한 방향이 될 수 있다.

3) 정보화 시대, 현대시와 시교육의 방향 모색

현대 사회는 빠르게 변화하고 있다. 인터넷은 현대 사회가 변화하는 속도를 가속화하고 있으며, 인터넷 공간 안에서는 방대한 양의 정보가 빠르게 생산되고 빠르게 소멸된다. 우리 사회가 정보화 사회에 접어들면서 일각에서는 시의 실종을 우려하기도 하지만, 오히려 정보화 사회에 따른 문학의 새로운 가능성이 이야기되기도 한다(정남영, 2003 : 127). 실제로 디지털 기술의 발달은 '통신 문학', 'PC 통신 문학', '컴퓨터 문학', 나아가 '사이버 문학', '하이퍼텍스트 문학', '디지털 문학', '스마트폰 문학'으로 불리는 새로운 문학의 흐름을 창출하였고, 이러한 변화는 비단 사이버 공간 안에서만이 아니라 인쇄 매체 형태의 문학에도 영향을 미치고 있다(이소연, 2005 : 404).

여기에서는 현대시의 창작과 수용의 양상에 정보화 시대의 디지털 기술의 발달이 미친 영향을 크게 세 가지로 나누어 접근하고자 한다. 첫째, 작품 소재의 변화, 둘째, 시의 수용 및 향유 양상의 변화, 셋째, 시의 형식 변화다.[65] 먼저, 인쇄 매체로서의 문학에서도 매체 환경의 변화로 인한 삶의 변화가 작품의 소재가 되었다. 디지털 시대에 이르러 서정학, 성기원, 이원의 시는 디지털 시대를 살아가며 사이버 세계와 현실세계를 넘나드는 인간의 삶을 바라보고 인간존재의 의미를 성찰한다(이소연, 2005 : 406). 이러한 시적 경향은 디지털 시대의 삶의 모습을 다룸으로써 변화된 시대에 삶의 방향과 정체성을 새롭게 모색해야 하는 현대인들의 의식을 보여주고 있다.

둘째, 시의 수용 및 향유 양상이 다양화됨으로써 작품에 대한 접근성이 매우 높아졌다는 점이다. 사이버 문학 광장 '문장'에서는 '문학집배원'의 '시배달' 코너를 통해서 독자들의 이메일로 시를 전송해 주기도 하고,66) 문학 전문 방송인 '문장의 소리'를 통해서 시와 시인을 소개하는 방송을 팟캐스트로 제공하기도 한다. 현재는 '문장'뿐 아니라 다수의 출판사에서 시 또는 문학 전문 팟캐스트 방송을 제작하고 있다. 시인들 역시 SNS를 통해서 시작들을 소개하거나 일상을 공유하는 등 독자들과 활발하게 소통한다(임수영, 2016 : 279).67) 이처럼 다양한 매체의 보급과 발달로 현대시와 독자의 거리가 좁혀지면서 시의 수용과 향유는 독자들의 일상에 보다 밀접해지고 있다.

셋째, 하이퍼텍스트시, 멀티포엠, SNS 시 등 사이버 공간에서 이루어지고 있는 현대시의 다양한 형식 시도 및 실험을 들 수 있다. 2000년에 문

---

65) 이소연(2005)에서는 '디지털 시대 현대시의 새로운 길'을 현대시의 다양한 형식 실험, 인쇄 매체 시를 중심으로 한 디지털 시대 현대시의 양상으로 나누어 살펴본 바 있다.

66) 임수영(2015)에서는 한국 현대시의 디지털화는 '문장'에 의해 선도되어 왔으며, '문장'은 디지털 매체의 활용을 전면화한 시의 창작과 감상 방식을 적극적으로 시도해 왔다고 보았다. 임수영(2015)에서 '문학집배원'의 '시배달' 코너는 멀티미디어를 활용한 시의 재매개를 대표적으로 보여 주는 것으로서 '문장'의 디지털화 노력의 일환으로 다루어지고 있다.

67) 임수영(2016)에서는 SNS 시대의 시가 이전 시대의 시와 변별되는 지점을 특성화하기 위해서 실제 SNS를 활용하고 있는 시인들의 사례를 중심으로 창작 도구에 제한되지 않는 SNS의 역할과 독자에게 미친 영향을 살펴보고, 뉴미디어라는 디지털 매체를 기반으로 새롭게 등장한 향유 방식들의 특징을 분석하고 있다(임수영, 2016 : 271).

화관광부 문학분과위원회의 지원을 받아 진행된 〈언어의 새벽〉과 〈生時·生詩〉는 국내 최초의 하이퍼텍스트 시 쓰기를 표방한 프로젝트의 성격으로 진행되었으나, 일반 독자들의 참여가 저조해 능동적 독자의 참여라는 하이퍼텍스트의 성격이 부각되지 못하였다(임수영, 2015 : 380). 한편, 장경기 시인에 의해 적극적으로 주창된 멀티포엠은 컴퓨터를 시창작과 수요의 장으로 끌어들였다는 점에 의미 있는 평가를 받으면서도 문자언어로서 시의 특징을 지나치게 무시했으며, 매우 포괄적 개념으로 외연이 지나치게 확장되어 그 정체성이 모호하다는 지적을 받는다(이상옥, 2011 : 83-84).

　　SNS의 확산은 편리하고 손쉽게 향유할 수 있는 SNS 시의 유행을 가져왔다. SNS 시는 누구나 쉽게 공감할 수 있는 일상의 정서를 다루고 있으면서 간결하고 이해하기 쉬운 문구로 이루어져 있어[68] 편리하게 수용 및 향유가 가능하다는 점에서 많은 독자들의 호응을 얻고 있다. 이와 같은 SNS 시인들의 작품은 비단 인터넷 공간에서 활발하게 향유되고 있을 뿐 아니라 시집으로 출간되어 높은 판매 부수를 올리고 있고, 국립중앙도서관에서는 'SNS 시인시대 展'을 열어 SNS 시 작품들을 전시하고 SNS 시의 현황과 가능성을 탐색하는 자리를 가지기도 하였다(김남중, 2016). SNS 시는 텍스트만으로 이루어지기도 하지만 웹툰이나 사진과 같은 다른 매체들과도 결합하여 '시툰(포엠툰)',[69] '디카시'[70]와 같은 새로운 형식으로 향유되

---

[68] 김상혁 시인은 "SNS 시는 짧고 간결하며 반복과 대구 같은 운율을 적극 활용한다. 대부분 SNS 시인들은 쉽고 일상적인 말들로 감정을 표현한다."면서 "SNS 시는 현대시가 사라진 영역, 혹은 닿을 수 없었던 자리에서 생겨난 새로운 장르라고 할 수 있다."고 평한다(김남중, 2016).

[69] 시와 웹툰이 결합된 형식은 '포엠툰'(김남중, 2016) 또는 '시툰'(이재무 외, 2016 : 17)으로 불린다.

[70] "멀티포엠이 음악, 영상, 그림 등의 언어 외적 요소를 문자시(언어)에 병치시키거나 결합시킨 것이라면, 디카시는 문자를 오직 사진 이미지와 결합시킨 형태다."(이상옥, 2011 : 86). 시와 사진이 결합하는 것으로는 포토포엠도 있지만, "포토포엠의 경우 문자나 이미지가 따로 제시되어도 그 본래의 의미를 크게 벗어나지 않는 반면, 디카시의 경우엔

기도 한다.

디지털 시대의 현대시는 변화된 매체 환경에서의 정체성에 대한 고민을 촉구하고, 독자의 수용 및 향유 환경에 지대한 변화를 초래하였으며, 나아가 독자에게 더 이상 정보의 수용자에 머무를 것이 아니라 생산자로 참여하기를 촉구하고 있다. 국어교육 내에서도 디지털 시대에 다양하게 변화하고 있는 현대시의 소통 양상을 수용하기 위한 논의들이 이루어지고 있다. 이때 주목해야 하는 것은 이러한 작품들에 나타나는 사유 방식의 변화일 것이다. 사이버 공간에 참여하는 주체들이 어떤 체험을 얻는지, 그것은 기존의 시 문화와 어떻게 이어질 수 있는지에 주목하는 것은 새로운 작품을 교육 내용으로 발굴한다는 관점에서 벗어나 학습자들이 현재 어떤 삶을 살고 있는가와 함께 그에 대해 어떤 평가들이 가능할 것인지를 함께 고민하는 관점을 바탕으로 가능할 수 있다.

지금까지 살펴 본 것처럼 현대시는 현대 사회의 다양한 문제들에 대해 다각도에서 대응 방향을 검토하고 있다. 그러나 시가 근본적으로 '언어예술'의 속성을 지닌다는 점에서, 구체적인 대안을 제시하기보다는 그러한 문제를 마주하는 주체의 정서적인 반응을 언어적으로 형상화함으로써 그에 대응하는 우리의 자세가 어떠해야 하는지에 대한 탐색을 보여 주는 데에 주력한다. 세계를 살아가는 인간의 문제를 해결하는 것은 인간의 직접적인 실천이겠지만, 이를 위한 방향을 탐색하고 정서적으로 형상화하는 것은 시의 몫이라 할 수 있다.

한 편 한 편의 시는 치열한 사유와 고민의 흔적이다. 이 흔적을 접하는 것만으로 그 사유와 고민을 자신의 것으로 할 수 있다는 것은 다소 이상적인 가정이자 기성세대들만이 그렇게 되기를 바라는 희망일 수 있다. 문

문자나 영상이 따로 제시되어 기능할 수 없"다(이상옥, 2011 : 89).

제는 현대시의 영역이 지속적으로 그와 같은 사유와 고민을 이어간다는 것을 학습자들이 이해하고 그와 같은 사유와 고민에 동참할 수 있도록 하는 방안을 확보하는 데에 있을 것이다. 수많은 정보가 범람하는 현대 사회에서 '지식'은 작품에 있는 것이 아니라, 작품을 읽기까지 체험한 그리고 작품을 읽고 나서 바라보게 될 학습자들의 세계에 있을 것이다. 이를 어떻게 선별하고 조합해 내는지에 대한 과정으로서의 '시적 사유'와 그 가치를 온전하게 회복할 수 있는 현대시 교육에 대한 고민이 더욱 깊어져야 하는 까닭이 여기에 있다.

참고 문헌

강 석(2013), 『시교육 정전 연구』, 역락.

강웅식(2005), 「전체주의적 반공주의와 순수·참여 논쟁」, 『상허학보』 15, 상허학회.

강황구 외(2003a), 『문학』 (상), 상문연구사.

강황구 외(2003b), 『문학』 (하), 상문연구사.

고명철(2006), 『논쟁, 비평의 응전』, 보고사.

교육출판기획실 엮음(1988), 「책머리에」, 『교과서와 친일 문학』, 동녘.

구광모(2013), 「'친일반민족문학'에 대한 연구」, 고려대학교 박사학위논문.

구명숙 외(편)(2012), 『한국 전쟁기여성문학자료집』, 역락.

구상(2002), 『구상』, 문학사상사.

김근호(2016), 「산업화시대 한국소설의 폭력 표상과 이웃 윤리」, 『현대소설연구』 62, 한
　　　　국현대소설학회.

김난희(2014). 『부정성의 시학과 한국 현대시』, 국학자료원.

김남중(2016), 「SNS에서 새로운 詩가 태어나다…국립중앙도서관서 'SNS 시인시대 展'
　　　　개막」, 『국민일보』, 2016. 1. 25.

김대행(1999), 「역사의 물결과 작가의 길」, 『시와 문학의 탐구』, 역락.

김병걸·김규동(1986a), 『친일문학작품선집 1』, 실천문학사.

김병걸·김규동(1986b), 『친일문학작품선집 2』, 실천문학사.

김병익(1991), 『열림과 일굼』, 문학과지성사.

김상욱(1991), 「고등학교 현대시 제재의 문제점과 대안」, 『선청어문』 19, 서울대학교 국
　　　　어교육과.

김수업(2011), 「우리말교육에서 다루어야 할 문학작품 고르기」, 『우리말교육현장연구』
　　　　5(1), 우리말교육현장학회.

김수영(1985), 「지식인의 사회 참여」, 홍신선 편, 『우리 문학의 논쟁사』, 어문각.

김신정(2010), 「국어 교과서와 기억의 구성」, 『현대문학의 연구』 40, 한국문학연구회.

김우종(2012), 『서정주의 음모와 윤동주의 눈물』, 글봄.

김욱동(2010), 「외국문학연구회와 양주동의 번역 논쟁」, 『외국문학연구』 40, 한국외국어
　　　　대학교 외국문학연구소.

김욱동(2015), 『번역과 한국의 근대』, 소명출판.

김유중(1996), 「저항시와 친일시 지도의 쟁점」, 김은전 외, 『현대시교육론』, 시와시학사.

김인환(2009), 「동아시아 문학교육의 전통」, 『문학의 교육, 문학을 통한 교육』, 윤영천 외 엮음, 문학과지성사.

김재홍(1978), 『한국 전쟁과 현대시의 응전력』, 평민사.

김준오(1992), 「도시시와 해체시」, 문학과비평사.

김중신(2008), 「문학교육에서의 정전 형성 요건에 관한 시론(試論)」, 『문학교육학』 25, 한국문학교육학회.

김창원(2011), 『문학교육론』, 한국문화사.

김현자(2007), 「전쟁기와 전후의 시(1950년-1961년)」, 오세영 외, 『한국 현대시사』, 민음사.

김혜정(2003), 「해방 직후, 국어에 대한 인식 및 교과 형성 과정 연구」, 『국어교육학연구』, 국어교육학회.

김혜정(2005), 「국어교육자료 변천사」, 한국어교육학회 편찬위원회 편, 『국어교육론』 1, 한국문화사.

김효중(2000), 『한국 현대시의 비교문학적 연구』, 푸른사상.

노 철(2006), 「1980년대 민중시의 서정 연구」, 『한국시학연구』 16, 한국시학회.

류순태(2009), 「산업화 시대 민중시의 현실 인식」, 『한국 현대시의 방법과 이론』, 푸른사상.

맹문재(2001), 『한국 민중시 문학사』, 박이정.

문영진(2006), 「김동인 소설의 정전화에 관한 몇 가지 문제에 대하여」, 『대동문화연구』 53, 성균관대학교 대동문화연구원.

문혜원(2005), 「4·19혁명 이후 우리 시의 유형과 특징」, 이승하 외, 『한국 현대시문학사』, 소명출판.

민현식 외(2007), 『미래를 여는 국어교육사』 Ⅰ, 서울대학교출판부.

박붕배(1997), 『한국국어교육전사』 下, 대한교과서주식회사.

박수연(2006), 「일제말 친일시의 계보」, 『우리말 글』 36, 우리말글학회.

박용찬(2003), 「친일시의 양상과 자기비판의 문제」, 『국어교육연구』 35, 국어교육학회.

박인기(2008), 「문학교육과 문학 정전의 새로운 관계 맺기」, 『문학교육학』 25, 한국문학교육학회.

박태순(1998), 「유신시대의 몰락에 관한 문학적 이해」, 『내일을 여는 작가』, 봄호.

손영애(2005), 「교육과정 변천사」, 한국어교육학회 편찬위원회 편, 『국어교육론 1』, 한국문화사.

손진은(2005), 「문학교육과 제재 선정의 문제」, 『우리말 글』 33, 우리말글학회.

송기한(2007), 「전후시단의 형성과 전개」, 김윤식·김재홍 외, 『한국현대시사연구』, 시학.

송영순(1997), 『모윤숙 시 연구』, 국학자료원.

송 무(1997), 「문학교육의 '정전' 논의」, 『문학교육학』 1, 한국문학교육학회.

신경림(2004), 『신경림 시전집』, 창비.

신영덕(2002), 『한국 전쟁과 종군작가』, 국학자료원.

신 진(2011), 「한국 도시시의 소외의식」, 『한국문학론집』 57, 한국문학회.

양주동(1998), 「《海外文學》을 읽고」, 『양주동 전집 11』, 동국대학교출판부.

역사학연구소(1995), 『강좌 한국근현대사』, 풀빛.

오봉옥(2001), 「표현의 자유가 보장되는 사회를 물려주고 싶다」, 『표현의 자유 침해 백
        서』, 민족예술인총연합.

우한용(2006), 「문학 교육과정 개정의 방향 탐색」, 『문학교육학』 20, 한국문학교육학회.

유성호(1998), 「현실 지향의 시 정신과 비판적 주체의 성립」, 민족문학사연구소 편, 『
        1960년대 문학 연구』, 깊은샘.

유성호(2008), 「문학교육과 정전 구성」, 『문학교육학』 25, 한국문학교육학회.

유종호(1995), 「비평의 반성」, 『유종호 전집』 1, 민음사.

윤여탁(2008), 「한국의 문학교육과 정전」, 『문학교육학』 27, 한국문학교육학회.

윤여탁 외(2006), 『국어교육 100년사』 I, 서울대학교출판부.

이기성(1998), 「1960년대의 시와 근대적 주체의 두 양상」, 민족문학사연구소 편, 『1960
        년대 문학연구』, 깊은샘.

이명찬(2008), 「한국 근대시 정전과 문학교육」, 『한국근대문학연구』 (18), 한국근대문학회.

이미순(2003), 「1980년대 한국 도시시에 대한 연구」, 『개신어문연구』 20, 개신어문학회.

이봉범(2005), 「반공주의와 검열 그리고 문학」, 상허학회 편, 『반공주의와 한국문학』,
        깊은샘.

이상옥(2011), 「멀티포엠과 디카시(詩)의 전략」, 『한국문예비평연구』 35, 한국현대문예
        비평학회.

이성영(1992), 「국어과 교재의 특성」, 『국어교육학연구』 2(1), 국어교육학회.

이소연(2005), 「디지털 시대 현대시의 새로운 길 찾기」, 김종회 편, 『사이버 문화, 하이
        퍼텍스트 문학·작품편』, 국학자료원.

이승하 외(2005), 『한국 현대시문학사』, 소명출판.

이어령(1985), 「'에비'가 지배하는 문화」, 홍신선 편, 『우리 문학의 논쟁사』 어문각.

이어령(2003), 『저항의 문학』, 문학사상사.

이재무 외(2016), 「SNS의 시」, 『시작』 15, 천년의 시작.

임도한(2010), 「6·25전쟁시 연구와 분단문학 극복」, 『한국문학논집』 55, 한국문학회.

임수영(2015), 「디지털 시대에 직면한 한국 현대시의 변화상 연구」, 『인문론집』 72(2),
        서울대학교 인문학연구원

임수영(2016), 「디지털 시대의 독자는 어떻게 시로 소통하는가?」, 『한국시학연구』 46,

한국시학회.

임영선(2010), 『한국 현대 도시시 연구』, 국학자료원.

임현진(1996), 「사회과학에서의 근대성 논의」, 역사문제연구소 편, 『한국의 근대와 '근대성' 비판』. 역사비평사.

정남영(2003), 「정보화시대와 시」, 『안과 밖』 15, 영미문학연구회.

정명교(2013), 「세계문학과 번역의 맥락 속에서 살펴 본 한국문학의 오늘」, 『비교한국학』 21(2), 국제비교한국학회.

정재찬(1996), 「산업화시대 시교육의 쟁점」, 김은전 외, 『현대시교육론』, 시와시학사.

정재찬(1997), 「문학 정전의 해체와 독서현상」, 『독서연구』(2), 한국독서학회.

정정호(2010), 「번역 문학가 금아 피천득에 대한 시론(試論)」, 『世界文學比較硏究』, 33, 韓國世界文學比較學會.

정혜승(2002), 『교육과정 실행 연구』, 박이정.

조미숙(2006), 「지배이데올로기의 교과서 전유양상-」, 『한국문예비평연구』 21, 한국현대문예비평학회.

주세형·남가영(2014), 『국어과 교사 전문성 신장 노트-Ⅰ국어과 교과서론』, 사회평론.

최지현(2000), 「문학교육에서 정전(正典)과 학습자의 정서체험이 갖는 위계적 구조에 관한 연구」, 『문학교육학』 5, 한국문학교육학회.

최지현(2003), 「'친일시'의 생명 유지 장치」, 『배달말』 32, 배달말학회.

최현섭 외(2005), 『국어교육학개론』, 삼지원.

허세욱(2000), 「韓國人의 中文學硏究와 飜譯 意義」, 『중국어문논역총간』 6, 중국어문논역학회.

허재영(2007), 「'국어' 교과서 정책과 이데올로기 변천」, 강진호 외, 『국어 교과서와 국가 이데올로기』, 글누림.

허재영(2013), 『국어과 교재 이해와 교과서의 역사』 경진.

기초 논문 출처

이 책의 제1부와 제2부는 다음 논문들을 기초로 하였다. 연구 과정에서 여러 학술대회의 발표로 중간 검증을 받고 결과를 학술지에 발표하는 절차를 거쳐 최종적으로 여기에 이르렀다. 재수록에 가까운 활용을 허락해 준 각 학회 측에 감사를 드린다. 아울러 이 책에서 인용한 시와 논문들의 필자, 혹시라도 출처 표기를 놓쳤을지도 모르는 수많은 참고 서지들의 필자에게도 넓고 깊게 감사드린다.

제1부

I. 시교육사 서술의 관점과 방향

김창원(2011), 「시교육사 서술의 관점과 방향」, 『문학교육학』 35, 한국문학교육학회, 121-141.

II. 현대시와 현대시교육의 형성

민재원·김창원(2011), 「한국 현대시교육의 형성 과정 연구」, 『국어교육학연구』 41, 국어교육학회, 413-446.

제2부

I. 국가 교육과정의 시행과 현대시교육 : 1-2차 교육과정기

민재원·김창원(2012), 「국가 교육과정의 시행과 현대시교육의 구도 -1·2차 교육과정기 중등 현대시교육의 방향」, 『문학교육학』 37, 한국문학교육학회, 159-183.

II. 학문중심 교육과정의 정착과 현대시교육 : 3-4차 교육과정기

민재원·김창원(2011), 「'학문중심교육과정'의 지향과 시교육의 이데올로기 : 3·4차 교육과정기의 중등 시교육」, 『독서연구』 25, 한국독서학회, 169-201.

III. '기능(機能)'의 제도화와 현대시교육 : 5-7차 교육과정기

민재원·김창원(2013), 「'기능(機能)'의 제도화와 학교 시교육의 지향 -5-7차 교육과정기 중등 현대시교육의 점검」, 『문학교육학』 42, 한국문학교육학회, 39-77.

| 저자소개 |

김창원 | 1962년 충남 보령에서 태어나 서울대학교 국어교육과를 졸업하고 같은 대학에서 박사
학위를 받았다. 서울북공업고등학교와 용산고등학교 교사를 거쳐 한국교육개발원 연구
원으로 근무하였으며, 1995년부터 경인교육대학교 교수로 재직 중이다. 시교육을 출발
점으로 하여 국어과 교육과정 개발, 교과서 편찬, 평가 기획·관리 쪽으로 경력을 쌓았
다. '2015 개정 교과교육과정 시안 개발 연구 I·II'의 연구 책임을 맡았고 『국어교육
론—관점과 체제』, 『문학교육론—제도화와 탈제도화』, 『시교육과 텍스트 해석』 등의 저
서가 있다. 학부에서는 〈국어과교육론〉, 대학원에서는 〈문학교육론〉을 강의한다.
KIM, Chang Won(cwkim@ginue.ac.kr)

민재원 | 1978년 서울에서 태어나 서울대학교 국어국문학과를 졸업하고 같은 대학 국어교육과에
서 석사·박사학위를 받았다. 서울 중산고등학교 교사와 한국교육과정평가원 부연구위
원으로 근무하였으며, 2016년 9월부터 전북대학교 국어교육과 교수로 재직 중이다. 시
(詩)도 주요 관심 대상이지만 아직은 시를 가르치는 사람들과 읽는 사람들에 더 많은 관
심을 가지고 있다. 「문학 교육과정에서 '즐거움'의 구체화를 위한 예비적 고찰」, 「중학
교 학습자의 시 읽기 반응 변화 양상 연구」, 「시 읽기 교육에서 독자와 작품의 관계 설
정 고찰」 등의 논문을 발표하였고 『새로 쓰는 현대시 교육론』에 공저자로 참여하였다.
MIN, Jae Won(jwmin@jbnu.ac.kr)

시교육의 사적 연구

현대시의 성립부터 국정교과서기까지의 시교육

초판 1쇄 인쇄 2016년 9월 20일
초판 1쇄 발행 2016년 9월 27일
저 자 김창원·민재원
펴낸이 이대현
편 집 최용환

펴낸곳 도서출판 역락
주소 서울시 서초구 동광로 46길 6-6 문창빌딩 2층
전화 02-3409-2058, 2060
팩스 02-3409-2059
등록 1999년 4월 19일 제303-2002-000014호
이메일 youkrack@hanmail.net
역락블로그 http://blog.naver.com/youkrack3888

값 26,000원
ISBN 979-11-5686-661-9 93370

* 파본은 구입처에서 교환해 드립니다.

이 도서의 국립중앙도서관 출판예정도서목록(CIP)은 서지정보유통지원시스템 홈페이지(http://seoji.nl.go.kr)와 국가자료공동목록시스템(http://www.nl.go.kr/kolisnet)에서 이용하실 수 있습니다.(CIP제어번호 : CIP2016022309)